普通高等教育高级应用型人才培养规划教材

国际市场营销学

主　编　冯光明

副主编　刘　花　盛小丰　王小华

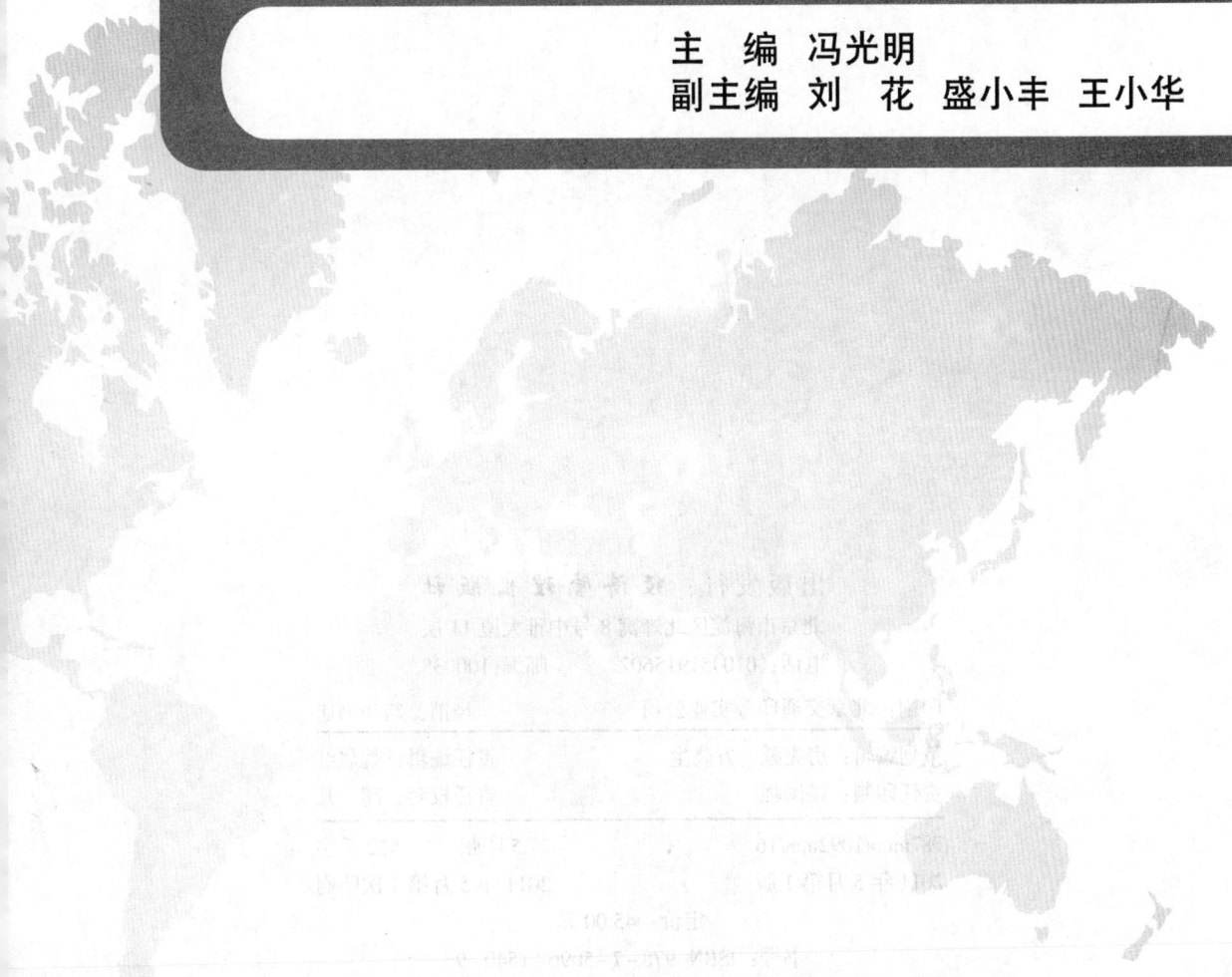

经济管理出版社

ECONOMY & MANAGEMENT PUBLISHING HOUSE

图书在版编目（CIP）数据

国际市场营销学/冯光明主编. —北京：经济管理出版社，2011.5

ISBN 978-7-5096-1540-9

Ⅰ. ①国… Ⅱ. ①冯… Ⅲ. ①国际市场营销

Ⅳ. ①F740.2

中国版本图书馆 CIP 数据核字（2011）第 142647 号

出版发行：**经济管理出版社**

北京市海淀区北蜂窝 8 号中雅大厦 11 层

电话：(010)51915602 邮编：100038

印刷：北京交通印务实业公司 经销：新华书店

策划编辑：房宪鹏 方晓生 责任编辑：魏晨红

责任印制：杨国强 责任校对：超 凡

787mm×1092mm/16 27.5 印张 552 千字

2011 年 5 月第 1 版 2011 年 5 月第 1 次印刷

定价：45.00 元

书号：ISBN 978-7-5096-1540-9

前　言

当今世界，科学技术日新月异，知识经济快速发展，国力竞争日趋激烈。针对这一知识化、信息化、全球化的时代特征，世界各国的经济融合在一起，国界概念已变得越来越模糊，企业要在全球范围内选择自己的市场，营销自己的产品与服务，国际营销已成为普遍现象。

进入 21 世纪，中国实施"走出去"的战略，也是充分利用了国内、国外"两个市场，两种资源"保持中国经济可持续发展的现代化强国战略。面对未来，中国企业不仅要在国内市场上同国内外同行展开竞争，更重要的是要在全球市场上与各国企业相抗衡；不仅要做加工贸易，更要拥有自己的技术品牌，在全球市场上营销自己的产品；不仅要将产品销售到国外，更要走出国门，在国外直接生产产品，开展全球营销。因此，加强国际市场营销理论与知识的学习，深入研究国际市场营销战略和方法，借鉴国内外企业国际市场营销的经验和教训，并在此基础上树立正确的国际市场营销观念，制定科学的国际市场营销战略和策略，培养高素质的国际市场营销专业人才，是现实的需要，也是未来的需要。

本书以现代世界经济发展为背景，以国际市场为导向，在广泛吸收、借鉴国内外最新国际市场营销研究成果的基础上，针对普通高等院校应用性的教学特点，对国际市场营销理论和实践进行了系统和深入的阐述。主要特点如下：

（1）结构严谨，思路清晰。本书围绕"企业开展国际市场营销"这一主题，按照企业进入国际市场的过程依次展开论述。本书从国际市场营销的基础理论、国际市场营销环境分析、国际目标市场选择及进入方式决策到国际市场营销战略的制定、国际市场营销组合策略的实施以及国际市场营销过程的组织与控制都进行了全面、系统的阐述。这种体系结构便于系统地掌握国际市场营销的理论、方法和策略。

（2）重点突出，内容新颖。国际市场营销环境的复杂性、多变性决定了国际市场营销与国内市场营销之间存在着较大差异。本书除了注重营销原理的阐述外，还对国际市场营销环境、国际目标市场的选择与进入、国际市场营销战略、国际市场营销竞争及组合策略的制定等核心问题进行了深入的分析与研究，并将国内外一些专家、学者的研究成果有机地融入其中。

（3）定位准确，实用性强。西方企业国际化经营的实践证明，一个企业要想成功开展国际市场营销活动，必须将国际市场营销理论与实践紧密结合，根据不同国家、不同市场情况，灵活运用，制定切实可行的国际营销策略。本书坚持理论与实践相结合的理念，以普通高等院校应用类本科学生为对象，紧贴教学实际需要来安排知识内容和结构，力求做到简明扼要，实用性强。

（4）案例得当，可读性强。为了融理论性与实践性、专业性与可读性于一体，本书案例的编写通俗易懂，形式活泼，丰富多彩。每章开篇设有"学习目标与重点"提示知识要点和重点；"关键词"体现中心概念；"案例导入"引导学生的学习兴趣；文中的"实例"旨在提高教与学的互动性，启迪学生思维。每章后的"阅读材料"、"本章小结"、"思考题"、"案例分析"、"问题讨论"，以开发读者创新思维和营销心智模式，将各科知识融会贯通，学以致用。

本书由北京理工大学珠海学院、广东技术师范学院天河学院、华南农业大学珠江学院和山西财经大学管理科学与工程学院的教师共同努力撰写而成，他们是（按章顺序）：冯光明（第一章、第二章、第三章、第四章、第五章）、刘花（第六章、第七章、第八章）、王小华（第九章、第十章）、盛小丰（第十一章、第十二章），刘花老师还承担了全书的统稿工作。最后由冯光明教授总纂，在此谨对各位作者的辛勤工作和热情支持表示衷心的感谢！

本书的编写参考了大量的文献资料，在此向原作者表达深深的谢意。在本书的编写过程中，得到了经济管理出版社领导与编辑、广州市道锋图书发行有限公司方晓生经理的大力支持，诚致谢忱！

本书可供普通高等院校市场营销、国际经济贸易、国际商务、国际企业管理等相关专业学生使用，同时也可以作为国际市场营销培训机构的培训教材，还可以作为企业经营管理者和国际市场营销人员在开展营销活动时的参考借鉴用书及业界人士的自学用书。

国际市场营销是一门理论性和实务性较强的学科，由于编者的水平有限，书中难免有不足之处，敬请各位专家和学者批评指正。

编者

2011 年 7 月

目　录

目　录

第一章　国际市场营销概述

学习目标与重点

（1）国际市场营销的内涵及其形成与发展。

（2）国际市场营销与国内市场营销的联系与区别。

（3）国际市场营销与国际贸易的联系与区别。

（4）经济全球化与企业国际化经营。

（5）国际市场营销的机遇与挑战。

关键词

国际市场营销　国际贸易　经济全球化　国际化经营

案例导入

世界是平的

在这个平坦的世界中，就像工人之间的关系必须加以调整一样，公司和社团之间的关系也是如此。公司受什么价值观的影响？它们会维护和尊重谁的利益？显然，在一个平坦的世界中，跨国公司努力在全球寻找机会，利用全球的资源，并使自己更适应平坦的世界。当公司的股东要求公司树立全球目标，在全球寻找机会和利用资源时，将会发生什么呢？这些公司的利益和需求与其总部所在国将失去联系。过去人们常说，通用汽车公司体现了美国的价值观，但是今天，人们会说：戴尔公司体现了马来西亚、中国、爱尔兰、印度等国的价值观。今天的惠普在170多个国家拥有15万名雇员，它不仅是全球最大的高科技消费品公司，也是俄罗斯、中东和南非最大的IT企业。尽管惠普的总部在美国帕罗阿图市，但如果它大部分雇员和消费者都在美国之外，它还能称得上是一个美国公司吗？如果一家公司的一切活动都只在一个国家进行，它将根本不能生存，即使是像美国这样的大国。所以，现在让一个国家和它的国民夜不能寐的应该是怎样应对国家及其民族限制的公司。它们会忠诚于谁呢？

> 对冲基金管理人迪纳卡·幸格（Dinakar Singh）说："美国公司表现得很好，这一点不错，但这也是因为它们调整自己，适应了平坦世界的缘故，它们将尽可能多的生产外包给最廉价和高效的供应商。如果戴尔产品每一部分的生产都在中国沿海地区完成，然后再卖给美国的沿海地区，戴尔必将从中获益，美国的消费者也将获益，但美国的劳工能否受益就不得而知了。"所以戴尔希望世界能越来越平坦，摩擦和障碍也越少越好，很多别的公司也希望如此。
>
> 资料来源：[美] 托马斯·弗里德曼. 世界是平的. 长沙：湖南科学出版社，2006

第一节　国际市场营销的内涵

一、国际市场营销的内涵

International Marketing 可以翻译成国际市场营销或国际市场营销学。前者指的是企业在国际市场上围绕满足消费者需求而开展的营销活动；后者指的是研究以国际市场消费者需求为中心，从事国际市场营销活动及其规律的应用型学科。

综观国内外国际市场营销学的教科书，关于国际市场营销的内涵的界定可谓众说纷纭。

美国著名的营销学家迈克尔·津科特指出：国际市场营销是指个人和组织为满足交换的目的而有计划地进行跨国界交换的过程。

美国著名的营销学家菲利普·科特勒的定义：国际市场营销是指对商品和劳务流入一个以上国家的消费者或用户的过程进行计划、定价、促销和引导以便获取利润的活动。

美国著名的营销学家菲利普·卡特奥拉则认为：国际市场营销是指对将企业生产的商品或劳务引导到一个以上国家的消费者或用户的过程进行计划、定价、促销和引导，以获取利润的经营活动。

美国市场营销学协会在做出的市场营销的定义基础上，将国际市场营销定义为：国际市场营销是指对各种产品和服务实行构想、定价、促销和分销等活动，使其通过交换实现满足个人和组织目的的，在多个国家中进行的整个策划和实施过程。

国外教科书中还有一种最通俗、最简单的解释：国际市场营销是指企业跨国境的市场营销活动。

国内学者闫国庆主编的《国际市场营销学》中对国际市场营销的定义是：国际市场营销是指企业根据国外顾客需求，将生产的产品或提供的服务给国外的顾客，最终获得利润的经济贸易活动。

国内学者郭国庆主编的《国际营销学》中对国际营销的定义是：国际营销就是在全球化环境的约束条件下，协调营销活动，比国内外竞争者更好地寻找并满足全球消费者的需求。

上述的各种定义，尽管表述不一，但实际上并没有本质的区别。在本书中，我们所采用的定义是：国际市场营销是指国际营销企业在经济全球化的环境条件下，比竞争对手更加有益地满足全球消费者的需要而进行的营销活动。

国际市场营销的内涵主要包括以下几个方面的内容：

1. 确定全球消费者的需求

通过国际市场营销调研可以确定全球不同市场中消费者的需求，以及这些市场中的消费者与企业目前服务的消费者是否有差别。正是全球范围内消费者需求有差别，才使得国际营销企业不得不根据不同国家的消费群体提供差异化的需求。

【例1-1】

加长版的宝马汽车

宝马5系加长版于2006年11月的北京车展期间公开亮相。宝马5系加长版是针对中国市场的特殊需求而开发的新产品，将主要在中国国内销售。现有的523i、525i、530i三个系列车型将都在B柱后加长140mm，轴距由2888mm增至3028mm。车型加长后使得后排乘坐空间得到非常大的改善，以满足中国消费者"喜大求全"的消费心理。应该说，宝马推出5系加长版是受奥迪的启发。2005年6月，新奥迪A6L上市，轴距比A6加长了102mm，车内空间明显增加。市场证明，奥迪A6L的改进是成功的，2006年1~6月的销售量增加了252.68%。2007年7月，宝马发动的促销活动如火如荼，北京地区宝马5系加长版的市场终端价格也处于不断下跌的状态之中，优惠幅度最高可以达到2万元，523Li优惠略少，为1.4万元。从实际销售来看，宝马5系加长版仍然卖不过奥迪A6L，尤其是在政府用车市场，奥迪的影响力仍然不可超越。

资料来源：郭国庆. 国际营销学. 北京：中国人民大学出版社，2008

2. 满足全球消费者的需求

当各个国家、各个地区间的需求差异很大时，国际企业就应该考虑调整产品和营销组合以最大限度地满足世界各地消费者的需求。如果必须下调产品价格，国际企业就得考虑设计一种低成本的产品，而且考虑是否选择在生产成本较低的国家进行生产。当然国际企业需要运转良好的分销渠道和物流系统来确保及时、足量地向消费者提供商品和服务。国际企业还需要建立全球顾客数据库和信息系统，以了解和回应消费者需求和购买决策。

3. 超越竞争对手

国际企业的竞争对手包括国内竞争者和国外竞争者。全球的竞争者包括大型跨国公司和小型区域性公司，其中，绝大多数是以营利为主要目的，但也有些竞争者并不以营利为主要目的。国际企业要分析竞争对手的竞争优势与劣势，采取相应对策为全球消费者提供质优价廉的商品与服务，这是在长期竞争中获胜的关键因素之一。

4. 协调营销活动

国际企业在从事国际营销活动时，应该协调其在各子市场间的营销活动，这就使国际营销变得更复杂。协调营销活动需要确定在不同国家中营销业务人员的责任和决策的权限范围以及利益的分配；确定哪些决策可以由分支机构制定，哪些决策必须由总部制定；确定在多大程度上向国外分支机构放权等。

【例 1-2】

跨国公司中国总部单飞势不可挡

2007 年 2 月底，微软 MSN 大中华区（包括中国内地、中国香港和中国台湾地区）提出，将脱离亚太区，作为独立区直接向微软美国总部汇报。此次 MSN 的单飞证明了中国市场的重要性。从过去失败的教训来看，像思科、惠普等都存在亚太区的建制。但是这些跨国公司同样都面临着三个问题，即对中国市场的反应决策慢、不了解当地市场的需求以及和中国政府的关系欠佳。

越来越多的跨国公司中国区到总部汇报，无非是为了提高其市场的响应速度，快速推进其在中国的发展，因为中国巨大的市场是任何一个跨国公司都不能忽视的。跨国公司的关键在于本土化，而以往中国总部的层层汇报制，使得上通下达很不顺畅。MSN 大中华区直接向微软总部汇报，正是其总部放权的表现，应该说，这样的形式无疑会促进这些跨国公司的本土化。

资料来源：郭国庆. 国际营销学. 北京：中国人民大学出版社，2008

---

5. 确认全球营销环境差异性

国际企业要在国际市场中生存与发展，就应该认真应对营销环境中的文化差异、经济差异、自然环境差异、政治和法律差异，如分销渠道系统的结构和复杂性，汇率和通货膨胀率变动造成的金融压力，政府政策、贸易政策、各种经济法规等，都必然会影响国际市场营销活动。

二、国际市场营销管理过程

国际市场营销是一种跨国界的市场营销活动。一般而言，国际市场营销管理过程包括四个基本步骤：①分析国际市场营销机会。②研究和选择目标市场。③确定国际市场营销组合。④国际市场营销管理。

（一）分析国际市场营销机会

国际市场营销机会是指能够满足企业盈利目标的国外市场业务。企业只有在具备现实的和潜在的国外市场机会时，才有开展国际市场营销的可能和基础。当然国际市场营销机会不是现成的，而是在全球范围内寻找现实的和潜在的机会是一件颇为繁杂的事情，需要企业对国际市场营销环境进行深入的分析，来发现国外市场获得利润的机会。

企业的营销从国内市场扩展到国外市场，其关键的变化在于相对不可控的外部营销环境发生了变化。正是由于营销环境的这种变化，才导致了国际市场营销的策略和技巧得以发展、延伸和复杂化。国际市场营销环境分析主要包括经济环境、文化环境、政治环境、法律环境、金融环境和自然环境在内的与企业国际市场营销活动有关的各个因素。对这些因素的分析、研究、评估和比较是制定国际市场营销战略和对策的基础。

在国际市场营销战略分析过程中，企业需要建立一个可靠的营销调研和信息系统。通过深入地开展国际市场营销调研活动，全面地了解目标市场环境、市场需求及其动态、消费者行为、分销渠道和竞争者的情况等。通过分析调研收集的资料，可以清晰地认识到国际市场机会的大小和是否有利可图。

（二）研究和选择目标市场

企业在分析和评估市场调研的资料，找到符合企业目标和资源的国外营销机会后，下一步的任务就是如何将这些机会变成现实，即研究和选择那些国外市场及如何进入被挑选的目标市场。实质上就是，企业要做出进入哪些国际市场的决策。现代营销实践经验表明，企业在选择其国际市场营销的目标市场时，把国际市场划分成主要的细分市场，对这些市场分别进行评价，然后选择和瞄准若干该企业能为其提供产品和服务的目标市场进行目标营销。

在确定目标市场的同时，企业必须考虑以什么方式进入所选定的国际目标市场。可供选择的进入方式很多，依据进入的程度可分为三个层次，即以出口方式进入（间接出口、直接出口），契约方式进入（许可经营、特许经营、合同制造等），投资方式进入（新建和收购）。企业应根据目标市场的营销环境、自身的资源条件、进入成本、预期收益和风险等因素进行综合评估和选择。

【例1-3】

康胜酿酒公司进军韩国的宏伟计划

康胜酿酒公司（Corrs）打算进入啤酒销量增长快的地方。韩国的啤酒销售量每年以15%的速度增长，而美国的增长率仅为2%。因此，康胜酿酒公司已经与韩国最大的酒精饮料生产商真露公司（Jinro）合资，在首尔建立了一个年产180万桶的康胜酿造厂。康胜希望在不久的将来能够占有韩国市场20%的份额。

这是康胜建在美国之外的第一家工厂，也是这个美国第三大酿造商国际扩张计划的一部分，它希望到2003年自己的足迹能遍及美国之外的25个市场。到目前为止，康胜啤酒在本土之外的9个国家有售。

资料来源：康胜酿酒公司的公司报告。

（三）确定国际市场营销组合

在选择了目标市场和进入方式后，企业需要进一步确定营销组合策略。国际市场营销组合策略通常分为四个策略子系统，即产品策略、价格策略、分销策略和促销策略。对企业来说，国际市场营销组合策略是企业的"可控因素"，企业在目标市场上的竞争地位和经营特色正是通过营销组合策略的运用体现出来的。国际市场营销者的根本任务就是恰当地安排营销组合，使之与作为"不可控因素"的国际市场营销环境相匹配，这是企业国际市场营销活动能否成功的关键。

（四）国际市场营销管理

一个成功地进行国际市场营销的企业都有一个与之相适应的组织结构和控制系统。为此，企业应通过建立健全国际市场营销组织，合理地调配人力及各种资源，有效地实施既定的营销方案；还要建立相应的指挥系统和控制系统，对营销计划的执行情况进行经常性的监督、协调和控制，以确保国际市场营销目标的实现。

必须说明的是，上述的国际市场营销过程只是国际市场营销中企业经营行为的一般程序或一般思路，并不意味着每个企业在进行国际市场营销时所采取的步骤与上述过程一模一样。

三、国际市场营销与国内市场营销

国内市场营销是指企业在国内市场上开展的营销活动，企业营销的目光、焦点、导向及营销活动都集中于国内的消费者、国内供应商和国内的竞争者。而国际市场营销则以国际市场为企业的营销范围，企业营销的目光、焦点、导向及营销活动都集中于国际消费者、国际供应商和国际竞争者。可以看到，国际市场营销是国内市场营销在应用领域和应用范围上的一种扩展和延伸，即从国内市场扩展到国际市场，这就决定了它们之间必然存在着密切的联系。

（一）国际市场营销与国内市场营销的相同点

1. 两者所依据的理论基本相同

国际市场营销的基本概念、基本原理和方法同国内市场营销是一致的。许多指导国内企业营销活动的理论、战略、策略和方法，诸如市场营销观念、市场营销调研、环境分析、消费者行为研究、市场细分和目标市场选择、市场营销组合策略的制定与实施等，均可用来指导国际企业在多个国家开展营销活动。

2. 两者所研究的对象以及探讨的内容基本一致

国内市场营销和国际市场营销都要研究需求市场的行为规律，都要探讨企业的一系列营销活动和营销规律。也可以说，无论国内市场营销还是国际市场营销，一切营销活动都是围绕着"满足消费者需求，为企业谋取最大利润"而展开研究的。企业通过满足消费者需求谋取最大利润，满足消费者需求是唯一手段，谋取最大利润是根本目的。

3. 一般而言，市场营销包含了国内市场营销与国际市场营销

综观国内外有关营销的教材，有的虽然专门针对国际市场营销或国内市场营销，但都涉及营销的基本知识与原理；有的既讲国内市场营销又讲国际市场营销。

（二）国际市场营销与国内市场营销的不同点

1. 国际市场营销环境的差异性

在国内市场营销中，营销者面对的只是相对熟悉的国内环境，其复杂性及不确定性相对较低。相反，国际市场营销者面对的是全球差异化的文化环境、经济环境、政治环境、法律环境、金融环境、技术环境和自然环境。这种由复杂而不确定环境的影响而形成的不同国家的市场规模和性质、消费者的购买力和购买偏好等与国内会有很大不同，各国的基础设施、市场规范、销售渠道、竞争状况等与本国也会存在较大的差异，这些都会深刻地影响企业营销计划的制订和营销策略的运用。

【例1-4】

法国雪铁龙在中国市场的尴尬

"雪铁龙"这一响亮的品牌曾被认为是最成功、最富诗意的本地化译名，然而，1997年试产的富康到2000年的年销售量仅为5.2万辆，为产能的1/3。究其原因，主要还是富康车两厢的造型"惹的祸"。讲究面子的中国人在刚刚启动私家车消费的时候，当然希望买一辆看上去更气派的三厢车，不少人当时为了"体面"放弃购买两厢的富康车，这使得富康损失掉很大一块市场。最近几年，随着消费观念的转变，很多个人购车者开始青睐两厢车，可惜，富康在众多靓丽的后起之秀的包围之中已经显露老态，其技术优势对市场的撼动力已不如当年。由于对目标市场的社会文化、消费心理与产品定位的结合不够到位，神龙富康没有能够在最佳的时机最大限度地赢得中国市场。

资料来源：孙忠群. 国际营销精要. 北京：中国经济出版社，2007

2. 国际市场营销系统的复杂性

营销系统是指融入有组织交换活动的各种相互作用、相互影响的参加者、市场、流程或力量的综合。与国内市场营销相比，国际市场营销更加复杂。首先，国际市场营销的参加者不仅包括国内市场营销渠道的企业、竞争者和公众，而且包括国外营销渠道的企业竞争者和公众；其次，国际市场营销相关的市场，不仅包括国内市场体系，还包括国外的市场体系，两种市场交叉在一起；再次，国际市场营销的流程是一种跨国界的国际流程，包括资源流程、货物流程和劳务流程；最后，国际上各种势力会对国际市场营销产生巨大的影响，国内外力量共同构成国际市场营销的约束条件。

3. 国际市场营销过程的风险性

由于国际市场营销比国内市场营销更复杂、更多变，因此，国际市场营销的风险要比国内市场营销大得多，这些风险主要包括政治风险、交易风险、运输风险、价格风险、汇率风险等。环境的差异性使各国消费者的需要有很大的不同，系统的复杂性也可能降低营销活动对目标市场国消费者需要的影响力。与此相联系，需要的不确定性可能会导致产品无所适从，企业不知道设计和生产什么产品或提供什么服务去满足目标国家的需要。在不同的文化背景和经济发展水平条件下，人们对产品效用的主观判断和选择也存在着不确定性。如果再考虑汇率因素这种不确定性就更大了。国际交换活动的随机因素远远超过国内交换活动。买卖双方讨价还价的谈判十分艰苦，交易成功率降低。在国际市场中商品生产者的各种经济关系也复杂多变，市场往往变幻莫测。所有这一切，都使国际市场营销充满着风险。

4. 国际市场容量大，竞争激烈

在国际市场营销中，企业面对更多的国外消费者和来自全球的竞争者，由于各国的地理距离和文化差异等因素，企业短时间内难以及时了解和掌握竞争对手的情况，特别是随着国际买方市场的不断成熟，竞争者的竞争策略更加高明，市场上的竞争空间相对更为狭窄。竞争者除了开展价格竞争之外，更注重开展非价格竞争，采取了以优取胜、以新取胜和以优质服务取胜等多种竞争策略。可以说，企业面对的竞争更为激烈了。

5. 国际市场营销管理难度大

一般而言，国际市场营销比国内市场营销管理的难度更大。首先，国际市场营销不仅包括决策、计划、组织和控制等相关的管理过程，还包括出口、进口、国际营运管理等一系列国内营销没有涉及的活动；其次，国际市场营销环境复杂，面临的不稳定因素多，预测难度大，这又从一定程度上增加了营销管理的难度；再次，国际市场营销策略、手段的多样化、复杂化也使得营销管理难度增大；最后，要把针对不同国别市场的营销方案在全球范围内进行协调和控制，使之成为一种高效的国际市场营销活动是相当困难的。

【例 1-5】

中国茶叶出口面临"绿色壁垒"

我国茶园面积居世界第一位，茶产量居世界第二位，是世界上主要的茶叶出口国之一，然而当前我国茶叶出口形势不容乐观。自 2005 年 8 月起，欧盟对流丹（有机广谱杀虫剂）在茶叶中的残留限量从每公斤 30 毫克调整为 0.01 毫克，检测标准严格了 3000 倍。更值得忧虑的是，欧盟从 2006 年 1 月起实施食品及饲料安全管理新法规，大大提高了食品市场准入门槛。欧洲是世界上重要的茶叶消费市场，也是我国茶叶的主要出口地之一，其"绿色壁垒"很可能将我国大部分出口茶叶挡在门外。事实上，欧盟新检测标准已对我国茶叶出口造成了影响。据广州海关统计资料显示，2005 年 8~10 月，我国茶叶出口大省广东省对欧盟出口量同比下降 91.2%。

资料来源：孙忠群. 国际营销精要. 北京：中国经济出版社，2007

四、国际市场营销与国际贸易

国际贸易（International Trade）又称世界贸易，是指世界各国之间的商品和劳务交换。从一个国家的角度来讲，国际贸易就是对外贸易。国际贸易与国际市场营销同属于国际经济联系的主要形式，它们之间存在着非常密切的联系与明显的区别。

（一）国际市场营销与国际贸易的联系

（1）国际市场营销和国际贸易都是研究以营利为目的而进行的跨国界的经营活动。

（2）国际市场营销和国际贸易都是以商品和服务作为交换对象，也就是把产品和服务引导到国际市场中去。

（3）国际市场营销和国际贸易都以国际市场为活动平台，面临着相同的国际环境，如人口环境、经济环境、政治环境、法律环境、文化环境、外汇金融环境、竞争环境等。

（4）国际市场营销和国际贸易的理论基础都是早期的"比较利益学说"、"国际产品生命周期理论"、"生产要素禀赋理论"等。

（5）当代国际贸易的重大变化，会对国际市场营销活动产生很大的影响。因此，从事国际市场营销活动的企业，不仅需要掌握国际市场的理论，而且需要掌握国际贸易的理论、政策措施和贸易状况及其发展趋势。

（二）国际市场营销与国际贸易的区别

从理论或学科方面讲，国际市场营销与国际贸易也有着明显的区别：

1. 学科隶属不同

国际贸易与国际市场营销是两门相关的学科，但是两者分属于不同的学科领域。国际贸易属于经济学研究的范畴，研究国家与国家之间的进口与出口的商品交换；而国际市场营销是一门微观的企业经营管理学科，研究跨国经营企业的跨国界营销管理活动。

2. 交换主体不同

国际贸易是国家与国家之间的商品与服务的交换，是站在国家的立场上进行的活动，国家是交换的主体，或者说国家是国际贸易的组织者。在国际贸易中，作为交换主体的国家要依据国际收支状况、外汇需求情况和国际经济合作的需要以及资源状况等做出符合国家整体利益的决策。而国际市场营销的主体是国际营销企业，是从企业这一行为主体的角度出发，确定国际市场的需求，并通过整体性的经营活动，满足国际市场的需求，从而实现企业的经营目标。

3. 商品流通形态不同

在国际贸易中，商品的流通必须是跨越国界的，也就是说，参与国际贸易的商品和服务必须从一个国家转移到另一个国家。国际贸易额可从国际收支平衡表中反映出来。而国际市场营销中，作为跨越国界的市场销售活动，是指这些活动超越国界，而不是指企业的产品和服务需要跨越国界。这主要是由于企业进入国外市场的方式不同所引起的。当企业采取出口形式时，商品和服务才真正跨越了国界，此时企业的国际营销额同时反映在国家收支平衡表和公司的记录中。如果企业采取的是直接对外投资形式，例如，在国外直接投资建立工厂，组织产品生产和销售时，企业最终产品并未发生跨国界交换，但企业在当地所进行的市场营销活动则是跨国界的异国型营销，此时的国际销售额就只反映在公司的记录中。因此，大多数国家的营销额往往比国际贸易额要大。

4. 经营动力不同

国际贸易的原动力是能获得比较利益。由于各国资源条件不同，使得生产同一种产品的成本费用存在着很大的差异。通过国际贸易，则可以使一国以较少的资源从他国换取较多的产品。而国际市场营销的主体是企业，企业作为自主经营、自负盈亏的经济实体，从事国际营销活动的原动力是获得最大利润。因此，企业的国际市场营销活动更具有主动性和积极性。例如，企业积极主动开展国际市场调研，分析国外消费者的需求，致力于新产品的开发和研究。

5. 活动内容不同

国际贸易通常只涉及部分营销活动，如产品的销售、定价、实体分配等，并且在进行这些活动时往往缺乏整体性的计划、组织和控制，一般也没有针对特定市场的调研、产品的开发、渠道的建立和促销活动。而国际市场营销则要涉及全部的市场营销过程和企业发展战略问题，从市场分析与市场机会的寻求、营销目标的确定到营销计划的制订、实施与控制等，都有一套行之有效的战略、战术、措施和方法。

【例 1-6】

可口可乐是如何进入中国的

美国可口可乐公司进入中国市场之初，并没有采用大规模的强势营销，而是研究和分析了中国的市场环境和市场条件后，将市场营销策略分为几步来实施。第一步，采用盈利很低的委托代理销售的方式，委托北京友谊商店和一些涉外宾馆代销。代销者没有任何风险，还可以无本求利，适当赚取一些外汇，因而销售的兴趣很大。第二步，在中国消费者初步接受了可口可乐以后，他们采取了一个更为顺应中国市场环境的方式，向中国免费赠送价值 300 万元的可口可乐生产设备。这时，面对日益增大的市场需求，中国不得不进口可口可乐原浆。可口可乐公司以有限的设备赠送，刺激了进口原浆的极大需求，原浆进口量每年高达一万多吨。第三步，在时机成熟时，他们就与中国合资开办工厂，终于开拓了需求潜力十分惊人的中国内地市场。

资料来源：孙忠群.国际营销精要.北京：中国经济出版社，2007

6. 管理侧重不同

国际贸易活动的主体是国家，因此，在管理方面更为重视宏观调控。比如，一国可以通过关税、出口限额、技术壁垒等政策限制外国商品和劳务的进口，而通过制定出口补贴、出口退税等有力措施鼓励出口，从而使一国的国际收支处于平衡和顺差状态。而国际市场营销活动的主体是企业，企业更加注重的是微观管理。比如，协调好企业在一个国外市场上所采用的营销方案，即市场调研、新产品开发、销售渠道的管理和促销活动，以及考虑企业在各个国外市场上的不同的营销方案之间是否相互协调，从而达到企业盈利的目标。

7. 评估效益的信息来源不同

评估国际贸易效益的信息来源来自国际收支平衡表，从中发现国际贸易的经营状况与效果。评价国际市场营销效益的信息来源是企业的营销记录。因而，这也体现了国际市场营销与国际贸易的差异。

第二节　国际市场营销学的形成与发展

一、国际市场营销学的形成

市场营销学作为一门独立的学科，形成于 20 世纪初期。在 19 世纪末到 20 世纪初，随着经济和科学技术的迅猛发展，经济学科和管理学科有了重大进展，市场营销学也逐渐形成，开始从经济学科中分离出来。

一般认为，第一本以 Marketing 命名的教科书是美国哈佛大学赫杰特齐教授（J. E. Hagortg）出版的《市场营销》，这是营销学作为一门独立学科出现的标志。当时，科学管理思想正处于初创时期，虽然商品流通和市场营销的作用在企业经营中已经开始显现出来，但是大多数企业仍然把经营的重点放在生产管理上。因此，那时营销学仍处于萌芽状态，它的内容实际上还局限于"推销术"和"广告术"，与现代营销学有较大的差距。以市场需求为中心的理念和营销活动真正被重视和应用是在第二次世界大战之后，资本主义国家科学技术的进步和生产力水平的提高所带来的经济过剩，使得企业必须要重视对市场的研究，并以此为出发点全面组织企业的生产经营活动，进而推动了现代市场营销学理论的产生与发展。与此同时，国际投资和国际贸易在第二次世界大战后的大发展催生了国际市场营销理论。

国际市场营销学最早产生于国际贸易最为活跃的美国。由于美国的企业较早地进入了国际市场，与各国建立起了比较密切的经济关系，为指导企业更好地从事国际市场营销，国际市场营销作为一门学科在美国得到了系统的研究。在 1956 年出版的《近代国际商业评论》中出现了"出口营销学"一词，认为出口营销就是出口企业针对美国以外的各国，运用美国的商业化政策及营销方式，有秩序、有组织地进行交易的过程。这一定义已基本形成了国际市场营销学的雏形。从此，国际市场营销理论和策略探讨，以及国际市场营销理论如何有效指导国际企业的实践等问题都受到了学术界和实践界的重视，尤其是美国企业跨国营销的发展，更引起了学者们的极大兴趣和关注，相关论文不断涌现，国际市场营销学呼之欲出。1959 年，美国宾州大学的克莱默教授首次提出了"国际市场营销"这一术语，从此揭开了对国际市场营销理论研究的序幕。

二、国际市场营销学的发展

在 20 世纪 60 年代，随着国际市场营销实践的不断扩展和纵深推进，国际市场营销学的理论研究也有了较大的发展。1965 年，费耶威泽撰写的《国际市场营销学》一书问世，该书系统地阐述了国际市场营销观念、国际市场营销调研和营销组合，使国际市场营销学作为一门独立学科体系的雏形初现。接着，在 1966 年美国科罗拉多大学教授菲利普·卡特奥拉和约翰·麦斯合著的《国际市场营销学》全面奠定了国际市场营销学科的理论基础，更进一步深化了学科的理论体系，建立了学科的完整架构。因而，该书也被称为本学科的代表作。

在 20 世纪 70 年代，美国的全美商学院大会要求各商学院增加以国际经济学为导向的课程，从而开始了在一国范围内对国际市场营销学的系统研究和全面推广。值得一提的是，20 世纪 70 年代的日本，企业在国际市场营销学方面的成就已经开始令人瞩目。在 20 世纪 70 年代，当日本具备了参与国际市场竞争的能力后，日本企业从营销调研、营销环境分析到产品开发研究、产品计划、定价策略、分销渠道、广告促销，一直到售后服务等方面都表现出了一种非常明显的国际市场导向，表明它们已经在有意识地、自主地开展国际市场营销活动。

20 世纪 80 年代以来，新技术革命对世界各国的经济生活都产生了巨大而深远的影响。另外，跨国公司的空前发展，对国际市场的影响也越来越大，从而使国际市场营销学开始在世界范围内受到重视。1982 年 6 月，来自欧洲和北美洲的著名国际市场营销学家会聚在荷兰商学院，对国际市场营销学所面临的一些理论问题和实际问题进行了深入而广泛的研讨。这次会议奠定了国际市场营销学的国际地位。1987 年，著名的市场营销学家菲利普·科特勒《国际营销学》的出版，标志着国际市场营销理论已逐步发展成熟。

进入 20 世纪 90 年代后，国际政治、法律、经济、文化和军事等各种因素的综合作用，导致了国际市场营销活动的外部环境和内部环境都发生了新的变化，世界经济的发展进入了空前的阶段，经济全球化成为世界经济发展的主流。经济全球化进一步促进了世界范围内商品、服务和生产要素自由流动的广度和密度，各国市场相互开放的程度也大大提高，过去在一些国家难以开放的市场如金融、投资、电信等市场也逐步开放。这一方面使国际企业面临更为广阔的市场领域和更为巨大的市场容量；另一方面也使国际企业面临着全球范围的激烈竞争和更为强劲的挑战，企业的生存和发展面临着前所未有的压力和威胁。于是，企业开始更专注于国际市场环境的分析和国际市场营销理论的研究，以制定更适合企业自身发展的国际营销战略。国际市场营销理论获得了新的发展。

进入 21 世纪，随着电子技术、网络技术和通信技术的应用与发展，电子商务、网络经营相继出现，国际市场营销学的理论又向着全球网络营销的方向迈进了一大步，得到了新的发展。

三、国际市场营销的发展阶段

企业国际市场营销是在一定的社会经济基础上产生的，又是随着社会经济的发展和市场条件的变化而发展变化的。从西方发达国家企业国际市场营销的实践来看，国际市场营销经历了六个基本阶段。

(一) 国内营销 (Domestic Marketing)

国内营销指的是目标仅在本国市场上的营销活动。这一阶段，企业营销的重点集中于国内市场，通常不会考虑国际市场和国际市场营销环境等问题。国内营销一般来讲有两种情况：一种是国内营销发生在国际统一市场尚未形成之时，企业面临的仅仅是一个不成熟的国内市场；另一种是企业仅仅把目标锁定在国内市场，而对国际市场不予考虑。前者由营销的客观条件所决定，后者则更多地反映企业的战略规划。

(二) 出口营销 (Exporting Marketing)

出口营销是企业以国内市场为基础，同时从事部分产品的出口业务，通过产品出口进入国际市场的一种市场营销形态，是企业进入国际市场的第一阶段。在这一阶段，出口营销企业对国外的目标市场进行选择，并依靠国内生产供货，重点是充分利用本国的产品和经验，因此，其国际市场营销规则并不十分明显，很多交易都是国外客户主动发来订单，而出口商也多采取间接出口的方式，即依靠国内出口管理公司或贸易公司代为处理它们的出口业务。随着企业进入国际市场广度和深度的加强，以及进入国际市场资源和经验的积累，一些企业迈向直接出口的阶段，即把产品直接销售给国外中间商或最终用户。直接出口意味着企业与国外市场直接挂钩，标志着企业开始真正意义上的国际市场营销活动。

(三) 国际营销 (International Marketing)

国际营销是在出口营销的基础上，企业更多地参与某些国外市场，并有比较完整的国际市场营销策略的营销活动。这一阶段的国际市场营销不仅着眼于产品的出口，而且明确把某些外国市场作为自己的目标市场，根据这些海外目标市场的需要，开发产品，建立渠道，销售产品，获得利润。在这一阶段，企业也可以通过在某个国家设立分支机构，从而建立起在该国更加有力的协调销售活动的市场营销系统。

(四) 多国营销 (Multinationa Marketing)

多国营销是指企业同时参与多个国外市场的一种国际市场营销活动，它比国际营销在开拓国外市场的深度上又进了一步。这是企业进入国际市场的第三阶段。企业进入国际市场营销后，逐渐发现国际市场的需要差异性很大，为了适应各国市场不同的需求而实行多国市场营销战略，即企业为每一个国家制定一种营销战略，以适应每个不同条件的国家的需要。在这一阶段，企业的导向是多中心主义。多中心主义是假设国际市场是如此不同和独特，企业要获得营销的成功，必须对差异化和独特化市场实行适应的战略。这一阶段产品的战略是适应各国市场战略。

（五）全球营销（Global Marketing）

全球营销是指企业将整个世界市场作为一个统一的市场，采用单一的营销战略，面对全球市场开展营销活动。全球营销是在全球化趋势日益明显的条件下出现的一种国际市场营销活动。因为从这一阶段的消费者兴趣和偏好来看，相似的需求已构成一个统一的世界市场，企业可运用一种一体化方式来协调不同国家的消费者需求，可生产全球标准化的产品以取得规模效益。例如，微软公司是以一种全球性的眼光来看待 Microsoft 的目标市场，而不是以单个国家为基础，这样就可以建立一个全球范围的标准产品，而对国家间的差别仅需作微小的变动，从而减少了软件本土化的时间。

再如，麦当劳将产品、分销、促销等各个供应阶段标准化，在产品上，只提供汉堡包、炸薯条、冰激凌和软饮料等；分销方面的选址要保证在 5 公里的半径范围内有 5 万以上的居民居住；促销环节始终坚持以儿童为主要促销对象。这样就使得该公司可在全球范围内有统一的标准来进行营销活动战略的制定与实施。

【例 1-7】

青岛海尔集团国际化战略已进入新阶段

海尔集团发言人日前称，海尔集团的国际化战略已进入新阶段，即全球化品牌战略阶段，又称为"走出去"战略阶段。该发言人指出，海尔的海外拓展分"三步"推进：第一步界定在 2000 年以前，称为"走出去"，目标是进入欧、美、日等发达国家和地区的主流市场，但只销售单一产品；第二步界定在 2001~2005 年，称为"走进去"，目标是全系列产品进入主流渠道，销售仍以低端入门产品为主；第三步从 2006 年开始，称为"走上去"，目标是在一流渠道销售全系列高端产品，使海尔成为主流渠道的主流品牌。截至 2005 年，海尔实施了"3 个 1"战略，即国内生产国内销售占 1/3，国内生产国外销售占 1/3，国外生产国外销售占 1/3。从 2006 年起，海尔开始实施全球化品牌战略，这个战略以获得全球美誉为目标，以大客户、大订单的战略为途径。

资料来源：孙忠群.国际营销精要.北京：中国经济出版社，2007

（六）全球网络营销

全球网络营销是现代营销观念发展的又一新方向。全球营销战略是倾向于全球资源的集中和统一使用，强调标准化的策略和低成本优势；而在全球网络化营销阶段，则是通过相互连接的全球信息网络把各个子公司在各市场创造性的营销经验和技能通过组织内的传递机制进行有效传递，从而成为整个公司共享的资源。同时跨国公司利用现代信息网络资源开展活动，能将产品说明、顾客意见、广告、公共关系、顾客服务等各种营销活动整合在一起，进行一对一的双向互动沟通，真正达到营销组合所追求的综合效果。这是营销战略在网络时代的一种新的升华，更本质地反映了具有时代特征的营销理念和运作。这种扩展了的营销观念被通用电气公司总裁韦尔奇称为"无边界营销"。

第三节　经济全球化与企业国际化经营

一、经济全球化

（一）经济全球化的概念与趋势

1. 经济全球化的概念

1985 年，T. 莱维在《市场全球化》一文中正式提出了经济全球化（Economic Globalization）的概念。从那时起，关于这一现象的研究便迅速扩展到社会、政治、文化和经济等各个领域，尤以经济全球化的研究居多。世界贸易组织在 1995 年度报告中指出："对全球化的定义和描述，首先应着重'质'而不是'量'，它是不同国家的市场和生产日益变得更加相互依存的过程，这是由于货物和服务贸易的发展以及资本和技术的流动造成的。"联合国贸发会议 1997 年度报告指出："全球化既指货物和资源日益加强的跨国界流动，也指一套管理不断扩大的国际经济活动和交易网络的组织结构的出现。"国际货币基金组织在 1997 年发表的《世界经济展望》中，曾对经济全球化下过这样的定义："全球化是指跨国商品与服务交易、国际资本流动规模和形式的增加，以及技术的广泛迅速传播使世界各国经济的相互依赖性增强。"美国全球化理论权威、哈佛大学肯尼迪政治学院院长约瑟夫·奈则认为，全球化的第一层含义是经济领域的，指商品、服务、资金、信息远距离的流动。还有学者认为经济全球化本质是全球范围内市场经济发展的历史进程，是市场经济的全面推进和空前大发展。这些界定都从不同的角度探讨了经济全球化的内涵。就其本质而言，经济全球化是商品、服务和生产要素在全球范围内自由流动、合理配置趋势的不断扩大和加深，在这一趋势中，各国逐渐建立起统一的市场经济运行体制，各国经济的依赖性、渗透性日益增强。

经济全球化大致经历了三个阶段：第一阶段是从 16 世纪初期到第二次世界大战之前。这一时期，各国之间的经济联系日益增强，国际贸易繁荣，国际资本、劳动力大规模流动。铁路和航运业得到了快速发展，运输成本急剧下降，贸易壁垒减少，这些在很大程度上推动了经济全球化的发展。当时的全球化以殖民主义国家掠夺殖民地和半殖民地的人力、自然资源为主要特征。第二阶段是从第二次世界大战之后到"冷战"结束以前。第二次世界大战后，世界政治经济格局发生了重大变化，以欧洲为中心的相对稳定的国际经济格局不复存在，美国成为头号强国。1945 年国际货币基金组织和世界银行成立，1947 年又缔结了关税及贸易总协定。这些组织和协定对推动世界经济发展、全球贸易谈判等起到了巨大的作用，也是经济全球化进入一个新阶段的重要标志。但是由于社会主义与资本主义两大阵营的存在，使得世界市场的融合受到了一定程度的限制。第三阶段是"冷战"结束后至今。"冷战"结束后，发展经济成为各国的主要任务，许多发展中国家开始考虑走向市场化，世界经济得到前所未有的发展，特别是 20 世纪 80 年代以来，几乎所有的国家都被纳入世界经济运行的体系中。

经济全球化进程的不断加速是当今世界经济发展的主要趋势，几乎所有的国家都被纳入这一趋势之中。20 世纪 90 年代以来，随着以信息技术革命为中心的高新技术的迅猛发展，生产要素已冲破国界，在全球范围内自由流动，各国、各地区间的经济相互交织，相互融合，逐渐统一成一个整体，即全球统一的市场，同时也建立起了在世界范围内规范经济行为的贸易规则。各经济组织按照规则行事，生产要素得以在全球范围内优化配置，从而缩小了各国和各地区间的距离，使世界经济越来越融为一个整体。在经济全球化这样一个世界经济融合的历史过程中，世界各国的经济、政治、军事乃至文化和思维方式都面临着巨大的冲击，各个国家都必须去适应它，并积极地参与其中。经济全球化是一把"双刃剑"，带来机遇的同时也带来了挑战。它一方面加速了世界经济增长，为少数发展中国家追赶发达国家提供了一个难得的历史机遇；另一方面也加剧了国际竞争，增加了国际投机和国际风险，并对国家主权和发展中国家的民族工业造成了严重冲击。

2. 经济全球化的趋势

经济全球化以不可逆转的趋势在发展，概括起来，这种趋势主要表现在：

（1）国际贸易规模扩大，自由化程度加深。第二次世界大战后，国际贸易增长十分迅猛，大大超过了世界 GDP 的增长速度，国际贸易增长率一般都比世界 GDP 增长率高 1 倍以上。服务贸易的增长幅度超过一般货物贸易，使得目前服务贸易已成为国际贸易的一个至关重要的组成部分。总体来看，国际贸易自由化程度在不断加深，而 WTO 则为贸易自由化提供了巨大的动力。WTO 所进行的多边谈判及签订的协议使关税水平大幅降低，除传统货物贸易之外，包括服务、技术和知识产权等一些新领域在内的贸易自由化的范围也不断扩大。

（2）生产国际化不断发展，跨国公司继续保持强劲的发展势头。目前企业的生产经营不再是以一个或几个国家为基地，而是向高度的国际化发展，形成了全球的研发、生产、销售、服务网络，使每个国家都成为这个网络中的一部分。而跨国公司的飞速发展对生产国际化起到了重要的推动作用。20 世纪 70 年代末，全球跨国公司只有 1 万多家，拥有子公司 4 万多家，进入 80 年代以来，跨国公司数量大幅度增加。据联合国《2006 年世界投资报告》显示，目前全球共约有 7.7 万家跨国公司和超过 77 万家国外子公司。2005 年，这些国外子公司创造价值 4.5 万亿美元，雇用工人约 6200 万名，出口货物和服务价值超过 4 万亿美元。由于跨国公司有使"交易内部化"的作用，大大减少了交易成本和阻碍国际分工的各种壁垒，使生产国际化的程度不断加深。

进入 21 世纪，跨国公司的发展将呈现出新的态势：一是为了提高全球范围内的研究、开发、生产和销售水平，跨国公司之间的战略性兼并不断加剧。二是跨国公司向多领域、多功能的方向发展，不仅涉足传统产业，而且十分重视信息、新材料、金融等富有增长潜力的产业；不仅在发展中国家投资生产劳动密集型产品，而且重视资本密集型、技术密集型产品的生产。三是对外直接投资迅速增加，通过直接投资在海外设厂，可以绕过一些国家的贸易壁垒，在全球范围内配置资源，因此这也成为跨国公司推行其全球战略的一个重要手段。四是跨国公司的经营战略趋于当地化，实现原材料、产品服务、经营管理、人才、企业文化、研究开发的当地化，并融入东道国的经济、社会、法律、文化环境之中。

（3）金融全球化进程迅速发展，自由化程度将继续提高。金融全球化始于 20 世纪 70 年代，到了 90 年代，更是以迅猛之势席卷全球。金融全球化最明显的表现是银行资本、证券资本在全球范围内的流动规模急剧扩大，流动速度急剧加快。第二个表现是跨国银行间的兼并和重组，通过合并，进一步提高了商业银行和投资银行的国际竞争力，获得了规模效益。第三个重要表现是国际直接投资的资本流量大幅增长。20 世纪 70 年代以来，很多国家实行了金融自由化改革，特别是在乌拉圭回合谈判中达成了金融贸易方面的协定后，世界上 90%的国家的金融市场得到开放。发达国家的金融管制已不多见，而发展中国家在金融自由化方面也取得了很大进展。

（4）区域性经济组织间的协作日益完善。由于世界各国间的经济水平存在巨大差异，经济自由化进程很难同步进行，因此一些地缘接近、经济发展水平相近的国家或地区相互提供贸易、投资便利，在全球范围内建立了各种形式的区域经济合作组织。这种经济合作组织既有发达国家间的联合，如欧盟；也有发展中国家间的联合。区域经济合作在各国国际贸易利益的矛盾和冲突下发展起来，在区域内实行贸易、投资等一体化措施，消除各种壁垒，实现商品、技术、资本、人员的自由流动，优化资源组合，提高经济效益，但对区域外的国家则具有排他性和封闭性。值得注意的是，近年来，一些区域性经济组织采取了开放的地区主义做法，不再局限于区域内国家间的合作，而是开始积极寻求与区域外的一些国家或其他经济组织加强协作，如欧盟与南方共同市场签署了《合作框架协议》，亚太经合组织也在不断发展和扩大等。

（5）国际产业结构将继续进行调整。随着经济全球化进程的推进，世界范围内先后发生了三次产业结构调整。第一次是 20 世纪 60 年代初，一些发达国家将劳动密集型产业转移到劳动力成本低廉的发展中国家，而重点发展资本密集型产业和技术密集型产业，以期取得更高的经济效益。第二次是 20 世纪 70 年代，受能源危机的影响，发达国家将消耗大量能源和资源、对环境有严重污染的重化工业向发展中国家转移。第三次是 20 世纪 80 年代以来，随着知识经济时代的到来，发达国家再一次进行了产业结构调整，致力于发展知识、技术密集型的高科技产业，将劳动密集型产业和一部分资本密集型产业向发展中国家转移，主要发达国家开始向后工业社会过渡。这一产业升级尚未完全完成，仍在继续。

（6）信息产业以前所未有的速度发展，并极大地促进了经济全球化的进程。信息技术及其产品和服务在社会经济生活中的普遍应用提高了生产效率，且通过信息技术的渗透促进了产业结构的升级和优化，使生产方式由粗放型向集约型转变。各国对发展信息产业均十分重视，如欧盟成员国每年对信息产业的投资多达 280 亿美元，日本每年用于信息产业研究和开发的投资则为 250 亿美元。这些措施使包括硬件制造业、软件业、信息服务业在内的信息产业得到了空前发展。国际互联网络的普及极大地改变了人类的生产和生活方式，提供了加强各国经济联系的新纽带，并不断提高着金融、贸易、企业全球经营的效率和质量。总之，信息产业正式成为全球新的、重要的经济增长点。

【例 1-8】

惠而浦不退反进的最新逻辑

如果你是一家跨国公司的全球高层决策者，你的公司在全球有可能赚到钱的中国市场 12 年来屡屡碰壁，而且前景看起来渺茫，你的下一步决策会是什么呢？

相信这是一个不需要用太多考虑就能回答的问题，要么关闭业务逐渐撤退，要么保留部分实力等待下一个机会。但对惠而浦公司的 CEO 杰夫·费蒂格（Jeff Eettig）来说，他的答案却出乎所有人的意料。2008 年 4 月 28 日，他与海信集团董事长周厚健一起在青岛宣布，将共同出资 9 亿元（双方各占 50%股份）建立海信惠而浦电器有限公司。新公司将在浙江湖州成立拥有 200 万台高滚筒洗衣机和 100 万台 350

升以上冰箱产能的生产基地。

不退反进。这家全球最大的白色家电制造商有什么过人的智慧？事实上几乎所有的业内人士都没有看出来。

对海信而言，从一开始它的意图就很明显，需要惠而浦的高端洗衣机制造技术完善其白色家电产品线。

但对惠而浦而言，建立这样的合资公司实际上并非当务之急。一方面，它要触及惠而浦在上海的原生产线是否保留的问题——惠而浦早已经抱怨过在上海生产成本过高，但如果要将十年来积累的工厂资源全部迁往湖州，惠而浦需要下决心并付出很大代价。此外，惠而浦不少员工也私下担心，海信一旦在湖州获得它梦寐以求的高端洗衣机技术后，惠而浦会面临被甩开的危险。另一方面，惠而浦最现实的需求是，找到足够稳定的订单来支撑它的生产线，使之不断运转达到盈亏平衡点，而不是再继续投资建厂。

不过，杰夫·费蒂格似乎并不这么看，在签字仪式上，他乐观地表示，中国是惠而浦最重要的市场之一，相信与海信的此次合作是一个明智的战略之举。

资料来源：汪若菡.惠而浦不退反进的最新逻辑.环球企业家，2008（10）

（二）经济全球化的成因

全球化的历史可以追溯到古希腊和古罗马文明扩张时期。在这一时期，古希腊人和古罗马人将他们的经商区域扩展到了地中海地区。佛教、基督教和伊斯兰教中的一神论思想也对全球化的发展起到了一定作用。随着航海技术、军事技术的进步以及印刷术的广泛传播，西欧各国开始探索新大陆，甚至新大陆以外的区域。这一系列活动也推动了更为广泛的世界共同体思潮的发展。此后，工业革命的发展将核心（大工业经济）与边缘（原材料供应经济）联系起来。到19世纪，欧洲国家的语言占据了主导地位，科技的进步，以及马克思主义、市场一体化等新思潮的广泛传播最终促进国际化的步伐加快。两次世界大战期间，随着贸易壁垒、竞争性货币贬值与兑换以及控制移民等新现象的出现，旧有的体系土崩瓦解。经济全球化的形成与发展不是源于某一个原因的推动，也不是在短时间内一蹴而就的，而是多方面因素在漫长的时间内交互作用的结果。

1. 科学技术进步和生产力的发展

20世纪以来，科学技术越来越成为经济发展的第一推动力和决定各国经济增长的至关重要的因素。以电子技术、信息技术、基因技术、新材料技术、航天技术等为特征的第三次科学技术革命带动了一大批新兴产业在发达国家的产生，使一些传统产业特别是劳动密集型和资源密集型产业转移到发展中国家，世界走向了工业化；经济全球化进程加快；与此同时，由于科技的迅速发展，使一些国家在许多产业上的优势不如以前那样明显，各国几乎处于同等竞争水平，于是产业的内部分工得以增多。远洋运输和航空货运技术不断进步，使国际运输与信息交流的成本大幅下降，廉价、便捷的交通使全球化生产和管理成为可能。

2. 市场经济体制被越来越多的国家采用

作为配置资源的一种理想方式，市场经济成为推动经济全球化的一个重要动因。市场经济要求把有限的资源配置给有需要且产生最大效益的企业、部门和领域，因此必须使资源在国内、国际两个市场上自由流动，从而要求形成全球范围内统一的大市场。只有各国消除了各种对外经济贸易壁垒，实行相同或类似的经济体制，经济全球化才能得到发展。越来越多的国家认识到，只有选择市场经济体制，才能加快本国经济发展的速度，提高本国经济的运转效率和国际竞争力。封闭经济体制由于缺少外部资源、信息与竞争，而呈现出经济发展的静止状态。自20世纪80年代以来，许多国家都实行了以市场经济为导向的改革，市场体制成为这些国家融入全球化进程的基本经济体制。因此，各国在经济体制上的日益趋同，逐渐消除了商品、生产要素、资本以及技术在国家与国家之间进行自由流动的体制障碍，从根本上促成了经济全球化的发展。可以说，经济全球化的实质是市场机制的全球化。

3. 跨国公司不断扩张

跨国公司是市场经济高度发达的产物，其作为全球化的行为主体，直接推动着全球化的发展。跨国公司追逐规模效益与分工，推动了投资和生产从国外区域间分工向国际分工的发展，以及销售从国内市场向国际市场的扩张，形成了全球配置资源，跨国协调生产与经营活动的格局。同时，跨国公司本身也在迅速地全球化，即它们在海外的利益正在超过在母国的利益，甚至将其中心和总部转移到母国以外的地区。另外，跨国公司对经济全球化的促进作用还表现在通过直接投资把资本、技术和管理的"合成资源"推广到世界各地。第二次世界大战后，跨国公司根据自身的经营战略在全球范围内进行研究、开发、融资、生产和销售，使生产要素突破了国家的界限，在全球范围内合理流动。跨国公司的全球性经营战略，实质上就是经济全球化战略，跨国公司充当了推行经济全球化战略的角色。尤其是近年来，全球企业的兼并与收购趋势越来越明显，成为了跨国公司国际化生产和发展的一个重要特征，有利于资源的优化配置和全球经济的融合。总之，跨国公司对全球化的促进作用表现在，作为对外直接投资的驱动力和主要载体，通过"内部化"优势扩展它们在全球的生产经营活动，向世界各地转移资本、技术和管理的"合成资源"。

4. 信息技术迅猛发展

信息技术的迅猛发展，尤其是以信息技术革命为中心的高新技术的迅猛发展给经济全球化提供了技术支持。世界经济的信息化有力地促进了全球化的深度发展。信息高速公路大大缩短了世界市场各个部分之间的距离，全球电脑网络可以在片刻之间完成上万亿美元的国际金融和贸易业务，从而为全球化提供了最坚实的基础。20世纪末兴起的信息革命降低了交易成本，缩短了生产周期，使国际投资速度加快，跨越国界的资金流量增大，巨额金融资本的国际转移在短时间内得以完成。远距离控制的成本主要是信息成本，信息技术的进步可降低企业的远距离控制成本，增大企业的活动半径。多媒体技术的发展与网络经济的诞生，使得这种成本大幅度下降成为可能。从理论上讲，当今一家有能力进行全球扩张的企业的活动范围可以达到世界的任何地方。可以说，信息产业的发展成为经济全球化加速推进的又一重要动力。

5. 国际经济组织的作用日益加强

世界贸易组织及其前身关贸总协定通过组织多边贸易谈判，降低关税和消除非关税壁垒，有力地促进了世界贸易自由化。此外，国际货币基金组织、世界银行等经济组织在世界经济事务中的作用日益加强，成为推进全球化进程的又一动力。

（三）经济全球化对国际市场营销的影响

经济全球化是对当代世界市场经济发展趋势的高度概括，它的出现必然会带动新的管理思想和方法、新的生产方式与营销方式的出现，同时必将对企业的国际市场营销活动产生巨大影响。

1. 企业需要具备全球视角和树立全球营销观念

经济全球化将使未来全球市场成为一个联动的整体，形成全球性的国际分工体系。随着市场范围的扩大，企业对外部环境的监控能力将逐渐弱化，这就要求企业拥有全球视角，树立全球营销观念。全球视角就是强调各企业主要职能的全球分工与整合；强调寻求市场共性，寻求各国消费者需求的共性而非差异性，实行跨地区或跨国家的标准化；强调使用标准化的策略来服务于全球的目标顾客。企业要将一组国家市场（包括母国市场和海外市场）视为一体，把具有相似需求的潜在购买者归入一个全球细分市场，谋求制定标准化的营销计划。企业的全球营销计划包括标准化的产品和因国而异的广告。或者是对于所有的国家都采用标准化的主题，但根据不同国家、不同文化的独特市场特征做一些形式上的调整；或者是品牌和形象标准化，而调整产品以满足特定国家的需求等。换言之，营销计划和营销组合方案是从全球角度制定的，只要营销组合可行就寻求标准化带来的效益；只要文化的独特性要求调整产品、产品形象等，就予以调整。

2. 企业需要更新竞争理念和竞争方式

经济全球化企业面对全世界范围内的竞争对手，竞争的激烈程度极大加深，竞争方式也面临深刻的变革。主要表现在：

（1）形成重视竞争对手的竞争理念。传统的营销活动往往把注意力集中在企业和顾客的关系上，因而容易忽视竞争对手。在科技高度发达的今天，仅仅满足顾客的需要和向顾客提供超值的服务是不够的，企业要让自己强于竞争对手，必须注重研究企业和顾客及竞争对手之间的关系，善于创造和保持竞争优势。

（2）构造"和谐组合"的竞争优势。企业除了要在技术、产品推销和服务方面展开竞争外，还要争夺各种资源要素，从而增加了企业发展的难度。这就迫使企业不得不正视竞争、参与竞争，加强自己的竞争优势。企业的竞争优势来自企业的创新能力，来自企业所拥有的、独具特色的、能够更好地满足顾客需要的核心能力，它体现在企业的整体营销活动之中。这种竞争优势是具有更先进的技术和知识水平的"和谐组合"的综合优势，不是单纯地拥有技术优势、成本优势、管理优势、营销优势等某种单一优势，而是更多地依赖于具有学习知识能力的人的创造性。

（3）采用基于"竞合"的竞争方式。传统的竞争观念认为，竞争的成功建立在对手失败的基础上，这种观念在我国企业的市场营销上表现尤为突出，价格战和广告战导致参与竞争的企业两败俱伤。当今许多行业都处于微利经营状态，盲目的"自杀式"竞争，只能使企业陷入经营困境。在经济全球化的新形势下，市场发展需要在竞争的同时采取适当的联合，才能实现"双赢"。因此，企业需要实行资源共享、优势互补的战略联盟和企业间合作，采用"竞合"的营销战略。

3. 企业需要确立基于环境保护的绿色营销战略

在生产力高速发展的今天，生产环境日益恶化，世界各国渐渐意识到生态环境对人类的影响，在世界贸易规则中，环境保护已经成为新的主题。面对这种态势，绿色需求正在迅速增长，绿色市场将持续蓬勃发展。据有关资料显示，1995 年世界绿色市场规模达 4270 亿美元；2000 年达到 6000 亿美元；到 2010 年将增至 1.2 万亿美元。各国可持续发展战略的提出和绿色市场规模的迅速扩大，必然要求企业以绿色营销观念为指导，尽力满足各国消费者的绿色需求。绿色营销观念强调企业在营销活动中要把市场需求与环境保护有机结合起来，大力开发绿色产品，尽量减少乃至消除环境污染所造成的危害。企业在进行国际市场营销时只有适应这种新形势的要求，才可能保证企业的生存与发展。

4. 企业需要强调适应性的文化营销战略

经济全球化使得企业竞争呈现无国界化，企业将会进入各种不同文化背景的市场。各国消费者在行为特征、思维方式、价值取向方面相去甚远，必然给企业国际市场营销带来巨大挑战，迎接这种挑战的重要方式就是采用适应性的文化营销战略。适应性的文化营销是指企业在经营活动中，针对企业面临的目标市场的文化环境采取一系列的文化适应策略，以减少或防止经营文化与异域文化的冲突，进而使营销活动适应当地文化，并与之相融合的一种营销方式。具体而言，企业可以通过对目标市场文化环境的了解和体会，在进行营销活动时，尽量尊重、适应东道国的文化，避免与其文化传统相冲突。

各个国家都有自己独特的文化，即使在同一个国家的内部，不同群体、不同民族间也有着文化上的差异。不同的文化背景决定了人们不同的价值观、行为方式和消费需求。面向全球一体化大市场，企业在进行营销活动时必须尊重客观存在的文化差异和其规律性的要求，主动将营销活动融入文化之中。企业在设计产品时，应把消费者认同的民族文化、地区文化或现代化文化融入其中，满足消费者的文化需求。

二、企业国际化经营

(一) 企业国际化经营的概念

1. 国际化经营 (International Operation)

对于"国际化经营"，许多学者从不同的视野给出了类似而又有区别的定义。罗伯克 (S.Robock) 在《国际经营和多国企业》一书中给出的定义是："国际化经营是指企业超越国境的包括商品、服务、资本及人力资源等交易，以及技术转让和人力资源管理等在内的各项事业活动。"

约翰·费耶维舍 (J. Fayerweather) 在《国际经营管理》一书中指出："尽管人们可以给国际经营一个复杂的定义，但是它只有一个最基本的特征：即它是涉及两个或更多国家的经营活动，或者说其经营活动被国界以某种方式所分割。"

理查德·罗宾逊 (Richard D. Robinson) 在《国际化经营》中提出："国际经营是企业在一个以上的国家内，对公共社会或个人产生影响的经营活动。"

综上所述，我们可以理解为：国际化经营是指企业在国与国之间从事生产经营活动，包括在全国范围内实行生产资料的配置，以及其他超出国境的各种经营活动。

2. 国际企业与跨国公司

国际企业 (International Enterprise) 在许多情况下也被称为跨国公司 (Transnational Corporation) 或多国企业 (Multinational Enterprise)。但是，从严格意义上讲，国际企业与跨国公司是有区别的。

著名的英国跨国公司研究人员约翰·H.邓宁 (John H.Dunning) 将国际企业定义为："国际企业的概念，简而言之就是在一个以上的国家拥有或者控制生产设施 (例如工厂、矿山、炼油厂、销售机构及办事处等) 的企业。"由此可见，只要在一个以上国家进行生产、经营活动，就可以被称为国际企业。

但是，"跨国公司"的概念与国际企业相比，要更加严密。1972 年，由联合国秘书长指定的知名人士小组在题为《跨国公司对发展和国际关系的影响》的报告中，给"跨国公司"下了一个定义："跨国公司就是在它们总部所在的国家之外拥有或控制着生产服务设施的企业。这种企业不一定是股份或私人的公司，它们也可能是合营组织或国有的企业。"

1983 年，在联合国跨国公司中心发表的第三次调查报告——《世界发展中的跨国公司》中对跨国公司进行了更为严格的定义："跨国公司的定义应指这样一种企业：①包括设在两个或两个以上国家的实体，不管这些实体的法律形式和领域如何。②在一个决策体系中进行经营，能通过一个或几个决策中心采取一致对策和共同战略。③各实体通过股权或其他方式形成的联系，使其中的一个或几个实体有可能对其他实体施加重大影响，特别是同其他实体分享知识资源和分担责任。"

著名的哈佛大学商学院雷蒙德·弗农（Raymond Vernon）教授和小露易斯·T. 威尔斯（Louis T.Wells）教授还结合发达国家跨国公司的特点提出了他们有关跨国公司的定义："它们在一个国家设立母公司，并在其他许多国家拥有一些分支机构。这种类型的企业的经营方式，使得它们的分支机构在不同国家里，但是仍然具有以下特征：①它们以共同的所有权为纽带而相互联结。②它们依赖于共同的资源组合，如货币的信用、信息和系统以及商标和专利。③它们受控于某个共同的战略。"

虽然关于跨国公司的各种定义互有区别，但是一般都认为跨国公司是那些在其他国家或地区拥有和控制子公司，从事跨国生产经营活动的企业，是多种文化的、多国的、跨越全球的系统；这种系统拥有共同所有权、共同战略，共同分享资源和承担责任。从管理的角度看，跨国公司在国内的或母国的活动仅仅作为公司在世界范围内活动的一部分。显然，对外直接投资是跨国企业最明显的特征。

（二）企业国际化经营的内涵

企业国际化经营不仅是指货物的跨国界转移活动（商品直接以进出口为核心的国际货物贸易），它还包括技术或知识产权的跨国界转移活动，如技术或知识产权方面的特许或授权，包括商标、专利、专有技术、版权的跨国界及计算机软件等知识技能的国际化；资本的跨国界流动，如国际信贷、证券投资和直接投资等；以及各种形式的劳务或服务的跨国界转移活动，如工程承包、劳务输出、管理合同等合约性安排，以及银行、保险、租赁、宾馆与旅行社、仓储与运输、物业与房地产、咨询、广告及会计等国际性的服务经营等。

1. 生产和商品的国际化

生产和商品的国际化主要有两个方面的含义：①商品生产的国际化，即社会分工超越国家范围，各国在全球范围内进行国际分工和合作，各自生产并大量出口具有生产优势的产品。如美国生产了全球绝大多数的民用飞机；中国在全球中低档纺织品生产上占有很大份额。②商品市场的国际化，即商品在经济全球化中，企业根据各国消费者的需求与欲望的国际化倾向，按照全球营销观念，制造出受世界各国普遍欢迎的"世界产品"，甚至采用统一商标和促销手段满足市场顾客的需要。第二次世界大战以后，商品的国际化在世界经济国际化中的地位明显增强，表现在：①出口商品在同类产品和产业生产中的比重明显上升。②出口贸易依存度上升，1980年，低收入国家、中等收入国家和高收入国家的出口依存度分别为10%、25%、19%；1996年，上述数字相应上升为20%、27%、20%。东亚地区在这方面的变化更明显，20世纪90年代东亚商品贸易年均增长17%，商品和服务贸易出口占GDP的比例上升到30%，是1980年的两倍。③出口贸易量的增长率高于世界经济增长率。1980~1990年，世界商品和服务出口年均增长5.2%，1990~1997年为7.0%；而同一时期世界经济的年均增长速度分别为3.1%和2.3%。世界贸易组织2007年7月12日在日内瓦发表了《2006年全球贸易报告》，报告表明，2006年全球货物贸易出口增长8%。以地区划分，亚洲地区的增长最快，达到13.5%。全球货物贸易进出口总额达244420亿美元，其中欧盟、美国和中国为全球最大的三个贸易体。

2. 技术的国际化

技术的国际化是指技术从一个国家或地区到世界其他国家或地区的有偿转移。20世纪50年代以来，国际技术贸易日趋活跃，规模不断扩大。许可证和特许权使用费支出从1976年的68亿美元增至1995年的600多亿美元。技术国际化是当代社会生产力的客观要求：①要积极参与科技领域的国际分工，发展技术贸易，及时吸收国外先进技术，已成为各国的共识。②当代科技研制费用剧增，国际科技合作与交流成为客观需求。③当代科技开发周期大大缩短，为国际技术贸易打下物质基础。

当代技术国际化表现在从技术成果最终环节的国际化转移到研究与开发初始环节的国际化；技术国际化还表现在技术引进和输出迅速增长两个方面。

3. 服务的国际化

服务的国际化即服务在国际贸易中的比重不断上升。服务输出包括对外工程承包、对外劳务合作、国际旅游、国际运输服务、国际通信服务及国际金融保险服务等。

世界银行将服务输出按性质分为两类：①要素性服务，即劳动力的输出，包括境外的对外工程劳务输出、海外直接投资劳务输出和境内劳务输出（来料加工等）。②非要素性服务，即运输、保险、旅游、通信、咨询服务和信息传递等。全球服务贸易出口，1980年为4140亿美元，1998年为12900亿美元，占同年世界商品贸易出口额（53750亿美元）的24%。2006年世界贸易进出口统计数据，世界服务贸易进出口总额为53300亿美元，增长12%，增幅比2005年提高了1个百分点。

4. 资本的国际化

资本的国际化是指国际直接投资在世界经济中的地位和作用加强的趋势。20世纪70年代以来，全球对外直接投资（FDI）规模增长迅猛，1980年全球对外直接投资总额为5115亿美元；到2000年达到1.4万亿美元，创历史最高纪录，与1980年相比增长了近两倍。2000~2003年全球对外直接投资规模下降，但2004年以后，全球对外直接投资规模增长速度加快，2005年全球对外直接投资总额达9160亿美元，较2004年增长了

29%。2005 年，全球吸引 FDI 最多的国家是中国。2005 年，中国大陆吸引全球 FDI 总额为 724 亿美元，是继英国（1650 亿美元）、美国（990 亿美元）之后吸引 FDI 最多的国家。对外直接投资迅速增长的原因在于随着世界经济集团化、区域化和一体化的发展，争夺经济集团内部的市场机会和发展空间，加强行业竞争和垄断地位，突破贸易壁垒，开发资源的区位优势，拓展高新技术的领先地位，成为国际竞争的核心内容。

【例 1-9】
没有国界的 ABB 集团

ABB 公司全称为阿希·布朗·勃维利集团，创建于 1987 年，是一家以电气工业为主，加工工业和铁路工程并举的全球性集团公司，总部设在瑞士的苏黎世。1992 年公司总资产为 259 亿美元，销售收入达 296 亿美元，相当于秘鲁这样中等规模国家的年产值。在世界 500 家最大的工业公司中名列第 33 位。

ABB 集团董事会由 9 人组成，分别来自瑞士、瑞典、德国、美国和卢森堡等国，反映了不同国家的资本在 ABB 集团的参股情况。集团总经理兼首席执行官和副首席执行官参加董事会会议，但没有表决权。董事会下设管理执行委员会，由 13 位委员组成，主任由总经理担任。除了总经理和副首席执行官外，其他 11 位委员都是执行副总经理，各负责一部分工作。

ABB 集团在各地设有工厂和分支机构，销售收入也来自世界各地。1991 年，它的总销售额达 288 亿美元，其中约 173 亿美元来自西欧各国，52 亿美元来自北美，43 亿美元来自亚、澳，19 亿美元来自拉美、非洲和东欧。销售收入超过 5 亿美元的国家有：美国、德国、英国、意大利、挪威、丹麦、芬兰、法国、西班牙、瑞士、加拿大、日本和澳大利亚。ABB 集团共有职员 21.4 万多名，其中约 14 万名在西欧各国，3 万余名在北美，2 万余名在亚、澳，近 2 万名在其他地区。雇员超过 1 万名的国家有：德国、美国、意大利、瑞典和挪威。

对于这样一个世界著名公司，如果要问"它是哪国的公司？"却很难有人能简单地回答这一问题。因为 ABB 公司是一个"国家属性"模糊的"双重国籍"公司。公司的财务报表一律用美元，工作语言是英语。公司总部只有 100 名管理人员，而生产、销售却遍及世界各地。ABB 总裁珀西·巴内维克（Percy Barnevik）说："ABB 公司既没有地理重心，也没有民族轴心。与此相反，ABB 是许许多多民族公司在世界范围内协作的联盟。我们到处为家。"

资料来源：徐君.企业战略管理.北京：清华大学出版社，2008

（三）企业国际化经营的动机

国际化经营意味着企业必须面对世界最强大的竞争对手，必须对国际市场信息掌握准确、迅速，能对国际市场的变化做出快速反应；但同时，国际化经营也意味着企业可以占有广阔的国际市场，更广泛地利用国际资源，得到世界最新的科学技术，企业可以在世界范围内更有效地配置资金。国际化经营将给企业带来更多的利润和更大的风险，对企业的要求也更高。企业国际化经营的动机主要包括以下内容。

1. 优化资源配置

资源在国际间的不均匀分布与流动障碍的存在，是促进企业国际化经营的基本动机。一个国家不可能拥有一切满足自己需要的资源，企业通过国际化经营可以有效地缓解该国经济发展因资源短缺（或资源成本上升）的约束。

企业获取国际间资源配置利益的方式有两种：①通过贸易方式间接取得；②通过转移生产要素方式直接取得。但是前者常常因各国出口能力的差异、商品流动的成本以及贸易壁垒而使资源的有效配置受到限制，而后者则打破了这种限制。企业通过国际化经营，可以跨国界对资源进行优化组合，使经营利益最大化。

2. 延长产品生命周期

美国经济学家雷蒙德·费农（Raymand Vernon）的产品生命周期论认为，一个新产品的技术发展大致经过三个阶段：新产品阶段、成熟阶段和标准化阶段。相应地，产品也具有特定的市场生命周期，这一周期大体可以分为导入期、成长期、成熟期和衰退期。在不同的阶段，产品的比较优势和竞争条件各不相同，决定着产品生产、出口以及对外直接投资的动机、流向和时间。20世纪以来，发达国家一直扮演着新产品创新国的角色，新产品首先在本国市场销售，但当本国市场出现竞争，并达到一定激烈程度时，市场会出现供过于求、利润下降的情况。可是在国外某些市场上，这些产品正处于成长期，产品供不应求。这时企业往往把目标转向国外，延长产品的生命周期。例如，20世纪70年代末，日本将在本国市场濒临淘汰的黑白电视机大举出口到中国，使它们生产黑白电视机的生命周期延长了很多年。

3. 规避贸易壁垒

大部分的国家为了国内市场不受进口产品的冲击，都设定了不同程度的关税壁垒和非关税壁垒，这样就约束和限制了企业产品打入国外市场。为了避开这些关税壁垒和非关税壁垒，一些发达国家的企业纷纷采取在国外设厂的经营策略，即在目标市场国建立工厂，生产出的产品在目标市场销售，以达到产品进入该国市场的目的。在这方面，欧盟提供了极好的案例。例如，欧盟外的跨国企业要向法国出口商品就会遇到关税壁垒。但是，这些跨国企业如果在法国进行生产，它们不仅可以免去法国的关税，而且把在法国的商品出口到欧盟的其他国家时，也可以免缴关税。同样情况也发生在签订《北美自由贸易协定》的三个国家里。现在，各种各样的经济联盟刺激了跨国企业到东道国去生产，以替代直接将产品出口到该国市场。

4. 降低成本

跨国企业在东道国生产比较容易接近顾客，可以免去运输成本和中间商费用，及时、准确地对当地市场的需要做出反应，另外，有些跨国企业到海外生产主要是为了利用当地廉价的各种经济资源。例如，IBM 公司在美国生产所需的人工成本为每小时 150 美元，但是在印度，生产相同产品的人工成本每小时只有 22~37 美元。因此，到印度等国家去生产，就可以取得低成本优势。目前，IBM 的近 30 万名员工中，海外员工占 54%。

5. 扩大发展空间

在世界经济的国界概念日益模糊的趋势下，企业进入海外市场变得越来越容易。企业成长的逻辑过程表明，在不同的成长阶段，企业需要的空间条件不同。在初创时期，企业通常是以国内市场为经营条件，资源配置和经营机制都带有鲜明的国内特色。当企业在国内市场的经营达到一定水平后，如获得了保持竞争优势的市场份额或遇到了更加强大的竞争对手时，就意味着经营的国内空间条件不再适应企业成长的要求，需要扩展经营空间，于是企业就有了走向国际市场的需要，以实现企业扩大销量，实现规模经济的目标。

许多跨国公司为满足企业规模扩张和利润目标的需要，均制定了全球化的发展战略，即将世界视为一个整体市场，将各个国家作为整体市场中的一个子市场（包括本国）。以满足不同国家顾客的需求为中心，从而获取最大的规模经济效益。如可口可乐、杜邦等。

6. 获取宝贵的外汇

现在少数发展中国家仍然面临外汇短缺的难题。这些国家为进口本国急需物资、技术和设备，必须努力鼓励企业出口，以换取足够的外汇。对于这些国家的企业来说，创汇是第一位的，我国在改革开放初期，就属于这种情况。

关于跨国企业的产生和发展，西方经济学家也从各种不同的角度进行了理论上的解释。例如，美国佛罗里达国际大学的威尔金斯教授就列出了五种解释：①利润论，即认为取得更多的利润是跨国企业发展的原因，这是一种传统的观点。②生产因素优势论，即认为企业向外投资是因为在财务上、生产上拥有有利条件或具有垄断优势。③增长论，即认为企业在国外开办子公司，是为了占领市场，扩大增长。④政策论，即认为企业对外直接投资是对东道国的某些政策如贸易保护主义的一种反应，或者是因为东道国鼓励政策的结果。⑤资本过剩论，即认为资本过剩是跨国公司发展的基本原因。美国经济学家雷蒙德·费农从企业的战略出发，认为多国经营会遇到特殊的困难，产生特殊成本，冒特殊的风险。但多国企业如此迅速发展的事实表明多国经营具有许多好处：①创造内部市场，企业可以开发其某些最有价值的能力。尤其是专门管理技能，独有的营销技巧、技术、专利和商标，其结果比从这些能力的许可交易或出售中可能获得的收益更大。②获得规模经济。③减少风险，实现资源或市场的多元化，减少竞争者的威胁。④形成全球视野，即通过发展多国经营，掌握收集和解释来自全世界各地信息的有效手段。

虽然具体到每个企业，其跨国经营可能为某种单一的或主要的目的所驱动，但从宏观来看，跨国企业现象是多种变量共同作用的结果。从深层次来看，这是生产力和生产关系运动合乎逻辑的结果。

(四) 国际企业发展的趋势

进入 21 世纪，在新技术革命浪潮和知识经济的强大推动下跨国公司不仅自身的发展迈向了更高的阶段，对世界经济的发展也起到了根本性的、基础性的作用，已经超过了贸易对各国经济增长所起的引擎或者发动机作用，成为全球经济活动重要的组织者，将全球的市场、全球最有效的资源、全球各地最有效的投资区位，在公司内部组织起来，按照公司的战略规划进行统一的调度和配置。具体而言，跨国公司在 21 世纪越来越显露出战略全球化、规模大型化、组织股份化、公司内部实现"一体化"和经营多样化等发展趋势。

1. 企业战略全球化

所谓企业战略全球化，是指跨国公司在全球范围内实行资源的最优化配置，以期达到长期的总体效益最优化，即在变动的国际经营环境中，为求得长期生存和发展而作出的总体的长远谋略。全球性战略以全球性、长远性、纲领性和风险性为特征。无论公司具体的经营模式是自然资源寻求型、世界市场寻求型，还是竞争资源寻求型，都要从全球的角度进行战略思考，都要以全球整体利益最大化为最终目标。为实现公司全球整体利益最大化，跨国公司要合理地安排生产，在世界范围内考虑原料来源、劳动力雇用、产品销售和资金利用，充分利用东道国和各地区的有利条件，应对世界市场上同行业的竞争。各国企业已充分认识到始终坚持全球经营战略，在全球范围内获取资源和配置资源是跨国公司成功发展的首要条件。例如，总部设在美国的波音飞机公司在全世界 70 多个国家进行生产，70 多个国家生产出的零部件最后运到美国西雅图进行组装。

2. 企业规模大型化

国际竞争是经济实力的较量，国家经济实力的竞争分解到最后应是企业之间的国际竞争，这就必然要求企业大型化和国际化。例如，美国的埃克森石油公司、通用汽车公司、IBM 公司，日本的丰田汽车公司、松下电器公司，韩国的三星公司、大宇集团等，都是国际化大企业或企业联合集团，是世界上最强有力的经济组织，并且拥有雄厚的资金、先进的技术、丰富的管理经验、较高的商业信誉及惊人的销售规模。例如，美国沃尔玛公司是世界上最有影响力的企业，一年产生的销售额，就相当于十几个甚至几十个小国家销售额的总和，高于许多发展中国家的 GDP。据统计，在全世界 100 个最大的经济体中，有 51 个是跨国公司。可见跨国公司的存在与发展，对世界经济具有举足轻重的影响。从跨国经营的实践来看，企业国际化和大型化之间客观上存在着某种必然的联系。近几年，一些发展中国家和地区的著名跨国企业也深得规模经济的好处，从而有大型化的趋向。这些公司具有相当的规模，在国际上，随着其市场价值和竞争性的增强，其知名度也在逐步提高。

3. 企业组织股份化

跨国公司通常都实行公司制，以股份制形式将分散的资金集中起来。在发达国家，所有者的出资方式呈现五个特征：①出资者股权一定程度的分散化，几乎没有单个出资者持有一半以上的股份，持 10%以上股份的也很少见。②出资者的人格化，即出资者以企业法人形式体现的人格化。在日本法人资产占有公司资产 75%以上。③出资方式的契约性，即通过符合法制的规范方式出资，行使权力，获取收益，如通过母子、子孙公司持股，通过合同出租国有企业等。④最终所有者出资方式的间接性，即绝大多数投资者是通过几个或多层次的法人层层持股，从而"最终"拥有"末端"企业资产的。如美国的洛克菲勒集团有 1000 多亿美元的实力，并不是说洛克菲勒家族有这么多钱，事实上，洛克菲勒家族只有几十亿美元的家产，但它通过子公司、孙公司层层控股，所支配的资金达到 1000 多亿美元。⑤法人股份资产既具有流动性，又具有一定的长期性。这些特征既是科技进步、国际分工、世界经济一体化发展的客观要求，也是各国企业进一步实现全球性多样化经营的必然趋势。

4. 公司内部"一体化"

在跨国公司内部，母公司与子公司、子公司与子公司之间相互配合协作，从而形成整体。跨国公司的管理体制多种多样，但原则上都是集中决策，分散经营。为实现公司的全球战略，需要统一指挥，协调步骤，以符合公司的整体利益，形成整体效应。同时，为适应不同国家的投资环境及市场的变化，也需要子公司能够灵活反应。因此，一方面通过分级计划管理来落实公司的全球战略部署；另一方面则通过互通情报、内部贸易来共担风险。至于集中与分散的程度，则视公司的业务性质、产品结构、地区分布、风险等来确定。因而，跨国公司虽然拥有众多的子公司，且分布于世界各地，但由于实现了内部一体化，使得它们就像一个被严密控制的单一企业那样，位于被国界分开的许多市场，在不同国家政府之下从事经营。

5. 经营多样化

多样化经营是跨国公司发挥其经营优势、降低风险的重要方法，而一般企业限于经营规模和资金则难以充分实现多样化。跨国公司通过多样化经营可以充分地利用公司的各类有形和无形的资源，如员工潜能的有效利用、技术的延伸、品牌效应、供销网络的共享、管理及营销经验知识的积累以及物质资源等，从而在瞬息万变的国际市场上提高自身的经营优势以及降低单一经营所可能产生的风险。例如，GE 集团就是多样化经营的成功典范。GE 集团包括 13 个业务集团，即 8 个工业产品集团、4 个金融产品集团和 1 个新闻媒体，每个业务集团都是全球市场的佼佼者，每年都能创造 120 亿美元以上的收益。据联合国贸易和发展委员会统计，2001 年全球 6.3 万家跨国公司的年销售额超过 1.4 万亿美元，这些跨国公司已控制了全世界生产的 40%、国际投资额的 90%、国际技术贸易的 60%、国际技术转让的 80% 和科技开发的 90%，跨国公司在世界经济中的地位和作用不断增强。

第四节　国际市场营销的机遇与挑战

一、国际市场营销的任务

国际市场营销面临着复杂多变的营销环境，因而其营销比国内营销显得更为艰巨复杂，其基本任务是企业在综合分析国内外市场环境的基础上捕捉营销机会，避免风险，制定进入国际市场营销的营销战略和策略，以实现企业的基本目标。国际市场营销所承担的这种复杂的任务是由其所面临的环境因素造成的，因此它必须同时处理超过两个或两个层面以上的不可控因素的不确定性。一是营销可控因素，产品、价格、渠道、促销就是企业营销可控因素，企业要达到自己的经营目标，就必须以目标市场消费者的需求为中心，制定一个适应企业外部环境的营销方案，企业对外部环境认识得越深刻，适应得越好，效果就越佳。二是国内不可控因素，包括政治力量、经济形势、竞争环境等，这些因素往往对企业在国际市场上的营销活动产生直接或间接的影响。有时政府的一项决定会给企业带来巨大的营销机会；而另一项决定也可能让原来谈妥的生意告吹。国内经济形势的好坏，也会影响企业海外投资办厂的能力，以及在国际市场购买的多少。竞争环境往往是企业实现营销目标的直接威胁。三是国外不可控因素，包括政治力量、经济形势、社会文化、科技条件、竞争因素、地理环境及分销结构等，这些都是无法控制而且更为复杂的环境因素，但它又是企业进入国际市场制定营销规划的基础和依据。这种复杂的、多变的和难以预测的环境因素，决定了国际市场营销任务的艰巨性和复杂性。其主要任务有：

（一）适应环境差异

这里所说的环境差异，是指国际市场营销所面临的环境与国内市场营销环境之间的差异，主要包括文化差异、政治差异、经济差异和地理差异四个方面。

文化差异包括语言、价值观和审美观、风俗习惯、宗教等；政治差异包括政治体制、政府政策、政府态度、政治风险等；经济差异包括消费者收入、收入分配以及在人力资源、财物资源、基础设施和信息资源等方面的成本与质量等差异；地理差异包括地理位置遥远、是否有共同的边界、可否通水路、交通和电信连接以及气候条件等。

这里主要介绍一下文化差异。国际市场营销所面临的是各种不同文化的消费群体。由于文化的差异性，同一种产品可能面临各种不同的需求偏好，从而导致企业的营销决策需要根据当地的特殊偏好作适当的调整，哪怕是标准化程度比较高的产品也不可能在世界范围内采用完全一样的营销组合。这就需要企业在国际市场营销活动中具备"全球本土化"（Global Localization）的能力。所谓全球本土化，就是"全球化思维并且本土化行动"（Think Globally，Behave Locally）的能力，或者说是一种如何把标准化和本土化结合起来在国际市场上进行营销活动的能力。就全球市场来看，不同国家的顾客对某一产品的需求不可能完全相同。这种需求的特点应该是既有相同的地方，也有不相同的地方（这种差异的性质较之国内市场来讲具有很大的不同）。从而企业的国际市场营销组合需要适应这种同中有异的需求特点，既不可能用完全一样的营销组合，也不可能用完全不一样的营销组合来进行国际市场营销活动。

（二）企业跨国经营的组织协调

国际市场营销需要应对的是不同国家的市场，而在不同国家的市场中，各个企业的规模、目标市场的潜力以及当地的管理优势有所不同。企业需要产品和技术知识，一些在市场营销、财务管理、生产管理等方面的专门知识，以及一些地区和国家政策及行政管理方面的知识。企业在获得这些知识的时候可能会形成相互冲突的情况。不同地区的分公司在知识技能以及潜力方面各不相同，而这些分公司却要为企业的总体战略目标服务，这就需要企业在进行国际市场营销活动的时候，对各个地区的分公司进行平衡和整合，以最大限度地发挥企业的效率。

（三）企业国际市场营销的基本决策

1. 关于是否进入国际市场的决策

如果国内市场足够大的话，大多数企业都乐意在国内开展经营活动。然而，有很多因素会驱使企业进入国际市场从事营销活动：企业可能会发现国外市场比国内市场有更高的利润机会；企业可能需要扩大顾客范围以实现规模经济；企业可能想要减少只依靠一个市场而带来的风险；国内市场竞争激烈而不得不转向国外市场；企业的现有顾客想到国外经营而要求本企业跟进服务等。企业在作出进入国际市场决策之前，还必须权衡一下风险：企业是否了解外国顾客的偏好；企业是否了解外国商业文化；企业是否了解外国的法律法规；企业是否具有丰富国际经验的营销人员能够处理国际营销事务等。

2. 关于进入哪些国际市场的决策

企业在决定进入国际市场后，就应该确定自己的国际市场营销目标策略。世界上有200多个国家和地区，不同国家和地区的外部环境不同，彼此之间市场需求也有很大的差异。以一个企业有限的资源和能力不可能满足所有国外市场的需求，企业必须对全球市场按一定的标准进行细分，并结合自身条件选择若干个子市场，作为企业在一定时期内的主要目标市场，开展目标营销。为了选择合适的目标市场，企业必须对不同国家和地区的市场吸引力、竞争优势、风险水平和潜在的投资收益等因素进行全面评估。

【例 1-10】

海尔集团的"先难后易"国际市场进入策略

发展中国家企业的国际市场营销发展模式，通常是对相同类型的发展中国家进行出口或投资，最后再将发展目标逐步转向发达国家。海尔集团却一反这一定式，它的策略是：将海外发展的目标定位于发达国家，一旦在发达国家站稳脚跟，便可以易如反掌进入并占领发展中国家市场。例如，海尔冰箱首先是成功地打入了德国市场，而在欧盟国家中，德国市场是最难进入的。如今海尔集团在全面实施国际化战略中，将海外投资的绝大部分力量放在美国。美国是世界上最为复杂、开发难度极大的市场。但是，海尔人认为，这里的机遇是极大的，根据主客观因素，成功的概率也很高，而且在美国的经验具有提纲挈领式的重要意义。如今欧洲各大城市的著名连锁店里都有海尔的产品，与 GE、惠普、西门子等品牌的产品并列，成为世界家电大舞台的主角。

资料来源：根据相关资料整理。

---

3. 关于如何进入国际市场的决策

企业在选定国际市场目标之后，接下来要作出关于国际市场进入方式的决策。可供企业选择的进入方式有出口式进入、契约式进入和投资式进入等，每一种方式又有若干具体类型。不同的进入方式对企业资源能力有不同的要求，其可能的风险、潜在的收益及海外市场的控制力也不相同。如以间接出口方式进入国际市场，虽然投入少风险小，但是在对国外市场的控制程度和积累国外营销的直接经验方面的作用较弱，也不利于迅速地掌握国际市场信息和在国际市场上树立自己的声誉。所以，企业应根据自身国际化战略目标、自身的资源条件和东道国的市场环境等做出科学的选择。

4. 关于国际市场营销方案的决策

在一个或几个外国市场上经营的企业，必须研究对营销组合要进行多大程度的调整，才能适应当地的市场情况。一种极端的情况是，企业使用其全球范围内标准化的营销组合，产品、广告、分销渠道和促销组合等要素都要标准化，这样由于不需要进行重大的变更，成本也就可以降至最低限度；另一种极端的情况是，制定适应化的营销组合，企业根据各个目标市场的特点调整其营销组合的内容。在这两种极端情况之间，存在着许多可供选择的可能。企业必须根据各国的文化、社会、政治、技术环境和法律限制的特点，做出恰当的决策。

5. 关于国际市场营销组织的决策

一个成功地开展国际经营的企业都有一个与之相适应的组织结构。好的组织结构会对企业的国际化经营起到很大的推动作用，而不相适应的组织结构则会制约企业国际经营的能力。所以，企业在选择国际市场营销组织模式时，应综合地考虑企业的业务类型、业务数量、市场范围、国际化进程等因素。

二、国际市场营销面临的机遇

综观当今世界经济和国际市场，企业走向世界开展国际市场营销有众多机遇和有利条件。

(一) 经济全球化的进程加快

经济全球化是指生产要素在全球范围内流动，世界资源在全球范围内配置，世界各国经济在全球范围内相互交融，从而形成有机整体。所以经济全球化是资源在全球范围内的配置过程及其结果。

经济全球化是一个动态的过程，自国际贸易产生以后，世界就处于经济全球化的进程之中，只是由于闭关锁国、保护主义盛行，因此这一进程发展非常缓慢。第二次世界大战之后，由于开放与自由化的倡导及相应机制的建立，使得国际贸易和国际投资得到了飞速发展，经济全球化的进程开始加快。

经济全球化直接带来了以下结果：

1. 投资全球化

国际投资分为直接投资和间接投资。就直接投资而言，其全球化的标志，一是在全球范围内评估投资环境，进行投资决策的企业逐渐增多，其对外投资的量也在加大，即跨国公司的增多与自身规模的发展；二是全世界对外投资的量也在迅速增大。

2. 生产全球化

生产全球化突出表现为国际分工以新的方式展开，生产变成了一种全球范围内的统一安排，各国的生产活动相互交融在一起，形成了全球生产的一体化。传统的国际分工是以各国所拥有的自然资源为基础的，而现在逐步为以现代工艺和技术为基础的国际分工所代替；传统的国际分工是产业间的分工，而现在进一步发展为在一个产业内部以产品的专业化生产为基础的分工；传统的国际分工是在不同国家、地区、厂商之间的分工，而现在进一步发展为在同一跨国公司内部的国际分工。新型的国际分工使各国生产成为世界生产的不可分割的有机部分，一件产品可能是很多国家参与生产和经营的结果。

3. 贸易全球化

生产的全球化必然带来贸易的全球化，与国际分工的模式相适应，贸易的广度和深度都在加强。目前，不仅存在由自然禀赋差别所决定的不同行业和产品之间的贸易，更有以现代工艺和技术为基础的分工而产生的不同行业和产品之间的贸易；不仅有行业间的贸易，更有行业内的贸易；不仅有企业间的贸易，更有企业内的贸易。这种发展不仅导致贸易的总量在迅速增大，而且贸易的品种也在快速增多。

因而，经济全球化的大趋势为企业开展与发展国际市场营销创造了重大机遇。

（二）跨国公司的进一步发展

跨国公司是经济全球化的中坚力量，也是促使世界经济发展的中坚力量。20世纪90年代以来，跨国公司数量急剧增加，并在世界经济中处于举足轻重的地位。

在经济全球化的大背景下，开放市场，加强对外交流与合作，积极引进外资尤其是吸引著名的跨国公司，几乎是每一个国家都在采取的经济发展战略。就其主观条件而言，跨国公司的大发展依赖于其成功的经营管理，包括在全球范围内的市场分析、战略计划、组织实施、管理控制等方面的技术与办法。从营销角度而言，其在国际市场以及各个东道国进行的市场细分、目标市场确定、市场定位、品牌运营与管理、产品开发与产品组合策略、渠道网络设计与管理、促销推广宣传策略、服务策略、价格策略等，都是东道国企业在国内市场或国际市场开展营销时学习的榜样。

（三）电子技术和通信网络技术的发展

电子技术和通信网络技术的发展，为各国经济交流架起了一座桥梁，大大缩短了各国的时空距离，既方便了及时准确地获取国际市场信息，又方便了人们进行跨越国界的及时沟通，同时也方便了人们跨越国界的贸易和投资，因而它是企业快速涉足国际市场、从事国际市场营销的有效途径和工具。

（四）世界经济和国际贸易快速发展

2004年以来，世界经济与国际贸易发展迅速。随着全球经济持续增长，2005年全球跨国直接投资继续保持回升势头，跨国并购活动日趋活跃。据联合国贸发会议初步统计，2005年全球对外直接投资额为9100亿美元，比2004年增长29%。其中，发达国家吸收外资额在连续四年持续下降后增长38%，达5732亿美元；发展中国家吸收外资额增幅为13%，达2735亿美元。在世界经济较快增长的带动下，国际贸易发展势头良好，主要发达国家稳步增长，大多数发展中国家继续保持较快增长的势头。2006年，美国、中国、巴西、墨西哥、俄罗斯和印度等国的进出口贸易增速均达两位数，国际贸易成为拉动这些国家经济增长的主要动力。

世界经济与国际贸易的快速发展趋势，为企业开展国际市场营销提供了有利的市场条件。

三、国际市场营销面临的挑战

20世纪90年代后，世界经济发生了剧烈变化，这些变化一直持续到现在，并对社会、个人产生了深刻的影响，使企业面临众多的市场挑战。这也成为企业开展国际市场营销所面临的挑战。

（一）经济全球化带来的挑战

经济全球化是一把双刃剑，它既为企业走向国际市场带来了机遇，也带来了挑战。经济全球化使各国经济密切相连，尤其是跨国公司以对外直接投资为主体的跨国经营，促使生产要素在全球范围内大流动，直接促成了投资的全球化；跨国公司以其巨大的规模和众多的触角，直接左右着企业内、行业内的分工，以及以现代工艺和技术为基础的国际分工，并以此为基础产生相互间的协作及贸易。在有的国家，包括跨国公司在内的外商投资企业成为其国民经济的重要支撑力量，外商投资企业甚至控制了某些企业。面对强大的跨国公司及外商投资企业，面对众多的世界名牌，当地企业如何通过有限的营销在市场上争得一席之地，关乎企业的生死存亡。

（二）体验经济的发展

随着消费方式的变化，经济形态从过去的农业经济、工业经济、服务经济发展到了体验经济。所谓体验经济，是指企业以服务为中心，以商品为媒介，使消费者在消费商品时留下对该商品的美好印象，建立消费者的品牌忠诚，从而组织企业生产的经济形态。随着体验经济的到来，生产及消费行为发生了很大的变化，厂商生产是以体验为基础，开发新产品，加强与消费者的沟通，触动消费者的心绪；增加产品的附加价值，取得消费者的认同。在消费方面，出现了消费符号化的趋势并越来越明显。消费不仅是买有用的东西，而且成为消费者用来表达自己的手段。人们要买的已不只是商品本身，而是附加在商品上的象征意义。随着"体验"变成可以销售的经济商品，体验式消费或者说符号化消费开始席卷全球，在服务经济之后，体验经济已开始占据主导地位。

体验是指人们用个性化的方式度过一段时间，并经历一系列以后可回忆的事件。当一项服务被个性化之后，就变得值得记忆，所以当我们把一项服务按照客户的内在需求个性化以后，它便成为一种体验。其实，体验一直存在于我们的周围，只是直到现在我们才刚刚开始将它作为一种经济方式来对待。

体验经济实质上是一种以客户为中心的经济，它在人类进入21世纪之际显露出来。这种经济的到来，是由以下环境因素促成的：①科技日新月异，社会生产力迅猛发展，加快了产品的更新换代，新产品和各种高科技产品层出不穷，推动了消费方式和消费内容不断更新。②发展中国家市场化进程的加速和发达国家区域联盟的建立，促进了世界经济一体化和国际市场的形成，国际间贸易激增，商品选择范围扩大到全球。③电子信息技术的迅速发展和广泛使用，给传统的商品交换方式带来了强烈的冲击，从而为消费者实现购物方式和消费方式的根本性变革提供了可能。④工农业高度发达，人们不再为衣食住行发愁，有大量的闲暇时间可以自由支配。美国《时代》杂志预言，2015 年前后，发达国家将进入休闲时代，休闲娱乐业的产值在美国的国民生产总值中将占一半，新技术和其他一些趋势使人们得以把生命中 50%的时间用于休闲、娱乐。⑤现代交通和通信技术的日益发达，大大缩小了地域间的时空距离，促进了国际交流，使不同国家、不同民族的文化传统、价值观念、生活方式得以广泛交流、融合，各种"合金"文化、消费意识、消费潮流不断涌现，并以前所未有的速度在世界范围内广泛扩散、传播。⑥"人性"的解放，物质生活和精神生活的日益丰富，使得人类审美情趣和价值观趋向多元化，人们有了自由选择自己生活状态和生活方式的权利。

在体验经济时代，消费者的消费行为有以下趋势：①从消费结构看，情感需求的比重增加。消费者在注重产品质量的同时，更加注重情感的愉悦和满足。②从消费内容看，大众化的标准产品日渐失势，对个性化产品和服务的需求增多。人们越来越追求那些能够促成自己个性化形象的形成、彰显自己与众不同品位的产品或服务。③从价值目标看，消费者从注重产品本身转移到注重接受产品时的感受。或者说，现代人不再重视结果，而是重视过程。④从接受产品的方式看，人们已经不再满足于被动地接受企业的诱导和操纵，而是主动地参与产品的设计和制造。⑤从消费意识看，消费者的公益意识不断增强，希望通过消费"绿色产品"，成为"绿色消费者"。人们比以往任何时候都珍惜自己的生存环境，反对资源的掠夺性开发和使用，追求永续消费。

面对环境的如此变化，企业无论进行国内营销还是进行国外营销，都必须以客户为中心，一方面要将客户当作理性的客户，认识到其购买决策过程是一个非常理性的分析、评价和决定的解决问题的过程；另一方面要学会体验营销，将营销的焦点放在顾客体验上，把握住消费者的体验，传达感受，牢牢地抓住顾客的"眼球"，提供更多值得人们回味的情感和感觉，让顾客在广泛的社会文化背景中体验消费。只有这样，才能使顾客感到满意和愉悦，保持顾客的忠诚。

(三) 绿色意识的加强

当代科学技术的迅速发展，使人类物质产品极大丰富。然而，自然资源的大量耗费和废弃物质的大量排放，又使人类的生存环境逐渐恶化，引起人们的日益关注。尤其是20 世纪 90 年代以来，绿色运动在全球蓬勃发展。

当前，人类面临着日趋严重的自然环境问题，包括：①气候的逐渐变暖，使农业、林业、旅游业、能源及运输业受到了严重影响。②水资源的短缺与危机，直接影响了农业和工业的发展。③土地的退化，更是从根本上影响了人类生存的基础。④森林、矿物、海洋、能源等自然资源的衰竭，将造成灾难性后果。⑤水污染、空气污染、土壤污染、噪声等环境污染问题，将直接危及人类的生存与发展。⑥废弃物的大量产生和处理，日益成为人类面临的重大难题。

同时，人类也正面临日益严重的社会环境问题，包括：①消费者问题。一方面，消费者的消费需求日益旺盛，使资源的耗费达到了史无前例的地步；另一方面，消费者对于产品的质量、安全性、健康性，广告的真实性，售后服务和顾客歧视等问题极为关注。②人口问题。人口的迅速增长，使人类的生存环境逐步恶化。③城市问题。城市化与城市发展，导致了交通堵塞严重、住房紧张、能源缺乏、供应不足、环境恶化、污染严重、就业困难等问题。④劳动者权利问题。在发展中国家和发达国家的低收入阶层，大量存在着报酬低于最低生活水准、工作时间过长、工作缺乏健康和安全条件、被雇用时受到歧视等问题。

面对上述问题，人类的环保意识从 20 世纪 60 年代末 70 年代初开始觉醒，经过近 20 年认识上的发展，到 80 年代终于形成了如火如荼的局面，并在 90 年代进入了"环保时代"或"绿色时代"。当今，人们虽然重视物质价值，但相比之下更重视生活质量的提高，人们不仅要求在物质产品和服务的数量和质量上得到满足，而且也要求在环境质量上得到满足，从而形成以强调非物质价值为特点的绿色价值观。

面对环境问题以及人们价值观的改变，企业必须认识到，环境问题影响了市场需求，影响了企业的成本和资源，影响了企业的竞争环境，改变了经贸法律规范，同时也改变了社会的道德规范。面对环境问题以及人们价值观的改变，企业在开展国际营销、国内营销活动时，必须树立新的经营理念，建立社会责任感，重新审视自己所处的经营环境，挖掘新的市场机会，通过改变生产技术，生产出对社会和顾客有益的产品。这是当代企业面临的新课题。

（四）新的贸易保护主义的挑战

第二次世界大战以后，发达资本主义国家的对外贸易政策表现出自由化的趋势，这种趋势在 20 世纪 70 年代初达到高峰，如关税的大幅度削减及非关税贸易壁垒的减少。但是到 70 年代中期，尤其是全球性的经济危机时期，新贸易保护主义初见端倪，使得国际贸易和国际市场营销的发展受到了很大的影响。80 年代初，新贸易保护主义达到高潮。到了 90 年代，国际竞争进一步加剧，新贸易保护主义呈现出两个基本特点。

1. 从关税壁垒转向非关税壁垒

关税壁垒一般包括进口额限制、自动出口限额、进口许可证、外汇管制、卫生检疫及对包装物和标签的严格规定。各国所采用的措施和实施的程序各不相同，从而加强了限制进口的作用。同时，非关税措施的实施范围也在日益扩大。据估计，发达国家对除燃料外的所有进口商品都实行非关税壁垒的限制，对发展中国家的歧视性非关税措施也在加强。

2. 贸易集团化进一步加强

随着世界经济和政治的不平衡发展及发展中国家的崛起，区域经济一体化现象进一步加强，贸易集团化趋势越来越明显，如欧盟、北美自由贸易区、东南亚联盟等的形成。区域集团成员间资本、技术、劳动力的自由流动，大大推动了贸易内部经济和贸易的发展。通过签订内部优惠贸易协定等形式，使成员国之间的贸易自由化程度不断提高，但对非集团成员的国家和地区，则设置了更多的进入障碍和贸易壁垒。

中国加入世界贸易组织已有数年，在这一过程中，随着中国对外贸易的迅速增长，中国企业所面临的反倾销和技术性贸易壁垒的压力非常巨大，这使中国企业开展国际市场营销面临着严峻的考验，因而中国企业必须实施走出去战略，开展跨国性国际市场营销或全球营销以避开这些障碍。但实施走出去战略的微观前提是，企业实力必须强大，必须拥有自己的核心技术、核心能力和品牌优势，只有这样，才能以直接投资的形式走向国际市场，并成功开展全球营销。

（五）其他的挑战

各国企业面临的其他市场挑战还有：技术的飞速发展，新产品的层出不穷，市场竞争日趋激烈；IT产业的发展，互联网技术的普及，日益改变着生产服务方式和人们的生活方式；人口的老龄化，晚婚晚育，离婚率的上升，导致家庭规模变小；消费者越来越彰显个性，使生活方式日趋多元化等。

在面临上述一系列市场挑战时，如何审时度势，顺应变化与发展，开发产品，拓展市场，完善服务，满足顾客需求，有效地开展国际市场营销，成为企业国际化经营成功的关键。

【阅读材料】
新飞巧施"美人计"，曲线突围奥运营销

2007年，新飞冰箱的产销量为353万台，同比增长15%；空调销量同比增长21%。在各项主要经济指标创下历史新高的基础上再接再厉，又赢得了鼠年开门红。2008年1月，新飞冰箱销量实现创纪录的41.4万台，比2007年同期增长107%；空调销量同比增长25%，为新飞实现销售的历史性跨越式增长，全面完成2008年市场经营目标开了个好头！之所以能够取得优异的经营业绩，关键在于新飞在品牌创新

上不断突破，充分发挥品牌拉力，不断增强品牌对市场的拉动作用，提高了品牌附加值，提高了品牌品位。

新飞品牌为何有如此魅力？新飞品牌为何有如此影响力？用新飞人的话讲，原因在于他们软硬兼施、双管齐下，打造品牌影响力：在注重增强自主创新力、提升品牌核心竞争力等硬件打造的同时，又着力打造品牌的软实力，为品牌注入激情、活力、时尚等时代元素，增添品牌的文化内涵，提升品牌的品位。新飞人把自己打造品牌的心路历程，概括为耐人寻味的一首诗："美女赛车显激情，扩充产能业绩升。杀菌标准开纪元，联合名校创新风。"

新飞人转动"美女+赛车"魔方，吸引世人眼球，打造魅力品牌。新飞抢抓北京奥运会契机，巧打非奥运营销牌，强势推出了"新飞2008助威团"全国选拔赛。通过时尚美女助威奥运会的品牌塑造活动，使年轻、激情、活力成为新飞品牌的新元素，不仅吸引了全国上百万时尚女青年对新飞的兴趣，同时还牵动了她们的家人与亲朋好友及广大消费者对新飞的关注。"新飞助威团"作为中国文体明星北京奥运会宣传助威团的落地活动之一，于2007年4月全线启动，众多"草根"美女全程、全国范围内大力参与。这个活动以选拔赛形式，在全国选出50名青春靓女，她们将作为新飞形象大使活跃在2008年赛场内外，为奥运会加油助威。通过这一品牌塑造活动，新飞逐步演变成为真正具备时尚活力的在海外有影响力的品牌。

据新飞营销总经理王建华介绍，"非"奥运营销不是"非奥运"营销，新飞把奥运的"重在参与"精神作为与广大平民的契合点，面向消费者，发动所有人参与奥运，重在奥运精神，以自下而上的方式借助奥运传播。因此，相当于奥运营销，新飞的"非"奥运营销具有更广泛的民众基础，与新飞这个有着24年冰箱生产历史的品牌形象相得益彰。由此，该策划案一举摘取了"奥运隐性营销经典案例"、"CCTV第三届体育营销经典案例"、"2007中国家电行业十大网络营销案例"三大桂冠。

近几年来，新飞还用冠名"泛珠三角超级国际赛车节"的方式提升新飞品牌形象，把时尚与激情完美结合，创造新飞品牌的新形象，提高了新飞品牌在高端生产的影响力。一方面，赛车是一项时尚的、富有激情的运动，吸引了众多年轻人。新飞又是一个年轻的品牌，而且赛车运动的特质正与新飞目前蒸蒸日上的发展趋势相吻合。另一方面，赛车运动以高科技结晶著称，此定位正好契合了新飞品牌引领行业科技创新、定位为中高端的品牌形象。实践证明新飞与珠海国际赛车场的合作是体育品牌与家电名牌的强强联手，产生了"双赢"的市场效应。

汽车赛事作为一项激情澎湃的体育运动，时下已经成为一种个性化的高效营销举措，在如今各种营销手段步入同质化竞争时代，利用汽车赛事树立、推广品牌形象，更能够凸显新飞高科技、时尚化的品牌特质。伴随着今后新飞与珠海国际赛车场更加密切的合作，也必将进一步提升新飞对整个高端市场的品牌影响力及青春时尚感。

新飞通过冠名"泛珠三角超级国际赛车节"，更新终端形象，以及在新品设计中融入时尚元素等，将新飞品牌时尚化战略演绎到了极致，同时也为新飞品牌的进一步提升奠定了基础。

资料来源：李鸣升. 新飞"软硬兼施"造品牌. 新营销，2008（4）

【本章小结】

（1）国际市场营销学是基础营销学的拓展和延伸。国际市场营销（International Marketing）是指国际营销企业在经济全球化的环境条件下，比竞争对手更加有益地满足全球消费者的需要而进行的营销活动。包括确定全球消费者的需求、满足全球消费者的需求、超越竞争对手、协调营销活动和确认全球营销环境差异性五个方面的内容。

（2）国际市场营销是一种跨国界的市场营销活动。一般而言，国际市场营销管理过程包括四个基本步骤：①分析国际市场营销机会。②研究和选择目标市场。③确定国际市场营销组合。④国际市场营销管理。

（3）国际市场营销与国内市场营销有相同点：两者所依据的理论基本相同、两者所研究的对象以及探讨的内容基本一致和市场营销包含了国内市场营销与国际市场营销。也有不同点：国际市场营销环境的差异性、国际市场营销系统的复杂性、国际市场营销过程的风险性、国际市场容量大，竞争激烈和国际市场营销管理难度大。

（4）虽然国际市场营销与国际贸易都是进行跨国界经营活动，但它们之间存在着很大的差异。主要表现在学科隶属不同、交换主体不同、商品流通形态不同、经营动力不同、活动内容不同和管理侧重不同。

（5）市场营销学作为一门独立的学科，形成于20世纪初期，其历史迄今不足百年。在19世纪末到20世纪初，随着经济和科学技术的迅猛发展，经济学科和管理学科有了重大进展，市场营销学也逐渐形成，开始从经济学科中分离出来。从西方发达国家企业国际市场营销的实践来看，国际市场营销经历了六个基本阶段，即国内营销、出口营销、国际营销、多国营销、全球营销和全球网络营销。

（6）经济全球化是指生产要素在全球范围内流动，世界资源在全球范围内配置，世界各国经济在全球范围内相互交融，从而形成有机整体。经济全球化的发展趋势主要表现在：①国际贸易规模扩大，自由化程度加深。②生产国际化不断发展，跨国公司继续保持强劲的发展势头。③金融全球化进程迅速发展，自由化程度将继续提高。④区域性经济组织间的协作日益完善。⑤国际产业结构将继续进行调整。⑥信息产业以前所未有的速度发展，并极大地促进了经济全球化的进程。

（7）经济全球化的成因包括：科学技术进步和生产力的发展、市场经济体制被越来越多的国家采用、跨国公司不断扩张、信息技术迅猛发展和国际经济组织的作用日益加强。

（8）经济全球化对国际市场营销的影响包括：企业需要具备全球视角和树立全球营销观念、企业需要更新竞争理念和竞争方式、企业需要确立基于环境保护的绿色营销战略、企业需要强调适应性的文化营销战略四个方面。

（9）国际化经营（International Operation）是指企业在国与国之间从事生产经营活动，包括在全国范围内实行生产资料的配置，以及其他超出国境的各种经营活动。企业国际化经营表现在：生产和商品的国际化、技术的国际化、服务的国际化和资本的国际化。

（10）企业国际化经营的动机包括：优化资源配置、延长产品生命周期、规避贸易壁垒、降低成本、扩大发展空间和获取宝贵的外汇。

（11）国际企业发展的趋势包括：企业战略全球化、企业规模大型化、企业组织股份化、公司内部"一体化"和经营多样化。

（12）国际市场营销的任务包括：适应环境差异、企业跨国经营的组织协调和企业国际市场营销的基本决策。面临的机遇是：经济全球化的进程加快、跨国公司的进一步发展、电子技术和通信网络技术的发展、世界经济和国际贸易快速发展。面临的挑战有：经济全球化带来的挑战、体验经济的发展、绿色意识的加强、新的贸易保护主义的挑战及其他挑战。

【思考题】

1. 如何理解国际市场营销的内涵？

2. 国际市场营销管理过程包括哪几个基本步骤？

3. 试分析国际市场营销与国内市场营销的相同点与不同点。

4. 试分析国际市场营销与国际贸易的联系与区别。

5. 国际市场营销发展经历了哪几个阶段？

6. 经济全球化的发展趋势及其成因有哪些？

7. 经济全球化背景下国际市场营销有哪些新的特点？

8. 如何理解企业国际化经营的内涵？

9. 简述企业国际化经营的动机与发展趋势。

10. 国际市场营销的任务及其当今面对的机遇和挑战是什么？

【案例分析】

TCL 从中国走向世界

成立 25 年的 TCL 集团股份有限公司是一家从广东起家走向世界的企业。

2005 年，集团销售收入达 530 亿元，海外市场收入超过国内市场收入，占 53%，成为真正意义上的跨国公司。2005 年其彩电销量以 2300 万台位居全球第一位，2006 年上半年手机销量达 541 万台，海外销售占 80% 以上。

1998 年底，TCL 在越南组建了第一家海外分公司。越南市场这一仗，TCL 打得非常艰难，经过了 18 个月的亏损后，2000 年 9 月，越南市场开始盈利。目前，TCL 在越南市场的占有率已达到 20%，超过 LG，仅次于三星，成为当地市场的主流品牌。继在越南市场取得突破后，TCL 又在菲律宾、印度尼西亚、印度、俄罗斯、阿根廷等 20 多个国家和地区建立分支机构，基本完成全球新兴市场布局，初步建立起完善的全球市场营销网络。近五年来，TCL 在新兴市场的销售额年均增长 34%，利润年均增长 26%。

欧美市场是一个比较成熟的市场，增长平缓，市场格局稳定。在欧美市场推出一个新品牌非常艰难，需付出难以估计的代价，因此，跨国并购方式进入了 TCL 的视野。在一片质疑声中，TCL 开始了一系列跨国并购。2002 年，TCL 收购德国品牌"施奈德"的品牌资产及部分固定资产，进入欧洲市场。2003 年 8 月，TCL 间接收购了美国的 Govedio 品牌，切入美国市场。接着，TCL 与法国汤姆逊合并彩电业务，组成全球最大的彩电企业。2004 年 6 月，TCL 以 5500 万欧元购入法国阿尔卡特的手机品牌，打出了世界消费电子主流产业的"中国牌"。海外并购，让 TCL 一下子站在了全球消费电子阵营的前列，在全球各地拥有 4 个研发总部、18 个研发中心和近 20 个制造基地和代加工厂。彩电年销售量突破 2300 万台，成为世界第一大彩电制造商，全球市场占有率达 9.1%；手机年销量超过 1000 万台，成为全球第九大手机厂商。海外并购并不仅仅是规模上的简单扩大。以收购汤姆逊彩电为例，TCL 不仅产能迅速扩张，而且获得了汤姆逊在法国、新加坡、美国等地的研发机构和技术人才，拥有 CRT 专利 3.4 万多项。目前，以法国 Tim Thom 为主体成立了 TCL 工业设计院，成为集团各产业共享的高端工业设计平台。

全球整合产生协同效应。试水国际化的 TCL 不得不面对一个现实——跨国并购带来了一度高达 10 多亿元的亏损。为了解决海外并购带来的问题，TCL 开出一系列整合"药方"：①架构整合。TCL 将旗下五大研发中心重新分工，比如新加坡研发中心侧重数字电视的开发，深圳研发中心则着重应用技术开发；重组北美的生产基地，节省 2000 万美元制造费用。②渠道整合。从 2005 年开始，TCL 手机品牌运作向海外市场倾斜，国内市场明显收缩，对营销渠道的"瘦身"使 TCL 渠道负荷明显降低。③人员整合。一方面裁员，节省成本；另一方面依靠当地人才稳定渠道供应，并从国内派出管理团队，增强执行力。同时，引入有国际化背景的人士进入管理层，输入新鲜"血液"。④供应链整合。目前，TCL 位于全球各地的原材料采购、制造、物流等，都在一个平台上进行，创建了全球一体化的供应链体系，提高了各环节的效率，优化了各区域的运营成本。⑤资本整合。比如，T&A（TCL-阿尔卡特）在法国的子公司 SAS 是一个重要的亏损源，为此 TCL 通信将持有的 T&A 公司的股权由 55% 变成 100%，保证重组 SAS 的措施得以顺利推行。

　　与众多中国企业一样，对 TCL 而言，国际化只是一个开始，是一个艰难的过程。面对新一轮经济全球化的浪潮，TCL 在探索一条经济强国之路。

资料来源：徐翼. TCL 从中国走向世界. 中华工商时报，2006-08-31

问题讨论

1. TCL 的国际化经营有什么特征？

2. 你认为 TCL 在实施国际化的时候应该注意什么问题？

第二章　国际市场营销的基本理论

学习目标与重点

(1) 国际贸易理论。

(2) 对外直接投资理论。

(3) 国际生产折中理论。

(4) 日本式的对外直接投资。

关键词

绝对优势理论　比较优势理论　生产要素禀赋理论　垄断优势理论　产品生命周期理论　国际生产折中理论

案例导入

美国经济的全球化

美国参与全球经济的历程可以划分为三个明显的时期：一是18世纪和19世纪，美国争取工业自给，为发展时期；二是20世纪初期到中叶，为自由贸易时期。在此期间，开放的贸易总是与繁荣联系在一起。现在，美国进入了第三个风险更大的时期——全球经济时期。

美国从经济相对自给到与世界其他国家和地区相互依赖的转变速度之快，令人惊叹。1960年，美国对外贸易额仅占国民生产总值的10%；到20世纪80年代，该数字上升了一倍多。现在，美国30%的谷物销往国外，40%的耕地种植出口作物。事实上，在美国用于养活日本人的耕地面积比日本本身的耕地面积还要大。美国工业产量的20%出口。美国商务部估计，平均每19100个就业机会生产10亿美元的出口商品。如今，70%以上的美国工业在美国市场上面临着外国企业的强劲竞争。

资料来源：孙国辉，崔新建. 国际市场营销. 北京：中国人民大学出版社，2009

第一节　国际贸易理论

一、重商主义

在 16~18 世纪，随着英国和欧洲民族国家的发展，重商主义思想对贸易有很大的影响。

重商主义（Mercantilism）假设一个国家的财富依赖于其财产的库存，即黄金的储备量，而贸易是获取黄金和财富的十分重要的方式。重商主义首先关心的是增加国家的财富，相信财力必须建立在一定的基础之上。换言之，必须通过贸易来积累财富。重商主义者认为贸易并不是互惠的，如果一方受益，另一方必然受损。因此，只有出口超过进口，用一切方法向国内输送金银等贵金属及珠宝，国家的财富才会有剩余。他们认为，国内贸易并不能使整个国家变得更为富裕。这是因为，国内贸易只是重新改变个人财产的相当数量，并没有增加国家的财富总量；而对外贸易却能够给国家的财富带来净收益。重商主义的一大特点就是积极鼓吹实行鼓励出口、抑制进口的政策。

历史上，重商主义代表了商业资本的利益和要求，对推进国与国之间的贸易起到了一定的作用。但从今天的观点来看，重商主义的错误也是显而易见的。首先，重商主义将金银等同于财富，又将货币等同于资本。其次，重商主义无法解释如何实现国与国之间的贸易利益。对不同的国家来说，外贸顺差并一定总是必要或有益的。随着国际金融理论的发展，人们已经认识到，为了充分发挥资金的最大效应，合理发展本国经济，一旦外汇收支上出现大量顺差，就必须立即调整金融或外贸政策。外汇或黄金不拿到市场上去流通，实际上是占用货币资金，对国家财政收支平衡和市场物价稳定造成不必要的巨大压力。最后，重商主义者对贸易问题的研究完全离开了生产领域，忽视了对生产要素的分析，因而不能正确解释许多国际贸易现象。

在 1929~1933 年世界性大危机以后，凯恩斯在其代表作《就业、利息和货币通论》中提倡保护贸易，对重商主义思想重新进行了评价，并大为推崇；其追随者又将这种思想加以发展，形成了新重商主义。这种新重商主义要求国家干预对外经济，追求贸易顺差，其目的不是为了获得黄金，而是为了达到充分就业或其他的社会和政治目的。

二、绝对优势理论

绝对优势理论（Theory of Absolute Advantage），又称绝对利益理论或绝对成本理论，是由亚当·斯密（Adam Smith）提出的。斯密的中心思想是，每个国家生产本国具有绝对优势的产品，然后用这种产品去换取外国具有绝对优势的产品，双方都能从中获利。

在亚当·斯密所处的时代，英国的产业革命逐渐展开，经济实力不断增强，新兴的产业资产阶级迫切要求在国民经济各个领域中迅速发展资本主义，但仍存在于乡间的行会制度严重限制了生产者和商人的正常活动，重商主义所倡导的极端保护主义则从根本上阻碍了对外贸易的扩大，限制了海外市场的发展。亚当·斯密站在产业资产阶级的立场上，在 1776 年发表的《国富论》一书中，批判了重商主义，创立了自由主义经济理论，并在国际分工、国际贸易方面，提出了主张自由贸易的绝对优势理论。

亚当·斯密认为，社会分工会形成贸易专业化，这是因为社会分工可以提高劳动生产率，社会分工的出发点是成本差异。他指出，如果一件东西在购买时所花费的代价比自己在家里生产时所花费的要小，那么人们就不会选择在家里进行生产，这是每一个精明的家长都知道的格言。同样道理，可以将这种家庭分析推广到国际分工和交换中。如果其他国家能以比我们制造还便宜的价格供应我们，对我们来说，最好的选择就是用自己生产比较有利的物品的一部分与它们进行交换，以购买不利于自己生产的产品。斯密假设苏格兰生产酒的成本绝对高，是葡萄牙的 30 倍。在这种情况下，对苏格兰来说，自己生产葡萄酒并不合算，以进口国外酒为好。他认为，每个国家都有适宜生产某些特定产品的条件，其成本绝对低于其他国家，具有优势，因而可以通过交换，取得不适宜自己生产的产品，从而得到各自的经济利益。一个国家如果生产自己最适宜生产的商品，并将这种商品与其他国家的商品相交换，那么这个国家就能使实际收入最大化。当然，在这里市场是完全竞争和自由的。斯密的绝对成本说，也可以看成是绝对优势论或绝对利益论。

亚当·斯密认为：劳动是主要的生产要素，产品成本的高低以劳动单位来衡量；提高劳动生产率是取得产品绝对成本或贸易绝对利益的来源。在他看来，一个国家劳动生产率的高低取决于其所拥有的先天优势和后天优势。先天优势是自然优势，是指超乎人力范围之外的气候、土地、矿产或其他相对固定的优势。如葡萄牙生产葡萄酒成本低，是因为气候温暖，而苏格兰生产葡萄酒的成本之所以比较高，是因为其气候寒冷。后天优势是获得性优势，如生产过程中所积累的经验、技术等。斯密更加注重自然条件形成的优势，把自然条件说成是决定国际分工的因素。在他看来，自然资源要素对于一国的贸易格局具有头等重要的意义。

斯密的绝对成本说以一国的市场成本绝对低廉为贸易发生的先决条件，它无法解释现实经济生活中常见的现象，即一个国家虽然不具备生产成本绝对低商品的条件，但仍然可以发展国际贸易。

三、比较优势理论

比较优势理论（Theory of Comparative Advantage）的提出是西方传统国际贸易理论体系建立的标志。比较优势理论，又称相对利益论或相对成本论，是由英国经济学家大卫·李嘉图（David Ricardo）提出的，是西方国际贸易理论的核心。该理论认为，在国际贸易中起决定作用的是比较优势，而不是绝对优势。也就是说，即使一个国家与另一个国家相比在所有的商品生产上都具有劣势，这个国家也能从贸易中获得利益；同样，即使一个国家与另一个国家相比在所有商品的生产上都具有优势，这个国家也能从贸易中获得利益。

李嘉图所处的时代是英国工业革命迅速发展、资本主义不断上升的时代。当时英国社会的主要矛盾是工业资产阶级与地主贵族阶级的矛盾，这一矛盾由于工业革命的不断推进而达到了异常尖锐的程度。在经济方面，他们的斗争主要表现在《谷物法》的存废问题上。

《谷物法》是维护地主贵族阶级的法令。该法令规定，必须在国内谷物价格上涨到最高限额以上时才允许进口，而且这个价格限额还在不断提高。《谷物法》限制了英国对谷物的进口，使国内地租和粮价长期保持在很高的水平，对英国工业资产阶级十分不利。于是，英国工业资产阶级和地主贵族阶级围绕《谷物法》的存废展开了激烈的斗争。李嘉图在这场斗争中站在工业资产阶级一边，他继承和发展了亚当·斯密的理论，在《政治经济学及赋税原理》一书中提出了以自由贸易为前提的比较优势理论，为工业资产阶级的斗争提供了有力的理论武器。

李嘉图在阐述比较优势理论时，以两个国家、两种商品为例，说明了比较优势形成的过程。如表 2-1 所示，假定英国生产酒和呢绒的单位劳动成本都比葡萄牙高，但两国不同产品的成本比例不同。两国生产呢绒的成本比例是 100：90；两国生产酒的成本比例是 120：80。将这两个成本相比较，从英国方面来看，显然生产呢绒的成本相对低一些，效率相对高一点。所以，英国生产呢绒具有相对优势，其通过交换换取葡萄酒就可以得到比较利益。从葡萄牙方面来看，虽然其生产酒和呢绒都有绝对优势，但相对而言，葡萄牙生产酒的成本更低，优势更大。因此，葡萄牙应该选择生产葡萄酒以换取呢绒，取得比较利益。这就是说，国与国之间的生产要素禀赋不一，但各国主要发挥其所长，充分利用所拥有的生产要素，生产和销售各自比较利益的产品，并与其他国家具有比较利益的产品相交换，结果就可以做到双方利益均沾。李嘉图借此说明，当时英国虽然在纺织品和粮食生产上都优于其他国家，但相对而言，纺织品生产的优势更大。因此，李

嘉图认为，英国应该生产并出口纺织品，进口粮食，以获取更大的经济利益。

表2-1　李嘉图的比较利益

单位：产量劳动日

产品 国家	呢　绒	葡萄酒
英国	100	120
葡萄牙	90	80
英国/葡萄牙=比较成本	100/90=1.1	120/80=1.5

与绝对利益说一样，李嘉图将看成是主要的生产要素，劳动和成本在国际间不能自由转移；比较成本的大小，只以劳动作为衡量的标准。他假定每单位劳动的品质是均一的，但各国生产同种商品的生产函数却不同；各国投入产出的差异，同质劳动的不同生产效率，是由于生产过程中条件的差异，其中主要是由于自然资源的差异造成的。这种由国家和地区的自然禀赋决定其比较成本的初级产品，后人称为"李嘉图商品"。

比较利益学说建立在劳动价值论的学说之上，具有"合理的内核"，为国际贸易提供了基础。但是，李嘉图的比较利益学说与斯密的绝对成本说一样，只以劳动作为成本大小的依据，而没有考虑其他稀缺资源对成本的影响。古典经济学家们相信劳动和其他生产要素在一个国家内是流动的，但在国家之间是不流动的，在他们眼中，市场本身可以实现纯粹自由竞争、资源有效配置，从而使劳动者充分就业都是规范的，同时，他们还否定了生产关系在国际分工中的作用。这些是他们的共同缺点。

四、生产要素禀赋理论

1919年，瑞典经济学家伊·菲·赫克歇尔（E.F.Hekscher）发表了《对外贸易对分配的影响》的著名论文。在该文中，赫克歇尔对产生各国之间比较成本的差异原因进行了探讨，提出了生产要素赋予论。1933年，瑞典经济学家贝蒂尔·俄林（Bertil Got-thard Ohlin）出版了《地区间贸易和国际贸易》一书，创立了生产要素禀赋理论（Factor Endowment Theory）。该理论受到了西方学术界的重视，被誉为与李嘉图比较优势理论并列的两大柱石之一。为了表彰其在国际贸易理论领域所做的贡献，俄林在1977年被授予诺贝尔经济学奖。

赫克歇尔和俄林把商品交换比例的决定由劳动一种因素扩展到劳动、土地或资本两种因素，指出天赋资源即要素禀赋是贸易的基础。他们认为，不同商品需要不同的生产要素比例，但不同的国家所拥有的市场要素相对来说是不同的。每个地区应生产那些所需生产要素相对丰富的商品，不应生产那些需要大量稀缺资源的商品。一个地区如果密集地利用其相对比较充裕的生产要素去生产某种商品，通过交换就能得到比较利益，这是一种要素利益。国与国之间的贸易只是地区之间贸易的特例。一个国家和地区只有充分利用它所拥有的生产要素，发挥优势进行生产，才能取得比较利益。俄林的生产要素禀赋理论也被称为新古典贸易理论。

俄林认为，不同国家的要素禀赋不同，这是产生贸易比较利益的基本前提。这种要素禀赋的差异最主要表现为劳动、土地或资本要素的相对价格不同。各个国家工资与租金收入、工资与利息的相对量或比例是不同的。有的表现为工资较低、利息较高，或劳动较为充裕、资本较为稀缺；有的表现为租金收入较低，或土地较为充裕、劳动较为稀缺；有的则表现为利息较低、工资较高，或资本较为充裕、劳动较为稀缺。

此外，俄林认为生产的物质条件在任何地方都是一样的，不同国家生产某种特定商品的要素配置比例和生产技术条件是相同的、不变的，但是，不同商品的要素配置比例和生产技术条件却有很大的不同。有的商品劳动密集程度高，为劳动密集型商品；有的商品资本密集程度比较高，为资本密集型商品；有的商品是土地密集程度比较高，为土地密集型商品。同样道理，还可以有资源密集型商品、技术密集型商品等。

这样，一方面各国的要素禀赋具有非同一性；另一方面同种商品要素配置的密集型特征在各国具有同一性，或不同商品要素品种多密集型特征具有非同一性。因此，各国就会根据自己所拥有的生产要素禀赋的特点，生产某种特定优势的商品，以取得贸易优势，得到比较利益。例如在20世纪二三十年代，日本劳动力充裕，就以丝织品出口为主，而美国、西欧一些资本充裕的国家，则生产和出口机器设备等资本货物。根据俄林的看法，这种由生产要素禀赋差异所导致的贸易活动，不仅会使国与国之间的商品价格趋于相等，而且也会使生产要素的价格趋于相等。

为什么在现实中生产要素价格的均等化及商品价格的均等化并没有像理论上所推论的那样顺利地实现呢？这主要是俄林的国际贸易学说也有若干的假定，即：①在国际流动中没有运输成本。②完全竞争。③充分利用所有生产要素。④固定供应同种生产要素。⑤没有技术创新。⑥生产要素在国家之间完全不流动。这也就表现出了这一理论的局限性。

总结一下生产要素禀赋理论，它的核心内容是：进行国际贸易的原因在于各国生产要素禀赋的差异，一国应生产并出口密集使用其充裕要素禀赋的产品，同时进口需要密集使用其稀缺要素的产品；并且，商品流动可以代替生产要素流动，从而使各国生产要素的价格趋于均等化。

五、"里昂惕夫之谜"和贸易理论发展

1953年，美国学者里昂惕夫（Leontief）在所著的《国内生产和对外贸易：美国资本现状再考察》一文中指出，美国实际统计资料与赫克歇尔和俄林原理不符。

里昂惕夫利用投入产出法对美国200种产业以及对外贸易的产品结构进行了分析，

发现美国倾向于出口劳动密集型的商品。表2-2是里昂惕夫对1947年美国每生产100万美元的出口商品和进口替代商品所需的资本与劳动的分析。从表中可以看到，美国出口商品单位劳动力所需的资本只有进口替代商品的77%，换言之，美国出口商品的资本密集程度低于进口替代商品的资本密集程度。据此，里昂惕夫的结论是："美国参加国际分工是建立在劳动密集型生产专业化基础上，而不是建立在资本密集型生产专业化基础上。换言之，这个国家是利用对外贸易来节约资本和安排剩余劳动力，而不是相反。"显而易见，相当于劳动来说美国的资本比较充裕，根据俄林模式，美国出口的应该是资本密集型商品。但是，里昂惕夫却得出了与俄林完全不同的结论。这个"里昂惕夫之谜"，成为现代国际贸易理论领域的一个难题。

表2-2 1947年美国出口商品和进口替代商品比较

生产要素	出口商品	进口替代商品
资本（美元）	2550780	3091339
劳动力（每年人数）	182313	170004
资本/劳动力	13.991	18.184
出口商品与进口替代商品的资本/劳动力之比	13.991/18.184=0.77	

对于"里昂惕夫之谜"，人们作了很多推测和解释。国际贸易实践活动的发展，推动着理论在原有的基础上不断创新，以正确回答实践中提出的挑战。

(一) 贸易要素分析

它否定传统贸易理论的某些假定，对贸易要素进行新的分析和理解。主要表现在：①否定传统贸易理论暗含的所谓土地、劳动和资本本身无差异的假定，认为每一种生产要素具有非同一性。这就是说，各国生产要素禀赋不仅有量的区别，而且还有质的区别。同样是劳动、资本和土地，由于在质上存在差异，其发挥的效能就可能大相径庭。这种分析在一定程度上对俄林模式起了补充作用。②否定传统贸易理论有关一国要素禀赋固定不变简单假定，认为一个国家所拥有的资源或生产要素具有可变性。这就是说，随着技术进步、人口增加和资本积累，任何国家的资源或生产要素在质和量上都是一个变数，从而使一个国家的比较优势也随之发生变化，并进一步影响国际贸易的流向和种类。雷布钦斯基指出，一种生产要素的增加，将增加密集地使用该种生产要素的生产，同时，将减少密集地使用另一种生产要素的生产。随着经济增长，一般来说资本存量的增长总是快于劳动力的增长。因此，根据雷布钦斯基的理论，这类国家的劳动密集型生产将会减少，资本密集型的生产将会增加，从而资本密集型商品的出口增长速度将超过劳动密集型商品的出口增长速度。③否定传统贸易理论设置的同种商品在各国生产要素配置的密集型特征具有同一性的假定，认为各国生产同种商品的生产函数存在着差异，同种商品可以有不同的要素配置比例和生产方法。从横向看，各国由于技术水平存在很大的差异，因此，以实物表示的生产同一种商品所需的要素配置比例就会不同。此外，各国生产要素的价格不同，以价格表示的生产同一种商品的要素配置比例也不尽相同。这就是说，一种商品在美国生产，表现的是资本密集型特征，但在发展中国家生产，表现的却是劳动密集型的特征。从纵向看，由于技术进步和技术创新，为节约劳动或资本提供了可能性，从而使一个国家在不同时期生产的同种商品，其要素密集型特征也会发生转移和变化。18 世纪末，在欧洲由于机器生产代替了手工制造，结果相对降低了纺织品的劳动密集程度。

（二）新生产要素学说

这种学说认为，在考虑国际贸易比较优势时，像传统的生产要素禀赋理论那样，仅仅只分析劳动、资本和土地三种生产要素是远远不够的。有关学者认为，传统理论强调自然条件决定比较优势，但在现代经济快速发展的时代，许多国家完全可以通过自己的努力，取得后天的比较优势，一个国家的禀赋不仅仅局限于其所在的地理位置或自然资源。从自然资源来看，日本是一个资源小国，但是从贸易来看，日本却是国际贸易大国。究其原因，日本取得了后天比较优势，而不是先天优势。一个国家通过对教育的投资，发展那些需要有技术的劳动力的生产，从而取得生产这种产品的比较优势。这种经过教育投资形成的有技术的劳动力，不是一般的劳动力，而是一种人力资本。人力资本与实物资本一样，其被密集使用而形成的商品，也是资本密集型商品。人力资本是一种新的生产要素。除此之外，新生产要素还包括研究与发展、规模经济、管理等。

（三）生产要素的国际移动

传统贸易理论都假定生产要素在国际之间没有移动，俄林模式最初用商品移动代替生产要素移动，但在后来，他也开始讨论要素移动对贸易的影响。他认为，尽管国内要素供应变动较小，要素移动对贸易的短期效应较小，但对各国工业的发展以及相互之间的长期效应则可能较大。要素移动与商品贸易存在相互替代的关系，从而代替了生产要素的移动；生产要素移动理论则正好反过来，强调要素移动有替代贸易作用。商品贸易和要素移动都是由于相对要素稀缺性的悬殊而造成的，而且都能减轻要素相对稀缺性的程度，所以，要素在国际间的移动数量越多，国际贸易的动机与所取得的利益将越小，国际贸易的需要量就越少，因此，生产要素的国际移动具有"反贸易"的倾向。

第二节　对外直接投资理论

一、垄断优势理论

1960 年，美国学者斯蒂芬·海默（Stephen Hymer）在其博士论文《国内企业的国际经营：对外直接投资的研究》中首次提出该理论的雏形，此后由美国学者查尔斯·金德尔伯格（Charles Kindleberger）、约翰逊（H. G. Johnson）和凯夫士等学者补充和发展，形成了垄断优势理论（Theory of Monopolistic Advantage）。该理论是最早、最具有深远影响的现代跨国直接投资理论。

海默认为，一个企业对外直接投资，在海外生产经营，相应地就会导致经营成本的增加，主要有：①通信和运输成本。②东道国对外国企业的歧视而发生的成本。③因文化、法律和语言环境的不同或缺少当地市场的知识而发生的成本。在这种情况下，一个国际企业如果要跨国经营，战胜竞争对手，就必须具备必要的优势条件，即厂商特有优势和行业特有优势。所谓厂商特有优势，是指跨国投资的国际企业自身所拥有的特别优势，涉及生产技术、组织管理、营销组合等各个方面。正是利用这些优势，国际企业才能突破东道国市场的各种防线，取得竞争优势。所谓行业优势，是指对外直接投资的企业所在行业所具有的优势，如拥有高科技和规模经济等。

海默认为，国际企业的优势是由于市场不完全或不完全竞争所产生的，而这种优势实质上是垄断优势。他解释说："不论在理论上还是实践上，只要是国际化经营，用完全竞争的观点就解释不通。""任何关于国际化经营和直接投资的讨论都要涉及垄断问题。"一般来说，市场不完全可以表现为四种类型：①产品和生产因素市场不完全。②规模经济导致的市场不完全。③政府干预引起的市场不完全。④赋税与关税引起的市场不完全。

相应地，在不完全竞争中，企业至少可以取得四种垄断优势，这些垄断优势主要表现在：①产品市场垄断优势，如产品性能差别、特殊销售技巧、操纵市场价格等。②生产要素垄断优势，如经营管理优势、资金融通便利、掌握技术专利与专有技术。③规模经济优势，即通过内部水平式联合和垂直式联合，利用内部和外部规模经济，限制竞争对手进入本行业，从而在供、产、销各方面取得更高利益。④政府对产出或进入的限制而带来的优势。实际上，当今世界上，名列前 500 名的企业，都是垄断企业。如美国的埃克森石油公司，拥有子公司 500 家、参与开采的油井 1.3 万多个、炼油厂 50 多家、石油化工厂 50 家、油船 2400 万吨。世界上每天有 600 万辆汽车到该公司的 6.5 万个加油站加油。只要国际企业拥有这些垄断优势，其获得的垄断利润就不会消失。这种优势是国际企业对外直接投资的必要条件。

海默通过对美国公司的研究，纠正了传统理论以利率的差异解释资本国际流动的说法，认为对外直接投资并非为了追求高利率，而后者确实是借贷资本国际流动的原因，或者说是国际间接投资的原因。对外直接投资与对外间接投资不同，其不仅涉及资本的流动，而且涉及对海外企业的控制。

海默和金德尔伯格的优势理论后来得到逐步完善，并被扩大到包括寡占和垄断优势等方面。英国学者尼尔·胡德和斯蒂芬·杨将由市场不完全性企业优势归纳为以下四种优势。

（一）技术优势

技术因素包括技术、信息、知识、无形资产和诀窍等。技术不仅是国际企业优势的主要来源，也常常是东道国最渴望得到的东西。因此，拥有技术优势的企业，不仅能提高国际市场的竞争力，而且能得到东道国的支持，并享受东道国的优惠政策。技术优势主要包括：①新产品和新工艺，这是国际企业技术优势的最有实质性的组成部分。②产品特异化能力，这种能力在技术标准化的地方显得十分重要。这是因为，拥有这种能力的企业，通过对产品的物质形态作少量变化以及运用营销技能，就能防止产品被人仿冒。③拥有比当地竞争对手优越的组织和管理技能。

（二）规模经济

国际企业的垄断优势主要来自规模经济。规模经济有利于充分发挥技术优势，因为无论是研究开发、防止技术流失，还是利用产品特异化功能，都需要组织达到一定的规模。最初，人们认为规模经济仅仅有利于生产的集中和产品出口。但是，当外国市场出现贸易壁垒，现有国内的规模经济已达到顶点，本国市场受到反托拉斯条款的制约时，通过对外直接投资，在海外市场利用规模经济就变得非常重要了。

（三）资金和货币优势

资金和货币优势包括与资本市场不完全相关的诸多因素。国际企业利用对外直接投资，可以规避因利率变动、汇率浮动以及国际资本市场结构和效率的不同而带来的可能风险。如果国际企业到那些与母国经济波动不完全正相关的国家进行直接投资，在一定的时期内就能取得比较稳定的利润。现在，由于固定汇率体系的崩溃，世界范围内通货膨胀率上升，各国经济的相对长处与弱点之间的差别增加，资金管理日益重要。货币和资金的有效管理，有时对跨国经营具有决定性的意义。

（四）管理和创新能力

人们把管理和创新能力看成国际企业竞争优势的一个来源，不仅是因为这种能力的优势可以促进企业的国际化，而且是因为在一定时期这些能力在国内利用不足，被浪费掉了。在这种情况下，企业或在国内市场进行多样化，或在国际市场通过出口、对外投资、许可证贸易等方式实行多样化，目的就是充分利用其管理和创新能力。

海默的垄断优势理论是解释对外直接投资的重要理论，突破了传统理论的许多框框，提出了一些新的思路，将国际企业的研究从流通领域转到了生产领域。英国著名教授邓宁评价说：海默富有成果的论文的巨大贡献在于"把注意力集中到跨国公司是国际生产机构而不是国际交换机构上来"，因此，这个理论较好地解释了美国跨国公司对外直接投资的动机和条件。但是，海默的垄断优势理论也有明显的缺陷：首先，忽视了对外投资的区位问题，没有解释为什么美国公司到这个国家投资而不是到其他国家投资。其次，海默虽然说明了国际企业拥有对外投资的必要条件，但没有进一步说明其对外投资的充分条件，即与其他经营方式相比，对外直接投资能取得更多的垄断利润。再次，海默理论忽视了优势的时间性，事实上时间对企业的特有优势会产生影响，随着时间的推移，有的企业丧失了优势，因此要及时撤回投资，另一些企业则获得了新的优势，因此有可能加大在海外的资本投资。最后，海默理论是根据其对资本密集和技术密集行业的垄断企业的研究而得出的，这种理论不能解释 20 世纪 60 年代后出现的日本中小企业以及发展中国家企业对外直接投资的经济现象。

二、产品生命周期理论

产品生命周期理论（Product Life Cycle Theory）盛行于 20 世纪 60 年代后期至 70 年代中期，主要人物是美国哈佛大学教授雷蒙德·弗农（Raymond Vernon）。弗农在 1966 年的《经济学季刊》上，发表了《国际投资和产品生命周期中的国际贸易》一文。文中他首先提出了产品生命周期理论，并运用这个理论对工业制成品的贸易流向进行了分析，建立了国际贸易的产品生命周期理论。以后，小路易斯·T. 威尔斯、赫希哲等人在此基础上又进一步充实和提高。传统理论是以自由利用信息和稳定的生产功能为基础的，而产品生命周期理论则假定信息在跨国界之间的流动是受到限制的，在产品全部周期中，生产和营销特征的变化是可以确定的。

根据这种理论，一国由于在技术上领先，就有可能推出新产品，并进而发展产品的出口市场。但是，这种技术创新机会的形成与获得，在各国是很不均等的。一般来说，发达国家，特别是一两个最发达的国家，往往拥有这种机会和优势。例如，美国在过去就被认为是出现新产品最多的国家之一，这与美国的市场、经济，以及科学技术的条件相关。产品如同人的生命一样，要经历投入、成长、成熟和衰退过程。从出生到死亡，有一个周期，但这个周期在不同的国家里，发生的时间和过程都是不一样的。

弗农认为产品发展需要经历三个阶段：新产品阶段、成熟产品阶段和标准化产品阶段，在不同的阶段，消费结构和生产函数都会发生变化。国际企业的工业制成品贸易流向以及对外直接投资的决策都与产品生命周期有关。

(一) 新产品阶段

企业通过研究和开发,新产品引入国内市场,通常首先在发达国家市场出现。新产品在国内市场的需求价格弹性较小,消费者的需求量较大,形成了卖方市场。由于产品尚未定型,技术也不完善,生产过程中主要是投入知识和劳动,表现为知识和技术密集的特征。这时竞争对手还没有出现,产品质量、成本、价格尚未提上议事日程,生产在本国进行;当生产发展到一定水平以后,就有少量产品出口到其他发达国家,以满足这些国家的需要。

(二) 成熟产品阶段

由于生产技术扩散,生产同种产品的厂商增加,不仅在国内,而且在国外也出现了越来越多的模仿者和竞争者;产品的价格弹性提高,生产向有利于消费者的方向转化。由于国内市场日趋饱和,产品创新就要向海外寻找出路,向其他发达国家出口产品;同时,企业必须考虑是否发展对外投资,设立国外子公司或分公司。如果一些国外制造商已开始生产这种产品,国际企业就很可能在国外,特别是在其他发达国家建立子公司或分公司,以降低成本,保持或扩大其在国外市场的份额。

(三) 标准化产品阶段

在这一阶段,生产技术和产品更加标准化,不仅在发达国家普及,而且已扩展到发展中国家。由于产品完全成熟,越来越多的竞争者加入这个行业,对原有生产企业提出挑战;市场上该产品价格弹性不断提高,形成买方市场。由于市场生产定型,机器设备专门化,生产采用流水线,知识和技术密集型劳动的作用减弱,资本和非技术劳动密集型的特征明显。在这种情况下,在国外的子公司一方面向发展中国家出口产品;另一方面,开始通过直接投资,开拓发展中国家市场,以取得规模经济效应。

类似地,小路易斯·T. 威尔斯也提出了产品生命周期的五个阶段:

第一阶段,通过研究和开发,为国内市场发展新产品。

第二阶段,将国内产品出口到海外市场。

第三阶段,在其他工业化国家建立生产制造机构,并通过这些子公司或分公司将产品出口到发展中国家。

第四阶段,在发展中国家或地区建立子公司或分公司,例如,在中国台湾、韩国、新加坡生产电视机和照相机。

第五阶段,从发展中国家出口商品到美国市场,例如,东南亚国家将电视机出口到美国。

其实,威尔斯的第一阶段即为新产品阶段;第二阶段和第三阶段类似于成熟产品阶段;而第四阶段和第五阶段则与标准化产品阶段相仿。

1967 年，赫希哲将世界贸易国家分为工业高度发达国家、较小的工业发达国家和发展中国家与地区。工业发达国家，如美国等是产品创新国，出口新产品；较小的工业发达国家，如大多数欧洲国家，介于创新国与发展中国家之间，是除创新国以外的其他发达国家。发展中国家和地区是指已开始工业化的某些发展中国家或地区，如印度、中国香港等。产品生命周期理论模型可以由图 2-1 表示。

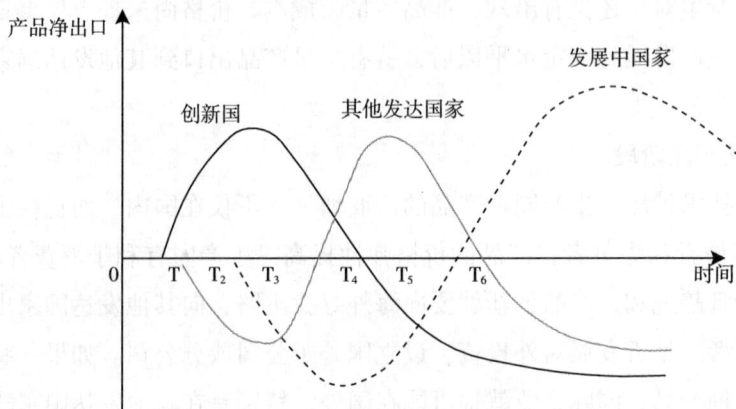

图 2-1　产品生命周期

赫希哲也提出了产品生命周期的三个阶段：新产品阶段、成熟产品阶段和标准化产品阶段。第二次世界大战后，美国曾经是收音机的主要出口国，当国外特别是当日本开始熟悉这门技术时，美国就成了收音机的大量进口国。随着半导体收音机的发展，贸易流动又开始有利于美国。但最后，美国又开始进口半导体，并依靠集成电路的发展开始了它的第三代出口。在电子组件行业中，从真空管到晶体管，然后又转到集成电路和微型电路这一过程，也产生了类似的贸易类型。

产品生命周期理论是以贸易理论为基础的跨国公司的理论。从贸易理论的角度看，产品生命周期理论说明随着产品说明周期的变化，产品比较优势有一个动态转移的过程；贸易格局和流向也会逆转，如产品创新国从出口国变成进口国。从投资理论的角度看，产品生命周期理论指出，国际企业在国外建立子公司或分公司是在成熟产品阶段和标准化阶段，且对外投资一般都拥有技术和产品的垄断优势，而当地企业不具有这种优势，也无法在市场上买到这种比较优势。所以，西方人也将产品生命周期理论称为垄断优势理论。

产品生命周期理论反映了 20 世纪 50~60 年代美国制造业对外直接投资的情况，将技术和产品垄断因素与区位因素结合起来分析、解释了对外直接投资现象，具有一定合理性。但是这种理论无法解释许多现实的对外直接投资现象，例如：①一般发达国家向最发达国家投资。②创新国如日本直接向东南亚地区投资，这些地区中的许多国家是发展中国家，收入低，消费也低。③发展中国家的直接投资，特别是发展中国家向发达国家投资。④国际企业在产品创新期，同时在国内外组织生产，甚至在东道国研究开发新产品。⑤产品创新国如美国的国际企业一方面对外直接投资，另一方面继续保持母国的技术优势，而不是在技术优势丧失以后才对外直接投资。对此，弗农教授也多次修正了自己的论点，在20世纪70年代引入了国际寡占行为加以补充，但对其产品三阶段的理论框架基本上没有改动。

三、其他对外直接投资理论

一些西方经济学家还从其他角度解释了对外直接投资的原因。

（一）防御性投资

亚历山大·拉姆法勒希认为，许多投资往往基于防御性的考虑。投资者是为了避免竞争地位削弱，而不是为了获取利润而去投资；或者试图抢先占有一种有价值且有限的生产要素或资源，以防止其落入竞争对手的手中。

防御性投资被称为利润倾向的投资类型，从短期来看也许是正确的，从长期来看却是一种利润导向的决策。这种长期利益是通过阻止竞争对手实力的增强而取得的。

（二）自我保险

企业对外直接投资，是为了分散市场和生产基地，实际上是发展了一种市场和制造工厂的组合，能有效地减少风险，对自身提供了一定程度的保险。这是一种资产组合效应（Portfolio Effect）。通过对外直接投资减少的风险包括：①由于本国经济衰退，或由于受到国外市场的排挤而丧失市场。②因罢工或国内动乱造成生产破坏。③生产设备被没收等。

（三）提高公司形象

（1）为了提高公司的国际形象而进行投资。有的公司为了提高公司形象，不管投资国条件如何，都要在尽可能多的国家开办（子）公司。

（2）有的公司通过投资，在国外市场被视为当地企业，借此来提高自己形象和竞争地位。例如，在本国不具有优质生产商形象企业，在一个拥有优质声誉的第三国进行投资和生产，就能提高本身形象，扩大销售。

（四）追随领导者

尼克博克在《寡头反应和跨国企业》一书中提出企业对外直接投资是为了追随领导者（Follow the Leader）。他指出，寡头企业把互相追随进入新的国外市场作为一种防御策略。这种类型的投资通常发生在高度集中的产业部门，在这些行业或部门中，少数几家大企业旗鼓相当，势均力敌，互相制约。只要其中一家企业到其他国家建立新的子公司，开拓一个新的特定的市场，其他几家寡头企业会迅速反应，纷纷跟进。例如，在几家最大的银行到英国伦敦设置分支机构以后，其他美国银行也蜂拥而至，到伦敦开设机构。

这种动因反映了这些寡头企业防御性投资的目的和垄断企业之间激烈竞争的事实。这种为了维持竞争关系平衡的做法，如前所述，有时也称为相互威胁论。

第三节　国际生产折衷理论

从 20 世纪 50 年代末起，西方经济学家从各个侧面为企业投资决策提供了各种理论依据，其中比较著名的所有权优势、区位优势和内部化优势等理论。英国里丁大学经济学系约翰·哈齐·邓宁 (John Hazy Dunning) 将这些理论综合起来，形成折衷理论。从理论体系来看，国际生产折衷理论 (The Eclectic Theory of International Production) 体系的基石仍然是企业的垄断优势和市场的不完全。

一、所有权优势

所有权优势是指一国企业拥有或能够获得别国企业所没有或无法获得的资产以及所有权。如前所述，这种企业所拥有的特殊优势，是一种垄断优势，是决定企业对外直接投资的因素。正如斯蒂芬·海默所指出的，一家公司之所以从事对外直接投资，必须具备两个条件：①拥有东道国厂商所缺少的优势，即厂商特有优势和行业优势。②出售这种优势的市场为不完全市场，因而能取得较高的投资报酬率，如产品生产工艺和技术、专利权、商标权、管理和组织经验、推销技术、创新能力，以及产品多样化程度、规模经济等。邓宁又将所有权优势称为"垄断优势"或"竞争优势"，认为它包括：①由于独占无形资产所产生的优势。②规模经济所产生的优势。此外，邓宁又从另一个角度将所有权优势分为能转让的优势和不能转让的优势两种。前者指技术、信息等，后者指企业经营规模适度等。1991 年联合国关于跨国公司对外直接投资决定因素的研究报告指出，所有权优势包括：研究与开发、管理与技术水平、营销技巧、企业生产效率、规模经济、相对的市场力量（指企业获取有形资产和无形资产的能力）。

二、区位优势

区位优势 (Location-specific Advantage) 是指一国企业集团利用当地优势进行生产要比单纯出口能获得更大利益。这种区位优势也是决定对外直接投资的因素之一，它说明了国际企业为什么到这个国家而不到其他国家的原因。

1953 年，索思阿德提出区位理论以解释国内资源的区域配置问题，而后来的沃尔特·艾萨德则运用区位理论来解释对外直接投资现象。这个理论以市场不完全和资源分配不均为前提。认为不同地点所拥有的生产条件不同，因而适合不同的生产活动或生产程序。在区位优势中，集群（cluster）与国际竞争优势有十分重要的联系。美国著名学者迈克尔·波特指出："集群即指在某一特定区域下的一个特别领域，存在着一群相互关联的公司、供应商、关联产业和专门化的制度和协会。"集群不仅降低了交易成本、提高效率，而且改进了激励方式，创造出信息、专业化制度、名声等集体财产。更重要的是，集群能够改善创新的条件，加速生产力的成长，也更有利于新企业的形成。

国际市场与国内市场一样存在着市场的不完全，从而导致各国市场在生产要素价格、市场规模、资源供给等方面的差异。如果国外市场的这些差异能为投资国企业带来有利条件，对外直接投资就会发生。影响区位优势的主要因素包括：

（一）生产要素

对生产要素国际流动的限制，会使生产要素市场不完全，从而形成要素资本的国际差异。以劳动力市场为例，各国的移民管制使劳动力在国与国之间不能自由流动，导致实际工资成本的差异。在这种情况下，考虑到技术越来越标准化的现状，国际企业就可以把生产活动转移到劳动投入的来源地，降低劳动成本。一些发达国家的国际企业通过直接投资，将电子组件的装配工序移到韩国、新加坡、中国台湾、中国香港等国家和地区，就是典型的例子。

（二）市场定位

东道国市场的规模、市场增长、发展阶段以及当地竞争程度等特征，会对国际企业的市场定位与直接投资产生重要影响。特别在东道国存在贸易壁垒的条件下，市场规模等因素明显与利用市场和购销的规模经济相关。同样道理，如果在东道国的竞争十分激烈，一个"当地制造"的标签有利于国际企业推销产品。特别是东道国的市场足够大的时候，国际企业可以通过进入该国市场，充分消化闲置的各种资源和能力，实现规模经济。

（三）贸易壁垒

关税与非关税壁垒的存在，也会影响国际企业在出口和对外直接投资之间的选择。有些东道国利用关税、配额、当地标准化等手段形成贸易堡垒，还有些东道国实行进口替代战略。其结果是，在客观上鼓励外国资本进入，并进行直接投资。

（四）经营环境

国际企业经营需要有一个相对较好的经营环境。如果东道国能提供良好的政治、经济、法律、社会、文化等环境，就可以影响国际企业对风险的估计，并进而影响它们对建立子机构地点的选择。

区位优势冲破了古典经济学中不考虑企业地理位置的观念，用来解释对外直接投资的投向与空间分布的格局，以及投资的原因与形式。但是，这个理论并不能全面说明企业为什么以及如何对外直接投资，因而还需要与其他理论相配合。

三、内部化优势

内部化优势（Internalization Advantage）是指企业的所有权资产不是通过外部市场，而是通过投资，经过内部市场转让到国外子公司，以取得更多的收益。

罗纳德·科斯提出，如果市场失效（market failure）或市场不完全，企业通过生产交易的成本就会增加；而通过企业组织的内部进行交易，就可能减少市场交易的成本。关于交易成本与市场失效的关系，K.J. 阿罗说得很透彻："交易成本通常阻碍了市场的形成，在某些情况下，则完全限制了市场的形成……市场失效便是当交易成本如此之高，以致（外部）市场不值得继续存在的一种特例。"在此基础上，1976 年英国经济学家彼得·巴克利和马克·卡森等人在《跨国公司的未来》一书中曾经系统地阐述过内部理论。以后，加拿大的艾伦·拉格曼进一步在《跨国公司内幕》一书中发展了这个理论。他们认为，不仅在最终产品市场上存在不完全竞争，而且在中间产品市场上同样存在不完全竞争。所谓中间产品不仅包括半成品，而且包括知识、信息、技术、管理技能等。厂商为避免外部市场不完全而引起的不利因素，往往独占新技术等中间产品；在对外直接投资等情况下，将中间产品经由内部信道，即非外部市场，进行知识转让，然后将成品和服务再行销售。在企业内部市场中，转移价格起着很大的作用，由于可以避开市场的不完全，内部市场可以减少交易成本。中间产品的内部化受许多因素的制约，如企业特有因素、行业特有因素、地区特有因素和国家特有因素等。

内部化优势理论不同于前面的优势理论，内部化并不是指给予企业拥有特殊优势的这种财产本身，而是指这种财产的内部化过程（相当于将这种财产出售给外国生产者而言）。换言之，它给了国际企业特有的优势。正如巴克利和卡森在《跨国企业的未来》一书中所指出的，跨国企业的优势是对它过去：①投资于研究与开发设施（创造技术上的优势）的报酬。②发明紧密结合的一组技能（它能创造出大于个别技能总和的收益）的报酬。③创建信息传递网络的报酬。这种网络不仅可以使它以较低成本在企业内转移①和②的优势，而且可以保护这些信息（包括市场知识在内）不被外人染指。

内部化理论在解释企业为什么要对外直接投资方面前进了一步，其不足之处在于低估了国家政策等外部因素对内部市场的影响及其可能产生的成本。

四、邓宁的折衷理论

上述三种理论都从某一个侧面解释了直接投资和跨国经营现象，但无法全面解释某些现象。1980 年前后，英国著名的跨国公司专家、里丁大学教授约翰·哈齐·邓宁（John Hazy Dunning）综合了前人的成果，指出企业成功的直接投资取决于三个条件：①具有所有权优势。②具有区位优势。③具有内部化优势。如果缺少其中一个或两个条件，企业就不应该选择对外直接投资形式，而应该采取其他的经营形式。邓宁的折衷理论可以归纳为一个简单的公式，即所有权优势+区位优势+内部化优势=对外直接投资。邓宁将这个模式称为"三优势模式"，并以"折衷"一词来命名自己的理论。表2-3是邓宁对"三优势模式"的简明解释，从中可以看到，具备不同优势的企业要根据自己的特点，选择不同的经营方式进入市场的方式；只拥有所有权优势的企业，可以选择出口的方式进入国际市场；只拥有所有权优势的企业，则可以选择技术转让的方式进入国际市场；只有同时拥有所有权优势、内部化优势和区位优势的企业，才有条件以对外直接投资的方式进入国际市场。

表 2-3　企业优势和国际化经营方式

方式 ＼ 优势	所有权优势	内部化优势	区位优势
对外直接投资	有	有	有
商品出口	有	有	无
技术转出	有	无	无

资料来源：John Hazy Duning: International Production and the Multinational Enterprises, George allen & Unwin London，1981.

邓宁的折衷理论虽然在西方受到好评并引起高度重视，但仍有不足之处。例如，威尔斯认为发展中国家之所以能对外直接投资，显然不是由于发展中国家在资金、技术、市场和经济水平方面具有绝对优势，而是由于它们在一些方面具有相对优势，如小规模制造、当地采购和特殊商品、接近市场等。邓宁的同事巴克利就指出这个理论"仍有若干未解决的问题：①对这三类优势（要素）的相互关系及其在实践过程中的发展未交代清楚，要素分类体系缺乏动态的内容。②把所有权优势单纯分离出来是否恰当令人怀疑，而且在逻辑上是多余的。因为内部化理论已提出了产业、国别、企业三类特定因素，足以回答一切问题"。

第四节　日本式的对外直接投资

日本式的对外直接投资理论是由日本著名经济学家小岛清先生在1977年出版的《对外直接投资论》中提出来的。这种理论同那种反比较成本的、采取凭借技术优势的垄断、寡头垄断行动和凭借企业内部统一化的巨大跨国公司活动的"美国式"对外直接投资具有明显的区别。小岛清旨在探索与"美国式"的巨大跨国公司活动不同的"日本式"的跨国经营活动。

一、日本式对外直接投资的特点

小岛清认为，日本式的对外直接投资具有与美国大型跨国公司的不同之处是：

（1）直接投资的中心是资源开发进口，生产纺织品、零部件等标准化的垄断密集型产业。投资按比较成本的顺序依次进行，以促进东道国的比较优势产业的发展；产品不仅在东道国市场出售，而且主要向日本或第三国出售。

（2）中小企业对外直接投资，根据与东道国技术差距最小的产业依次进行。其投资不以技术优势为武器，而是通过投资者之间的激烈竞争进行。

（3）不搞拥有全部股份的"飞地"（enclave）式的子公司，而采用与东道国合办的形式，或采用非股权安排方式，如产品分享等。

小岛清认为上述特点构成了日本式的对外直接投资，以与美国式的对外直接投资相区别。

二、小岛清理论的内容

小岛清理论的核心是："对外直接投资应该从本国（投资国）已经处于或将陷于比较劣势的产业（这也是对方国家具有显在或潜在比较优势的产业）——可以称为边际产业——依次进行。"这里的边际产业是指已经或即将丧失比较优势，陷于比较劣势的产业。日本企业首先将排序最后已居于比较劣势的产业转移到国外进行生产，随后逐步将比较劣势企业转移出去。这样既可以降低东道国的生产成本，也可以通过进口降低日本的成本，使双方实现更大利益。小岛清将此概括为"边际产业扩张论"，认为边际扩张是顺贸易导向，这种直接投资的作用是使贸易得到互补和扩大。而美国公司的对外直接投资是从最具比较优势的产业开始，逆着比较优势进行，其结果是用国外的生产替代了本国的出口贸易，非但没有节约成本，反而会造成资源的浪费。

由此，小岛清推导出以下结论：

（1）可以将国际贸易和对外直接投资理论的综合理论建立在"比较优势（成本）原理"的基础上。从贸易方面来看，一国如果对比较优势产业实行专业化生产和出口，对比较劣势产业进行收缩并进口，就可以取得贸易的比较利益。在对外投资方面，投资国应趋于从比较劣势的产业开始进行投资，这样可以使对方国潜在的比较优势在缺少资本、技术、经营技能的情况下，因采用了先进的生产函数而得以显现或增强。这样，两国之间的比较成本差距就会扩大，从而为贸易创造了条件，而本国对外直接投资的利益是从将这种先进的生产函数移植给对方国家的动态原因中产生出来的。两者都是以比较成本原则作为判断的标准。

（2）"日本式"的对外直接投资与贸易是互补关系而不是替代关系。这是因为，"日本式"的对外直接投资从本国趋于比较劣势的边际产业开始进行对外直接投资，通过在东道国廉价生产然后再成为本国的进口。从创造和扩大投资国的进口这个意义上看，是一种顺贸易导向或创造贸易的（Pro-trade Oriented or Trade-crea-ting）。

（3）"边际产业"的概念可以扩大，一般称为"边际性生产"。例如，与发展中国家相比，日本劳动密集的产业趋于比较劣势，变成边际产业；但同是劳动密集产业，大型企业可能还保持较强的比较优势，而中小企业趋于比较劣势。于是，后者成为"边际企业"，其对外直接投资走在大型企业前面。此外，同一企业中，一些装配或生产某种特定部件的劳动密集的生产过程或部门成为"边际部门"，要首先从这种部门开始对外直接投资。因此，可以将"边际产业"、"边际企业"和"边协部门"统一起来，称为"边际性生产"。

（4）应该立足于"比较成本原理"进行分析判断。过去，国际分工论的研究方法只是停留在对本国和世界各地的同种商品的成本进行比较，现在应在此基础上前进一步，考虑两种商品（至少是两种，最好是多种商品）、两个国家的模式。这就是说，要采用"比较之比较的公式"，即先找出本国两种商品的成本比率，然后再与外国的同种比率相比较。

（5）应该理解对外直接投资的"产业移植的比较优势"概念。这个概念一般也可以称为"生产移植的比较优势"。小岛清建议，在投资国与接受投资国之间"从技术差距最小的产业依次进行移植"，同时"由技术差距较小的投资国的中小企业做这种移植的担当者"。

（6）比较成本与比较利润率相关。直接投资的结果是，在对方国家能拥有比较优势的生产，必定能获得更高的企业利润，也正是因为如此，才对这种生产进行直接投资。

三、小岛清理论的应用性主张

将上述基本理论和观点应用于实际的对外直接投资，小岛清提出了自己的应用性主张，主要包括：

（1）关于确保资源产品的政策，与欧美国家垂直型"跨国公司方式"不同，日本没有必要去取得上游企业（开发生产）的所有权，而只要采取产品分享方式，或贷款买矿的"开发进口、长期合同方式"即"非股权安排方式"就可以了。这也是资源国家容易接受的好方式。

（2）关于对发展中国家工业的投资，应考虑：①要按照比较成本及其变动次序依次进行，并从技术差距最小、容易转移的技术开始，按次序进行转移。②要适应发展中国家的特点，依次移植新工业、转移新技术，从而分阶段地促进其经济的发展，也就是起"教师的作用"。③企业应该给当地企业带来积极的波及效果，如提高劳动生产率、普及技术经营技能等。④分阶段转让所有权（fade-out）。

（3）关于日本向发达国家如美国投资的问题，与其日本向美国出口小轿车等产业，还不如由美国企业向日本的小型汽车生产进行投资，日本企业向美国的大型汽车生产进行投资，即互相向对方国家比较优势生产进行投资，这是一种"协议性的产业内部交互投资"。

（4）关于跨国公司的功过，小岛清认为：①巨大的跨国公司获取利润的来源分为"生产方面的规模经济"和"商业性达到规模经济"两种。在多数情况下，后者是一种"虚假的规模经济"，对社会贡献很少。②"日本式"的跨国公司，通过综合商社的机能将各自分散的对外直接投资加以组织化，进行集团的、跨国公司性质的海外企业活动。"日本式"的跨国公司接近于以市场为基础的机能性的一体化，这是能同美国式的巨大跨国公司相抗衡的唯一方法。

对外直接投资的主流是从企业发展论或产业组织论角度进行研究的，是一种肯定并鼓励垄断或寡头垄断的美国式巨大跨国公司世界战略的议论。小岛清的"日本式"的对外直接投资论，则从国际分工角度研究对外直接投资问题，这对主流学派是一个重大冲击。但是，小岛清所概括的理论，只是在一定程度上反映了日本在特定历史时代的特点，很难说具有长期的普遍意义，而日本本身的情况也在发生变化，小岛清自己也承认："但是，在不久的将来，日本企业也可能发展成为巨大跨国公司，以其尖端的新产品向国外扩张，进行美国式的经营。"事实也正是如此。

【阅读材料】

中美贸易基本是平衡的

2010年以来，市场对人民币升值预期越来越强，实际上，对人民币升值要求最为强烈的是美国。目前美国失业率较高，美国想通过多出口、少进口，改善国际收支，扩大就业，眼睛又盯住人民币汇率，认为人民币汇率低估是导致中美贸易不平衡的主要因素。同时，美国还加大对中国产品的贸易保护，要求人民币升值，阻止中国产品进入美国市场。

其实，人民币汇率并不是中美贸易失衡的关键因素，实际上这也一直是中方所强调的。中国出口的主要是劳动密集型产品，附加值比较低，我们处于贸易结构的低端。长期以来，中国产品的国际竞争力主要是由于中国的劳动力成本和土地成本相对较低，并不是主要依赖人民币汇率低来实现的。我国的贸易收支盈余虽然较多，但是我们获得的利润较少，我们的产品和美国产品交换，处于较大的劣势。而美国出口的主要是技术和资本密集型产品，附加值高，赚取的利润也较多。同时，中国希望进口高技术产品，美国却设置多重贸易壁垒，限制美国高技术产品向中国出口，因此，中国的贸易盈余只能购买美国国债，获得的收益较低，一旦美元贬值，储备资产还面临缩水的风险。纠正贸易平衡，美国应该削减对华贸易出口的一些壁垒，放松高科技产品的限制，而不是指责人民币汇率。此外，2010年2月25日商务部新闻发言人姚坚还进一步指出考察中美经贸关系，除了货物贸易以外，还包括投资和服务，如果从全图景来看，中美贸易基本是平衡的，甚至中方还是逆差的，因此并不能够孤立地从货物贸易来看人民币汇率。

资料来源：http://business.Sohu.com/20100301/n270486976.shtml

【本章小结】

（1）重商主义、亚当·斯密（Adam Smith）的绝对优势理论和大卫·李嘉图（David Ricardo）的比较优势理论是古典国际贸易理论的代表，解释了贸易双方获利的原因，为国际分工和世界各国参与国际贸易提供了理论依据。

（2）1919年，瑞典经济学家伊·菲·赫克歇尔（E.F.Hekscher）发表了《对外贸易对分配的影响》的著名论文。在该文中，提出了生产要素赋予论。1933年，瑞典经济学家贝蒂尔·俄林（Bertil Got-thard Ohlin）出版了《地区间贸易和国际贸易》一书，创立了生产要素禀赋理论。赫克歇尔和俄林把商品交换比例的决定由劳动一种因素扩展到劳动、土地或资本两种因素，指出天赋资源即要素禀赋是贸易的基础。

（3）1953年，美国学者里昂惕夫（Leontief）在所著的《国内生产和对外贸易：美国资本现状在考察》一文中指出，美国实际统计资料与赫克歇尔和俄林原理不符。这个"里昂惕夫之谜"，成为现代国际贸易理论领域的一个难题。对于"里昂惕夫之谜"，人们作了很多推测和解释。①对贸易要素进行新的分析和理解。②提出新的生产要素，如人力资本、研究与开发、规模经济等。③强调要素移动有替代贸易的作用。

（4）1960年，美国学者斯蒂芬·海默（Stephen Hymer）在其博士论文《国内企业的国际经营：对外直接投资的研究》中首次提出该理论的雏形，此后由美国学者查尔斯·金德尔伯格（Charles Kindleberger）、约翰逊（H. G. Johnson）和凯夫士等学者补充和发展，形成了垄断优势理论。其核心思想是市场不完全性，即存在不完全竞争和企业的对外投资是对当地竞争者所占有的优势的有效利用两个方面。

（5）美国哈佛大学教授雷蒙德·弗农（Raymond Vernon），在1966年的《经济学季刊》上发表了《国际投资和产品生命周期中的国际贸易》一文。文中他首先提出了产品生命周期理论，该理论从产品生产的技术变化出发分析产品生命周期及其对贸易格局的影响，揭示了产品生命周期、国际贸易与外国直接投资之间的关系。

（6）其他直接投资理论还有：防御性投资、自我保险、提高公司形象和追随领导者。

（7）从 20 世纪 50 年代末起，西方经济学家从各个侧面为企业投资决策提供了各种理论依据，其中比较著名的有所有权优势、区位优势和内部化优势等理论。英国里丁大学经济学系约翰·哈齐·邓宁（John Hazy Dunning）将这些理论综合起来，形成折衷理论。这种折衷理论可以归纳为：所有权优势+区位优势+内部化优势=对外直接投资。

（8）著名经济学家小岛清提出日本式的对外直接投资理论。这种理论同反比较成本的、采取凭借技术优势的垄断、寡头垄断行动和凭借企业内部统一化的巨大跨国公司活动的"美国式"对外直接投资，具有明显的区别。小岛理论的核心是："对外直接投资应该从本国（投资国）已经处于或将陷于比较劣势的产业（这也是对方国家具有显在或潜在比较优势的产业）——可以称为边际产业——依次进行。"

【思考题】

1. 重商主义概念及其特点是什么？

2. 绝对优势理论和比较优势理论的联系和区别是什么？

3. 按照生产要素禀赋理论的内容，请问要素价格均等化能够实现吗？说明你的理由。

4. 对于"里昂惕夫之谜"，人们做了哪些推测与解释？

5. 什么是垄断优势理论？

6. 什么是国际市场产品生命周期理论？该理论与国际贸易、外国直接投资之间有什么关系？

7. 什么是国际生产折衷理论？

8. 什么是小岛清的"日本式"对外直接投资理论？

【案例分析】

2007 年中国对外经贸预测

2007 年，国际贸易仍将继续扩张，跨国投资依然活跃，世界贸易量仍将增长 7%以上。但是，由于多哈回合谈判中止，多边贸易体制受挫，在全球化的冲击下，许多国家经济社会发展的矛盾深化、困难增加，世界范围内的贸易保护主义将进一步加剧。中国面临的贸易摩擦形势更加严峻，摩擦从个案转向体制层面，从劳动型产品向其他产品延伸，从反倾销向多种贸易保护手段扩展，从发达国家和地区向发展中国家蔓延。据中国商务部统计，2006 年前三个季度，共有 23 个国家和地区对中国企业发起反倾销、反补贴、保障措施和特保调查，共 70 起，案件数量为历年同期之最。

由于经济持续增长、市场容量大、产业配套能力强、基础设施完善、劳动力成本较低、社会政治稳定等优势，近年来中国一直是跨国公司投资的首选地之一。在承接国际产业转移的过程中，中国的外向型经济得到了迅速发展。但是当前中国吸收外资也面临着新的挑战。全球范围内大规模的制造业产业转移趋势有所减缓，一些跨国公司出于分散风险的考虑，加大了对其他发展中国家的投资力度；中国一些地区土地、劳动力等因素成本上升，成本优势有所减弱；中国经济结构调整和发展方式转变也对提高外资的利用质量和水平提出了新的要求。

2006 年 10 月，中国商务部发布了《商务发展第十一个五年规划纲要》（以下简称《纲要》）。"十一五"期间，中国将在继续保持外贸适度增长的基础上，着力提高对外贸易的竞争力和综合效益，加快从贸易大国向贸易强国的转变。《纲要》的深入实施，将推动中国对外贸易持续、健康、协调地发展。

综合考虑各种因素，初步预计，2007 年中国对外贸易将增长 15%左右，进出口总额有望达到 2 万亿美元。

资料来源：中国商务部网站，商务部综合司，研究院. 中国对外贸易形势报告. 2006

问题讨论

1. 改革开放以来，中国发展对外贸易和引进外商投资的优势有哪些？

2. 目前及未来中国对外贸易和引进外资面临着哪些挑战？

3. 中国怎样才能由贸易大国转变为贸易强国？

第三章 国际市场营销经济与文化环境

学习目标与重点

（1）国际经济组织与区域经济组织。

（2）经济发展阶段及不同阶段的特征。

（3）一国的市场规模与经济特性。

（4）文化概念、特征及构成要素。

（5）社会文化价值观分析。

（6）文化适应与文化变迁。

关键词

世界贸易组织　国民生产总值　区域经济集团化　社会文化　文化价值观

案例导入

金宝汤公司汤食品在英国市场的失败

金宝汤（Campbell）公司第一次在英国市场上营销该公司的汤食品时，因没能及时了解英国和美国主妇的文化价值观的差异而遭到失败。美国金宝汤公司认为英国和美国的文化环境相似，为此在美国市场上销售过的蔬菜汤和肉汤等按原样搬到英国市场。不仅如此，对面向美国主妇所制作的电视广告节目也毫无修改，直接放映给英国的主妇，其结果是受到了不同文化价值观的影响而遭到失败。

美国金宝汤公司的汤食品广告对英国主妇无效的原因如下：

（1）英国的主妇因具有保守的价值观，所以对不需要进一步追加料理过程的即食性金宝汤食品持有否定的态度，在英国购买即食汤食品的主妇一般被认为不关心其家庭成员健康的主妇。

（2）美国金宝汤食品的广告内容对英国主妇保守教育子女观念不适合。金宝汤食品广告内容是在餐桌上子女们哀求母亲给他们购买金宝汤食品，母亲为此到商场去购买金宝汤食品。但是，英国主妇认为凡事都听从子女们的要求去做是滋生孩子

的坏习惯的主要原因之一。美国和英国主妇之间存在的这种文化价值观的差异，导致消费者行为的差异。美国金宝汤公司在不了解这种差异的情况下，在英国市场上开展了营销活动，其结果自然是以失败而告终。

资料来源：闫国庆.国际市场营销学.北京：清华大学出版社，2008

第一节　国际市场营销经济环境

一、国际经济组织与区域经济组织

（一）国际经济组织

1. 世界贸易组织

世界贸易组织是世界贸易组织（World Trade Organization）是当今最重要的国际经贸组织，它代表了全球性的多边贸易体制，它既是多边贸易的规则或契约，又是多边贸易谈判的场所，也是解决多边贸易争端的机构。

世界贸易组织的宗旨是：各成员国认识到在发展贸易和经济关系方面应当按照提高生活水平、保证充分就业、大幅度稳定提高实际收入和有效需求、扩大生产和货物与服务贸易的观点，并根据它们各自的需要和不同经济发展水平的情况加强采取相应的措施。

世界贸易组织的基本原则主要有以下几个方面：

（1）非歧视原则。非歧视原则是指各成员国在国际贸易多边谈判中要本着互惠互利的原则相互开发市场并减让关税，以推动贸易自由化的发展和统一大市场的逐步形成。这主要体现在最惠国待遇原则和国民待遇原则两大法律体系之中，前者是要维持各国之间的非歧视，后者是要维持外国和本国之间的非歧视。

（2）自由贸易原则。自由贸易原则是指在世界贸易组织的多边规则和框架下，通过多边贸易谈判实质性地减少关税和非关税措施，扩大各成员之间的货物、服务和知识产权贸易，逐步降低和消除阻碍贸易发展的各种贸易壁垒、障碍和歧视。这一原则的五个要点是：以共同的规则为基础、以多边谈判为手段、以解决争端为保障、以贸易救济为"安全阀"、以过渡期方式体现差别待遇。各成员国应逐步开放本国的货物、服务市场，逐步实现全世界的贸易自由化。

（3）公平贸易原则。公平贸易原则是指各成员为了维护公平竞争的原则应该尽量避免采取扭曲市场竞争的措施，反对和纠正不公平贸易行为，在货物贸易、服务贸易和知识产权领域，创造和维护公平、公开、公正的市场环境。这体现在货物贸易、服务贸易和知识产权领域，既涉及各成员的政府行为，也涉及企业行为。

（4）政策的统一性和透明度原则。政策的统一性是指成员国的中央政府和地方政府制定的贸易法律法规和规章中都应该遵守世界贸易组织的各项规定，地方政府必须与中央政府保持一致，同时各地方政府之间的立法也应该保持一致。透明度原则是指各成员国的贸易法律、规章与措施应该具有透明度，即对于新制定的或修改的贸易政策应立即向世界贸易组织有关机构和各成员国通报，使它们能够熟悉、了解和适应这些新的政策。

（5）发展中国家优惠原则。在世界贸易组织的各个协议和规定中一般都强调了对发展中国家的特殊优惠政策，以有利于这些国家经济和贸易的发展。它体现在非互惠原则、保护幼稚工业原则及国际收支恶化时的数量限制。

2. 国际货币基金组织

国际货币基金组织（International Monetary Fund）是1945年根据《布雷顿森林协定》建立的一个永久性的国际货币机构。

国际货币基金组织的宗旨是：促进国际货币合作；发展国际贸易；促进汇率稳定，防止竞争性的外汇贬值；建立多边支付制度，取消外汇管制；对会员国融资，调节临时性国际收支不平衡问题；减轻国际收支不平衡程度。

国际货币基金组织的主要业务活动是对会员国的汇率政策进行监督，与会员国就经济、金融形势进行磋商和协调，向会员国提供各种贷款以及培训和咨询服务。其贷款业务主要有：

（1）普通贷款。普通贷款用于解决会员国国际收支逆差的短期资金需要，贷款期限3~5年。

（2）中期贷款。中期贷款用于成员国较长时期国际收支逆差资金的需要，借款数额较大，贷款期限4~10年。

（3）出口波动补偿贷款。出口波动补偿贷款用于解决出口初级产品，但因不能控制的原因造成国际收支短期困难国家的需要，贷款期限3~5年。

（4）缓冲库存贷款。缓冲库存贷款用于帮助出口初级产品的会员国稳定产品价格，满足其建立国际缓冲库存的资金需要，贷款期限3~5年。

（5）补充贷款。补充贷款用于补充普通贷款和中期贷款的不足，解决会员国持续的国际收支逆差问题，贷款期限3.5~7年。

（6）信托基金。信托基金用于以优惠条件帮助较穷的发展中国家解决国际收支困难问题，贷款期限10年。

3. 世界银行

世界银行（也叫国际复兴开发银行）是根据 1944 年《布雷顿森林协定》，于 1945 年 12 月 27 日成立，次年 6 月 25 日开业。1947 年成为联合国专门机构，总部设在华盛顿。

世界银行的主要宗旨是：为生产性投资提供便利，协助成员国的复兴与开发；通过保证私人贷款和投资收益的方式，促进私人对外投资，以支持农业、教育、人口控制和城市发展；为了保持国际贸易的长期平衡发展，维持国际收支平衡，采取鼓励国外投资、开发成员国生产资源等措施；在提供贷款保证时，应同其他方面的国际贷款相配合。

世界银行的资金来源主要是世界的资本市场，通常以发行债券方式从资本市场筹措资金。会员国缴纳的股款只占该行所需资金的一小部分。世界银行将资本金及发行债券所得资金，分别通过直接或间接长期贷款的方式来满足成员国对长期资本的需求，其主要贷款对象是中等收入国家，主要投向各种基础设施和能源开发项目，比如发电站项目、公路建设和公共事业等工程项目。

世界贸易组织、国际货币基金组织和世界银行一起被称为维护国际经济运行的支柱性组织。这三大支柱性组织对企业开展国际市场营销活动也产生了重要影响。

（二）区域经济组织

自第二次世界大战以来，区域经济一体化已经成为影响国际市场发展的主要经济因素之一。各国都希望进行经济合作以便有效地利用各自的资源并为成员国的厂商提供更为广阔的市场。

1. 区域经济组织的形成与发展

区域经济集团化（Regional Trade Blocks）又称区域经济一体化，在经济领域最初时期，各国都希望以地缘为纽带，结成某种形式的经济关系，以便有效地利用各自的资源为成员国市场提供产品或服务。20 世纪 50 年代初，人们开始用"国际经济一体化"来表示各国在经济上结合起来形成一个经济联合体的趋势或过程。现在，区域经济集团化是指成员国相互取消贸易障碍，进行某种程度的合作与协作，以促进参与国之间的贸易经济发展。

区域经济集团化随着时代的发展也在不断演化，20 世纪五六十年代，伴随世界政治和经济发展的不平衡，区域经济集团化的组织开始出现。1949 年 1 月，苏联和东欧国家成立了经济互助委员会；1958 年 1 月，由法国、德国、意大利、比利时、荷兰和卢森堡六国组成的欧洲经济共同体（European Economic Community）正式成立；1960 年，美国联合瑞典、挪威、丹麦、瑞士、奥地利和葡萄牙，建立了欧洲自由贸易联盟（European Free Trade Association）；此外，发展中国家建立了 20 多个区域经济组织和贸易组织，如东南亚国家联盟、南亚地区合作组织、海湾合作委员会、阿拉伯合作委员会等。20 世纪

70 年代中期至 80 年代中期，一些区域经济集团化组织遭受挫折和解体，整个区域经济集团化趋势处于停滞阶段。随后，区域经济集团化趋势又出现高涨而剧烈动荡的特点。进入 90 年代以后，世界区域经济集团化步伐进一步加快，规模不断扩大。据世界贸易组织统计，截至 1996 年 7 月，缔结有关协定后向世界贸易组织及其前身关贸总协定通报的区域经济集团组织共计 141 个。

2. 区域经济组织的形式

区域经济集团的组织形式是根据各参加国的生产力发展水平、经济技术水平以及它们所制定的发展目标而形成的。不同的组织形式反映经济集团组织的不同发展进程，反映成员国之间贸易壁垒取消的程度以及经济相关联的深度和广度。区域经济集团化组织的形式有六种：

（1）优惠贸易安排（Preferential Trede Arrangements）。优惠贸易安排是指成员国之间通过协定或其他形式，对全部商品或一部分商品规定特别的关税优惠。这是区域经济集团化组织最低级、最松散的一种形式。

（2）自由贸易区（Free Trade Area）。自由贸易区是指由签订自由贸易协定的国家组成的贸易区。成员国之间废除关税与数量限制，成品商品可自由流动，但各个成员国仍保留对非成员国的贸易壁垒，并且其各自对内政策也是独立的。如 1960 年由英国、丹麦、奥地利、荷兰、瑞典等国组成的欧洲自由贸易区和 1992 年由美国、加拿大和墨西哥三国所组成的北美自由贸易区。属于自由贸易区性质的企业经济组织，还有东盟自由贸易区；日本、新加坡自由贸易区；中国、东盟自由贸易区；日本、东盟自由贸易区等。自由贸易区的合作层次较低，被列为国际区域经济集团化组织中的低级阶段。

【例 3-1】

墨西哥纺织业受惠于北美自由贸易区

1994 年，由美国、加拿大和墨西哥组成的"北美自由贸易区"正式生效，北美自由贸易区取消了会员国内部的纺织品关税，并对非会员国的纺织品课以较高的关税。墨西哥和东南亚及中国一样拥有廉价劳动力，但由于墨西哥输往美国的纺织品不必课关税，而东南亚各国和中国输往美国的纺织品仍需课关税，因而竞争力减弱。在北美自由贸易区未生效的 1992 年，墨西哥为美国第六大成衣出口国。而到了北美自由贸易区成立后的 1995 年，墨西哥已超越中国香港和中国台湾，紧随中国内地之后成为美国第二大成衣出口国。

资料来源：孙忠群. 国际营销精要. 北京：中国经济出版社，2007

（3）关税同盟（Customs Union）。关税同盟是指成员国之间完全取消关税或其他贸易壁垒，并且对非成员国实现统一的关税税率而缔结的同盟。关税同盟在自由贸易区的基础上又向前迈进了一步，其合作程度高于自由贸易区。关税同盟的成员国之间不仅排除了所有的贸易壁垒，而且建立了一个和非成员国之间的共同贸易政策，即对非成员国设置了共同的贸易壁垒，主要是采用共同的外部关税，成员国从非成员国进口的产品关税都是相同的，这一组织具有强有力的对外贸易政策协调与管理能力。比利时、荷兰、卢森堡三国在 1944 年建立了关税同盟，后来并入欧洲经济共同体，现欧洲经济共同体已经发展成为欧洲联盟。

（4）共同市场（Common Market）。共同市场是指成员国之间除了以关税同盟作为基础和主要内容以外，还要实现各种生产要素的自由流动，消除关税壁垒，扩大市场，实现区域性集团关税、贸易和市场的一体化，对非成员国则实行共同的关税。目前只有欧盟走到了这一阶段；阿根廷、巴西、巴拉圭和乌拉圭四国曾在巴拉圭首都亚松森签订了《亚松森条约》，组成四国共同市场，希望最终能够建立南美共同市场。

（5）经济联盟（Economic Union）。经济联盟是指成员国之间在共同市场基本内容的基础上，进一步协调成员国的经济政策和政治政策，逐步消除各自政策方面的差异，强化超国家领导机构和权力，制定和执行某些共同政策，建立统一的货币制度，从而形成了一个庞大的经济实体。这是区域经济集团化的高级形式。目前只有欧盟接近经济联盟这一阶段。

（6）政治联盟（Political Union）。政治联盟是指区域内成员国在经济、金融、财政及国际贸易政策上实现完全的统一化。各成员国之间完全废除了商品、资金、劳动力等方面自由流动的人为障碍。随着发展层次的提高，各国把越来越多的经济自主权让渡给一个中央管理机构。这是区域经济集团化的最高形式。目前只有欧盟在迈向这一目标，但想要达到最终目标至少还需要 50 年。

3. 区域经济集团化的经济效果

近年来，区域经济集团化越来越受到重视，主要是由于欧洲共同市场的成就所致。以下针对经济集团化的预期效果加以讨论。

（1）贸易创造与贸易转移。贸易创造（Trade Creation）是指在原来关税与配额等贸易壁垒下，两国贸易量较小，而随着经济集团化下障碍撤除后，两国间原来被抑制的贸易量得以实现，进而扩大区域内的贸易量。贸易转移（Trade Diversion）则是针对某国某项产品原来向区域外国家购买，但在经济集团化后，由于原来的贸易障碍已经排除，故而转向区域内的国家购买。例如，1986 年西班牙加入欧洲共同市场之后，由于原来的贸易障碍已经去除，造成其与法国之间的贸易激增，实现了贸易创造的效果；另外，本来西班牙汽车的零部件主要是从日本进口，但自贸易障碍取消后，同为会员国的意大利取代了日本而成为西班牙汽车零部件的主要来源国，这就是所谓的贸易转移。

（2）生产要素有效利用。各成员国不仅贯彻自由贸易与取消各项关税，其资本、劳动力也可以自由流动。尤其当劳动力与资本由边际生产力较低的地区移往边际生产力较高的地区时，对整个区域经济而言是以同量的投入要素而使总生产量增加。同样，如果企业人才能从相对较多的地区移往相对稀少的地区，则总产量也将增加。例如，东、西德国的合并，虽然东德的资金少且工资低，却拥有丰富的劳动力与管理人才，因此当两德合并之后，造成大量的人力涌入西德与其他欧盟国家，使得西德与欧盟的总生产量增加。

（3）提高竞争的程度。经济集团化后，会扩大其市场规模，使得某类产品的独占性降低，造成竞争厂商数量增加。当市场竞争程度越高时，则市场就越有效率，使得厂商会降低价格来增加销售量，同时也促使在区域内较缺乏竞争力的厂商改善经营，或是予以淘汰。

（4）改善贸易地位。一般来讲，当一国征收进口税后，将会使产品的价格上升，导致进口需求量减少。如果经济集团化后的区域内国家对外征收进口税，则进口品的需求量便会大幅度下降，从而促使区域外的出口国降低价格以刺激需求，这样一来，经济集团化就可以使区域内的国家对区域外的国家有更大的影响力，并借此来改善其贸易地位。

【例 3-2】
"美的"集团越南建基地瞄准东盟市场

2007 年 1 月 16 日，"美的"集团首个海外生产基地——投资 2500 万美元建设的美的越南工业园在胡志明市近郊破茧而出，正式投产，主要生产电饭煲、电磁炉、电水壶等小家电产品。"美的"集团董事局主席何厚健指出，"美的"此时"走出去"设厂的主要原因有三个：①为了降低成本。②为了规避反倾销、关税等贸易壁垒。③也与人民币升值有关。在这三大原因当中，人民币升值是促使"美的"海外投资建厂步伐加快最重要的宏观经济背景。人民币升值，为众多原来就有内在的到海外扩张意愿的企业提供了最好的气候：①本币币值升值，直接降低了对外投资的成本。②企业到海外投资建厂，进行资本输出，也可以抵消外汇储备激增之势，为国家政策所鼓励。而规避贸易壁垒，是"美的"海外投资设厂的最现实的考虑。"美的"集团有关负责人告诉记者，"'美的'越南基地将成为'美的'在东盟的小家电制造和出口基地和重要的战略据点，'美的'集团的目标是'立足越南，辐射东盟'，扩大东南亚输出的销售份额"。他介绍说，目前，中国对东盟的出口，关税较高，而东盟贸易区正在实施减税计划，在越南建厂，生产电饭煲、电磁炉、电水壶等产品，在越南销售并出口东盟各国，有利于提高"美的"产品在东南亚市场的竞争力和扩大生产销售。

　资料来源：孙忠群.国际营销精要.北京：中国经济出版社，2007

二、经济发展水平

（一）经济发展阶段

一个国家所处的经济发展阶段，会直接影响该国的生产、投资和消费等经济活动，进而影响该国市场的供给和需求。美国著名发展经济学家沃尔特·罗斯托（Walt Rostow）提出的"经济成长阶段论"，对人们分析、判断世界各国经济发展所处的阶段具有重要的意义。罗斯托在1960年出版的《经济增长的阶段》一书中，采用增长阶段分析的方法，对世界经济各个阶段的性质和特征进行了概括。世界经济由落后到发达依次经历五个基本阶段：

1. 传统阶段

处在这个阶段的国家缺乏大力提高生产率水平的能力，尤其是缺乏对现代科学技术方法的系统应用，文化水平及其公共支出的水平普遍低下，甚至有些地方尚处在自给自足的经济状态中。这是一个十分有限的国际营销市场。

2. 起飞准备阶段

处在这个阶段的国家正在向起飞阶段转变。在这个阶段先进的现代科学技术在农业生产上得到了应用。各种交通运输、通信及电力设施逐渐建立，人们的教育及卫生保健和其他公共事业开始得到发展。

3. 起飞阶段

起飞阶段的经济，大致已形成了经济成长的雏形，各种社会设施及人力资源的运用已能维持经济的稳定发展，农业及各项产业逐步现代化。这类国家工业发展具有一定的规模，国民生产总值增长比较快，工业占国民生产总值的比重越来越大。这些国家往往需要进口先进的机器设备等，以完善自己的工业体系，对工业制成品的进口逐渐限制、减少。

4. 趋向成熟阶段

在这一阶段，经济保持持续发展，现代科学技术被应用到经济活动的所有领域，企业开始积极投身于国际化经营。处于这一阶段的国家中，消费者的购买注重产品特性和质量，喜欢高质量、高档定位产品。这些国家出口大、进口也大，进口产品各种各样，包括原料、半成品、劳动密集型产品、奢侈品等，是国际市场营销规模较大的市场。

5. 大众高消费阶段

在这一阶段，社会注重耐用消费品和服务业的生产和消费；高新技术产业和服务业快速发展；居民可自由支配收入激增，公共设施和社会福利设施日益完善。此阶段资源越来越倾向于被引导到耐用消费品的生产和大众化服务的提供上。罗斯托认为，大众高消费时代代表着一个社会技术上达到成熟和人均实际收入达到一定水平后可能选择的发展方向。发达国家经济发展的历程表明，大众高消费时代是发达国家经济增长的黄金时期。

大致说来，凡处前三个阶段的国家可称为发展中国家，而处在后两个阶段的国家则称为发达国家。当然，不是每个国家的经济发展都必须依次经过这五个阶段，有的会跳过一两个阶段。并且各个国家每一发展阶段持续的时间也不尽相同。

（二）经济类型的模式

市场营销学家菲利普·科特勒（Philip Kotler）认为一个国家的经济发展水平与经济类型直接相关，从而决定了该国的产品及服务的需求状况、收入水平、就业水平等方面的问题。而经济类型可以分为四种典型的模式。

1. 自给自足经济（Subsistence Economy）

在自给自足经济中，绝大多数人口只从事简单的农业。经济结构以传统农业为主，制造业和其他产业微乎其微；因为生产率极其低下，产品绝大部分被生产者自己消费掉，剩余产品很少；经济很不发达，市场基本封闭；有限的对外贸易仅限于偶然调剂。

2. 原材料出口经济（Raw Material Exporting Economy）

这类经济类型的国家都拥有一种或几种以上的丰富天然资源，但在其他方面很贫乏。他们的收入主要来自出口这些天然资源，如沙特阿拉伯拥有大量的石油资源，智利出口锡、铜等。这类国家对其"支柱"产业（资源开采业）所需的先进技术设备、运输工具有旺盛的需求，高档消费品也有一定的市场。

3. 工业化过程经济（Industrializing Economy）

在工业化过程经济中，制造业迅速发展，带动了能源、原材料、中间产品、生产设备进口的大量增加，同时，制造业所生产的劳动密集型产品也大量销往世界各地。一般来说，在这类经济的国家里，纺织工业、家电工业、机电工业发展很快，其地位也日益重要。工业化会产生一个新的富有阶层和一个虽然较小但不断增长的中产阶层，这两种阶层都需要新型的进口产品。

4. 工业经济（Industrial Economy）

这类国家主要包括北美、欧洲一些国家，以及日本和澳大利亚。这类国家是工业产品与投资的主要输出国，他们除了彼此之间有贸易往来之外，还将工业产品输往其他经济类型的国家，以换取原材料和半成品。由于这些国家存在较大的中产阶层，消费市场庞大，消费水平高，是国际营销的主要市场。

科特勒的经济类型理论揭示了经济发展与经济类型、收入水平和商品进出口结构、层次和数量的密切关系，为国际营销人员分析有关国家的市场需求、寻找具有吸引力的目标市场提供了依据。发达国家着重投资较大而节省劳动力的生产设备，即属于资本密集型和知识密集型，用于大规模集约化生产；而大多数发展中国家对生产设备的需求则多偏重于劳动密集型，以适应劳动力充裕而资本相对短缺的现实。

【例3-3】

大众汽车率先进入中国

中国改革开放以后，上海汽车公司率先走出国门为轿车生产寻求合资伙伴。它先后找过声名显赫的德国奔驰公司、美国通用汽车公司、日本丰田汽车公司等。但是这些财大气粗的汽车生产企业只愿意在当时的中国市场销售成品而不愿意在中国投资生产。但是，德国大众汽车公司根据自己在巴西、南非等发展中国家的投资经验敏锐地觉察到了中国经济良好的发展前景和汽车行业巨大的市场需求，认为及早进入中国市场将获取巨大的收益，所以欣然接受了与上海企业合资的计划。

1984年，大众汽车公司与上海汽车公司合资共同成立上海大众汽车公司，生产桑塔纳轿车，总投资3.8亿元，年产3万辆，成为当时中国最大的合资公司。当时中国轿车工业几乎是空白，在这种形势下，桑塔纳一经面世便如入无人之境，销量直线上升，一口气生产了150万辆，在中国取得了辉煌的成绩，也让当初曾经拒绝中方企业合资要求的美国通用汽车公司、日本丰田汽车公司等企业后悔不已。

大众汽车公司在中国成功的经验有很多，但敏锐把握中国经济发展的走势、深谙中国经济环境的动向，则是其中非常重要的一个方面。

资料来源：包晓闻，赵立颖. 营销制胜：20家外资企业的顶级营销模式. 北京：机械工业出版社，2005

三、市场规模分析

企业在进入一个国家市场之前，首先要分析该国的市场规模。如果该国的市场规模太小、潜量不大，就不值得去开发；如果市场规模可观，值得开发，企业才能够进一步研究其他经济特征。决定一国市场规模的主要因素是人口和收入。

（一）人口

1. 人口数量

一般来说，市场规模是由人口总量制约的，一个国家的市场规模与人口总数是成正比的，诸如食品、日用品、药品、服装、饮料及教育或体育用品等许多商品，其市场潜量都与人口数量有直接关系。

2. 人口增长速度

人口增长速度影响到未来的市场规模。人口增长速度过快，说明市场潜力大，对产品的需求将增加，并且人口增长速度意味着对儿童产品需求增加，如儿童食品、儿童玩具等。但是过快的人口增长会阻碍经济的发展和人均收入的增加，从而限制市场规模的扩大。

3. 人口结构

人口结构对消费者购买行为的影响并进而对市场规模的影响主要体现在：

（1）人口年龄结构。消费者的年龄对市场营销来说，意味着收入的多少、家庭的大小，以及对商品的不同价值观和不同需求。不同的年龄层次对商品有不同的需求，从而形成了婴儿市场、青年人市场和老年人市场等。例如，人口老龄化的国家，对老人用品如医药品、保健品、轮椅、助听器等和老人服务的需求增加。

（2）人口性别结构。男性和女性的差别，不仅给市场需求带来差别，而且两性的购买动机和购买行为也有所不同。由于女性多操持家务，大多数家庭生活用品由女性采购，而且儿童用品也可归入妇女用品市场。而男士则是汽车、人寿保险等的主要购买者。

（3）家庭结构。一个国家或地区家庭单位的多少、家庭成员平均数量、家庭成员结构和家庭决策方式对市场需求的影响很大。例如，在我国随着社会发展家庭开始向小型化发展。家庭人口减少，数量增多，对家用电器的需求可能增多，住房、家电、食品也向小型化发展。此外，还出现了单亲家庭、独身家庭、空巢、丁克家庭等。

4. 人口分布

人口分布状况对产品需求、促销方式、分销渠道都产生不同的影响。人口密度越大的地方，对商品的需求量就越大；相反，人口稀少的地方，对商品的需求量就减少。

5. 人口流动

人口流动或人口转移表明了市场规模的空间变化。世界人口流动或转移有两个明显的趋势：一是农村人口流向城市；二是城市人口流向郊区。据联合国预测，到 2025 年，全世界将有 60% 的人住在城市，其中欧洲的城市人口比例达 85.9%，亚洲的城市人口比例达 53%。人口城市化趋势所带来的许多后果对国际市场营销将有直接的影响。

（二）收入

1. 国民生产总值

国民生产总值（Gross National Product）代表一个国家的总国民收入，是衡量该国经济实力和购买能力的重要指标。如果对消费品来说，国际企业对人均收入感兴趣，是因为人均收入与消费者购买行为有关。如对一些工业品来说，国民生产总值比人均收入更能衡量一国的市场规模。例如，1993年挪威的人均收入是印度的87倍，但印度卡车、能源、钢铁的消费量却是挪威的2倍，这说明，对这些商品，用人均收入指标来判断两国市场规模是不对的。事实上，1993年印度的国民生产总值相当于挪威的2.5倍，这就能很好地解释了为什么印度消费了更多的卡车、能源和钢铁。因此，国际市场营销人员在评估生产规模时，应该同时考虑人均指标和总量指标，并根据市场和产品的实际情况决定哪个指标更可行。

2. 人均收入

人均收入（Per Capita Income）常被用来衡量一个国家居民的富裕程度，也是衡量一个国家经济发展水平的重要指标。高收入国家通常比低收入国家具有更强的购买力。国际市场营销人员在分析一国经济时，人均收入的数据是必不可少的。例如，虽然比利时的国民生产总值只有印度的1/2，但人均收入却比印度高得多，比利时对汽车、移动电话的消费量也比印度高得多。同时，由于各国统计方法的不同，在采用国民生产总值和人均国民收入两个指标时，必须对数据作适当调整，使各国的数据更具可比性。

3. 收入分配状况

收入分配状况（Distribution of Income），国民生产总值和人均国民收入虽然反映了一国的经济发展水平和市场规模，但如果收入分配不公平、贫富差距悬殊，在使用这两个指标反映一国的市场规模时就可能产生偏差。例如，在瑞典、丹麦等北欧国家，收入分配较公平，而在科威特、巴西、哥伦比亚等南美国家，收入分配严重不公平，那么国民生产总值和人均收入在这两类国家反映的市场规模是完全不同的，针对这些不同类型的国家的营销策略也应当有所不同。

【例3-4】

日本和欧美企业对开发中国家电市场的不同看法

中国刚刚实行对外开放政策时，欧美和日本的家电厂商就对中国市场产生了极大的兴趣。欧美的一些家电厂商一马当先，率先对中国的家电市场进行了调查和预测。欧美家电厂商的结论是：中国的家电市场在5~10年难以形成可观的市场容量。他们的依据是：中国尚处在低工资、低收入、低物价、低消费阶段，而家电产品一般价格较高，在现代家庭生活中属于高档消费，对于刚进入温饱阶段的普通中国家庭来说，家电产品超过了大部分家庭可以承受的消费水平。基于对中国经济环境的这样一种判断，欧美企业（除飞利浦）当时基本上放弃了对中国家电市场的开发。但是，精明异常的日本家电企业独具慧眼，对中国的经济环境和市场潜力的了解和分析得比较全面而深入，所以决定大力开发中国的家电市场。他们的依据是：①中国的人口多、家庭数量大，有市场潜力。②中国居民的收入低，但向来有精打细算、积攒财物的习惯。③中国改革开放，与先进国家经济、文化交流，会受到国外现代化消费模式的影响，很快转变消费观念。④中国以经济发展为中心的基本政策是可信的。后来的事实证明，日本家电企业对中国社会经济环境的分析和判断是正确的，而西方家电企业的看法是肤浅的、片面的。所以欧美家电企业错过了进入中国市场的最佳时机，而日本家电企业却在最佳的时机打开了中国市场。

资料来源：孙忠群. 国际营销精要. 北京：中国经济出版社，2007

四、经济特性

在研究一国经济环境时，除了研究该国市场潜量大小之外，还要研究该国经济中影响企业国际市场营销的一些经济特性。

（一）外汇风险

1. 外汇风险的含义

企业在国际市场上遇到的最直接、最经常发生且无法避免的由外汇汇率波动带来的风险称为汇率风险（Exchange Rate Risk），也称为外汇风险（Foreign Exchang Risk），它是企业在从事国际营销活动过程中，以外币定值或衡量的资产与负债、收入与支出，以及未来经营活动的现金流的本币价值因货币汇率的变动而引起涨落的潜在可能性。

外汇风险有三种类型：①交易风险，是指在经营活动中发生的风险。②折算风险，是指海外子公司以外币计价和财务报表合并到母公司的财务报表时资产和负债的价值随汇率变动而变化的风险。③经济风险，是指公司的盈利由于未来经营收益受未来预期的汇率变动而引起的风险。对我国的许多外向型企业而言，最主要的汇率风险是交易风险。

交易风险往往在以下几种情况下发生：

（1）以即期或延期付款为支付条件的商品和劳务的进出口，在货物已运或劳务已提供，而货款或费用尚未收到这一期间，外汇汇率变化所发生的风险。

（2）以外币计价的国际信贷活动在债权债务清偿前承受的汇价变动的风险。

（3）本期外汇合同到期时，由于汇率变化，交易某一方可能要拿出较多的或较少的货币去换取另一种货币的风险。

2. 影响汇率波动的因素

货币是一种特殊的商品，汇率是一国货币以另一国货币表示的价格，汇率同一般商品价格一样是由货币供求关系决定的。在国际外汇市场上，影响外汇走势的因素有（以美元与马克为例）：

（1）利率。如果美元存款利率相对于马克的利率高，其他条件不变，投资者会抛售马克，买美元，以获取高利率的好处，结果对美元的需求上升，对马克的需求下降，使得马克贬值。

（2）通货膨胀。假定美元的通货膨胀率相对于马克的为高，其他条件不变，美国产品的价格相当于德国产品的价格会上升，从而使美国向德国出口减少，从德国进口增加，结果对美元需求减少，对马克需求增加，使马克升值。

（3）贸易差额。如果美国与德国贸易使美国产生巨大的差额，造成美国国际收支出现严重的赤字，那么美国应付的马克债务就大于应收的马克债权，马克就会供不应求，马克与美元的比值就会上升，美元就会贬值。

（4）经济情况。假定美国经济增长快于德国的经济增长，外国投资者看好美国市场，资金会流向美国，转成美元在美国投资，结果是对美元需求上升，美元升值；但从另一个角度看，美国也会因经济增长而从德国进口更多的东西，引起对马克的需求上升，马克升值。所以从理论上分析，经济增长对汇率的影响是模棱两可的。

（5）外汇管制。政府对外汇的管制与干预早已存在。管制事实上是人为地压低需求，而中央银行的干预如抛售美元则是为了增加美元的市场供应量，通过在供或求两个方面的管制来影响外汇汇率。

（6）心理因素。经济学家、金融学家、汇率分析专家及与交易有关的人员每天对国际、国内发生的事情会作出评论，发表对汇率走势的看法。如果大多数人看法相同，那心理上就会形成一种预期的压力，并极有可能导致同向的买卖外汇行为，这种市场预期往往会成为决定短期外汇走势的主要力量。

（7）政治因素。突发的政治事件很难预测。如战争、政变、国内罢工、重要人物去世等，这些事件通常会导致短期汇率的急剧变化，对该国的国际贸易很不利。

（8）其他因素。影响汇率的因素还有石油价格、黄金价格、股票价格、期货价格等。

3. 汇率变动对国际市场营销的影响

（1）对投资的影响。当一国货币增值时，该国货币的购买力相对上升，该国企业愿意到海外进行投资；而外国企业则因其国家货币的购买力相对下降，去货币增值国进行投资的积极性就小。反之，当一国货币贬值时，外国货币的购买力相对上升，有利于吸引外国企业去该国进行新的投资；而本国企业因本国货币的购买力相对下降，一般不太愿意去海外进行新的投资。

（2）对销售策略的影响。外汇汇率变动带来的风险对国际市场营销活动的影响是多方面的，企业必须从财务收益和市场占有率与销售等方面综合考虑，调整战略适应汇率变化，既保持在国际市场适度的占有率和销售额，同时又要减少因汇率变动对企业带来的财务风险。

（3）对进出口贸易的影响。外汇汇率的变动会引起货币价格的增值或贬值，进而会影响产品的进出口。一国货币贬值后，该国出口的商品的外币价格下降，外国对其出口商品的需求上升，出口规模得以扩大；同时，该国进口商品的本币价格上升，会抑制国内对进口商品的需求，进口规模得以缩小。一国货币升值后，该国出口商品的外币价格上升，外国对其出口商品的需求下降，出口规模因而缩小；同时，该国进口商品的本币价格下降，会扩大国内对进口商品的需求，进口规模因而扩大。

（4）对企业生产决策的影响。外汇汇率的变动会使得企业的原材料、劳动力等资源的成本发生变化。当一国货币贬值时，企业一般会利用在货币价格较低国的子公司扩大生产规模，以降低生产成本。当一国货币增值时，企业也会通过采取原材料和转移技术等措施，充分发挥和利用本国的生产能力。

（5）对国际企业的财务管理的影响。汇率波动对国际企业的整个财务管理的影响主要表现在财务资金来源、资本的跨国流动及财务结算等方面。在财务资金来源方面，国际企业可以在利率低的国家或地区贷款，以节约还贷资金；在资本的跨国流动方面，母公司可以利用本国货币汇率的有利时机，将东道国的货币兑换成母国的货币，以求得更大收益；在财务结算方面，如果东道国的货币增值，子公司在东道国所获得的收益兑换成母国的货币量，就会大于东道国货币贬值时所兑换的本国货币量。

【例 3-5】

人民币升值对纺织行业的负面影响

人民币升值对纺织行业的负面影响不可小视。据有关研究，人民币每升值 1%，纺织行业销售利润率将下降 2%~6%。如果人民币升值 5%~10%，行业利润率将下降 10%~60%。其中，棉纺织品出口依存度为 20%，人民币每升值 1%，棉纺织品的全面受损程度表现为行业利润率将下降 3.19%；毛纺织出口依存度为 27%，人民币每升值 1%，毛纺织行业的全面受损程度表现为行业利润率将下降 2.27%；服装业出口依存度为 60%，服装业因出口依存度最高，受损最大，人民币每升值 1%，服装业的全面受损程度表现为行业利润率将下降 6.18%。

资料来源：孙忠群. 国际营销精要. 北京：中国经济出版社，2007

（二）通货膨胀

根据西方经济学中的定义，通货膨胀是指经济中一般物价水平的持续上升。通货膨胀不是一次性的或短期的价格上升，而是较长时期的持续上升；它不是个别商品价格的上升，而是最终产品、服务和生产要素价格的普遍上升。每个国家都有独立的货币体系和政策，这就使得不同国家的通货膨胀情况各不相同。导致通货膨胀的因素很多，也很复杂，主要可以概括为三个方面：

（1）需求拉动型通货膨胀，即总需求大于总供给而引发的物价水平持续上升。消费需求、投资需求、政府需求和外国需求的上升都会导致需求拉动型通货膨胀。

（2）货币通货膨胀。货币是通货膨胀持续发展的燃料。如果不扩大货币供给来满足高工资和高物价对货币的额外需求的话，利率就会升高，循环流中的实际总需求就会减少，产品就会卖不出去，企业就会减少雇用人员。

（3）成本推动型通货膨胀，即成本上升所引发的物价水平持续上升。成本上升可能原于工资上涨、原材料价格上升、能源价格上升等。

对于从事国际市场营销的企业来说，通货膨胀是一个重要的经济环境因素。通货膨胀破坏经济稳定，导致利率升高和汇率波动，影响着生活费用、价格体系以及社会财富的分配，因此，企业必须关注通货膨胀对其国际市场营销的影响。

1. 对市场需求的影响

从理论上讲，通货膨胀使得人们的实际工资下降，引发购买力的下降和需求的下降。但是在现实中，消费者心理预期物价会进一步上涨，因而会纷纷抢购和储存商品，这样反而会导致对需求的刺激。此外，如果通货膨胀是需求拉动型的，则预示着某些行业的需求呈快速上升之势，这对于国际市场营销者来说意味着新的机会。

2. 对企业定价的影响

高通货膨胀率会导致企业成本控制和定价困难。这是因为通货膨胀推动企业的采购成本上升，进而提高销售成本。因此，当付款期限较长或签订长期合同时，就必须把通货膨胀因素考虑在价格之中。

3. 对企业投资的影响

在通货膨胀的环境下，一方面，企业可能无法估计未来的真实回报率，这种高度的不确定性强化了投资的不确定性；另一方面，有些国家的政府在通货膨胀时采取限制企业提价或外汇管制措施，从而使企业在当地投资的意愿进一步减弱。

【例 3-6】

中国工资上涨将引发全球性通货膨胀

总部设在伦敦的经济情报中心公布的数据显示，中国将成为下一轮世界性通货膨胀的发源地，工资上涨、更加严格的环保标准等将使中国承受着越来越大的通货膨胀压力。在工资方面，中国政府鼓励扩大内需的政策势必会提高工资，从而导致劳动密集型出口商品价格上涨，例如纺织和制衣行业，工资上涨将提高他们的生产成本。该中心指出，2005 年中国平均劳动力成本已经达到每小时 1.36 美元，与 2001 年相比上涨了 72%。该中心预测说，中国劳动力成本还将继续上升，到 2010 年平均劳动力成本有望比目前增长 1 倍。另外，一个导致中国出口商品价格上涨的因素是更加严格的环保标准。环保标准的提高势必提高一些化工类产品出口企业的生产成本，最终会影响出口价格。中国生产成本提高将使美国通货膨胀率每年上涨 0.5 个百分点，使全球通货膨胀率每年上涨 0.7 个百分点。

资料来源：孙忠群. 国际营销精要. 北京：中国经济出版社，2007

（三）基础设施

一个国家或地区的基础设施状况是评估其经济环境的重要指标之一。基础设施主要包括交通运输、通信设施、能源供应以及商业设施等。

1. 交通运输

交通运输是指一国的各种交通设施的数量、结构和效率。交通设施主要包括公路、铁路、航空、水运及管道运输等方式。运输工具有汽车、火车、飞机、轮船等。交通设施条件的主要内容包括：公路与铁路的长度和等级、各种车辆的数量与运载能力、飞机场的等级和数量、河道的长度及分布状况、港口的数量与等级、船舶的数量及运载量、交通指挥系统的健全程度等。一个国家或地区的交通运输条件影响着企业的营销成本、营销机会和分销渠道模式的选择。

2. 通信设施

通信设施的发达程度影响着信息的传播效率和传递质量。通信设施包括邮政、电信、电话、电报、电视、广播、互联网以及出版物、印刷品等。从目前来看，世界各国通信设施发展水平存在较大差异，在欧美发达国家，各种通信设施都非常发达，信息沟通方便及时；而在发展中国家或不发达国家，不论是电话网络，还是互联网等通信设施都比较落后。信息的传播效率会对企业营销机会的把握、促销策略的选择产生严重影响。例如，在美国，企业可选择的广告宣传手段很多，而在埃塞俄比亚，可供企业选择的手段就不多。

3. 能源供应

能源供应包括电力、石油、煤炭、天然气等的供应量和成本。能源的供应量直接制约着一个国家和地区经济发展的规模，能源价格的上涨也意味着企业经营成本的上升。另外，能源供应状况影响着一个国家或地区的电气化程度，并在一定程度上决定汽车、空调、冰箱、电炉等高耗能电器市场的规模和潜力。

4. 商业设施

商业设施包括广告公司、批发商、零售商、市场调研及各类咨询中介机构、金融保险公司、仓储物流公司等。发达国家的商业基础设施比较完备，而发展中国家的基础设施比较落后。商业基础设施对于企业广告决策、分销渠道的选择、物流配送以及企业的投保、融资都会产生直接的影响。例如，有的国家批发商的实力较强，成为分销渠道的控制者，而有的国家零售商实力强、网点多，零售商决定分销渠道的模式。另外，在保险业发达的国家，企业可以通过投保来减少在国际营销过程中所面临的风险。

【例 3-7】

美国融资建设基础设施

2006 年 3 月在休斯敦召开的"美国基础设施论坛"上，不少与会人士指出，美国在全球贸易市场缺乏竞争力，重要原因是交通运输基础设施投入远远低于欧洲和日本等发达国家。在过去 30 年中，联邦政府一直没有追加交通运输基础设施投资。美国 59 万座桥梁中至少有 27% 因年久失修而需要淘汰；美国的内河水运由于长期缺乏维修保养资金，各地 257 座岛屿和内河航道船闸中至少有一半无法正常工作，而大部分港口码头并没有被疏浚到可以接纳 1 万国际标准箱的"巨无霸"集装箱船舶的深度。美国民用工程协会公布的数据显示，2010 年以前，至少需要追加 1.6 亿美元用来维修和更新现有的交通运输基础设施，包括桥梁、公路、船闸、港口、堤坝、废水排放设施、飞机场、铁路和培养工程技术人员的专业学校等。不少专家指出，积极吸引外资有助于基础设施的开发建设。目前，美国吸引外资开发本土基础设施的范围已经从公路、铁路、地铁扩大到地方飞机场、港口码头和其他项目的交通运输基础设施。

资料来源：孙忠群. 国际营销精要. 北京：中国经济出版社，2007

（四）自然地理条件

国际市场营销的自然地理条件是指企业从事国际营销活动过程中所面临的、对国际市场营销产生影响和制约作用的各种自然地理因素的集合。自然地理因素主要包括地理位置、自然资源、地形和气候等内容。

1. 地理位置

地理位置是指一个国家或地区在地球上所处的空间区位，它是解释许多国家与地区的政治和贸易关系的一个重要因素。首先，地理位置的不同决定了各个国家或地区的自然禀赋和条件的差异。例如，有的国家和地区自然条件得天独厚，十分有利于经济的发展，对企业的国际市场营销提供了很好的条件，有的则相反。其次，地理位置决定了一个国家或地区与其他国家或地区之间的地缘关系。例如，有的国家和地区紧靠原材料供应地区，有的紧靠消费市场，有的交通便利，这些都会给企业的国际市场营销产生积极的影响。最后，地理位置关乎企业在国际市场营销时可利用的本国与周边国家和地区的政治、经济、文化关系。例如，中东地区许多国家的文化背景相似，政治、经济、文化交往频繁且关系密切，这种地缘关系就为这些国家的企业在该地区开展国际市场营销活动提供了便利的条件。

2. 自然资源

自然资源是指自然界赋予人类的能源、矿产、土地与森林等。自然资源的分布会对世界各国的经济状况和产业结构产生影响，并且自然资源价格的变化会给相关行业和企业带来不同的影响。例如，石油价格的不断上涨使节能型汽车更受大众欢迎。此外，企业还可以通过直接投资的方式在自然资源丰富的国家建立工厂，生产相关产品。

3. 地形

一个国家或地区的地形特征包括平原、山川、江河、湖泊、森林、沙漠等因素。地形会对一国的交通运输、人口的地理分布、人们的生活方式、语言、通信产生影响，甚至影响一国的政治、经济、文化等，从而对市场规模的大小、目标市场细分、分销渠道的建立产生影响。因此，企业必须充分重视地形条件在国际市场营销中的作用，制订正确的营销策略。

4. 气候

气候包括一个国家或地区的温度、湿度、风、雨、雪等方面的特征。气候作为重要的自然地理条件对企业国际市场营销的影响和制约是多方面的。首先，气候影响产品的效用。一种产品的效用及市场需求大小与气候息息相关。例如，在气候较热的地区，空调和冰箱有较大的市场，而取暖设施和防寒服装却难有销路。因而，气候差异往往是一系列消费品和部分工业用品细分市场的重要因素。其次，气候影响产品的使用和性能。在温带地区运行良好的产品到了热带，其性能就可能急剧恶化，必须加以特别的冷却和润滑才能够正常使用。最后，气候的特殊性要求改变产品结构、生产工艺和包装。例如，电气设备和部分消费品在潮热的气候下就需要特别的保护，甚至需要在结构上做出改变。

【例 3-8】

日本汽车在加拿大

日本汽车最初进入加拿大市场时，因使用条件不同导致汽车极易生锈，当地消费者对产品的质量表示怀疑。日商经过实地调查了解，造成车体损坏的原因并不是加拿大寒冷的气候，而是在连续四五个月的降雪天气里，市政当局为了保证公路畅通而撒下了大量的盐。因而，小汽车在公路上跑的时间一长，受盐侵蚀，导致车身锈迹斑斑，于是，日本汽车制造商立即改进了其车身的喷漆配方，添加了防盐抗锈剂，一举解决了这一问题。

资料来源：郭国庆，张平淡. 国际营销学. 北京：中国人民大学出版社，2009

（五）环境保护

随着工业和经济发展，自然环境问题变得越来越严峻。工业污染问题的日益严重化，也引起了各国政府的高度重视，纷纷出台环保法律和法规，并提出可持续发展战略。环保主义运动关注为满足人们物质需要和欲望而使环境负担的成本，是关心社会的公民和政府为保护与改善人们生活环境所进行的有组织活动。环境保护主义者并不反对营销和消费，只是希望这些活动遵循更多的生态原则。他们认为营销系统的目的应使生活质量最佳化，而生活的质量不仅是消费者商品和服务的量与质的问题，也是环境的质量问题。环境保护主义者希望环境成本应包含在生产者和消费者的决策之中，赞成使用税收和制定条例限制违反环保行为的真实社会成本，并要求企业在反污染的设施上投资，对不能回收的废弃品收购，引导企业和消费者重视环境保护。

环境保护主义运动和可持续发展战略开展，一方面，使得许多国家消费者开始关注自己赖以生存的环境，关注自己的消费行为是否造成环境污染，自觉使用以可再生资源制作的产品，使用带有环保标志的绿色产品；另一方面，各国政府也采取积极措施，制定各种严格的环保政策，并强制要求企业购买设施和采取措施解决环境问题。因此，在开展国际市场营销活动时，必须密切关注当地政府和市场消费者对环境保护的关注程度，否则再好的产品如果不符合消费者的环保意识，也可能导致产品营销活动的失败。一般来说，西方发达国家消费者的环保意识较强，采取营销活动时要注意宣传产品使用了多少可再生资源，而且要强调对环境污染非常小，以迎合消费者的环保观念。更重要的是，进行国际市场营销活动时，必须了解和遵循当地有关环保的法律和法规，否则产品可能遭到封存和禁止销售的处罚。企业在进行国际市场营销时，必须针对特定市场，对产品进行适当的包装、改造，避免引起环保问题争议。在西方国家开展营销活动时产品最好

能通过 ISO14000 的环保认证标志，有该国际认可的环保标志的产品在全球市场免除与环境相关问题的检查。这样既可以节省时间，也可以确立企业的环保品牌的意识。

【例 3-9】

购买混合动力车

我不是一位早期接受者，也不是快速跟随者或大众市场中的冲动跟风者。我只是一个对汽油价格敏感的司机。这就是我之所以选择丰田车的原因……这个星期，我开始考虑购买混合动力车。谁会喜欢加一次油就要付出 40 美元的车？在考察了丰田、本田和福特三种不同品牌的混合动力车之后，我想，这会有多酷呢？节省汽油钱又有利于环境保护。显然，趋势观察家的分类"乐活"人群，即健康和可持续发展的生活方式的人已经出现。购买混合动力车、在全食（Whole Foods）之类的商店里购物、在 Albertsons 选用"七世代"（Seventh Generation）纸巾。凭良心消费，没有伤害或嬉皮的诋毁，我们问心无愧。

资料来源：菲利普·科特勒.市场营销学原理.北京：中国人民大学出版社，2009

第二节 国际市场营销文化环境

一、文化的定义与特征

（一）文化的含义

社会学家纳门沃斯和克拉克洪认为，文化是提供"生活方式"的思想系统。

人类学家爱德华·霍尔认为，文化是一个创造、传递、存储和加工信息的系统。

人类学家杰尔特·霍夫施泰德认为，文化是"大脑的软件"，是一个人群的成员赖以与另一个人群的成员相区别的共同心理程序。

人类学家爱德华·泰勒 1971 年在《原始文化》一书中给文化的定义是：文化是一个复合的整体，其中包括知识、信仰、艺术、道德、法律、风俗以及作为社会成员而获得的其他方面的能力和习惯。自泰勒之后，不断有人从不同的角度相继给文化下过 100 多个定义，但泰勒的定义仍是最经典的。

（二）文化的特征

尽管不同的人对文化的定义不同，但人们普遍认为文化具有以下几个主要特征：

1. 文化是学而知之的或者说是后天形成的

与先天的心理特征（例如，性别、肤色、发色或智力）不同，文化是后天习得的。是人们在成长的过程中从小就从社会环境中获得的一系列的信念、价值观和风俗，也正是这些信念、价值观和风俗构成了我们的文化。例如，不同文化下的人们对颜色有着不同的偏好，绿色在穆斯林国家是一种极受尊重的颜色，而在一些亚洲国家却与疾病和祸患联系在一起；白色对西方国家来说意味着纯洁与洁净，在许多亚洲国家却代表着死亡；中国人视红色为吉祥之色，而泰国人则崇尚黄色，印度人偏爱红色和橘黄色。其实，色彩本身没有任何内在的含义，上述这些偏好都是人们在不同的文化中传承习得的。

2. 文化是分成若干部分或因素的

文化包括语言、宗教、社会组织、价值观念、美学观念等，而且这些部分或因素又是相互关联、相互影响、相互依存的，构成一个复杂的完整体系。

3. 文化是共享的

文化是特定社会或特定群体成员所共有的。特殊的信念、价值观或习惯必须被社会中大部分成员所共享才能被认为是文化的特征，因此，文化常被看作将社会成员联系在一起的群体习俗。由于文化具有共享性，因此，同一文化下的人们会具有相同的价值观、信念与生活方式。如英国文化的典型特征是经验和现实主义，因此，英国人重视经验、保持传统、讲求实际。法国文化则是崇尚理性的，法国人更喜欢能够象征人的个性、性格，反映人精神意念的东西。

4. 文化是具有差异的

不同社会文化是具有差异性的，就是同一社会中不同的群体形成的文化也有差异，即同一社会中包含着亚文化。例如，非洲裔美国人（黑人）是美国的一个亚文化群体，由于其肤色和头发与白人不同，为白人设计的化妆品经常不适合他们使用。一些企业认识到这一点后，就开始进行专门的产品开发。例如，雅诗兰黛公司（Estee Lauder）为黑人妇女化妆品市场开发了一条名为"全肤"的产品线，有 115 种色系；美宝莲也推出了"你的颜色"系列产品来满足这个市场的独特需求。

5. 文化是规范的

文化是通过为个体设置规范，影响诸如家庭、组织、大众媒体的功能而发挥作用。规范来源于社会价值观，是关于特定情境下人们应当或不应当做出某些行为的规则，它可以防范在该文化下成员可能发生的偏差行为，并对该文化下的社会成员产生某种程度的约束力，违反这种规范将受到某种形式的惩罚。例如，在美国的商务社会活动中，准时赴约是一种通行的规范，如果某人在商务谈判中迟到，很可能会招致对方的不满，并影响谈判的顺利进行。

【例3-10】

文化的多样性

一位来自美国本土的经理看到两个阿拉伯裔美国雇员在吵架，他觉得最好坐视不管，然而这两个雇员却希望他充当中间人，在阿拉伯称为"证人"。最后，由于没有中间人，事情变得很严重。

一位拉丁美洲裔经理以闲聊开始一场预算计划会议，并询问其新员工下班后能否再聚一聚，而他的非拉丁美洲裔老板对此却大发雷霆，问他为什么不遵守上下班的时间。在拉丁文化中，建设人际关系对团队工作非常重要；而美国本土文化则提倡"各家自扫门前雪"。

资料来源：刘苍劲，罗国民.国际市场营销学.大连：东北财经大学出版社，2010

二、文化的构成要素

（一）物质文化

物质文化是文化的一个组成部分，它包括经济和技术两个方面。经济是人们运用个人能力创造财富和分配财富的方式，其中包括产品和劳务的生产、分配、交换、消费以及从生产中获得的收入。技术是指在市场物质产品过程中所使用的技艺，它是某一社会群体所掌握的技能。物质文化反映了一个社会的生活水平和经济发展水平。一个国家属于工业国还是农业国、发达国家还是不发达国家就是依据物质文化来划分的。因此，物质文化对于国际市场营销活动的影响是显而易见的。物质文化决定一国的消费水平和购买力，从而影响产品的质量、品种、使用特点、价格以及产品的生产和销售方式。例如，在欧美等发达国家，汽车已得到普及，而亚洲和非洲许多国家的人们还在为解决温饱而奋斗，在这些国家大量推销汽车是不现实的。物质文化还对分销方式产生影响，包括目标市场国的交通运输、仓储、通信等基础设施的情况，以及批发商、代理商的资金实力及分布等。

目标市场国传播媒介的方式和完善程度，会直接影响企业促销方式的选择和促销效果。例如在巴基斯坦，许多地方不通电，更没有电视，80%的人是文盲，选择电视广告或印发广告就达不到宣传的效果。物质文化决定着目标市场国居民的生活方式、消费方式和消费习惯，因此国际企业对于一些细节问题也不能忽视。

（二）语言

语言是各文化要素中最具特征、区别最明显的一个要素。语言是文化的根本，没有它，文化就无法存在。如果没有语言作为媒介，文化就无法传递。也就是说，没有语言人们就无法交流思想、解读环境。作为沟通的工具，语言包括两个部分：表述语言和无声语言。表述语言是指人们相互交流时所使用的声音或书写语言。无声语言是指人们用来传递信息的非语言沟通机制。不管是表述语言还是无声语言，都要注意其跨文化的不同含义。就表述语言来说，国际市场营销人员必须注意同一词汇或语句在不同文化中的含义可能千差万别。例如，在拉美同样都是讲西班牙语的国家，Tambo 一词在玻利维亚、哥伦比亚、厄瓜多尔和秘鲁等国意为"路边店"，在阿根廷和乌拉圭则有"奶牛场"之意，而到了智利，它的含义就变成了"妓院"。美国和英国都说英语，但同样一种表述的含义却可能大相径庭。在美国，"Table the Motion"意味着"搁置动议"，在英国其含义就变成了"对动议进行讨论"。在对产品的品牌名称和广告用语进行翻译的时候，国际市场营销人员尤其应该注意可能产生的错误和歧义，否则很可能会对产品形象和营销活动带来不良的影响。例如，百事可乐公司的著名广告词"Come Alive With Pepsi"在美国得到普遍好评，但此广告在中国台湾却被译为"百事使你的祖先复活"；在德国则被译为"百事可乐和你一起从坟墓中出来"。例如，美国的克莱斯勒汽车公司用"Dart is Power"的广告用语表示本公司生产的汽车功率大、载重多且速度快，此语在西班牙却被理解为是对买主精力不足的嘲弄。再比如我国以"金鸡"为牌子的产品，出口包装翻译为"Golden Cock"，而"Cock"是现代英语俚语中的下流话，用作商品品牌极不合适。我国生产的马戏牌扑克外销美国，包装盒上印有汉语拼音"Maxi Puke"，其英文意思是"大呕吐"，致使物美价廉的扑克牌长期无人问津。可见，在国际市场营销沟通过程中，要十分注意语言翻译和文字的使用。

运用无声语言进行交流时，同样也需要留意不同的文化背景。各种手势和动作在不同文化下的含义可能是不同的。在保加利亚，摇头表示"是"，点头则表示"不是"，这与大部分国家和地区正好相反。同样一个"OK"的手势（拇指和食指握成圈，另外三个张开），在完成一次谈判后，在美国表示赞许和肯定，在法国南部表示这笔生意毫无益处；日本人把这种手势当作索取贿赂的标志；而对巴西人来说，它完全是一种侮辱。在日本，对视是表示一个人对另一个人印象好坏的关键。对你看的时间越短、次数越少，说明对你的印象越好。在美国，人们谈话时目光直视对方，而避开这种目光是拒绝给予信息的表示，他们甚至把一个不愿保持目光接触的人视为不可信任的、可疑的人。美国人从小便被告知：说话时要看着对方，如果避开对方的视线则被认为内心有愧或懦弱。认识到无声语言的重要性，可以使国际市场营销人员在开展业务的时候表现得体，避免无意识地冒犯客户。

【例 3–11】

白兰地战胜威士忌

　　法国白兰地与英国威士忌都是享誉全球的名酒。在很多国家，两者的销量和影响不相上下，但在中国香港，法国白兰地却战胜了英国的威士忌：白兰地的销量高出威士忌销量的 20 倍。究其原因，问题就出现在产品的名称上。按说中国香港长期受英国的管辖，英国产品更应长驱直入，况且还是名牌产品。问题出在"威士忌"的中文的字面意思会使人想到："威武之士也忌讳"。多心的人们不免会想：喝下这种连神气十足的绅士也害怕的洋酒，真不知道会带来什么样的不祥呢？而法国的"白兰地"这个美名的中文意思很容易使人想到"开满白兰花的地方"。兰花是中国人最喜欢的高雅的花，充满诗情画意，给人以美好圣洁的感觉。爱屋及乌，名花之胜地，自然出美酒，于是白兰地赢得了顾客的芳心。其实，这都是译名，这种心理反应也只有华人聚集的地方才会有。也难怪，两者都是名酒，为图个吉利，也要争购白兰地了。

　　资料来源：孙忠群. 国际营销精要. 北京：中国经济出版社，2007

（三）教育

　　教育有广义和狭义之分，广义的教育是指社会上的一切影响人的思想品德、增进人的知识和技能的活动，包括学校教育、社会教育和家庭教育三个方面；狭义的教育是指学校教育。受教育水平的高低反映了一国国民的文化素养和一国经济的发展水平。一般来讲，发达国家的教育水平较高，而发展中国家的教育水平则较低。一个国家的教育水平不同，那么它的消费结构、购买行为、审美观念也就不同。受教育程度高的人谋求改善生活的欲望及能力比较强，对新产品的理解和接受比较容易，而未受过教育或教育程度比较低的人则比较困难；在教育水平比较发达的国家，居民对产品的内在质量、外观形象和服务有着较高的要求，而在教育水平较低的国家则往往要求技术简单、使用方便的产品。例如，日本的多功能家电由于物美价廉，在发达国家受到普遍欢迎，但由于操作复杂，在许多落后国家的销售情况并不理想；在国际市场营销调研时，如果调查对象受教育程度较高，则较容易与之进行沟通，调查过程顺利、迅速。如果被调查人员受教育程度较低，调查过程将会困难得多；此外，在教育水平较高的国家，企业还可以充分利用当地的人力资源进行促销和售后服务工作，可以增加企业的营销机会和降低企业的营销成本。

【例 3-12】

雀巢公司在营销沟通上的一次失误

雀巢公司在一些发展中国家销售奶粉时，由于宣传推广的成功，很多家庭都不惜以总收入的 30% 去购买一罐只能使用一个月的婴儿奶粉。由于这些国家的居民（尤其是女性）教育程度很低，不少是文盲，所以根本不懂奶粉包装罐上有关喂养婴儿的说明。加之奶粉价格昂贵，大部分家庭都没有遵循厂家所标示的奶粉与水调配的比例。而广告宣传中有一个易使人误解的信息，就是这种奶粉可以代替母乳，很多母亲放弃母乳，而以自认为合适的方式喂养婴儿。结果造成许多婴儿营养不良甚至死亡，引起国际舆论的谴责，严重影响了雀巢公司的声誉。事后，该公司立刻收回全部在这些国家流通的奶粉，重新包装，加上本地文字说明，并以显著的字眼说明"奶粉不能取代母乳"。

资料来源：孙忠群. 国际营销精要. 北京：中国经济出版社，2007

（四）美学

美学是指一种审美观念和审美能力，通常表现为对音乐、美术、舞蹈、戏剧、雕塑以及色彩、设计等美感欣赏，是文化的一个组成部分。不同的国家、民族和地区，由于长期的生活习惯和传统文化的影响，形成了不同的审美观。不同的国家对一些特殊的数字、色彩、图案、动植物分别有自己的禁忌和偏爱，因此，企业在产品设计、包装、广告宣传等方面要注意这些差异。例如，中国人喜欢 6、8、9，讨厌 4；而西方人却讨厌 13、6；日本人讨厌 4、9。阿拉伯国家忌讳六角形图案；国际上把三角形作为警告性标志；而罗马尼亚消费者却喜欢三角形图案。英国人对白象、山羊、孔雀有反感；中国人喜欢孔雀、仙鹤；而法国人又讨厌仙鹤。中国人喜欢菊花；而欧洲人忌讳菊花图案；日本人忌讳荷花图案。西方国家的交响乐气势宏大、震撼人心；中国的民族音乐轻柔委婉、古朴典雅；非洲土著人的音乐则原始豪放、粗犷有力等。

【例 3-13】

从美国版的芭比娃娃到日本版的芭比娃娃

芭比娃娃在美国和欧洲一直是最畅销的产品，但在日本的销量一直上不去。后来，马特尔玩具公司（Mattel Toys）将许可证经营权授予一家日本公司。这家日本公司通过营销调研发现，多数日本女孩及家长都认为美国芭比娃娃胸部太大、腿太长、眼镜的颜色太蓝。于是，该公司对美国版的芭比娃娃做了改进，结果产品开始供不应求，在两年中卖掉 200 万个。

资料来源：孙忠群. 国际营销精要. 北京：中国经济出版社，2007

（五）宗教

宗教是文化结构中的一个重要因素，而且在文化中处于深层的部分。不同的宗教有着不同的信仰、价值观和行为准则，从而会导致不同的需求和消费模式，这将对企业的国际市场营销决策产生深远的影响。

【例 3-14】

优质冻鸡为何被退货

欧洲一冻鸡出口商曾向阿拉伯国家出口冻鸡，他们把大批优质鸡用机器屠宰好，收拾得干净利落，只是包装时鸡的个别部位稍带点血，就装船运出。正当他们盘算着下一笔交易时，不料这批货竟被退了回来。他们迷惑不解，便亲自到进口国查找原因，才知道退货原因不是质量问题，只是他们的加工方法犯了阿拉伯国家的"禁"，不符合进口国的习俗。首先，伊斯兰教规定，杀鸡只能用人工，不可使用机器；其次，只许男人杀鸡，不准女人伸手；最后，杀鸡时要将鸡血全部洗干净，不许留一点血渍，否则便认为不吉祥。这样，欧洲商人的鸡虽好，也难逃退货的厄运。

资料来源：孙忠群. 国际营销精要. 北京：中国经济出版社，2007

（六）价值观念

文化价值观念（Cultural Values）是指人们对客观事物的判断标准，是不同社会之间、不同的群体之间，乃至不同个人之间的根本区别所在，因而是文化的核心内容。因价值观念不同，人们的消费行为和方式也就有所区别，这明显表现在东西方人对待消费的态度上。西方国家许多人讲求现实消费，注重现实生活的感官享受，而不愿意把钱留待将来去花，不喜欢延期消费；东方人则讲求节俭、朴素，对未来生活的考虑重于对现实生活的安排。与西方相比，东方人更偏爱储蓄。价值观念的差异还表现在人们对待时间的看法上。欧美发达国家把时间看得很重，对能节约时间的产品格外欢迎，如快餐、成衣、快速成像、网上购物、钟点工等。但经济不发达、不怎么重视时间的国家的人们则拒绝这类节约劳动、提高效率的产品，更多的是选择自己做饭而不是买快餐；速溶咖啡在美国很畅销，而在拉美一些国家，购买和消费这一产品则被认为是一种懒惰。在涉及民族自尊心方面，表现在购买商品上不一样，如日本、韩国以及法国、德国的消费者较愿意购买本国产品，美国、北欧国家的消费者则不然，而许多发展中国家的消费者却偏爱进口商品。由此可见，各国消费者价值观念与态度上的差异对于国际市场营销活动显然有重大影响。国际市场营销人员要很好地了解分析各国居民的价值观念与态度，制订有针对性的营销策略，从而更好地促进营销业务的发展。

【例 3-15】

西班牙向午睡说再见

SIESTA（午睡），举世闻名的西班牙午睡！在夏天，西班牙政府会规定全国统一的午睡时间：下午 1：30 到下午 4：30。

西班牙人冗长的午休传统要追溯到 20 世纪早期。那时候，很多人迫于生计不得不同时干两份工作，上午一份，晚上一份，这中间就需要较长一段时间回家好好休整一下。可是，身处同一大陆，流通着相同的货币，午休打乱了西班牙与欧洲各国的步调，使其在与其他国家合作时，很难在时间上达成一致。

2006 年 1 月，西班牙政府颁布了新规定，要求所有政府机构实行 45 分钟午休制度，即每天中午 12：30 开始休息 45 分钟，这样员工们可以在下午 6 时下班回家。当然，政府也希望私营企业遵守这个规定。

资料来源：郭国庆，张平淡. 国际营销学. 北京：中国人民大学出版社，2009

（七）风俗习惯

风俗习惯是指在长期的生活中自发形成的，为社会大多数人共同遵守的行为规范，它反映了社会文化所蕴含的价值观念、教育水平、历史传统等深层次的东西。风俗习惯包括生活习俗（如饮食习惯、节日习俗）和商业习惯。世界上不同国家的风俗习惯千差万别，甚至同一国家中不同地区的风俗也大不相同，因而对国际市场营销的影响也不一样。从生活习俗来看，美国人早餐是面包加牛奶、中国人是包子加稀饭，而巴西人却很少吃早餐。鸡蛋在尼日利亚是象征绝育的东西，因此妇女一般不吃鸡蛋；而在土耳其则是生育的象征，如果姑娘立志不结婚，则一辈子不吃鸡蛋。中国有端午节、中秋节、春节，美国有圣诞节、复活节，巴西有狂欢节。节日前，人们都大量购买商品，是企业销售的好机会。从商业习惯来看，各个国家的商业习俗和惯例也有很大区别。如美国人做生意讲究效率；日本人注重个人信用；意大利人讲究商品节约。在贸易谈判中，巴西人很少作出承诺，但却提出很多要求，往往将报价抬得很高；美国人干脆直率，讲求效率，报价比较合理；日本人喜欢讨价还价，谈判缓慢，追求对自己有利的价格。因此，国际市场营销人员在与不同国家的商人谈判时可根据对方的特点，制订相应的谈判策略，掌握谈判的主动权。

三、文化价值观分析

各国文化呈现多样性的根本原因就在于文化价值观念的差异。杰尔特·霍夫施泰德（G. Hofstede）通过对 66 个国家的约 9 万余人进行调查，发现这些国家之间文化价值观的差异主要表现在四个方面：个人主义/集体主义指数、权力距离指数、不确定性回避指数和男性化/女性化指数。

（一）个人主义/集体主义指数

个人主义/集体主义指数指的是有利于自我利益的行为取向。个人主义/集体主义指数较高的文化反映的是一种以"自我"为中心的思维，通过对个人进取心加以鼓励和接受，强调的是个人主义；而个人主义/集体主义指数较低的文化反映的则是一种以"集体"为中心的思维，一般强调个人服从集体，强调的是集体主义。个人主义存在于关系比较松散的社会之中，在这样的社会里，每个人都必须照料自己和家庭；而集体主义则存在于人们生来就融入的、具有很强凝聚力的社会中，只要人们对团体保持忠诚，团体就会持续地提供保护。个人主义/集体主义指数较高的国家包括美国、澳大利亚和英国等，个人主义/集体主义指数较低的国家或地区包括韩国、中国台湾、印度尼西亚和委内瑞拉等。

（二）权力距离指数

权力距离指数指的是人们对社会不平等，即在某一社会制度中上下级之间的权力不平等的容忍度。权力距离指数高的文化往往等级森严，社会成员将社会角色和家庭出身等视为权势和社会地位的源泉。而在权力距离指数较低的文化中，人们通常更加重视平等，将知识和尊重视为权势的源泉。较高的权力距离指数一般反映了人们对上下级之间差距的认可，认为掌握权势的人理应享有特权，马来西亚、菲律宾、拉美国家（如墨西哥和委内瑞拉）、阿拉伯国家、印度和西非诸国等属于这类国家；而较低的权力距离指数则反映了更为平等的观点，如美国、德国、英国、以色列、丹麦、瑞典、挪威等。

（三）不确定性回避指数

不确定性回避指数指的是社会成员对于模棱两可或不确定性的容忍程度。不确定性回避指数较高的文化常常难以忍受不确定性，因此会对新思想或新行为持怀疑态度，人们的焦虑感较强，甚至抱残守缺、死守规范不放。在这种文化中，会存在很多正式的规则和法规，供人们回避风险。希腊、葡萄牙、日本、法国和西班牙等都在这类国家之列。不确定性回避指数较低的文化对于新思想和不同的观点比较容忍，人们的焦虑程度较低，一般也乐于冒险，正式的规则和法规也相对较少。印度、马来西亚、英国和新加坡属于这类国家。

（四）男性化/女性化指数

男性化/女性化指数指的是一个社会倾向于男性的性别角色还是女性的性别角色。在男性化/女性化指数较高的文化中，男性角色被认为高于女性，男性往往扮演着专断的角色，而女性则扮演着服从的角色。从市场的角度来看，在男性化/女性化指数较高的社会中，主流的价值是金钱、成功与物质。相反，在男性化/女性化指数较低的文化中，女性角色被认为高于男性，市场的主流价值是强调生活的品质、环境保护和帮助别人。日本、奥地利、意大利和墨西哥在这项指数上的得分较高，而泰国、智利、荷兰和瑞典在此项指数上的得分较低。

四、文化适应与文化变迁

（一）文化适应

国际市场营销与国内市场营销之间最主要的区别在于营销环境上的差别，而这种营销环境的差别又主要表现在各国文化的差别上。国际市场营销的成败，在很大程度上取决于国际市场营销者能否摆脱自己母文化的影响，立足于目标市场国的文化研究，分析当地消费者行为，制定相应的营销方案。因此，"文化适应"问题引起国际市场营销理论界和企业界的广泛关注。

文化适应（Cultural Adaptation）是指制定企业营销决策要适合一个社会特征。对于国际市场营销来说，文化适应就要求企业在制定国际市场营销决策时，要充分考虑不同国家和地区的文化特征，注重营销活动的针对性和效率，不但不会触犯当地的文化传统、生活习俗、宗教禁忌等，而且能比竞争对手更好地赢得当地消费者的认可。一般来说，对于国际营销企业来说有三个领域需要适应：①产品，即对出口产品进行适当改装（如改变电力标准、外观尺寸和色彩）使之适应国外环境，或完全重新设计以满足当地的需求。②制度，即在制度上改变企业的组织或体制以适应当地观念，如在西班牙的海外公司应允许工人午休。③个人，即适当地改变个人对东道国的反应行为，包括时间观念、社会行为、娱乐行为、家庭交往等，如在伊斯兰国家，海外企业的经理人员不要带配偶参加宴会。

在实践中，做到文化适应并非一件容易的事，其主要障碍是国际营销者在与不同国家文化的社会成员接触中的一个常见病，即国际营销者无意识地参照自己的文化价值观，人类文化学家詹姆斯·李（James Lee）将这种行为定义为"自我参照标准"（Self Referene Criterion），即人们在评价、理解其他文化时，总是无意识地参照自己的文化标准。例如，在中国，举行商务谈判时，谈判人员见到外国商人总要递上一支香烟，表示礼貌和友好；

而在欧美国家，一般是不向客人敬烟的，因为有不少人反对吸烟，所以敬烟反而是一种不礼貌的表现。为了提高国际营销者的文化适应性，克服"自我参照标准"的现象，在国际市场营销中应该记住一句话：文化没有对与错、好与坏之分，只有差异。

【例3-16】

中国自行车为什么难以拓展欧美市场

我国是世界上最大的自行车生产国，但是我们的自行车却很难进入欧美国家市场。什么原因呢？直到我国自行车厂商组团参加意大利米兰国际自行车博览会后，才形成了一致的概念：同样是自行车，发达国家对自行车的定义与我国完全不同。在我国，自行车主要被定义为"一种交通工具"；而在许多发达国家，自行车则被定义为"一种体育运动器材"。我国按交通工具的定义生产和销售，尽管质量不错，但很难引起这些国家消费者的兴趣；而且，由于主要精力仍放在交通工具的生产和销售上，导致赛车、山地车的开发滞后。

资料来源：郭国庆，张平淡. 国际营销学. 北京：中国人民大学出版社，2009

（二）文化变迁

文化不是静止的，而是运动的。随着时间的推移，一个社会的语言、价值观念、生活习惯、行为方式等文化因素，都在发生着不同程度的变化。文化变迁之所以发生，是因为一方面人类本身发生变化，这导致文化的调整和演进；另一方面文化并不是封闭的，各国文化之间存在着千丝万缕的联系。文化的借鉴与吸收过程也是文化变迁的过程。

文化变迁要求企业适时地改变营销决策，使之适应文化的新特点。文化变迁意味着消费者购买行为、审美观念等发生了变化，过去行之有效的营销决策可能不为新的文化所接受。例如，高脂肪、高蛋白的食品一直是西方人的传统食品。但是自20世纪80年代以来，由于人们认识到这类食品使人肥胖，而且容易导致各类疾病，高脂肪和高蛋白的食品不再受欢迎。猪肉的销售量急剧下降，连牛肉也不受欢迎了。相反，低胆固醇、低脂肪和天然食品越来越受人们青睐。这种文化的变迁要求食品生产厂商及时调整自己的营销策略。只有这样，才能在变革的潮流中求得生存发展。

文化变迁也可以给企业带来新的机会，因为它创造了尚待满足的新需求。在上面讲到的例子中，各类健康食品的广大市场就是一个绝好的机遇。日本食品商人看准了这个时机，相继推出"豆乳糕点"、"豆乳面包"、"豆乳雪糕"等。日本森永乳业有限公司制成的保鲜豆腐可在常温下保存6个月，在美国超级市场里的销售价格比猪肉还贵。时至今日，健康食品依旧风行西方国家，几乎每一家大型食品公司在做广告时，都尽量称自己的产品有利健康。表明企业必须审时度势，提高应变能力，抓住文化变迁带来的机会，否则就会被文化环境所抛弃，被市场形势所淘汰。

国际企业在文化变迁目前并不是无所作为，而是要审慎地克服文化阻力，改变当地消费者的消费习惯促进当地文化变迁，创造新的需求。第二次世界大战以后不久，美国麦当劳等几家食品公司将西方食品介绍到日本，几经努力，终于使日本的饮食结构发生了变化，麦当劳的汉堡包也像传统的饭团一样在日本受欢迎了，由此可以看出麦当劳公司在日本文化变迁中的作用。此后可口可乐、牛仔裤、方便尿布，这些原本在日本没有市场的产品都成了日本的热门货。而今，来自美国的香烟、牛仔裤、口香糖等风靡全球，它们将美国文化带到全世界，改变着人们的生活方式，同时也为其他美国产品进入国际市场开辟了广阔的天地。

【阅读材料】

中国—东盟自由贸易区中的中国企业商机

1. 区域经济合作的趋势

当今，经济全球化已成为不可逆转的历史潮流，而这一趋势的阶段性表现就是区域经济集团化。据统计，截至 2006 年 3 月，向世界贸易组织（WTO）通报的区域贸易协定（RTA）已达 340 个（其中 80% 是近 10 年缔结的），目前正在以平均每月 1 个的速度递增；截至 2006 年 9 月，全球生效的 RTA 达 211 个，其中 84% 采取自由贸易区的形式；正在拟议的区域贸易安排中，自由贸易区比例高达 96%。

全球国内生产总值排名前 30 位的国家或地区，无一例外参与了不同区域经济合作组织，几乎所有世界贸易组织成员都隶属于一个或多个区域经济合作组织。一些传统对多边贸易体制过分依赖的国家也越来越将 RTA 作为其商业政策的中心，还有一些国家或区域政策作为与多边贸易体制并行不悖的政策目标，连一些微型国家和小岛国都不同程度地卷入了所在地区的区域贸易协定。据测算，2005 年，区域内贸易占全球贸易的比例达到 51.2%。当前，通过签署 RTA 推进经贸增长，融入经济全球化，已成为大势所趋。

2. 中国的区域经济合作

加入 WTO 以来，中国一直致力于推进"三管齐下"的经贸发展战略，在推进多边自由贸易合作的同时，推进区域自由贸易合作和双边自由贸易合作。2005 年 10 月 11 日，《中共中央关于制定国民经济和社会发展第十一个五年规划的建议》指出，"中国将积极参与多边贸易谈判，推动区域和双边经济合作，促进全球贸易和投资自，由化、便利化"。2006 年 9 月 11 日，世界经济论坛发布的《中国与世界：展望 2025》报告预测："未来中国将把发展重点转为建设国内市场和改善同亚洲邻国的关系，引导亚洲形成区域经济内商品、资金、劳动力可以自由流通的亚洲经济区。"显然，在经济全球化和区域经济一体化的大背景下，中国积极稳妥地参与区域经济合作，是适应经济全球化的一项战略选择，而并非权宜之计。

迄今，中国参与区域经济合作基本形成了一个比较清晰的目标模式，即从周边国家开始，逐渐扩大到新兴市场和发达国家，直至辐射到重要能源基地。从参与区域经济合作的对象看，既有周边的东盟，又有远在南美的智利、北欧的冰岛、非洲的南非关税同盟；既有巴基斯坦这样的发展中国家，又有目前正展开谈判的澳大利亚、新西兰等发达国家。从参与区域经济合作的战略考虑看，首先惠及中国港、澳地区。对比 CAFTA、CEPA 的实际推进速度，远远超过包括 CAFFA 在内的中国其他区域贸易协定，体现了一种更为全面、深入、具体的开放。此外，出于能源上的安全考虑，也促使中国将一些国家列入自由贸易计划表。从签署的区域经济合作协议看，尽管中国融入区域经济一体化进程的步伐不断加快，但在商签区域经济合作协议时，中国仍始终贯彻"先易后难，逐步推进"的渐进原则，协定基本内容都是先在货物贸易领域分阶段逐步降低关税，然后渐次推动其他领域的合作。

从当今的国际形势来看，有成效的区域经济合作主要集中于欧美地区，亚太地区区域经济合作起步较晚。虽然 APEC 的产生及发展对促进亚太地区的区域合作起到了一定的推动作用，但由于各成员国对 APEC 的组织性质和原则至今仍然存在严重分歧，致使 APEC 实际上只是各成员国进行经济合作的一个协商论坛，其公开论坛的特点和首脑会议的非正式性使之不能成为一个贸易集团，更谈不上建立统一的约束性规划，在这样的背景下，建立中国—东盟自由贸易区这种有形的区域经济合作就成为亚太地区融入全球贸易自由化浪潮的必然要求。

2001 年 11 月，在文莱首都斯里巴加湾召开的第五次东盟和中国领导人会议上，中国正式提出组建中国—东盟自由贸易区的构想，决定用 10 年左右的时间建成中国—东盟自由贸易区。实践证明，中国—东盟自由贸易区是东盟国家寻找新的发展机遇的一条途径，它不仅可以使东盟与中国的互惠互利关系更加密切，而且在亚太地区，有中国这样一个大国参与有形的区域经济合作，还将有利于整个地区的经济和货币的稳定。

建成后的中国—东盟自由贸易区将成为拥有 18 亿消费者、2 万亿美元的国民生产总值、1.2 万亿美元贸易总量的经济区，是世界上人口最多的自由贸易区，也是迄今为止发展中国家组成的最大的自由贸易区。商务部最新统计数据显示，到 2010 年中国和东盟双边贸易额有望达到 2000 亿美元，届时自由贸易区将基本建成，双边互利合作将达到新的水平。

中国与东盟合作的成果喜人。2005 年，在东盟的对外贸易中，中国排第四位；在中国的对外贸易中，东盟排第五位；截至 2005 年底，东盟国家在华投资达 385 亿美元；中国投资东盟国家居前三位的分别是新加坡、泰国和越南，中国企业在东盟国家签订承包劳务合同总金额为 350 亿美元，完成营业额 232 亿美元；2005 年 7 月，《货物贸易协议》开始实施，中国与东盟 7000 多种产品开始逐年削减关税；中国和东盟双边贸易额 2004 年为 1059 亿美元，2005 年为 1300 亿美元，2006 年 1~8 月为 1000 亿美元。

3. 一轴两翼的构想

2006 年 7 月 20 日，广西壮族自治区党委书记刘奇葆在环北部湾经济合作论坛上提出中国—东盟区域一轴两翼新格局的设想，并将这一新格局称为中国—东盟"M"型区域经济合作战略：由泛北部湾经济合作区、大湄公河次区域两个板块和南宁—新加坡经济走廊一个中轴组成，形似英文字母"M"的一轴两翼大格局，其中蕴含了海上经济合作（Marine Economic Cooperation）、陆地经济合作（Mainland Economic Co-Operation）和湄公河流域合作（Mekon Subregion Co-Operation），取第一个字母"M"简称为中国—东盟"M"型区域经济合作战略。其内容主要包括以下三个部分：

（1）构建泛北部湾经济合作区，以中国和越南为主，将环北部湾经济合作区延伸到隔海相邻的马来西亚、新加坡、印度尼西亚、菲律宾和文莱。它强调依据地缘经济概念，超越单纯的地理概念，重点是强化与"海上东盟"的经济合作，通过加强港口物流合作，加快产业对接与分工，促进相互贸易与投资，大力发展临海工业，联合开发海上资源，加快临海城市发展，形成一批互补互利、相互促进、各具特色的港口群、产业群和城市群。

（2）构建南宁—新加坡经济走廊，促进中国泛珠江地区与中南半岛国家陆路通道建设和通道经济发展。这是"M"型战略的主体部分，是中国—东盟自由贸易区合作的"主战场"，通过建设公路、铁路网络，打通连接中国与中南半岛的陆路主通道，加快建设沿线经济走廊，必将推进本地区的交流与合作。

（3）进一步拓展和深化大湄公河区域合作，努力为这一合作注入新活力和新元素。根据《昆明宣言》，湄公河流域次区域合作的核心任务是减贫，而在减贫的过程中需要富裕地区和相对贫困地区形成互动，以产生更多投资和开发机会。大湄公河次区域合作已经成为中国—东盟次区域合作的一个典范，但它仍然是单一的、局限于陆地和流域的经济合作，"M"型战略从海域经济合作的角度的合作内容和层次上进行了丰富和完善，并有利于扩大中国更多省份、特别是中国东部发达地区的企业更快、更方便地进入这一区域开展对外投资、产业合作、农业开发、工程承包等，使中国与湄公河流域东盟国家之间的经济合作更加紧密和广泛。

4. 中国—东盟自由贸易区下的中国企业

中国与东盟双方经济结构的互补性强。双方在资源构成、产业结构和贸易商品等方面各具特色，互补性很强。具体而言，我国纺织品、服装、鞋、食品、谷物、建筑材料、机电、化工产品等产品具有比较优势，而东盟在原木、石油、天然气、煤、天然橡胶等资源性产品上具有较大的优势。相对而言，中国不少行业在东盟市场具备较强的竞争优势。以工程机械设备为例，每年就会有多达上百亿元的市场潜力。

进一步加快经济发展速度，东盟地区的各国政府纷纷加速对基础设施建设的升级改造和加大其投资力度。随着区域经济一体化，各国间的陆路交通将纷纷联网，如连接马来西亚、越南等国的泛亚铁路已开始筹资。此外，由于印度洋海啸灾难，东南亚地区重建商机也不小。

经济学家预测，未来几年时间内东南亚地区在基础设施的恢复、酒店业的兴建和民用房屋的重建方面将创下罕见的规模，对冶金、电力等行业以及钢铁、水泥等其他建筑产品的需求将会激增，尤其对工程机械的需求更是旺盛。工程机械属于生产增值型的昂贵耐用品，与欧、美、日同类产品相比，中国工程机械产品在性价比方面有很大的优势。通常购买一台欧、美、日生产的机械设备的价钱已接近中国同类设备整条生产线的价钱。"中国机械"这一品牌现已被越南的工程机械市场普遍接受，在当地相关行业享有较高的知名度。

中国不少地区开拓东盟市场已经取得了较大的突破。以浙江为例，到2004年底，约有10万多名温州商人在广西安营扎寨，以此为"桥头堡"进军东盟。在南宁的温州企业、经营商、个体工商户等各类经济实体已达1200多家，年产值约30亿元人民币。温州商人在广西涉及投资领域广泛，温州企业通常利用当地廉价劳动力，将国内的原料半成品运到越南进行深加工，再将大部分产品销往其他国家。越南的工资、土地成本低，更重要的是借助东盟打通出口渠道。2004年，浙江对东盟出口总额达到35亿美元，比2003年增长59%；进口28亿美元，同比增长67%。东盟已成为除欧盟、美国和日本之外浙江的第四大贸易伙伴。

资料来源：温耀庆. 入世五年来中国参与区域经济合作的观察与思考. 国际贸易, 2006 (12)

【本章小结】

（1）国际经济组织。世界贸易组织、国际货币基金组织和世界银行一起被称为维护国际经济运行的支柱性组织。这三大支柱性组织对企业开展国际市场营销活动也产生了重要影响。

（2）自第二次世界大战以来，经济一体化已经成为影响世界市场发展的主要经济因素之一。各国都希望进行经济合作以便有效地利用各自的资源并为成员国的厂商提供更为广阔的市场。①区域经济组织的形成与发展。区域经济集团化（Regional Trade Blocks）又称区域经济一体化，是国际经济关系的整合发展趋势。②区域经济组织的形式有优惠贸易安排、自由贸易区、关税同盟、共同市场、经济联盟和政治联盟六种。③针对区域经济集团化的预期经济效果从贸易创造与贸易转移、生产要素有效利用、提高竞争的程度和改善贸易地位四个方面加以讨论。

（3）美国著名发展经济学家沃尔特·罗斯托（Walt Rostow）提出了"经济成长阶段论"，他采用增长阶段分析的方法，对世界经济各个阶段的性质和特征进行了概括，即世界经济由落后到发达依次经历五个基本阶段：传统社会阶段、起飞准备阶段、起飞阶段、趋向成熟阶段和大众高消费阶段。

（4）市场营销学家菲利普·科特勒（Philip Kotler）认为一个国家的经济发展水平与经济类型直接相关，从而决定了该国的产品及服务的需求状况、收入水平、就业水平等方面的问题。而经济类型可以分为四种典型的模式：自给自足经济、原材料出口经济、工业化过程经济和工业经济。

（5）企业在进入一个国家市场之前，首先要分析该国的市场规模。决定一国市场规模的主要因素是人口和收入。人口方面包括人口数量、人口增长速度、人口结构、人口分布和人口流动。收入方面包括国民生产总值、人均收入和收入分配状况。

（6）在研究一国经济环境时，除了研究该国市场潜量大小之外，还要研究该国经济中影响企业国际市场营销的一些经济特性：①外汇风险（Foreign Exchang Risk），它是企业在从事国际营销活动过程中，以外币定值或衡量的资产与负债、收入与支出，以及未来经营活动的现金流的本币价值因货币汇率的变动而引起涨落的潜在可能性。影响汇率波动的因素有利率、通货膨胀、贸易差额、经济情况、外汇管制、心理因素、政治因素及其他因素。汇率变动对国际市场营销的影响有：对投资的影响、对销售策略的影响、对进出口贸易的影响、对企业的生产决策的影响和对国际企业的财务管理的影响。②根据西方经济学中的定义，通货膨胀是指经济中一般物价水平的持续上升。通货膨胀对国际市场营销的影响有：对市场需求的影响、对企业定价的影响、对企业投资的影响。③一个国家或地区的基础设施状况是评估其经济环境的重要指标之一。基础设施主要包括交通运输、通信设施、能源供应以及商业设施等。④自然地理条件是指企业从事国际营销活动过程中所面临的、对国际市场营销产生影响和制约作用的各种自然地理因素的集合。自然地理因素主要包括地理位置、自然资源、地形和气候等内容。⑤随着工业和经济发展，自然环境问题变得越来越严峻。工业污染问题的日益严重化，也引起了各国政府的高度重视，纷纷出台环保法律和法规，并提出可持续发展战略。

（7）文化是一个复合的整体，其中包括知识、信仰、艺术、道德、法律、风俗以及作为社会成员而获得的其他方面的能力和习惯。其特征有：文化是学而知之的或者说是后天形成的、文化是分成若干部分或因素的、文化是共享的、文化是具有差异的和文化是规范的。

（8）文化由物质、语言、教育、美学、宗教、价值观和风俗习惯等基本要素组成。

（9）社会文化价值观分析是杰尔特·霍夫施泰德（G.Hofstede）的四种文化差异指数，即个人主义/集体主义指数、权力距离指数、不确定性回避指数和男性化/女性化指数。

（10）社会文化环境使企业在进行国际市场营销决策时要充分考虑文化适应和文化变迁的问题。

【思考题】

1. 国际经济组织的三大主要机构对企业国际营销活动产生哪些影响？

2. 企业经济集团化组织有哪些基本形式？

3. 世界经济发展有哪些阶段？这些阶段各有哪些特点？

4. 世界各国经济类型的分类对企业的国际营销有何借鉴意义？

5. 为什么说一国人口数量是判断该国市场规模的一个重要指标？

6. 经济收入各项经济指标对企业国际营销具有哪些指导意义？

7. 一国的汇率、通货膨胀和基础设施对企业国际营销活动产生哪些影响？

8. 一国的自然条件如何影响企业的国际营销活动？

9. 文化概念及基本特征是什么？

10. 简述文化要素对企业国际营销的影响。

11. 简述文化适应与文化变迁对企业国际营销活动有什么启示？

【案例分析】

一只熊猫引发的中国风

2008年6月20日，作为好莱坞引进大片的《功夫熊猫》在全国各大影院如期上映，即便是有赵半狄的抵制事件在先，这只会武功的熊猫还是以锐不可当的姿态俘获了中国人的心。一个在中国武侠电影中早已经俗不可耐的故事题材，因为整部电影从头到脚弥漫着浓浓的中国味道，还是吸引了很多慕名前往的观众。片中龟仙人的儒道思想、写意的竹林山水、朴实的长袍短褂、精致的雕梁画栋、凌厉的拳脚功夫，甚至影片在造势宣传中使用的熊猫道具，《功夫熊猫》都做足了中国元素的文章。于是一部富有中国文化价值内涵的影片随着电影的上映创造出了滚雪球式的利润价值。

其实这几年，不是没有人注意到中国传统文化的价值所在，比如服装企业在塑造和推广服装品牌时大打的传统文化内涵招牌。不过，摆在中国服装企业面前的一道难题是，如何才能真正游刃有余地驾驭老祖宗留下的这些文化精髓，并给自己带来滚滚的利润？

中国元素风行时尚产业

中国五千年的文明史造就了很多极富民族特色的元素，比如水墨书法、亭台楼阁、剪纸窗纱……在服装上就有材料如丝绸、技法如刺绣、造型如唐装等元素。知名服装品牌大多注重对服饰细节的雕琢，在中国文化风行世界之际，越来越多的中国元素出现在 T 台秀场，出没于时尚人士云集的场所，这些都归功于服装企业对中国元素的重视和应用。将一个民族元素做精，终将能成就一个品牌，而一个好的品牌一定能引导服装企业朝良性的态势发展。柒牌男装就一直以"中华立领"作为自己的拳头产品，这其中既传达了中华的元素，又成功地因其特色塑造了自己的服装品牌。从 2003 年上半年立领品牌推出时的叫好不叫卖到 2007 年立领系列销售额占总销售额 20%的良好回报，柒牌男装已经从中山装这一民族元素中看到了民族元素品牌经营的曙光。

当然，如果要做成一个具有中国元素的品牌，绝非是一时的雕琢和点缀一蹴而就的，品牌的营造往往是理念倡导出来的。在中国元素的应用上，服装企业多半会做足理念的文章。柒牌男装的理念就是"立民族志气，创世界名牌"，而传达这一无形理念的有形代言曾一度是中国功夫皇帝李连杰先生。另外在广告的宣传词上——"柒牌，比肩世界的男装"，也多少让人领会到了一点民族自强自傲的风骨。

不单是在服装细节和公司理念上强调中国文化元素的应用，大打中国文化内涵招牌的服装企业还不忘在其服装品牌的策划推广活动中仰仗中国文化。欧迪芬 2007 年的"大唐风仪"内衣文化主题活动，就从开放风气日盛的唐朝着手，甚至拉出了则天武后的大旗，这很符合当今社会追求独立、时尚的白领女性的要求。

回过头来看，《功夫熊猫》的成功正是很好地利用了中国的文化特色作为其卖点的，不管是电影理念基调的确立、民族元素的应用，还是在电影的推广活动上，

《功夫熊猫》时时注意向中华民族文化内核伸出触角。这一"中为洋用"获利的例子已经不止一次刺激国人的感官了，比如之前的动画电影《花木兰》，再比如越来越重视中国元素应用的国际时装品牌。在一直倡导"洋为中用"的中国，我们真的应该好好反思并利用自身的文化了，在服装服饰对国际市场的引导方面，我们更希望中国的服装企业能很好地扛起传统文化塑造和推广这面大旗。一个馒头尚能引发一场血案，我们希望一只熊猫亦能唤出一个风潮。

资料来源：中国服装网，2008.7

问题讨论

1. 你认为《功夫熊猫》在中国大获成功的主要原因是什么？

2. 以服装行业为例，你觉得中国服装企业应如何利用中国文化开拓国际市场？

第四章　国际市场营销政治与法律环境

学习目标与重点

（1）国际政治环境因素的具体内容。

（2）国际政治风险的主要形式与防范措施。

（3）国际经济法体系中的基本法律原则。

（4）东道国法律体系的内容及对国际市场营销的影响。

（5）知识产权的概念及知识产权国际保护公约。

（6）国际商务争端的解决方法。

关键词

政治环境　政治风险　国际经济法　知识产权

案例导入

古巴睡衣风波

"在睡衣赌局中下大注：加拿大与美国赌外交"等一系列新闻标题表明，国家主权与国际经营发生冲突，会引发纠纷。这一争端是由美国对古巴的禁运（美国禁止本国公司与古巴进行贸易往来），以及在加拿大是否也应执行此禁运而引起的。当时，沃尔玛公司在加拿大销售古巴生产的睡衣，后来美国沃尔玛公司总部的管理人员意识到此批睡衣的原产地，便要求撤回所有违法销售的睡衣，因为那样做违反了美国的法律（《赫尔姆斯—伯顿法》，这一法案加强了美国对古巴的贸易禁运，它禁止美国公民以及美国公司的国外子公司与古巴发生贸易往来）。而加拿大人对美国法律极其不满，甚至感到愤怒，他们认为加拿大有权选择古巴生产的睡衣。这样，沃尔玛公司便成了加拿大与美国对外政策的牺牲品。沃尔玛在加拿大的公司如果继续销售那些睡衣，则会因违反美国法律而被处以 100 万美元的罚款，甚至会因此而被判刑。但是，如果按其母公司的指示将加拿大商店中的睡衣撤回，按照加拿大法律，也会处以 120 万美元的罚款。

资料来源：孙国辉，崔新建. 国际市场营销. 北京：中国人民大学出版社，2009

第一节 国际市场营销政治环境

一、政治环境及因素

国际市场营销决策受到政治环境变化的显著影响。政治环境（Political Environment）是指一个国家或地区的政治格局变化及发展趋势，对企业国际市场营销活动所产生的影响。其政治环境因素主要包括：

（一）国家结构

国家结构主要是指一个国家的基本权力结构。目前，在世界上有两种类型：一类国家属集权制国家，以中央集权为特征，各地方行政绝对服从中央政府的领导，全国有统一的宪法、法令，目前世界上大多数国家都属于这种类型；另一类国家则以联邦制为特征，各州都有相对独立的行政管辖权和立法权，可以颁布、实施适合本地区需要的特殊法规，美国就是典型的联邦制国家。国家结构决定了某些市场特性，集权制国家中的各项贸易法规、商业政策比较统一，容易把握，国内市场的统一性较强；而联邦国家中的各种法规、政策差异较大，地方行政管辖独立性还可能造成市场的某种分割，会增加国际市场营销的难度。

（二）政治体制

政治体制是指一个国家政权的构成形式。政治体制决定一个国家政府的性质和行为。政治体制一般分为君主制与共和制两种形式。君主制是以君主为国家元首的政权组织形式，国家的最高权力名义上或实际上属于君主，目前世界上有 20 多个国家采用此种形式。君主制国家又可分为君主专制制和君主立宪制两类。在君主专制制国家里，君主独揽国家的最高权力；在君主立宪制国家里，君主的权力受到宪法的限制，故称有限君主制。君主立宪制又可分为议会制和二元制。英国、荷兰、西班牙、泰国等是议会制，这些国家的行政权力由内阁掌握并对议会负责；二元君主制国家，如约旦、尼泊尔、摩洛哥等，政府和议会分掌权力，君主是最高统治者，君主权力只受宪法限制，其行为不仅不受议会约束，而且还可以解散议会。

共和制国家可分为议会制共和国和总统制共和国。议会制共和国以议会为国家政治中心，政府及其核心（内阁）由议会中占多数席位的一个政党或几个政党的联盟组成，并对议会负责，意大利及北欧诸国属此类型；在总统制国家里，国家最高行政权掌握在由全国直接或间接选举产生的总统手里，总统既是政府首脑又是国家元首，并统率三军，直接任命和领导各部部长及行政机构，各部部长及行政机构只对总统负责，美国就是典型的总统制共和国。不同政治体制国家的管理方式不同，从而对企业的国际市场营销活动会产生不同的影响。

(三) 政党制度

政党制度是指一个国家的政党干预政治的各种形式的统称。政党制度有三种基本形式：两党制、多党制和一党制。两党制是指势均力敌的两大政党轮流组织政府，轮法执政。英国、美国是典型的两党制国家。多党制是指由几个政党联合执政或轮流执政的政党制度。在多党制下，没有一个政党具有独立控制政府的能力，各党派意见难以统一，政府更替频繁。日本、意大利等国家是多党制的代表。一党制是指一个国家只有一个政党并掌握政权，或虽有几个政党，仅有一个执政党。在一党制国家，执政党的思想和主张决定该国的政策，但非执政党的某些意见也可能被执政党所采纳，因此，在这些国家政策比较稳定。墨西哥是典型的一党制国家。国际市场营销人员应该了解执政党对国外企业的态度，同时也要了解其他党的政策纲要，因为它们也能对政府产生影响。因此，有必要把一个国家的政党体制当作一个整体来考察，在多党制国家更是如此。

(四) 政治稳定性

政治环境的一个重要方面是政治的稳定性。如果一国政治很不稳定、政策摇摆不定，国际市场营销企业就应慎重行事。通常在考察一国的政局稳定性时，应特别注意四个方面：①政权的更迭。政权的更迭形式主要有两种：一种是政权能够按一定的频率（如四年一届）、程序，通过民主选举产生新的政府，该国的政治环境通常比较稳定，对外政策总体或者从根本上变化不大，就是政策变化也是渐进的，国际企业通过分析能够预见到政策变化的发展趋势，那么该国政府的政策就是相对稳定的；另一种是政权的更迭缺乏规律性（如政变、暗杀等原因政权频繁更迭），该国政治环境的稳定性会相应降低，新政府往往使政策发生根本性的转变，国际企业想要在这类国家开展营销活动非常困难。②文化的分裂。文化分裂与政治的不稳定有密切关系。③宗教信仰的冲突。这是造成政治分裂、政治不稳定的重要原因。④暴力、罢工、示威等事件。这也是造成一个国家政治不安定，国际企业的经济活动都会受到不利的影响，甚至会发生财产损毁和人员伤害。

(五) 民族主义

任何国家和民族都有民族自豪感、优越感和认同感，即民族主义情结。这种民族情结都会以自己的利益为重，对国际营销活动产生重要影响。当一国经济发展需要时，它会对外国产品和投资采取鼓励和主持的政策。如果对本国经济发展意义不大，那么就会采取各种措施，限制外国产品和投资进入本国市场。

【例 4-1】

沈阳信盟连锁超市日货撤柜

2005 年 3 月 30 日，在沈阳信盟连锁超市近 30 家店，销售情况一直很好的约 10 个日本品牌的几十种商品全部撤柜。信盟方面表示，它们在用这种方式捍卫中国人的尊严，用行动抵制日本篡改教科书。这一行动引发了各地的响应。3 月 31 日，在 200 多名员工的建议下，郑州天然商厦八方通信手机卖场内，从货架到仓库所有的日产手机全部被清理。

资料来源：郭国庆，张平淡. 国际营销学. 北京：中国人民大学出版社，2009

二、政治风险

政治风险（Political Risk）是指企业开展国际市场营销活动的所在国政局的不稳定和政策的不连续性而导致国际市场营销活动受到影响，并致使其营销目标出现不确定性。与其他风险相比，政治风险具有涉及范围广、损失金额大、表现形式多样及难以预测和控制的特点。企业在国际市场营销活动中必须认真分析和评估一国的政治风险，并采取相应的防范措施。

【例 4-2】

2003 年政治风险暴涨致使全球经济损失 8000 多亿美元

美国一家保险公司的一项调查显示，对恐怖主义和其他政治风险的担忧，使 2003 年全球经济因减少企业支出、投资和增长而损失 8000 多亿美元。这类风险担忧在"9·11"事件之前给全球经济造成的损失估计为 2000 亿美元左右。该保险公司的经济学家米歇尔·雷奥纳德说，除了恐怖主义威胁外，2003 年还经历了如尼日利亚大罢工、委内瑞拉政治动荡及伊拉克战争等政治风险，这些都大大地影响了投资者，尤其是在一些新兴的市场，特别是拉美和加勒比地区等，这种负面影响尤其严重。

资料来源：孙忠群. 国际营销精要. 北京：中国经济出版社，2007

（一）政治风险的形式

1. 政局不稳与政治动乱

这是企业进行国际市场营销活动首先要面对的一个政治风险。政局不稳是指一个国家由于大选、领导人更迭、民族矛盾、党派斗争、宗教冲突等导致该国国内政局的不稳定。政治动乱则是指战争、叛乱、恐怖主义、大规模的罢工等政治事件。不稳定的政局必然导致社会不稳定甚至动荡，形成很多不确定因素，对社会经济造成冲击。而政治动乱如果不加以迅速有效地控制，将会造成社会生活的混乱与无序，一些大规模的政治动乱，还会导致长久的重大损失。

2. 没收与征用

没收（Confiscation）与征用（Expropriation）是国际市场营销企业所遇到的最严重的政治风险。没收是指东道国政府采取强制性措施无偿地将外国企业的资产归本国所有。征用是指东道国政府将外国企业在该国的投资收归国有的又一种形式，与没收的区别只是在于征用时会给予外国企业一定的补偿，补偿金额通常远远小于被征用外国企业资产的总额。按照国际法的规定，东道国在征用外国企业资产时，应给予及时且足够的补偿，补偿金必须是可以兑换的货币。现代经济史中没收和征用的例子很多。根据世界银行的报告，20 世纪 60~70 年代，其中全球共有 22 个资本输出国的 1535 个公司在 76 个国家被征用；1967 年的所有外国企业的投资，到 1976 年其总额的 12% 被东道国征用。随着近几年来国际局势的缓和来自没收与征用的政治风险有所降低，这一方面是因为各国政府已认识到引进外资对本国经济发展的作用；另一方面东道国所采取的这些极端措施也会招致投资国的报复或制裁，从长期来看不利于本国经济的增长。尽管如此，没收和征用的风险仍然存在，切不可掉以轻心。

3. 本国化

本国化（Domestication）是指东道国政府通过制定一系列的政府法规、政策和措施约束和限制外国企业，从而逐渐减少外国企业所有者控制权的过程。本国化的措施有：逐步缩小外国企业在某一行业或某一企业的所有权比例；提升一大批本国公民担任企业的高级管理职务；使本国国民有更大的决策权；规定更多的产品由本国生产，以取代进口装配；制定特别的出口管制，以便控制外国企业参与国际市场营销活动。

本国化对外国企业来说是重大的威胁，但是从东道国的角度来看，本国化比征用更高明、更隐蔽。这是因为：它可以避免因征用而造成在国际上的窘境；与征用不同，本国化不会影响东道国在国际金融机构中的信用等级；东道国不需要自己去管理这些外国企业；本国化有助于保持自身良好的政治氛围。

东道国政府的本国化措施对外国企业来说有时是灾难性的。例如，在规定时间内被迫出售股权是决不会得到公平价格的，因为购股者知道在被迫出售股权时，可以在讨价还价中把价格压到和征用相差无几的程度。在外国企业中安排一定的高级管理职务人员，这些高级管理人员是否称职是个很大的问题，要对他们进行技术、管理方面的业务培训还需投入大量资金。

4. 进口限制

进口限制（Import Restriction）是指一个国家或地区在法律上和行政上做出的不准某些外国产品进入本国，或对进入本国市场的产品做出的质量、数量、品种、规格等方面的限制。限制进口的原因很多，如保护本国的民族工业、进口产品达不到本国标准、政治需要等。进口限制的方法是关税和关税壁垒，如关税税率、进口许可证、检验标准、环保、海关规则与程序等。例如，我国输往美国的咸鸭蛋曾被美国食品进出口检验机构发现壳上有虫，于是美国宣布严禁进口我国产的咸鸭蛋、咸鱼、糯米制品等。外国输美的大量此类物品过不了关，被美国海关判处"毁灭"（用大型压碎机或垃圾粉碎机压碎）。进口限制是企业开展国际市场营销的一个重要障碍，在这种情况下，企业只能选择其他的方式进入该国市场。

5. 税收控制

税收是国家的财政收入的来源，是国家管理经济的一种手段。但当税收被用来控制国际市场营销企业时，它便成为一种政治风险。如果东道国出于限制、阻止外国商品进口，削弱其产品的竞争力目的，就用高税收来迅速获取资金和保护国内同行企业。例如，英国在1983年突然提高机车进口税，将税率从原来的4.4%上调到49%，目的是阻止日本机车进口而挽救自己仅存的哈雷机车制造公司。发展中国家大都凭借高关税来阻挠外国商品进口，如墨西哥对纺织品征收50%的进口税、巴西对外国酒类及香肠征收105%的进口税。还有一种情况是，东道国在引进外资时答应企业有五年免税期，但是仅过两年，政府就可能以各种借口而食言，这类情况都会使外资企业的经营收益大打折扣。对于国际市场营销企业来说，一笔业务一旦确定，大幅度提高税收会降低其利润。

6. 价格管制

价格管制（Price Control）是指政府对商品和服务价格的上涨幅度进行控制，甚至限定最高价格。通常在经济危机或通货膨胀时期，政府会对关系到国计民生的产品实行价格管制，如食品、药品、汽油及汽车等。考虑到通货膨胀的因素，产品价格不能上涨或涨幅较小，企业利润就会减少甚至亏损。政府有时为了防止外国企业低价倾销产品而对本国企业带来冲击，也会对外国企业的低价销售进行管制，一般采取提高关税从而提高产品价格的办法。

7. 劳工问题

随着社会发展人们民主、人权意识加强，劳工权利越来越受到各国政府的重视，尤其是对跨国经营的公司来说，这一问题变得更加敏感。在很多国家，政府为了本国的经济发展和社会稳定，制定了一些就业保护政策。同时，许多国家的工会力量强大，给政府施加压力，迫使政府通过了限制性很强的就业保护法规。例如，禁止外国企业解雇工人，支持工人参与利润分配，要求提供保险金，以及必须为工人提供许许多多的服务等。在法国，任何规模的解雇工人，尤其是外国企业解雇工人，都被视为国家政治危机。在拉丁美洲，当外国企业不能满足工会的要求时，工会甚至会采取歇业、停工等方法，造成工人与外国企业、与经营者的对立，从而给企业的经营管理造成很大的障碍。

【例 4-3】

并购帕希姆机场背后的就业条款

2007 年 5 月 23 日，中国河南商人庞玉良用 10 亿元买下德国帕希姆机场。

为什么能在众多竞争者中胜出呢？庞玉良向帕希姆议会提交的机场发展机会，尤其是其中的创造就业机会打动了德方。该县县长伊雷蒂强调说，在作出售决定、选择购买方的时候，首先考虑的是创造新的就业机会。按照中国商人庞玉良的计划，帕希姆国际机场将在今后 3~5 年内创造 1000 个新的工作岗位。在失业率高的德国东部，这样的改造方案促使帕希姆县政府决定将机场出售给他。帕希姆县还有一个政策，机场投资者每提供一个就业机会，政府将提供 7 万欧元的补贴。

资料来源：郭国庆，张平淡. 国际营销学. 北京：中国人民大学出版社，2009

8. 外汇管制

外汇管制（Exchange Control）是指一国政府对外汇买卖、外汇汇率、外汇结算、外汇转移进行的管制和限制。一国政府有时出于本国经济政策的需要，会实施外汇管制，尤其是在一国国际收支失衡的情况下，为了平衡国际收支，防止资金外流，管制措施尤为严格。发达国家的外汇管制较少，而发展中国家外汇管制较严格。如果东道国实施外汇管制，国外子公司销售收入不能及时地汇回给总公司，可能会造成企业的资金流转困难，影响企业其他经营计划的实施。

9. 政治制裁

政治制裁（Political Sanctions）是指一个或多个国家为了抵制某一个或多个国家，从而断绝与这些国家的一切贸易往来，或对特定商品的贸易进行实施限制。例如，美国长期拒绝与古巴、伊朗及利比亚进行贸易。对特定产品贸易的制裁没有如此严厉但也常被采用，例如，美国参与了联合国对利比亚碳氢化合物生产设备的制裁。

【例 4-4】

一位加州汽车经销商的遭遇

加利福尼亚州的一位汽车经销商与喀麦隆政府签订了一项协议，以 2400 万美元的价格为后者提供 500 辆汽车并建立一个服务中心。他得到了美国进出口银行的信贷与喀麦隆政府的支持。为了取得这笔贷款，他动用了自己的个人储蓄，抵押了自己的大楼，而且已将工程师派往喀麦隆准备开始工作，并向通用汽车公司订购了这些特种汽车。就在即将交货之际，喀麦隆政府突然撤回了原先的支持，并对此类"特种汽车"贸易实行制裁，原因是它们将用来武装警察以对付人民。最后这位汽车经销商被迫将他的四份经销特许证中的两份卖掉，以帮助支付已经花销的 75 万美元。

资料来源：孙国辉，崔新健. 国际市场营销. 北京：中国人民大学出版社，2009

（二）政治风险的评估

1. 政治风险评估方法

（1）实地调研法（Grand Tour）。在实地调研中，国际企业通常派遣一位或多位高层管理人员到备选营销活动目标国家进行实地考察，收集信息，评价其政治风险因素及程度。在实地调研之前，企业通常要对目标国进行初步市场了解；到达目标国后，可以通过与政府官员、当地商界人员和潜在客户的会谈，详细了解该国的政治与法律环境。

（2）专家咨询法（Old Hands）。这种方法主要是依靠熟悉东道国情况的外部专家征求建议。这些专家通常是大学教授、外交官、记者、商界人士、相关学会的会员及东道国的政治家。这些专家的能力和经验往往决定了政治风险评估质量。另外，这种方法也存在很大的不可靠性。因为与东道国有牵连的政府官员，他们可能出于个人的目的而鼓励他人去直接投资，甚至企业行政负责人为了能从新的业务扩张中获得某些与个人有关的东西，也会对一些国家的政治与法律环境过于乐观。因此在运用这种评估方法时，除了必须对专家们的意见作必要的甄别外，还需要结合其他方法一并运用。

（3）德尔菲法（Delphi Technique）。德尔菲法是一种利用集体智慧进行评估的系统方法。它是按照既定的程序，匿名或"背靠背"地征询专家对某国政治风险的意见，依靠专家们的主观判断，逐步得出趋于一致的结论。具体做法是：企业向若干位专家发放事先拟定的问卷，由他们独立地对问卷中的各个问题进行打分；企业将打分后的问卷进行汇总，并将第一轮的各种意见反馈给各位专家；要求各位专家在参考他人的意见基础上，对问卷重新打分；企业将这一过程重复若干次，直到专家们的意见趋于相对收敛。实践证明，企业将各位专家最后一轮打分结果汇总后，可以对一国的政治风险状况得出比较统一的认识。

（4）定量预测法（Quantitative Methods）。除了使用定性方法外，许多企业还尝试使用定量预测分析来评估政治风险。最常见的方法是判别分析法（Discriminate Analysi），即将一系列相关因素用数学关系式表述出来，以预测某一事件发生的可能性。这类方法中的典型方法是 PSSI（Political System Stability Index）。该方法提出了 15 个比较客观的政治稳定性变量作为基本变量，然后又将 15 个变量分为三类指数，即社会经济指数、社会冲突指数和政治过程指数。这种方法强调尽量减少个人意见的影响，充分发挥数量模型的长处。

2. 政治风险评估模型

由于跨国公司对政治风险评估的需求很大，一些商业管理咨询机构开发风险评级信息，已经开始帮助客户建立政治风险评估指数，如商业环境风险信息机构、世界政治风险服务中心、国际商业的国家评估服务机构、欧洲货币机构及经济学家智囊团的"国家风险服务"等都开发了相应的国家风险等级表。在这方面最著名的是经济学家智囊团的"国家风险服务"。

经济学家智囊团的国家分析评估模型通过四种类型的风险分析来对一国总的国家风险进行评估：政治风险占总风险的 22%，经济政策风险占总风险的 28%，经济结构风险占总风险的 27%，流动风险占总风险的 23%。其中政治风险包括两类：①政治稳定性，由五个指标来体现，即战争、社会动荡、政权更迭有序性、带有政治目的的暴力、国际争端。②政府效率，由六个指标来体现，即政府倾向性的改变、机构的效率、官僚主义、透明度或公正性、腐败、犯罪。

经济政策风险由货币政策、财政政策、汇率政策、贸易政策和规章制度五大类共 27 个指数决定；经济结构风险具体化为全球环境、成长性、往来账、负债及财务结构共 28 个指数；流动风险包括 10 个指数；政治风险包括 11 个指数。经济学家智囊团将各国有关上述四个方面的 76 个指数进行详细的分析并打分，经加权后得出一国的分数，然后将各国按分数排列，从而使企业对各国的风险程度有一个大致的了解。

【例 4-5】

中国为最受欢迎的投资国家

北爱尔兰贝尔法斯特普华永道国际调查组 2005 年末公布了第九期全球 CEO 调查。调查总共访问了 45 个国家的 1410 名 CEO，55%受访者表示，中国是最受欢迎的投资国家。在一项有关俄罗斯、巴西、印度、中国四国投资的问题中，78%的受访者认为中国能提供最重要的市场发展机会，居第二至第四位的依次为印度（64%）、俄罗斯（48%）、巴西（46%）。此项调查也同样显示，尽管大多数 CEO 对全球化持乐观态度，但亦知悉其间存在着障碍。受访者认为最主要障碍来自政府的过分监管（64%），其次是贸易关卡/保护主义（63%）、政局不稳定（57%）、社会问题（65%），而恐怖主义（48%）及有组织的反全球化运动（21%），则为企业全球扩张最次要的障碍。在亚太区金融市场不稳定方面，亚洲区内 CEO 较为关注的依次为：不良贷款（60%）、浮动汇率（32%）及大量公债（43%）。

资料来源：孙忠群. 国际营销精要. 北京：中国经济出版社，2007

3. 产品的政治敏感性

有些产品在一国市场上往往比其他产品更容易引起东道国政府的特别关注，这就是政治敏感性。政治敏感性既可能对企业有利，也可能不利，企业的产品和投资如果符合东道国政府的利益，就会得到东道国的支持，如果不符合东道国的利益，就会遭到禁止和限制。如巴西政府曾为了保护本国企业的利益，而使两家在巴西投资生产芯片的美国企业遭受损失。政治敏感性的利与不利会随着东道国政府态度的转变而改变。如印度政府曾先后阻止三家美国公司在印度建立一个 44 万美元的化肥厂，一年后，印度政府意识到外国化肥厂工业投资对发展本国农业是必要的，因此，另外一家公司仅用一天半时间就与印度政府达成协议，取得了许可证。产品的政治敏感性一般取决于政府的政治主张、经济目标及文化差异等因素，但没有统一的标准来判断一种产品是否有政治敏感性和它所具有的政治敏感性的高低。罗宾逊教授在其所著的《国际企业政策》一书中提出了评估产品政治敏感性的 12 个问题，问题回答肯定程度越高，则表示该产品的政治敏感性越大。这 12 个问题是：

（1）该产品的供应是否需政府研究后方能做出决定（如石油、运输设备、公共设施、轮胎等）？

（2）是否其他行业的生产依赖本产品或以其为原料（如水泥、钢铁、电力、机械工具等）？

（3）该产品是否具有社会敏感性（如医药品、食品等）？

（4）该产品是否对农业生产至关重要（如农用工具和机械、肥料、各种谷物及种子等）？

（5）该产品是否与国防有关（如交通工具、电信设备等）？

（6）该产品是否必须利用当地资源（如利用当地劳动力、技术原料、各种谷物及种子等）？

（7）在近期当地是否会有与该项产品竞争的行业出现（如各种投资较低的制造业）？

（8）该产品是否与大众传媒有关（如印刷、电视、广播等）？

（9）该产品是否主要用于服务业？

（10）该产品的使用或设计是否基于某些法律要求？

（11）该产品对使用者是否具有潜在的危险性？

（12）该产品的销售是否会减少当地的外汇收入？

【例 4-6】

中国玩具出口需过安全"资格考试"

中国是世界上最大的玩具生产国，我国的玩具生产企业几乎成了世界圣诞玩具的加工厂，玩具出口量占全球玩具产量的 75%，因此，欧美不断提高的技术壁垒对我国玩具企业影响很大，欧美频频发出的安全及环保警告，针对的主要也是中国玩具和圣诞礼品。专家指出，从中国玩具业的现状来看，产品质量方面仍然存在不少隐患，出口玩具由于锐边、化学含量超标等不符合输出国安全标准而被退货，甚至对儿童造成伤害的现象时有发生。玩具企业如何跨过国际玩具市场的"安全门槛"将成为日后在国际市场竞争中的一场"资格考试"。据有关专家分析，造成此种状况与目前中国很多玩具企业采用旧的外国产品安全标准有关。因此，重视产品质量，必须尽快熟悉现行的安全标准，已经成为中国玩具行业目前的迫切需要和共识。

资料来源：孙忠群. 国际营销精要. 北京：中国经济出版社，2007

（三）政治风险的控制

1. 投资前的控制

（1）风险回避。风险回避包括消极回避和积极回避。消极回避是指国际企业认为东道国存在风险的情况下，主动回避该国市场，这种方法虽然使国际企业不会因风险而有损失，但同样放弃了在该国进行营销的机会。积极回避的国际企业会选择进入该国市场，但是通过谈判、安排等手段预先将未来的风险化解掉。国际企业无论采取哪种方法回避，要想达到完全回避风险是不可能的。问题的关键在于，企业愿意容忍何种程度的政治风险以及希望获得多大的投资收益用于抵补风险。一个国家的政治风险大，并不意味着该国就没有投资价值，高风险往往伴随着高收益，放弃去政治不稳定国家的投资，往往等于放弃潜在的高投资收益，同时也放弃了控制政治风险的任何努力。

（2）风险转移。随着国际保险业务的发展，已经有不少保险公司可以为本国企业提供国外政治风险保险服务。企业可以对各种资产进行投保，在支付一笔确定的保费之后，就可以将未来不确定的损失转移给保险公司。政治风险的险种一般包括禁止货币兑换险、征用险、战乱险、营业中断险等四种基本类型，保险额一般在投资额的 90% 以内。最具代表性的是美国外国私人投资公司（以下简称"OPIC"）。OPIC 对美国公民在海外新设立公司或扩建公司，由于被征用或国有化、货币管制、战争、暴乱等原因而遭受的直接或间接损失予以承保。我国中保财产保险公司和中国进出口银行也已经开设了海外投资政治风险保险业务。例如，中国出口信用保险公司于 2003 年 9 月 16 日签发了首张海外投资保险单，为我国大型国有企业在海外建设、拥有、经营、移交方式投资提供投资保险和融资支持。

（3）多元化融资。对于高风险国家或地区和高风险行业，如果有较大的营销机会，企业本身无能力独自承担风险，那么企业就可以考虑风险分散化。例如，企业可以在东道国当地举债，将子公司的债务和东道国当地金融机构的利益捆在一起，这样一方面能够减少外国企业资金的投入，当被国有化或征用时，可以把政治风险转嫁给东道国金融机构；另一方面也可以降低外汇风险。另外，在组建海外子公司时，也可以邀请国际银行、外国银行、大型财务公司入股，形成子公司多元融资主体的资本结构。由于这些融资主体代表了国家或集团的利益，加之本身的一定影响力，使东道国在考虑征用时，不得不考虑多元利益主体的因素。

（4）股权多国籍化。国际企业还可以与其他国家的企业投资者及东道国的企业就某一项目合资经营，举办合资企业，分享企业的所有权。特别是与东道国当地所有者分享所有权，可以使当地人和企业的利益结合在一起，往往能够降低被征用或国有化风险。例如，英国荷兰壳牌石油（Shell）公司就拥有英国和荷兰双重国籍。该公司发现这种特殊的身份时常能发挥独特的作用。例如，当印度尼西亚苏加诺政府对荷兰不友善时，它强调英国企业的身份；反之，如果当地政府对英国不友善时，它就摆出荷兰的国籍。

（5）限制技术转移。企业在海外投资之前，通过颁发许可证将技术有偿转让可以消除一定的政治风险。如果该技术独一无二且风险较高，那么，这种颁发许可证的方法就会非常有效。当然，这一方法也有一定的风险，因为许可证获得者可能拒绝支付应付的费用，但却可以继续使用该技术。国际企业在跨国经营时可以将研究和开发设施、专利技术的使用留在母国，使东道国无法得到关键技术，从而形成技术上对母国总公司的依赖。例如，可口可乐公司始终控制其秘方。国际企业也可以在重要原料、零部件、市场等方面使子公司依赖于母公司。这样，东道国政府会明白即使接管了这些企业，自己也无法经营下去。采取这种方法可以大大减少东道国政治干预的风险。

【例 4-7】

两家美国跨国公司预防政治风险的措施

美国的克莱斯勒公司严密控制着汽车关键部件的供应，仅把 50% 的非关键部位的生产放在秘鲁，其余重要部件包括引擎、传动轴、车身钢板以及许多配件由设在阿根廷、巴西和底特律的子公司制造。美国联合果品公司在拉美许多国家设有其香蕉水果的生产基地。但是却将出口香蕉水果所必需的冷藏船从其生产基地分离出来，控制在公司手中，如果东道国没收其生产基地，也就失去了运输工具和分销渠道，使其没收得不偿失，从而达到了分散政治风险的目的。

资料来源：孙忠群. 国际营销精要. 北京：中国经济出版社，2007

2. 投资后的防范

（1）加强企业与东道国的合作关系。东道国政府支持与否对于国际企业来说至关重要。因此，国际企业要主动与东道国政府进行沟通和协调，配合东道国政府的各项工作，争取东道国政府的支持。由于东道国民众对国际企业有本能的排斥和敌视，国际企业应入乡随俗，尊重当地的风俗习惯，积极开展各种公共关系活动，让东道国的民众、社会团体了解本企业；积极参加东道国的各种社会公益活动，兼顾当地雇员和政府的利益，为东道国的经济和文化发展做出贡献。

（2）加强征用的成本。如果国际企业牢牢控制住了经营的主动权，那么东道国政府对国际企业征用或国有化的成本就会大大提高，从而减少国际企业的政治风险。这种控制包括国际企业经营全过程的各个方面，如原材料、零部件供应、生产技术、工艺流程、销售市场、分销渠道、运输路线、商标及专利等。国际企业的控制范围越大，被征收或国有化的风险就越小。

（3）加强企业经营当地化。为了减少东道国居民对国际企业的排斥，增加民众对外国企业的认同感，国际营销企业应当有计划、有步骤地实现当地化。企业可以选择和东道国企业共同出资，建立合资企业；也可以让东道国政府或员工持有本企业部分股权；有计划地培养当地人才并挑选杰出者担任重要职务；尽量雇用东道国工人和利用东道国的原材料、零部件生产产品，而非进口组装等。当地化成分越高，企业的政治风险相对就越小。

【例4-8】

日本企业公共关系的运用

日本企业的公共关系开展得颇具风格，有力地扩大了企业的知名度。例如，日产汽车公司在进入美国市场后，所有的公司都积极地致力于美国的社会服务，抽出人力、物力和资金，从事那些看起来和本职工作毫不相干的社会服务工作，并与当地社区建立了亲密关系。日产汽车公司在田纳西州自建立工厂的那一天起，便成立了义务活动小组和研究西方问题的捐款委员会，经常向当地的慈善机构捐赠钱物，还组织当地的居民到工厂参观和组织当地中学生每学期到工厂体验一天的工厂生活等。这许许多多的活动和亲善态度颇得当地社区居民的好感。这也是日本企业打入美国市场的竞争策略的重要因素。美国惊呼日本汽车商竞争有方，而美国的汽车商却对此无能为力。

资料来源：孙忠群. 国际营销精要. 北京：中国经济出版社，2007

3. 政治风险的应对策略

（1）理性谈判。国际企业的子公司一旦知道被东道国政府征用或国有化的消息，就要立即同政府进行联系并展开谈判，使其认识到征用是一个错误的决策，从而放弃征用而和企业继续保持原来的合约。企业可以引证其继续为东道国提供的种种未来经济利益，或征用后将给东道国带来的严重后果。当然，东道国政府也有可能已经对征用的利弊得失做过分析，并认为结果是可以接受的。在这种情况下，企业再做说服工作也不会奏效。只有在东道国政府将征用作为取得公司让步的谈判手段时，此种策略才可能生效。

（2）寻求法律保护。在东道国政府正式启动征用或国有化政策时，国际企业就可以寻求法律的保护，以期获得赔偿。法律的保护途径可能来自东道国、母国和国际法律机构。当东道国的司法系统独立而且执行公正原则时，在东道国申请法律仲裁的速度最快、成本最低。如果在东道国无法得到合理解决，企业可以在一定条件下寻求母国法律保护。另外，国际企业也可以向国际仲裁法院起诉。

（3）放弃产权。当上述对策无效时，国际企业只好放弃继续持有产权的努力，力争获得较高的补偿以及通过许可证协议和管理合同等方式继续从被征用的企业中获利。例如，委内瑞拉政府征用外国的石油公司后，同征用对象签订管理合同，合同规定由公司在原地继续勘探、钻井、炼油和销售。实践表明，所有权的放弃并不等于盈利机会的丧失，交出股权同样能够获利，关键是财产创造现金流量的能力。

（4）施加压力。在确实无法保住子公司产权的时候，国际企业就要试着集结自己能够调动和运用的各种力量来对东道国政府施加压力，以解决国际企业面临的政治风险。比如可以争取反对征用的政治团体的支持、母国政府的支持等。另外，还可以采取一些经济措施，如切断关键部件的供应、撤回主要的管理技能和技术等，向东道国政府施加压力。

（5）政治贿赂。处理政治脆弱性问题的方法是政治贿赂。政治贿赂是企图通过收买政府掌权者，让其代表国际企业出面干预以减轻企业的政治风险。向国家领导人行贿以避免没收性赋税或驱逐，收买代理人以确保销售合同被接受，给各种各样能影响企业计划实施的人施以金钱鼓励，这些都是国际企业管理者必须经常做出的决定，同时也会引起道德问题。

贿赂会给国内外的营销者带来难题，因为即使贿赂在东道国是一种非常普遍的做法，行贿仍然属于违法行为。政治贿赂也许会产生短期利益，但是从长期来看，它的风险很大，所以外国投资者应避免采用。

【例 4-9】

西尔斯公司在拉美的当地化行动

世界上最大的百货公司西尔斯公司在整个拉丁美洲的形象很好，因而能在一次次民主主义浪潮中生存下来。该公司利用各种方法让当地人共同参与公司的业务活动，其中包括一项颇为成功的销售当地产品计划和利润分享计划，结果有 1000 多家当地供应商的生存维系于西尔斯公司的业务，并使其员工及其家属都成为西尔斯公司的辩护人。

资料来源：孙忠群. 国际营销精要. 北京：中国人民大学出版社，2007

第二节　国际市场营销法律环境

一、国际经济法律环境

国际经济法律（International Economic Law）是指调整交往中国家之间的相互关系，并规定其权利和义务的原则和制度。其主要依据是国际条约、国际惯例、国际组织会议以及有关国际问题的判例等。这些条约和惯例可能适用于两国的双边关系，也可能适用于许多国家间的多边关系。

目前，世界上对于国际市场营销活动影响较大的国际经济法主要有以下几方面的立法：保护消费者利益的立法、保护生产制造者和销售者的立法、保护公平竞争的立法和调整国际间经济贸易行为的立法。

在国际经济法体系中所体现的一些基本的法律原则，是需要熟悉与掌握的。这些基本原则包括：

（1）主权原则（Sovereignty Principle）。各国政府具有按照其认为合适的方式管理自己的国家和领土的权力。从司法实践的角度来看，国家主权原则是每个主权独立的国家都有权制定自己的司法体系，而在一家国家内实施的司法系统，不能被自动地用于另一家主权独立国家。例如，中国法律规定男女同工同酬，但如果中国企业在某个伊斯兰国家从事经营活动，就不能将中国的这种法律规定直接引入到那个国家。

（2）国籍原则（Nationality Principle）。每个主权国家都有对其公民的裁判权，而无论其公民住在哪里。例如，一个在英国从事经营活动的中国管理者，如果违反了中国的有关法律，中国司法机构仍对他具有司法审判权。

（3）地域原则（Territoriality Principle）。每个主权国家都具有在它的司法管辖领域内进行裁判的权力。例如，如果一家美国公司在中国从事经营活动的过程中违反了中国法律，中国司法机构有权根据中国的法律规定，对这家美国公司进行判决；同样，如果一家在美国从事经营活动的中国企业违反了美国的法律，美国司法机构也有权对这家中国企业进行判决。

（4）保护原则（Protective Principle）。每个主权国家都具有对危害其国家安全的行为进行裁判的权力，而不管这种危害行为发生在何处。

（5）礼仪信条（Doctrine of Comity）。从严格意义上说，礼仪信条并不属于国际法的内容，但由于人们将其视为一种对法律、组织和政府相互尊重的习惯，故在国际法范围内，人们仍然常常引用它。礼仪信条的内容是，各国政府必须尊重一个主权国家根据其法律与宪法对自己公民所进行的审判。

（一）国际条约

国际条约是指两个或两个以上的主权国家或者国际组织签订的关于商业和贸易活动的条约和公约。这些条约可以分为双边条约和多边条约。目前，世界上有许多国际条约，涉及国际企业营销活动的主要有国际货物买卖、国际货物运输、国际票据、知识产权、产品责任等。其中最重要的是《建立世界贸易组织协定》，它是世界贸易组织的基本法律框架，有100多个缔约国。

1. 关于国际货物买卖的条约

例如，1964年海牙会议通过的《国际货物买卖统一法公约》、《国际货物买卖合同成立统一法公约》，1974 年通过的《国际货物买卖时效期限公约》，1980 年维也纳会议通过的《联合国国际货物买卖合同公约》、《建立商品共同基金协定》，1983 年通过的《商品名称有编码协调制度的国际公约》等。

2. 关于国际货物运输的条约

例如，关于海上货物运输的条约：1924 年签署的《关于统一提单的若干法律规则的国际公约》，1968 年签署的《布鲁塞尔议定书》，1978 年签署的《联合国海上货物运输公约》。关于国际空运货物的公约：1944 年签署的《国际民用航空公约》，1955 年签署的《修订 1929 年 10 月 12 日在华沙签订〈统一国际航空运输某些规则的公约的议定书〉》。关于国际铁路货物运输的公约：1980 年签订并于 1974 年修改的《国际铁路货物联运协定》。另外，还有关于国际货物多式联运的公约，即 1980 年签署的《联合国国际货物多式联运公约》等。

3. 关于国际投资的条约

例如，1965 年通过的《关于解决国家与他国国民之间投资争议的公约》，1976 年通过的《经济合作与发展组织关于国际投资于跨国公司的宣言》，1985 年通过的《多边投资担保机构公约》。

4. 关于票据的国际公约

例如，1930 年签署的《关于统一汇票和本票的日内瓦公约》和《关于解决汇票和本票的若干法律冲突的条约》、1931 年签署的《关于统一票法的日内瓦公约》和《关于解决支票的若干法律冲突的公约》、1987 年签署的《国际汇票和国际本票公约》等。

5. 关于国家税务的条约

例如，1979 年通过的《联合国关于发达国家与发展中国家双重税收的协定》和《避免对版权使用费双重征税的马德里多边公约》。

6. 关于国际货币金融的条约

例如，1944 年通过的《国际货币基金协定》和《国际复兴开发银行协定》，1988 年通过的《国际融资租赁公约》。

7. 关于国际代理的公约

例如，1983 年通过的《国际货物销售代理公约》，1988 年通过的《国际保付代理公约》。

8. 关于海事的公约

例如，1952 年通过的《船舶碰撞中民事管辖权方面若干规则的国际公约》，1973 年通过的《防止船舶造成污染国际公约》，1976 年通过的《海事索赔责任限制公约》。

9. 关于知识产权的公约

例如，1952 年通过的《世界版权公约》，1970 年通过的《国际专利合作条约》，1973

年通过的《商标注册公约》，1975 年通过的《共同体专利公约》等。

10. 关于产品责任的公约

例如，1973 年通过的《产品责任法律冲突规则公约》，1976 年通过的《关于造成人身伤害与死亡的产品责任的欧洲公约》。

11. 关于商务争端解决的公约

例如，1965 年通过的《解决投资争端的国际中心仲裁规则》，1976 年通过的《联合国国际贸易法委员会仲裁规则》等。

（二）国际惯例

国际惯例是指在国际商务活动过程中，经过国际商务主体长期不断地实践和频繁运用，逐渐形成的、具有特定内容的不成文的习惯做法和先例。这些习惯做法和先例不属于法律规范，不具有普遍约束力，但若当事人在合同中规定了采用某个国际惯例，那么该惯例对当事人就具有了约束力。国际惯例一般具备五个特点：①通用性，即为大多数国家和地区通用。②稳定性，即不受政策调整和经济波动的影响。③重复性，即一般反复运用。④准强制性，即受到各国法律的保护，具有一定的法律约束力。⑤效益性，被国际交往活动验证是成功的。

成文的国际惯例一般是由某些国际经济组织或商业团体等非政府间国际组织制定的，并被许多国家所认可。目前，国际上通用的国际惯例包括贸易术语和跟单信用证、托收等。

1. 有关贸易术语的国际惯例

国际法协会 1930 年拟定，1993 年第六次修改的《跟单信用证统一惯例》；国际法协会 1932 年制定的《1932 年华沙—牛津规则》；国际法协会 1936 年制定、1990 年第五次修改的《国际贸易术语解释通则》；国际法协会 1958 年制定、1978 年修订的《托收统一规则》；国际法协会 1978 年制定的《合同担保统一规则》；国际法协会 1990 年制定的《国际贸易代理合同范本》；国际商会制定的《2000 年国际贸易术语解释通则》等。其中，《2000 年国际贸易术语解释通则》的影响最大，使用范围最广，该通则包括 4 组 13 个贸易术语。

2. 其他国际惯例

还有许多国际性组织对企业的国际营销活动有准法律性的影响。如国际标准化组织（International Standardization Organization）就制订了一系列国际标准，如 ISO9000，ISO9001 等，都对企业的国际市场营销活动产生了重要的影响。

二、东道国法律环境

影响国际企业营销活动的最经常、最直接的法律，是东道国的基本法律体系，包括适用于该国所有企业的一般法律规范和针对在该国的外国企业的特定的法律规范。法律因国家不同而不同，世界上基本上没有内容完全相同的法律制度。但将世界各国不同的法律加以比较，仍可发现其间有相同的概念、术语和实施的方法。将具有相同的概念、术语和实施方法的各国法律归为同一类型，即构成一个法系。

（一）法律体系

目前，世界各国的法律体系大致可以分为三个法系：习惯法系、成文法系和宗教法系。

1. 习惯法系（Common Law System）

习惯法系又称为英美法系（British Law System）。该体系起源于英国，主要流行于美国、加拿大、英国及英联邦其他国家，如澳大利亚、新西兰、印度、肯尼亚、南非、津巴布韦等。目前全球有 26 个国家实施这种法律体系。该法律体系的特点是，法院依据司法惯例、以前对类似案例的判决和普遍习俗及法官对良好公共政策的看法对案例进行判决。故法院在司法条款解释方面扮演主要角色。习惯法将整个法律系统分成三个相互独立的部分，即商法、民法和刑法。近年来，习惯法系国家也制订了大量的成文法，作为对习惯法的补充。

2. 成文法系（Code Law System）

成文法系又称为大陆法系（Civil Law System）。该体系起源于古罗马，目前世界上有 70 多个国家使用这种法律体系，其中包括法国、西班牙、意大利、德国、日本、中国和绝大多数拉丁美洲国家。这种法律的特点是：法院依据各种时期编纂在一起的一些非常详尽的法律典籍与条文，对案件进行判决。

3. 宗教法系（Theocratic Law System）

宗教法系又称为神权法系。宗教法系是以宗教戒律为基础的一种法律。其中，伊斯兰法（Islamic Law）较为典型，它依赖于《古兰经》的法律解释和穆罕默德的圣谕。伊斯兰法不同于习惯法和成文法，因为这两种法律是人定的，可以随时间推移而改进，而伊斯兰法规定真主的"自然法律"是一切正义的始终化身。它包括宗教职责与义务，也包括法律制约人类行为的世俗方面。笼统地讲，伊斯兰法系是一个为所有个人规定社会经济行为具体模式的全面体系。它包括诸如产权、经济决策和经济自由类型等问题。目前，世界上有 27 个国家的法律以伊斯兰教义为基础，但在一定程度上掺杂了成文法和习惯法。

伊斯兰法最独特的一点是禁止支付利息。伊斯兰合同法规定任何交易不应有利息或高利贷，禁止收取与支付利息是伊斯兰法系的核心。但是，伊斯兰法系的其他原则主张风险分摊、个人的权利与义务、产权以及合同的神圣性。伊斯兰法系强调伦理、道德、社会与宗教以促进社会平等与公正。伊斯兰法系的另一个原则是禁止投资于那些违反伊斯兰教规的活动，例如，禁止投资经营酒、赌博及卡西诺赌场。

禁止支付利息严重地影响银行业及商业惯例。但是有一些可接受的惯例做法，这些做法遵守伊斯兰法，并允许进行交易。它们符合伊斯兰教的要求，使借贷双方平等地分享报酬、分担损失。在几种符合伊斯兰法的经济交易中，最常用的是以增高标价或成本加成价格进行交易以及租借。在进行两种交易时，销售价格或租借费中均包含了相互协商达成的利差。严格的原教旨主义者不会赞成这样的做法，但是人们还是这样去做了。这一例子说明，严格的伊斯兰法与非伊斯兰法系的法律可以以某种形式相互协调。

因为这些法律基于对伊斯兰法的解释，所以国际市场营销者必须了解伊斯兰法，并理解各地区是如何解释该法的。各地区的法院或根据原教旨主义者（那些坚持对《古兰经》做字面解释的人）的观点解释伊斯兰法，或进行更自由的解释。某一公司会发现一地区的地方政府允许按合同规定收取利息；在另一地区也许所有的利息均被取消，代之以相当的"咨询费"；还有些地区的地方政府或许会认为合同无效，并声称任何利息的支付均属非法。在伊斯兰法系国家从事经营的营销者必须了解这一重要的法律体系。

不同的法律制度对同一事物可能有不同的解释。因此，国际市场营销者在进行国际市场营销时，必须对国外市场的法律环境进行慎重而明确的分析，尤其必须对以下一些法律问题给予重视：①涉及欺诈、歧视、推销方法、定价及地区独家代理协议的竞争法规。②有关价格控制的法律。③撤销经销商和批发商协议的法律。④有关产品质量及扩展的法律。⑤有关包装的法律。⑥有关产品保修与售后服务的法律。⑦有关合同的法律。⑧有关专利、商标、版权的法律。⑨有关劳工的法律。⑩有关投资的法律。

（二）东道国法律对国际市场营销的影响

国际市场营销人员在多个国家开展营销活动时，必须随时注意适应各国的法律体系。东道国的法律对国际市场营销活动有诸多的限制，而且不同的国家法律对同一问题可能有截然相反的规定。对东道国法律的任何忽视都可能导致营销活动的失败。

目标东道国法律对企业国际市场营销活动的影响表现在如下几个方面：

1. 对产品策略的影响

世界各国为了保护消费者的利益或本国生产者的利益，都针对产品制定了不少法律规定，这些法律规定中有相当一部分是与产品的物理性能和化学性能有关，要求产品的纯度、安全性能达到一定的标准。例如，日本严禁化妆品中含有甲醛，所以外国化妆品要想进入日本市场，必须保证产品中不含有甲醛；美国对进口汽车的防污性能有严格的标准，规定进口汽车必须安装防污装置，达到美国的汽车排废控制标准。欧盟出于对儿童安全的考虑，通过了《儿童保护法》，该法规定，凡向欧盟市场出口的一次性打火机必须加装防儿童开启装置以防意外；另外，所有新奇打火机，包括加装了防止儿童开启装置的新奇打火机将不得投放欧盟市场。

除产品本身之外，各国对商标、包装、标签和产品责任等方面作出了许多规定。商标方面，对商标的所有权处理，成文法系国家实行注册在先的原则，而习惯法系国家实行使用在先的原则。例如，一位居住在墨西哥的美国人，在墨西哥抢先注册了大约40家美国公司的商标，这些公司在墨西哥经营业务，就不得不花钱买回自己的商标或支付佣金。各国对商标的保护期限也不一致，美国为20年，德国为10年。对于商标的名称，各国也有特殊规定，例如，英国禁止使用山羊、雄鸡、大象等特定动物或物品作为商标名称，印度规定商标中不得含有山川、河流的名字等。

包装方面各国也有不同的规定。例如，比利时规定只能用八边形褐黄色玻璃瓶盛装药剂，以其他容器盛装的药剂不得进入该国市场。丹麦规定，软饮料的瓶子必须是可以回收的。有关标签的法律要求更为严格。一般来说，标签上必须注明产品名称、生产商或经销商名称、产品成分或使用说明、重量、产地等。欧盟国家规定必须对转基因产品作出标识。意大利的一位政府官员下令没收所有的可口可乐瓶子，只因为可口可乐公司没把商标印在瓶身上，而是印在了瓶盖上。在产品责任方面，各国一般都规定了产品的保修期、退货期。因产品质量原因发生了人身伤害或死亡事故的处理等，成文法系国家要求相对比较宽松，而习惯法系国家对此要求比较严格。

有时东道国政府为了保护国内市场，限制外国产品的进入。例如，日本从1995年1月开始第一次进口华盛顿苹果，当然也是迫于美国苹果种植者的压力，但是却设置了非常严格的限制条件。首先是限制进口两个品种，然后提出严格的检验检疫标准。2003年，日本以防止在美国发现的火疫病进入为由再次限制美国苹果进入。其实，最根本的原因是日本出于保护本国生产者利益而为。

【例4-10】

中国牙膏出口深陷"二甘醇"困局

牙膏中是否应使用"二甘醇"、含量应为多少，这正演化为一个全球性问题。因此多个牙膏品牌落马，如同推倒了"多米诺骨牌"。先是2007年5月，中国产牙膏相继在巴拿马、多米尼加、美国等地遭禁，理由是含"二甘醇"。此后，新加坡卫生科学局检验发现黑妹牙膏、黑妹钙牙膏和美加净氟化物牙膏都含有0.8%~3.9%不等的二甘醇，禁止出售这三款产品。随后，中国香港特区海关也对美加净牙膏（含氟）、田七特效中药牙膏和三七高级药物牙膏发出了"禁令"。

"二甘醇"引发的"毒牙膏"风波愈演愈烈，很多国家由此对中国制造的牙膏产生了不信任。然而其背后本质却是，中国牙膏标准与其他国家和地区的标准存在冲突。在中国，使用"二甘醇"作为添加剂一直为法律所允许。但是，国际上对于这种物质的使用则一直有争议。"'二甘醇'是一种类似于保湿剂的物质，在牙膏中使用可以防止膏体变干。在20世纪五六十年代，全球很多国家都使用这一物质作为添加剂。但是从80年代开始，由于考虑到'二甘醇'可能给人体带来的不确定伤害，很多国家尤其是欧洲国家逐渐不再使用这个原料。"联合利华研发中国中心主任蔡亚对《第一财经日报》记者解释说。

资料来源：郝倩.毒牙膏背后凸显标准之争：二甘醇不甘心成元凶.第一财经日报，2007-06-18

2. 对价格策略的影响

世界上各个国家的政府为了维护正常的经济秩序，针对产品价格都制定了相关的法律规定，控制产品的价格。只是经济发达国家与发展中国家相比，控制范围和控制程度相对宽松一点。一般来说，各国政府对公共事业产品、日常生活用品、医药品都实行严格的管制。例如，美国政府除对少数公共事业产品实行价格管制外，均实行市场价格；日本政府只对大米和药品实行直接价格管制；在印度，许多生活用品和医药品的价格都是受到管制的。法国、加拿大、澳大利亚、德国等国家对药品都由政府有关部门直接定价。英国对与药品价格直接相关的企业利润率水平进行控制。与价格有关的法律主要有价格法、反倾销法、反垄断法。对于国际市场营销企业来说，如果经销的产品比东道国的产品占有优势，东道国政府为了保护本国的民族工业，往往展开反倾销调查，借此提高关税，限制该种产品的进口。

3. 对分销策略的影响

在营销组合中，各国法律关于分销的规定相对较少，国际企业可以较自由地选择其产品的分销渠道。当然，前提条件是渠道选择必须在法律允许的范围内进行。例如，法国政府曾严禁销售人员上门推销产品，企业便不能使用这种销售方式。再如，我国当前就严格限制企业采用直销方式销售产品。有些国家对当地中间商的经营范围（如产品范围、地理范围）可能做出一些规定，企业在选择时就不能忽视这一因素。此外，企业与中间商合同的签订或终止，都会遇到许多法律问题。

4. 对促销策略的影响

促销策略主要包括广告、人员推销、营业推广和公共关系等。各国法律对促销的规定比较多。例如，法国禁止企业以低于成本的价格竞销或以购买商品为条件向顾客赠送礼品或奖金。有关国家禁止企业对消费者有价格歧视行为，如奥地利规定不得对不同的消费群体给予有差别的现金折扣，许多国家对于有奖销售的范围、程度、方式等都作了详细的规定，反对不正当竞争。在所有的促销手段中，关于广告的争议最多，因而对于广告的限制也最为严格。各国关于广告的法律法规很多，归纳起来主要有以下几类：

（1）对广告产品的限制。例如，美国法律严禁在电视上做香烟或酒的广告。

（2）对广告的内容及真实性的限制。例如，德国不允许使用比较性广告和"较好"或"最好"的广告词。

（3）对于广告媒体的限制。例如，在比利时、瑞典、丹麦等国家，禁止电视和广播做商业性广告。

（4）对广告对象的限制。例如，加拿大禁止将儿童作为广告对象。芬兰禁止在报纸上和电视上做政治团体广告、宗教性广告、酒精饮料广告、殡仪广告、减肥广告以及不道德的文艺作品的广告。

（5）对于广告时间的限制。例如，奥地利规定，商业性广告的时间不能超过 30 秒。欧盟规定电视节目 45 分钟内不得插播广告。意大利规定电视广告一年只准播放 10 次，任何两次播放之间的间隔不少于 10 天。

（6）对于广告税收的规定。例如，秘鲁对所有户外广告均征收 8% 的税款。越南对所有户外广告均征收 5% 的税款。

【例 4-11】

欧盟新规对中国汽车出口欧盟带来的挑战

2000 年，欧盟发布了代号为 2000/53/EC 的报废汽车回收指令。该指令于 2007 年 1 月 1 日起在欧盟各成员国内全面执行。该指令规定，欧盟各成员国要自行采取必要的措施，到 2006 年，每一辆报废汽车平均至少有 85% 的重量能够被再利用，其中，材料回收率至少为 80%。到 2015 年，这两项指标分别提升至 95% 和 85%。这样，汽车制造厂在欧盟国家上市新车必须出具证明，证明其投入市场的新款汽车，其材料回收率至少要占重量的 85%、可利用率至少为 95%，才能获得市场准入证。

资料来源：孙忠群. 国际营销精要. 北京：中国人民大学出版社，2007

三、知识产权保护

近几年，知识产权在国际市场中，作为国际竞争的一个焦点已经成为现实。

（一）知识产权

知识产权（Intellectual Property）是指公民、法人或者其他组织在科学技术方面或文化艺术方面，对创造性的劳动所完成的智力成果依法享有的专有权利。知识产权包括工业产权和版权（在我国称为著作权）两部分。工业产权包括专利、商标、服务标志、厂商名称、原产地名称、制止不正当竞争等。版权是法律上规定的某一单位或个人对某项著作享有印刷、出版和销售的权利，任何人要复制、翻译、改编或演出等均需要得到版权所有人的许可，否则就是对他人权利的侵权行为。知识产权的实质是把人类的智力成果作为财产来看待。

在国际经济交往日益频繁的今天，因知识产权引发的纠纷不断增加。有关统计资料显示，自中国加入世界贸易组织以来，关于知识产权纠纷的案件每年都在增长，中国企业为此支付的赔偿金额已超过 10 亿美元。据商务部发布的调查报告，我国企业每年因遭遇国外知识产权纠纷而引发的直接经济损失达到 691 亿美元，贸易机会损失 1470 亿美元。许多产品因为知识产权纠纷而丧失市场，有些企业甚至借用知识产权保护之名阻止竞争对手进入国际市场。

【例 4-12】

中国企业遭知识产权诉讼

2007 年 7 月 20 日，陈伍胜董事长在北京向国内媒体正式发布通领科技集团在美国知识产权纠纷案胜诉的消息。这是美国法院下达的中美知识产权官司中国企业第一份胜诉的判决书，打破了在涉外知识产权纠纷中中国企业没有完全胜诉的局面。

诉讼始于三年前，源于竞争对手的商业目的。GFCI（接地故障漏电保护器）产品是美国政府为保护公民人身安全而强制推行的安全装置，在美国形成每年 30 亿美元的巨大市场。四家著名的美国企业（莱伏顿、库柏、帕西·西姆和哈卜公司）利用其专利技术垄断这个市场长达 20 年。

但是，这样的局面在 2003 年开始被打破。这一年，来自中国温州的通领科技（当时名为东正科技）的产品进入美国市场，由于其产品在性价比方面的优越性，对于传统的市场格局很快带来冲击，这尤其引起了莱伏顿公司的恐慌。这家公司曾在过去的近 40 年时间里，频频以专利侵权为由，将进入美国市场的 38 家国外企业统统赶出了美国市场。

2004 年 4~7 月，莱伏顿公司以通领科技产品侵犯其"558"专利权为由，分别在美国新墨西哥州、佛罗里达州和加利福尼亚州三地法院，先后起诉了四家通领科技的重要客户。莱伏顿公司不直接起诉通领科技，而是在不同的地方法院起诉四家重要客户，这被知识产权领域的专家解释为，莱伏顿公司的主要目的不是专利维护，而是把专利诉讼作为商业竞争的工具。

按照美国业界行情，聆讯阶段这四个诉讼的被告律师费将在 100 万~200 万美元。通领科技内部的法律和技术人员在四个法院之间奔波举证的费用也很高。聆讯程序结束后，上述案件的被告律师费将增加约 10 倍。由于通领科技全部产品均销往以美国为主的国外市场，而且实力并不算强，因此很可能被昂贵的诉讼费用拖垮。

　　资料来源：邢佰英，叶建国. 中国企业涉外知识产权诉讼案首次完胜. 21 世纪经济报道，2007-07-24

（二）知识产权的国际保护

　　知识产权的国际保护主要是通过缔结各种知识产权的国际保护公约来实现的，既有全球性多边公约，也有区域性多边公约。

　　在工业产权领域，《保护工业产权巴黎公约》（简称《巴黎公约》）是世界上最早签订的有关商标、专利等工业产权保护的国际公约，于 1883 年 3 月 24 日在法国巴黎签订，1884 年生效。共经过六次修改，目前执行的是 1967 年在斯德哥尔摩会议上修改的文本，到 2004 年 7 月，已有 168 个成员国接受这一文本。中国于 1985 年 3 月 19 日正式成为该公约的成员国，适用斯德哥尔摩文本。《巴黎公约》的保护对象很广泛，不仅包括发明创造专利、商标、服务标志和工业品外观设计，还包括服务商标、厂商名称、产地标记、原产地名称以及制止不正当竞争。该公约还规定，对"工业产权"应作广义的理解，不仅适用于工业和商业，也应同样适用于农业和采掘业，适用于一切制成品或者天然产品。有关工业产权方面的一些条约和协定明文规定，只有《巴黎公约》的缔约方才能参加这些条约和协定，这说明了《巴黎公约》是保护工业产权的一个基本条约。

　　在商标保护方面，《商标国际注册马德里协定》（简称《马德里协定》）是 1891 年由法国、比利时、西班牙等国家缔结的有关商标保护的协定。它是对《巴黎公约》中关于商标的国际保护的补充，该协定的参加者必须是《巴黎公约》成员国。该协定缔结后，先后修订了六次，最近一次的文本为 1991 年的华盛顿文本。该协定对商标的国际注册、国际注册的效力和有效期以及国际注册与国内注册的关系作了具体规定。商标国注册是指按照《马德里协定》、《商标国际注册马德里协定有关议定书》，由世界知识产权组织国际局所进行的商标注册。截至 2005 年 1 月 1 日，协定缔约方共有 56 个；议定书成员国共有 60 个。中国分别于 1989 年 10 月 4 日和 1995 年 12 月 1 日成为协定和议定书的成员国，因此，中国企业可以通过商标的国际注册在协定或者议定书的成员国取得商标的法律保护。按照协定所进行的商标国际注册的有效期为 10 年或者 20 年，两种有效期需要交纳的费用不同，由申请人选择。按照议定书所进行的国际商标注册的有效期是 10 年，期满时均可以续费。

　　在文学艺术作品方面，《保护文学艺术作品伯尔尼公约》（简称《伯尔尼公约》）在 1886 年 9 月 9 日，由英国、法国、德国、意大利、西班牙、瑞士、利比里亚、海地、突尼斯等 10 个国家发起，在瑞士首都伯尔尼召开的第一次版权国际会议上通过。这是版权保护的第一个世界性公约，所有参加这一公约的国家组成一个联盟，称为伯尔尼联盟。会议选出了联盟的国际局，规定了以后参加国应履行的手续和公约的修订程序。《伯尔尼公约》于1887年12月15日生效，这标志着国际版权保护体系的初步形成。《伯尔尼公约》缔结后经过七次修改，现行有效的是1971年7月24日于巴黎修订的文本。截至2003年2月4日，共有150个国家批准或承认这个公约的不同文本，参加了这个联盟。中国于1992年7月10日正式加入该公约，未作任何保留。

《世界版权公约》是1947年由联合国教科文组织主持准备的，1952年在日内瓦缔结，并于1955年生效。它的产生主要是为解决《美洲国家间版权公约》（Inter-American Convention，即《泛美公约》）与《伯尔尼公约》之间的矛盾。美国于1954年与法国、德国、意大利、加拿大、印度等35个国家签订了双边保护协定，1988年加入《伯尔尼公约》，此后不久，又与一些美洲国家缔结了《泛美公约》，为了协调《伯尔尼公约》成员国与《泛美公约》成员国间在版权保护方面的关系，建立各成员国均能接受的国际版权保护制度，在联合国教科文组织主持下，最后通过了《世界版权公约》，该公约后经过一次修改。其日常事务由联合国教科文组织管理，成员国不必交纳会费。截至2005年3月18日，加入该公约的国家已达99个。目前，《世界版权公约》与《伯尔尼公约》仍然是两个最重要的版权国际保护公约。中国于1992年7月30日递交了加入《世界版权公约》的官方文件，同年10月30日对中国生效。1995年中国加入该公约的政府间委员会。

目前，在世界上大多数国家，商业机密都受到法律保护。各地的企业组织都要与员工签订商业机密保安协议，有些国家对这种协议执行得相当严格。为了确保本国经济和科技在全球竞争中的优势地位，许多国家都加强或调整了本国的知识产权制度和政策，增强了知识产权保护措施。例如，美国、日本、韩国、印度等国家都调整、实施了知识产权战略。知识产权越来越成为市场竞争的有力工具，成为发达国家在中国争夺市场、谋求更大利润的重要手段，同时，也正在成为跨国公司打压我国企业的重要手段。

伴随着跨国公司在中国市场上利用知识产权优势加强其竞争地位的过程，各种涉嫌滥用知识产权的行为也不同程度地表现出来了。其典型表现为以下类型：

（1）拒绝许可。拒绝许可是指知识产权人利用自己对知识产权所拥有的专有权，拒绝授予其竞争对手合理的使用许可，从而排除其他人的竞争，以巩固和加强自己的垄断地位的行为。

（2）搭售行为。搭售是将两种或两种以上产品捆绑成一种产品进行销售，以致购买者为得到其所想要的产品就必须购买其他产品的行为。

（3）价格歧视。价格歧视也称为歧视性定价，指企业在提供或接受产品、服务时，对不同的顾客或用户实行与成本无关的价格上的差别待遇。

（4）掠夺性定价。掠夺性定价在中国往往称为低价倾销，它是价格歧视的一种，是反垄断法所禁止的滥用市场支配地位行为的一种重要的、典型的表现形式。

（5）过高定价。这里所称的过高定价是指企业在正常竞争条件下所不能获得的远远超过公平标准的价格，也就是以企业具有市场支配地位为前提的垄断性高价。

（三）工业情报活动

近几年，开发和使用高科技的公司之间进行工业情报（间谍）活动并不少见，并且日益普遍起来。国际刑警联盟（BID）称，随着经济的发展，工业情报活动猖獗，2007年1~4月，企业创意项目被盗窃造成的损失达11亿欧元，比2006年同期增长了100%，增速之快前所未有。

工业盗窃行为不仅仅局限在医药和化工行业，它已遍布整个经济领域。例如，2007年3月，著名软件公司甲骨文控告德国SAP公司，称SAP公司未经许可多次进入甲骨文公司用户信息网，下载了上千个软件产品，为此，甲骨文公司已正式提出诉讼。

工业情报活动主要表现为获取竞争对手的科研成果。主要手段是通过猎头公司挖到竞争对手的研发人员，或者以双倍工资收买竞争公司的人员，不用花费多年的努力便可得到最新发展成果和相应的操作渠道。这些新来的人员一般都带一些用户数据和其他资料作为见面礼。还有一些公司培养IT高手，以黑客手法进入竞争公司网络，窃取重要资料。

【例 4-13】

F1 世界的丰田间谍案

2007年4月23日，据《意大利米兰体育报》报道，涉嫌"丰田间谍案"的前法拉利雇员艾亚科尼（Mauro Iacconi）和桑蒂尼（Angelo Santini），被摩德那（Mokena）法庭宣判窃取商业机密的罪名成立，将执行时间不等的监禁。艾亚科尼和桑蒂尼曾经效力于法拉利车队，两人在任职期满后投奔日本丰田车队，但随即被控告从法拉利车队窃取商业机密而被警方调查。罪名包括未经许可进入法拉利计算机系统和盗用文件。关于"丰田间谍案"，最早可追溯到2002年末，但真正对涉嫌人员展开调查是在2003年下半年。当时，丰田TF103与法拉利F2002极高的相似度足以证明此前的传言不虚。

资料来源：郭国庆，张平淡. 国际营销学. 北京：中国人民大学出版社，2009

四、国际商务争端的解决

由于各种各样的原因，国际企业在国际市场上进行营销很难避免国际商务争端。因此，如何通过适当途径合理地解决争端，是每一位国际市场营销者应该了解的基本知识。解决国际商务争端的途径有四个：协商、调解、仲裁和诉讼。

（一）协商

协商（Conciliation）是指在发生国际商务争端时，由双方当事人进行磋商，在自愿互谅的基础上，按照有关法律和合同条款的规定达成和解协议，从而使争端得到顺利解决。协商是解决当事人之间商务争端最直接、最有效的手段。协商解决的优点在于，不用仲裁或司法诉讼程序，省去了仲裁和诉讼的烦琐和费用，并且气氛友好，灵活性大，有利于争端各方合作关系的保持和发展。当然，协商的前提是各方认为让步的范围和限度是能够接受的。

【例 4-14】

2.88 亿美元化解专利纠纷

2002 年，Lexar 公司控告东芝盗用了它的 NAND 闪存专利技术。Lexar 在诉讼中宣称，东芝于 1997 年向 Lexar 投资 300 万美元，成为公司董事会成员之一。借此机会，东芝获得了 Lexar 的高度机密信息。由于未能开发出可靠的闪存芯片，东芝在未告知 Lexar 的情况下，与竞争对手 San Disk 进行合作。

2005 年 5 月，加州的一位法官对东芝及其美国子公司 Toshiba America Electronics Components 做出裁决，判其向 Lexar 支付 4.65 亿美元的侵犯专利罚金。东芝对该判决提出上诉。

2006 年 9 月，东芝与 Lexar 公司磋商达成了协议，东芝同意出价 2.88 亿美元购买该公司的专利。至此，双方的 NAND 闪存专利纠纷宣告结束。

资料来源：根据相关资料整理。

（二）调解

调解（Mediation）是指由第三方从中调和，促使双方当事人解除纷争，达成协议解决争端。调解人可以是仲裁机构、法院，也可以是其他的组织和个人。法院调解是一种诉讼活动，具有诉讼法律效力，而民间调解是一种非诉讼活动，不具有法律效力，所达成的协议依靠当事人自觉履行。调解的优点和协商类似，灵活简单，避免了仲裁或诉讼的麻烦和费用，而且由于调解协议是在双方自愿的基础上达成的，双方一般都会自觉履行。调解要遵循平等自愿、协商一致和公平合理的原则，当事人若不愿履行调解协议或认为调解无法解决争端，可要求中止调解程序，转而寻求其他解决途径。

【例 4-15】

中国商务部调解通用与奇瑞知识产权之争

2003 年 12 月 3 日，中国外交部副部长周文重在中外记者会上透露，商务部的主管副部长将专门召集会议，邀请通用汽车公司的代表和中国有关部门的负责官员专门讨论协调解决通用与奇瑞之间的知识产权纠纷。此前，美国通用汽车中国公司认为上汽奇瑞的新车"东方之子"涉嫌侵犯其通用大宇美男爵（Magnus）轿车车型专利，并表示将展开调查。此外通用汽车（中国）还表示，奇瑞 2003 年早些时候发布的另一款涉嫌抄袭通用大宇曼蒂斯的 QQ 也在调查之列。而奇瑞公司公关部表示，QQ 和"东方之子"是其自行研发的车型，已取得多项专利，不存在任何侵权。

资料来源：郭国庆，张平淡. 国际营销学. 北京：中国人民大学出版社，2009

（三）仲裁

仲裁（Arbitration）是指双方当事人在发生争端后，达成书面协议，自愿将他们之间的争端交给双方认可的仲裁机构，按照一定的程序进行审理并做出裁决，从而消除争端的一种方式。在大多数国家，经过正式调解达成的决定在法律上是有效的。

国际商务争端大多数是通过仲裁解决的。仲裁不同于调解，也不同于诉讼。调解是在第三者参与下，在双方自愿的基础上达成解决争端的协议。仲裁则是在双方自愿的基础上交给由双方当事人所选定或同意的第三者（仲裁员或仲裁庭）进行审理，仲裁庭有权做出仲裁裁决，仲裁裁决对双方都有约束力。如果败诉一方不自动执行仲裁裁决，胜诉一方有权向法院或其他执行机构提出申请，要求强制执行。仲裁既有它以自愿为基础的一面，又有要求强制执行的一面。

仲裁机构与法院的主要区别在于：法院是国家的审判机关，是国家机器的重要组成部分，具有法定的管辖权；法院的法官都是由国家任命或选举产生的，争端双方的当事人都没有选择法官的权利。而仲裁机构一般都是民间性组织，仲裁员不是由国家任命的，一般是由各常设仲裁机构列出仲裁员名单，由双方当事人在仲裁员名单中指定的。因此，对双方当事人来说，仲裁比诉讼更具灵活性。而且由于各国的仲裁员一般都是精通业务的专家和知名人士，对争端的审理要比诉讼更及时，费用也更低廉。同时，各国的仲裁裁决一般都是一审终局制，因而审理期也较短。

大多数仲裁都是在一家正式的国内或国家机构主持下进行的。国际上重要的正式仲裁机构有：巴黎的国际商会仲裁院、英国伦敦仲裁院、美国仲裁协会、瑞典斯德哥尔摩商会仲裁院、日本国际商事仲裁协会等。我国的正式仲裁机构是中国国际经济贸易仲裁委员会和中国海事仲裁委员会。

（四）诉讼

诉讼（litigation）是指发生经济争端后，当事人一方向有管辖权的一国法院起诉，请求法院按法律规定作出判决，以解决争端。诉讼方式的最大特点是强制性。如果双方没有仲裁协议，一方当事人向法院起诉，无须征得他方的同意。法院做出的判决具有强制约束力，败诉方须无条件予以履行。

出于种种原因，人们尽力避免法庭诉讼。国际企业最不愿意通过诉讼来解决争端，这是因为：

（1）诉讼的时间长、费用高。

（2）诉讼易损害企业形象，影响公共关系。

（3）担心在外国法院受到不公正待遇。

（4）易泄露商业秘密。

（5）担心判决难以执行，无法得到应有的补偿。

（6）担心影响企业在东道国的整体经营计划。

有权威人士建议，每一争端的解决应按照以下步骤进行：首先，安抚受损方；其次，若安抚不起作用，就进行调解、仲裁，直至诉讼。只有在其他所有方法均告失败时，再采取最后一步。事实上，不管碰到国际争端还是国内争端，这一忠告可能都是很明智的。

【阅读材料】

明基并购西门子手机之痛

2005 年 6 月 7 日，明基正式宣布收购西门子全球手机业务，在德国成立子公司明基移动，堪称有史以来亚洲最大规模的收购行动之一。2006 年 9 月 28 日，明基表示将停止对子公司的投资，并申请无力清偿保护。

1. 美好的"婚姻"

2005 年 6 月 7 日，明基正式宣布收购德国西门子全球手机业务，由此明基将一举跃升为全球第四大手机品牌，预计合并后手机业务年营业收入将超过 100 亿美元。从表面上看，西门子是倒贴钱出售手机业务部门。按照当时双方达成的协议，西门子除要自掏腰包填补 5 亿美元的债务窟窿，还将向明基提供 2.5 亿欧元的现金与服务，并以 5000 万欧元购入明基股份，成为其策略股东。其实，出售手机业务也是西门子的上策之选。由于关闭手机业务将会花费高达 11.7 亿美元的资金，因此出售手机业务将成为最好的解决办法。

据明基董事长李昆耀表示，此次明基与西门子结为合作伙伴，双方现有通信人才、关键技术及品牌行销等优势资源，将能够得到最大程度的互补，推动明基跻身国际手机大厂之林。根据交易条款，自 2005 年 10 月 1 日开始，西门子手机事业体在净值无负债的基准下将资产完全转移至明基，包括现金、研发中心、相关知识产权、制造工厂以及生产设备与人员等。另由西门子提供约计 2.5 亿欧元的现金与服务，投入未来手机核心专利的开发、行销业务的拓展以及共同品牌的发展，以具体行动支持明基手机事业发展，并成为全球领导品牌。此外，西门子以 5000 万欧元购入明基股份成为明基策略股东。西门子授权明基使用 Senq-Siemens 品牌商标行销手机产品，由 2005 年 10 月 1 日起共计 18 个月，而 Senq-Siemens 共同品牌手机使用权始自 2005 年 10 月 1 日，为期五年。

对西门子来说，出售手机业务无疑是明智的选择。迄今为止，西门子手机业务亏损数额已经超过 5 亿欧元，这是西门子最终放弃手机业务的根本原因。自从 2004 年第三季度西门子出现严重亏损以来，西门子手机几乎以日平均 120 万欧元的速度严重亏损，西门子手机全球销量排名也直落第十名之外。

对明基来说，并购似乎是进入欧美主流市场的捷径。明基需要一个国际化品牌来开拓自己的业务，同时也可以把明基带向欧洲市场。而西门子则需要借助明基在消费电子市场上的发展经验，特别是在亚洲市场上的经验。尽管手机业务对于明基来讲是一个新领域，但西门子手机品牌在欧洲名列第二，在拉丁美洲排在第三。西门子手机在亚洲的销量并不太好，但明基却可以在这里帮助其发展。通过合并，明基将跻身顶级手机制造商的行列，而这对于一个公司在手机市场的存活与发展都具有至关重要的意义。

2. 周年分手

明基成为最终的买家，出乎很多人的意料。《财经》杂志分析认为，由于西门子无意短期内出手自己的其他通信业务，它显然不愿意把手机业务出售给存在通信设备竞争关系的对手。明基收购西门子之后，尽管业界对此并不看好，但是双方的整合仍然按照计划开展。就产品来讲，在 2005 年下半年，合并后的明基移动主打的还是各自品牌的手机，但是这一时期明基在市场上并没有重量级的产品，虽然之前曾经花大价钱请"五月天"代言了其手机，但无论是过于另类的 Qube 还是主打智能的 P 系列都没有受到欢迎。而西门子品牌的手机则由于之前的动荡而在市场上贱卖，虽然凭借超低价格引起了一阵抢购潮，但是相信并不会为明基西门子带来什么利润。

双方合作最初出现一丝曙光是在 2006 年初，"明基—西门子"以双品牌推出了一款非常出色的产品 S88。这是世界上首款采用了 OLED 主屏的手机，在技术上算是一个突破，而且功能配置和外形设计也都比较出色。

两家公司不同的文化冲突和西门子手机迅速下降的市场份额，是明基老总施振荣公开承认的"失败"理由。分析师也表示，德国公司迟缓的反应速度及文化差异，使明基无法实现速捷的管理，而管理的顾此失彼，又使明基无法兼顾资金流动，最终产品开发跟不上变化，市场表现糟糕。据明基宣布，整合西门子手机亏损高达 8.4 亿欧元，这意味着明基给予西门子的所有资金注入全部血本无归。明基公司财务部负责人表示，这部分亏损中还包括合并当初西门子给予明基移动的 3 亿欧元资产。

确实，事情的变化实在太快，2006 年 9 月 25 日，明基公司宣布将在欧洲及中国台湾的生产基地进行裁员；但在三天之后，公司就直接对外宣布不再对总部位于慕尼黑的明基移动提供资金，并向当地法院申请无力清偿保护。

3. 难受的员工

分析师认为，明基宣布无力清偿保护，很显然这是明基在裁员遭拒后对欧洲生产基地采取的"决绝手段"。由于此前明基收购西门子手机部门后有着"不裁员"的承诺，而又实在无法忍受高额成本的压力，因此，采用法律手段自我保护，成为明基两害相权后的选择。

明基宣布对德国子公司明基移动投资之后，德国子公司将很快破产，危及 3000 个工作岗位，这包括 1400 名员工的位于慕尼黑的公司总部，也包括在坎普林特福尔特工厂工作的 1600 人，以及在波兰波兹南研发中心和巴西马瑙斯工厂工作的不明数量的员工。

很多员工是在上班途中得知明基撤资的消息的，很多人感到极其愤怒和失望。一位工作了 39 年的老员工说："申请无力清偿保护对明基公司当然最有利，申请被接受后，他们一个大子儿都不用付给我们。"还有一位员工表示："12 个月来，我们的工资削减了 30%，每周工作时间从 35 小时延长到 40 小时，但最终的结果竟然是我们全被炒了！"工会负责人穆勒说："西门子在经营手机业务的最后阶段，只为达到短期盈利目的采取激进手段，现在员工们却必须为西门子的错误付出代价。手机部门的老东家西门子公司负有道义责任。"

德国政界高度重视这一问题。坎普林特福尔特手机厂所在地北威州州长吕特·格尔斯和数百位员工一起举行示威。他表示："明基在接手的时候向西门子保证德国员工不会被解雇并宣称五年后仍会在德国生产手机。这件事令人十分愤怒，不能这么简单就结束。"他计划立即与明基管理层会商，尽可能保住坎普林特福尔特和波希尔特手机厂员工的饭碗。巴伐利亚州政府也声明，愿意与员工站在同一阵线，与明基找出解决方案。德国总理默克尔在德国重新统一 16 周年纪念日上表示："西门子应当为其前员工负责，而且这是一项不可推卸的责任。"

　　由于危及 3000 名德国人的工作，政治家们和劳工领袖指责西门子和明基的背叛行为，对西门子施加了大量压力，要求出手拯救。西门子不得不通过发言人向外界表示，西门子可能雇用一些明基移动员工。当然，西门子也在为自己辩解，毕竟，与明基的交易耗费了 4.15 亿欧元，西门子还给了明基数以百计的专利。不过，为了缓解外界的压力，西门子公开表示，明基裁减的员工在填补西门子内部职位空缺时与西门子现有员工有相同的优先权。

　　2006 年 10 月 2 日，西门子公司 CEO 克劳斯·克莱菲尔德对《德国图片报》表示，公司管理层已同意拿出 3000 万欧元建立一个基金，用于帮助以前手机部门的员工。他同时还表示公司管理层已同意放弃 2007 年的加薪计划，节省下来的约 500 万欧元也将用于帮助受影响的员工。

　　4. 棘手的压力

　　这一事件还引发了德国各大媒体的评论浪潮。主流媒体纷纷用"震惊"、"难以接受"等词语来做标题。《明镜》周刊评论说，"明基感兴趣的只是西门子的牌子"，"明基一直等到西门子提供的资金花干净才关上水龙头"。

　　明基毫无预警地单方面宣布，让老东家西门子受到德国舆论极大的压力。10 月 29 日，西门子首度对外正式表态，西门子对明基向德国法院申请无力清偿保护的动作"无法理解"，感到"非常震惊"。之后，西门子总裁柯菲德在声明中称："根据现在的情况，我们将考虑是否针对明基采取法律行动。"

　　资料来源：根据相关资料整理。

【本章小结】

　　（1）政治环境（Political Environment）是指一个国家或地区的政治格局及发展趋势，对企业国际市场营销活动所产生的影响。其政治环境因素主要包括：国家结构、政治体制、政党制度、政治稳定性和民族主义。

　　（2）政治风险（Political Risk）是指企业开展国际市场营销活动的所在国政局的不稳定和政策的不连续性而导致国际市场营销活动受到影响，并致使其营销目标出现不确定性。①政治风险的形式主要包括：政局不稳与政治动乱、没收与征用、本国化、进口限制、税收控制、价格管制、劳工问题、外汇管制和政治制裁。②政治风险的评估主要包括：政治风险评估方法、政治风险评估模型和产品的政治敏感性。③政治风险的控制主要包括：投资前的控制、投资后的防范及政治风险的应对策略。

　　（3）国际经济法律（International Economic Law）是指调整交往中国家之间的相互关

系，并规定其权利和义务的原则和制度。其主要依据是国际条约、国际惯例、国际组织会议以及有关国际问题的判例等。国际经济法律体系中所体现的基本法律原则是主权原则、国籍原则、地域原则、保护原则和礼仪信条。

（4）东道国法律环境。目前，世界上存在着三种主要的法律体系：习惯法系、成文法系和宗教法系。

（5）东道国法律对国际市场营销的影响主要包括：对产品策略的影响、对价格策略的影响、对分销策略的影响和对促销策略的影响。

（6）知识产权（Intellectual Property）是指公民、法人或者其他组织在科学技术方面或文化艺术方面，对创造性的劳动所完成的智力成果依法享有的专有权利。知识产权包括工业产权和版权（在我国称为著作权）两部分。

（7）国际商务争端解决的途径主要有四个：协商、调解、仲裁和诉讼。

【思考题】

1. 政治环境的概念及包括的主要因素是什么？
2. 政治风险的概念及主要形式是什么？
3. 政治风险评估有哪些方法？
4. 企业为了减少在东道国的政治风险，可以采取哪些主要措施？
5. 简述国际经济法律的概念及在其体系中所体现的基本法律原则。
6. 简述东道国法律对企业国际市场营销组合策略的影响。
7. 知识产权的概念是什么？滥用知识产权的行为有哪些？
8. 解决国际商务争端主要有哪些途径？
9. 为什么在解决国际商务争端中最好是寻求庭外解决而不是进行诉讼？

【案例分析】

中国企业撞上"专利门"

"中国企业正在跨越'专利门'。"在专利所涉行业中，由于中国已经成为全球具有相当规模的生产基地和消费市场，因此，跨国公司纷纷拿起知识产权武器，回应"中国制造"在全球日益强大的冲击。

2006年夏天，似乎成为了中外企业激烈辩论的"专利月"。你攻我守，让人眼花缭乱。在打印机行业，6月15日，中国国家知识产权局宣布爱普生"墨盒漏斗型密封件专利"的62项专利权全部无效。四年前由于爱普生一项专利"打字错误"引致的打印机墨盒行业长时间的"口水战"仍未有穷期。在医药行业，7月25日，甘李药业有限公司诉美国礼来"重组赖脯胰岛素"产品"优泌乐"侵权一案在北京市第一中级人民法院正式开庭。同样在7月底，世界知名MP3软件开发商Sigmatel开始在全球针对侵犯其知识产权的MP3播放器厂商展开知识产权保护行动，这次行动几乎涉及所有的中国MP3生产厂商，被认为是"DVD专利事件"在MP3领域的完全复制。

耐人寻味的是，从老牌的爱普生到新兴的Sigmatel，一旦它们发起的"专利战争"触及国内企业的利益，"大棒"、"阴谋"、"垄断"就成为了其注定的标签。而一旦国内企业开始针对国际企业展开行动，即便是递交一份国家知识产权局每天都会收到的针对跨国公司的"专利无效申请"，无论胜算如何，这一事件也会立即被媒体以"英雄"、"突围"等悲壮的字眼加以描述。由于我们的企业在国际竞争中整体处于弱势，媒体和公众对跨国企业的敏感乃至敌视似乎可以理解，然后，在公众"一边倒"的情绪背后，我们也应该反思国内企业研发力量的严重不足，拥有自主知识产权的企业仅占企业总数的万分之三，90%以上的企业还没有申请专利。

回顾20世纪80年代，日本产品席卷全球，一场持续十几年的"专利战争"也拉开了帷幕，日本企业遭到了来自欧美老牌跨国企业大范围的专利诉讼，并为此付出惨重代价。"专利战争"让日本企业真正潜下心来，着力于自有知识产权开发和科技创新，今天，日本企业的强大竞争力恰恰得益于那个时代打下的"创新基础"。跨越"专利门"或许要伤筋动骨，但痛苦的磨砺之后，真正的"中国创造"将会令世界震撼。

资料来源：中国企业撞上"专利门".中华工商时报，2006-08-08

问题讨论

1. 你认为中国企业频频撞上"专利门"的原因是什么？
2. 你认为中国企业应该如何跨越"专利门"？

第五章 国际市场营销调研

学习目标与重点

（1）国际市场信息的含义、内容与来源。

（2）国际市场营销信息系统的含义、内容与作用。

（3）国际市场营销调研的含义、作用与类型。

（4）国际市场营销调研的内容与程序。

（5）国际市场营销调研的方法。

关键词

国际营销信息　国际营销信息系统　国际市场营销调研　案头调研　第二手资料

案例导入

3D 公司

台湾 3D 科技实业有限公司，生产手机配件，包括手机外壳、电池、皮套、天线、充电器、吊饰等。

1. 公司的挑战与诉求

3D 科技自己通过网上调查，发现与欧美手机配件消费市场的同类产品比较，有显著的价格优势。希望通过线上购物，直接将产品打入欧美消费市场。但由于对欧美消费市场缺乏了解，无法制定营销策略。

2. 国际市场调查机构的解决方案

3D 科技能够利用网上调查，发现产品在欧美市场的优势，非常值得大家借鉴。更难得的是，3D 科技能够充分利用在台湾地区可以使用信用卡直接进行国际间结算，并且其产品可以利用邮递服务的特点，提出线上购物，直接进入欧美零售市场的方案。在向国际市场调查咨询前，已经迈出了成功的第一步。

企业直接面向欧美消费者，跨过许多中间环节，利润是毋庸置疑的；但如果对国际线上购物市场的困难认识不足，以为建一个英文网站，就会有顾客上门，将注

定是徒劳的。不过目前持这种观点的人，仍然不在少数。

线上购物不是面对面的买卖，缺乏与网上消费者直接沟通，不能了解其喜好，不能了解海外市场规范、消费潮流等，网上营销活动也相对复杂困难得多。据此，国际市场调查为台湾 3D 科技实业有限公司所作的市场研究更侧重于提供网络营销的相关依据，帮助 3D 科技制定出行之有效的营销方案。

好在有国际市场调查人工智能市场分析系统（AIMA2.3.3），使本来较为复杂的问题变得简单易行。

3. 3D 公司的反馈

"不得不承认"我们起初太过乐观了，网站开张半年，还是没有卖出一件东西。我们就相互鼓励，相信如果网站的人流高了，就什么问题都解决了！

在我们花了很大一笔美金做广告之后，来了不少访客，可还是没卖出东西，这时我们真的垮掉了！

你们的研究报告就像是我们网站长了双眼睛，可以看见国外的顾客。上个月我们网上的销售量差不多快赶上我们在忠孝东路的店了，不过线上购物的利润就大多了。

由于租金太高，我们已经决定在圣诞节前关掉我们的店，集中精力做网站销售。希望你们继续按月为我们提供报告。另外，我们还想扩大，做个中文版的网站，专攻海外华人市场，也想请你们为我们做一个这方面的市场调查报告。

资料来源：国际市场调查成功案例解析：台湾 3D 科技实业有限公司. 国际市场调查，http//www.worldmar-ketreport.com/

第一节　国际市场营销信息系统

一、国际市场信息概述

（一）国际市场信息的内容

国际市场信息是指国际市场上各种经济（特别是市场要素）活动和相关环境的数据、资料、情报的统称，它反映了市场活动和环境的变化、特征和趋势等情况；或是指一定时间和条件下，国际市场产品营销及相联系的多功能服务有关的各种消息、数据资料、报告等的总称，一般以文字、数据、凭证、图表、符号、报表、商情等形式表现出来。

国际市场信息包括的内容非常广泛、复杂，归纳起来，与企业国际市场营销密切相关的国际市场信息主要包括国际市场环境信息、国际市场产品信息、国际市场价格信息、国际市场销售渠道信息、国际市场促销信息和国际市场竞争信息等。

1. 国际市场环境信息

国际市场环境信息主要是指与国际市场营销有关的经济、政治、社会、文化、法律、人口、技术和自然方面的信息。其主要内容包括：

（1）国际间经济发展水平及差异。

（2）国际市场消费者收入和实际购买力状况。

（3）国际市场消费结构和消费者支出模式。

（4）目标市场的产业结构和产业布局。

（5）国际市场消费者收入变化规律及趋势。

（6）国际市场消费者储蓄和消费者信贷状况。

（7）国际市场上的社会阶层和相关群体的分类及不同的需求特征。

（8）国际市场不同文化背景下的生活方式、价值观念、风俗习惯、审美观和道德伦理观。

（9）国际市场上不同民族、宗教、种族、地理、年龄、性别、职业、教育水平、语言文字等亚文化特征及相关的消费禁忌和消费偏好等。

（10）国际市场人口规模、人口分布、家庭结构及人口流动规律。

（11）国际间政治发展的态势及贸易格局。

（12）国际市场特别是目标市场的物价指数、国际收支和进出口情况。

（13）国际市场营销的贸易壁垒，特别是关税和非关税壁垒。

（14）国际市场上国际之间的贸易协定、贸易公约、贸易惯例和外汇管制。

（15）国际市场有关卫生、安全、广告、价格、商标等的限制，以及许可证和其他单证要求等。

（16）国际市场消费者组织和消费者运动状况。

（17）国际市场及目标市场的技术发展水平和应用程度及产品更新换代的技术因素。

（18）目标市场或国际各细分市场的自然资源状况等。

2. 国际市场产品信息

国际市场产品信息主要包括国际市场或目标市场对产品的供求、服务、质量、偏好等要求，以及替代品和互补品状况。其主要内容包括：

（1）国际市场和每个细分市场对产品的总供求量、供求结构、供求特点及变化趋势。

（2）消费者对产品的购买习惯、购买动机和禁忌偏好。

（3）消费者对产品与服务的特殊要求、满足程度及原因分析。

（4）消费者对产品质量、商标、包装、装潢、设计、性能等的要求和意见。

（5）国际市场产品的潜在消费者和潜在购买力情况。

（6）国际市场产品生命周期和产品发展趋势。

（7）国际市场产品销售的地区分布和地区结构。

（8）国际市场上该产品的替代品和互补品情况。

（9）国际市场消费者的购买对象、地点、时间、频率和方式。

（10）国际市场产品的延伸需求和派生需求。

（11）国际市场上新产品的出现及更新换代的周期等。

3. 国际市场价格信息

价格与产品销量和企业盈亏密切相关。企业在进入国际市场时，通常先从成本和利润考虑定价的最低限，从竞争力的角度确定最高限。确定最低限和最高限之间的合理尺度，必须靠准确的价格信息作为依据。其主要内容包括：

（1）国际市场上同类产品不同企业的定价目标和定价方法。

（2）国际市场及各细分市场上的价格总水平。

（3）国际市场上产品的价格弹性或消费者对产品价格的敏感度。

（4）国际市场互补品和替代品的价格高低状况及发展趋势。

（5）国际市场上该产品与其他产品的比价以及同类产品的差价情况及产品差价的原因。

（6）在不同的细分市场上，消费者对不同企业产品的价格反应。

（7）在产品生命周期不同阶段，不同企业的价格策略和价格差距。

（8）产品从出口到消费，国际市场中间商的加价比例和加价幅度。

（9）国际市场价格领导者、价格歧视、倾销等情况及有关方面的对策。

（10）国际市场定价的法律规定、价格惯例以及其他的特殊规定和要求。

（11）国际市场价格行情，特别是价格变化趋势等。

4. 国际市场销售渠道信息

国际市场销售渠道信息主要是指产品从生产者出口到国际消费者手中这一过程中，有关流通环节、流通渠道、流通方式的信息，即有关销售渠道和实体分配的信息。其内容主要包括：

（1）国际市场上产品销售渠道的种类及市场惯例。

（2）国际市场消费者之间不同的购买渠道。

（3）国际市场产品实体分配的方式、成本及利弊分析。

（4）直接销售的种类、形式和特点。

（5）间接销售的种类、形式和特点。

（6）在销售渠道系统中，国际市场各中间商的信誉、实力、优势、劣势、作用、服务、促销、竞争、销售条件、市场地位等情况。

（7）国际市场中间商折扣、中间商与生产者、消费者协作方式的国际惯例。

（8）各个中间商的购买和销售潜力及其经营的产品领域和地域范围。

（9）国际市场产品的分销层次和分销结构。

（10）国际市场产品广泛分销、选择分销和独家专营策略比较。

（11）国际市场分销渠道和中间商的发展趋势等。

5. 国际市场促销信息

国际市场促销信息主要是指国际市场上有关推销、广告、营业推广和公共关系方面的情况。其主要内容包括：

（1）国际市场上促销的各种具体形式、种类以及可利用程度。

（2）国际市场人员推销的成本、优势、障碍及利弊分析。

（3）国际市场营业推广的方式、在不同市场的特点和要求，以及中间商、消费者对此的反应。

（4）国际市场上公共关系特点及不同企业在公共关系方面的经验教训。

（5）国际市场上的广告方式、媒体、艺术、技巧、目标、政策、法律以及效果等。

（6）中间商在促销方面的协助情况。

（7）国际市场促销的国际惯例等。

6. 国际市场竞争信息

国际市场上的竞争有直接竞争和间接竞争、现实竞争和潜在竞争之分。在搜集国际市场竞争信息和评价竞争状况时，最好集中于市场上居领先地位的或者有巨大潜力的竞争者。其主要内容包括：

（1）国际市场上主要竞争者是谁？是直接竞争，还是间接竞争，竞争者来自何处？

（2）竞争者采取的是价格竞争，还是非价格竞争？

（3）国际市场上各竞争者的产量、销量和市场占有率情况。

（4）国际市场上竞争者之间在成本、价格、利润、质量、品种、规格、型号、服务等方面的比较。

（5）国际市场上某类产品是否存在垄断现象及消除垄断的可能性。

（6）国际市场竞争者之间在关税、贸易运输条件、分销渠道等方面的不同条件和不同策略。

（7）国际市场上某些竞争者成功的原因。

（8）国际市场竞争者之间企业形象、产品信誉和声誉、经营实力、销售渠道控制能力和市场吸引力比较。

（9）国际市场不同竞争者的市场营销计划、策略、战略等。

（10）在国际市场竞争过程中，有没有未被竞争者占领的市场？

（11）国际市场竞争产品的价格策略及其竞争者相应的价格反应。

（12）生产企业与中间商以及中间商之间的竞争情况。

（13）国际市场的竞争结构和竞争强度。

企业对竞争信息的了解，还要求把握竞争对手过去的成就、现在的状况和将来的发展等方面的信息，以便制定企业的国际竞争目标和国际竞争策略。

（二）国际市场信息来源

1. 国际市场直接信息的来源

国际市场信息的来源分为两大类：一类是企业信息人员亲自搜集、整理、加工的各种原始信息，即主要靠实地考察得来的直接信息；另一类是他人搜集并通过整理、加工的各种间接信息资料，即第二手信息。

直接信息主要是靠实地考察得来的。许多发达国家都有比较严密的直接信息搜集网络。通过这些信息网，许多企业对国际市场有关产品的生产、销售、财务、技术价格等行情，几乎了如指掌。国际市场直接信息主要有六种来源：

（1）企业派技术人员、信息人员或推销人员等，到一定的国际市场实地进行考察，搜集市场信息。

（2）委托本国驻外经济贸易机构进行调查，获取信息。

（3）委托本国出国人员（特别是经济、技术访问团）对有关国际市场进行专门调查和附带调查。

（4）企业在世界各地的销售网点，不断从市场上反馈得到的信息资料。

（5）委托市场所在国的代理商、零售商、进口商、批发商或其他的中间商，帮助搜集有关的市场信息。

（6）网络信息：在搜集信息时，一定要通过价格便宜、不受地理位置及时间约束的互联网搜集信息，既可以保证信息的正确性和直接性，又可以保证信息的时效性，比如通过互联网可以同时了解世界网上公布的实时金融、商品、价格等市场信息。

2. 国际市场间接信息的来源

间接信息的来源包括企业内部信息来源和企业外部信息来源两个方面。

（1）企业内部信息。与国际市场有关的企业内部信息源，主要是企业自己搜集、整理的国际市场信息、企业产品在国际市场销售的各种记录、档案材料和历史资料，如客户名称表、购货销货记录、推销员报告、客户和中间商的信件等。

（2）企业外部信息。企业外部的国际市场信息源包括的范围极广，主要是国内外有关的公共信息机构。①本国政府机构。政府有关部门、国际贸易研究机构以及设在各国的办事机构，通常较全面地搜集世界或所在国的市场信息资料。本国的对外贸易公司、外贸咨询公司等，也可以提供较为详细、系统、专门化的国际市场信息资料。②外国政府。世界各国政府都有相应的部门搜集国际市场资料，很多发达国家专设贸易资料服务机构，向发展中国家的出口企业提供部分或全部的市场营销信息资料。如世界各国进出口贸易统计资料，销售机会，各国进口要求和手续，各国市场销售方法和营销惯例，经营各类具体产品的进口商、批发商和代理商的名称表，求购具体数量的具体产品的买主名称。此外，每个国家的统计机关，都定期发布各系统的统计数字，一些国家的海关甚至可以提供比公布的数字更为详尽的市场贸易和营销方面的资料。美国政府是世界上最大的信息源机构，它集中了全世界各大市场的大量资料，只要打个电话到美国商务部查询，计算机就能迅速输出需要的信息，且收费比较低。

（3）图书馆。每个国家都有图书馆，无论是大学的、地方的，还是公立的、私人的，也无论是专业的，还是综合性的，都可以提供市场贸易方面的资料。最有价值的信息，往往来自附属于对外贸易部门的图书馆，这种图书馆能提供各种贸易统计数字、有关市场产品、价格情况以及国际市场分销渠道和中间商的基本市场信息资料。

（4）国际组织。这类组织很多，目前大多数组织在互联网上设有网址，要查最新信息时，可以通过网站直接查询。与国际市场信息有关的主要国际组织有：①联合国（United Nations）。出版有关国际的和国别的贸易、工业和其他经济方面的统计资料，以及与市场发展问题有关的资料。②联合国粮农组织（of the Food and Agricultural Organization）。出版农业以及农业有关的统计资料，包括国际的和地区的农业市场发展资料。③联合国贸易与发展会议（United Nations Conference on Trade and Development）。出版有关国际贸易方面的会议公报、专业文件和各种国际贸易、国际市场经营方面的资料，如贸易壁垒、普遍优惠制等。④联合国工业发展组织（United Nations Industrial Development Organization）。可以提供有关工业发展、工业化、工业生产率、技术转让等方面的资料和信息。⑤国际贸易中心（International Trade Center）。提供特种产品的研究、各国市场资料，还设有答复咨询的服务机构，专门提供由电子计算机处理的国际市场贸易方面的全面、完整、系统的资料。⑥国际货币基金组织（International Monetary Fund）。出版有关各国和国际市场的外汇管理、贸易关系、贸易壁垒、各国对外贸易和财政经济发展情况等资料。⑦世界银行（World Bank）。出版有关世界银行及成员国银行业务的年度报告以及国际开发协会、国际金融公司的各项政策和业务，以及成员国经济贸易、投资、货币、外汇、汇率的变化发展状况等信息资料。⑧世界贸易组织（World Trade Organization）。世界贸易组织是从关税与贸易总协定 GATF（General Agreement on Tariff and Trade）发展而来的，在1996年开始正式代替关税与贸易总协定职能，而且组织机构更规范，职能更广泛，可以提供有关国际贸易进出口许可证、关税和非关税贸易壁垒、互惠原则、国际收支、倾销、海关、产品督察、政府采购、条例契约和新闻公报等信息资料。此外，一些国际性和地方性组织提供的信息资料，对了解特定地区或国际经济集团和经济贸易、市场发展、国际市场营销环境也是非常有用的，如西方发达国家的经济与合作发展组织、欧盟、中美洲共同市场、亚太经济与合作发展组织、石油输出国组织、欧洲自由贸易联盟、东南亚国家联盟等搜集出版的资料信息。

（5）商会。商会分为若干级：第一级是国际商会（International Chamber of Commerce），总部设在巴黎，会员是各国和全国性商会。国际商会可以提供国际商业、国际贸易、国际市场营销方面的信息资料。信息面广，综合性强，具有权威性。第二级是双边和多边商会，会员大多数是从事国际贸易和国际市场营销工作。这种商会能提供开展贸易和营销业务的客户、两国或多国之间的贸易情况，以及其他市场营销信息。第三级是各国的全国性商会和地方性商会。这些商会可以提供有关本国或本地区的贸易状况、需求特点、产品结构、价格行情、商业机构、营销政策、经济法规、中间商及销售渠道等方面信息。

（6）同业公会或行业协会。它们是特定工业行业和贸易行业中各企业的联合体。如化工、机电、采矿、进出口等行业。很多同业公会或行业协会出版有关行业的生产、销售定期统计和会员名录以及行业现状、供给结构、需求结构、未来发展、营销规划等方面的信息。

（7）各国外交使团和贸易机构。各国驻在国外的大使馆，常常能够提供驻在国的大量信息资料，包括贸易统计数字、关税、进出口额、进出口产品品种、市场价格、生产企业、贸易企业和进出口企业名录，以及该国能够提供帮助的官方和非官方组织名称等。

（8）银行。银行往往是经济信息的丰富源泉，企业开户银行对客户比对其他人可以提供更多的信息和帮助，特别是国际银行总行或在各地的分行、代理行，能提供极为详尽、准确的贸易资料。通常情况下，国际性的大银行可以提供以下信息资料和帮助：①有关世界大多数国家的定期的或特定的生产报告，内容包括市场动态、贸易政策和未来展望等。②各家公司的商业信誉和信用程度。③有关国家的信贷期限、支付方式、利率、汇率的最新资料。④向外国商人作介绍并安排约会，提供贸易洽谈机会等。许多国际性大银行都发行期刊，而且通常是一经索取就可以免费得到。这些期刊上一般有全国性的经济调查、商品评论以及上面提及的有关资料。这些资料有利于把握国际市场和各细分市场的营销环境。

（9）商情调研机构。这些机构除为委托人完成研究和咨询工作外，还定期发表市场报告和专题研究论文。比较具有代表性的机构有英国的经济学家情报所（The Economist Intelligence Unit）、美国斯坦福研究院（Stanford Research Institute）和国际商业情报中心

(International Business Intelligence Center)，其信息有时不完全符合企业对市场信息的要求，但至少它们能够提供大部分所需信息的背景材料，从而使信息调研省去大量工作。如《欧洲工业品市场资料汇编》、《英国销售信息资料集》等，对企业搜集和分析国际市场信息极为有用。

(10) 消费组织协会。当今，许多国家尤其是发达国家，存在一些以保护消费者利益和社会利益为目的的组织。这种组织往往参加检验在它们国家出售的产品，并且在其定期出版物里报告检验结果。它们还能系统报道市场行情的各个方面，并进行消费者调查。此外，消费组织还向有关部门索取资料。

(11) 相关竞争企业。参与市场经营的各类企业是市场信息的重要来源之一。市场信息人员只要写信给这些企业的外联部门索取商品目录、产品资料、价目表、经销商、代理商、批发商和经纪人一览表、年度报告等，就可以得到有关竞争者的大量资料，了解竞争者的全貌和竞争环境。

(12) 出版物。主要包括报纸、贸易杂志、专业杂志、统计专刊、年鉴、专著、手册等上述各种机构发行之外的一切出版物。例如，国内主要出版物有：《国际商报》、《外贸调研》、《国际经贸消息》、《国内国际市场动态》、《中国对外经济贸易年鉴》等；美国的主要出版物有：《商业周刊》、《经济影响》、《财富》、《美国经济评论》等杂志；日本的主要出版物有：《日本贸易机会》、《日本海关税则》、《进口统计册》、《日本的进口和销售规则》、《日本经济年鉴》、《日本工业评论》等；英国的主要出版物有：《经济学家》、《国际商业》、《贸易与工业》、《金融时报》、《英国商业》等。

从上述机构获得的资料一般不必花费很大的人力、物力和财力，因为公共机构提供信息资料费用较低，也比较方便。

(三) 国际市场信息的基本要求

成功地开展国际市场营销，必须由市场信息作保证，而这些市场信息又必须具有如下基本要求。

1. 准确性

这是国际市场信息搜集、整理、加工的第一要求。只有信息准确，才能保证信息的有效利用。国际市场信息一定要尊重客观事实，真实地、准确地反映国际市场获得的变化特征，切忌人为地修饰而造成市场信息失真、扭曲和变异。鉴于此，最原始的国际市场信息资料一定要准确、翔实、可靠。

2. 及时性

国际市场信息的搜集、加工、传递一定要及时，以保证信息的时效性。现代国际市场瞬息万变，市场信息不断地、大量地出现，如果信息的搜集、加工、传递不及时，会直接影响市场营销决策的准确性，甚至做出错误的决策。对于时效性较强的信息，更要注意这一点。

3. 系统性

它要求保持信息的全面性，从国际市场总体状况出发，或至少从一个企业的市场信息需要出发，将影响市场活动的有关方面的信息，按照系统的要求进行搜集和整理，全面、系统、有序地反映国际市场活动的变化。既便于使用，又便于储存。

4. 适用性

国际市场信息要符合企业开展市场营销工作的需要，尽可能地提高市场信息的适用性。由于各个企业的内外环境不同，开展市场营销工作的条件不同，对市场信息的适用性要求也不同。同时，市场信息还存在着技术上的先进性、经济上的合理性、内容上的详尽性与企业实际需要之间的矛盾。对其他企业适用的信息对本企业不一定适用。

5. 经济性

国际市场信息的开发和利用，要坚持经济性的原则。经济性的要求是指国际市场信息的价值与信息开发费用之间的关系，费用要省，而信息的价值又要高，即用较少的费用获取最有价值的信息。

6. 重点性

它要求区分国际市场营销信息的主次，抓住重点和急迫的营销问题尽早地和有步骤地进行信息处理。比较有效的方法是通过粗选，选择出有关的信息；再通过精选，选择出重要的信息。

7. 动态性

它要求看到国际市场信息及其反映的态势是发展变化的，不能用静止的观点来看待国际市场，而是要善于从过去的信息分析现在，从现在的信息预测未来。

8. 明晰性

它要求经过加工整理后的国际市场信息简明、清晰、精练、扼要，尽量降低信息的松散度、模糊度和多余度。现代国际市场信息管理更强调信息的高度浓缩，使企业能在最短的时间内获得成本最低、信息量最大、真实、可靠、适用的国际市场信息。

二、国际市场营销信息系统

(一) 国际市场营销信息系统的含义

企业的管理信息系统通常可以分为营销信息系统、生产信息系统、财务信息系统、人力资源信息系统等子系统。营销信息系统是企业管理系统的重要组成部分。

国际市场营销信息系统是指由人、机器和程序组成的，能连续搜集、保存、处理、分析、分配、提供营销信息，为企业管理者提供据以进行国际市场营销决策、改进国际市场营销计划及其执行和控制工作的系统。

从定义来看，国际市场营销信息系统具有如下特点：

1. 客观性

客观性是指客观的真实存在。国际市场营销活动是商品交换行为，必然会产生供与需两个方面。从供给的角度来看，一方面会产生供给的信息，另一方面又需要得到需求的信息；而从需求的角度看，一方面会产生需求信息，另一方面又需要得到供给的信息。而供与需的信息又不可避免地通过一定的媒介进行传播，从而使国际营销信息系统在客观上形成了存在的必然。

2. 广泛性

在市场经济体制下，商品生产与交换贯穿各个领域，而国际市场营销信息系统也随之在这广阔的时空中发挥着巨大作用，并伴随其发展与壮大。国际市场营销信息系统所拥有的信息面之大，决定了其范围的广泛性。

3. 能动性

国际市场营销信息系统的能动性在于：①国际市场营销系统通过各种媒体的传播，广泛地为民众所接触，形成了强烈的生产与销售、需求与消费的信息流，从而刺激了生产与销售、需求与消费的发展。②国际市场营销信息系统以其独特的作用及经济手段参与了市场经济活动，为市场经济活动穿针引线，将市场与销售、需求与消费有机地衔接起来，从而避免了各自的盲目性。

4. 开放性

国际市场营销信息系统是一个开放的系统，它不断地与社会各界进行着物质、能量与信息的交换。通过对外部环境物质、能量与信息的输入与输出，从而保证了系统中的物质、能量与信息不断更新与增加，并使其所拥有的信息在社会上发挥巨大作用。

（二）国际市场营销信息系统的内容

国际市场营销信息系统主要包括：企业内部报告与管理系统、国际市场营销情报系统、国际市场营销调研系统和国际市场营销分析系统。

1. 企业内部报告与管理系统

这个系统是最基本的信息系统，它反映企业内部的经济状况，主要信息内容包括国际市场客户订货、发货、销售量、市场占有率、库存水平、承包、衔接、现金流量、固定资产、流动资产、应收货款、利润水平和税收等。这些信息是关于企业过去和现在的资料，为企业进行营销决策提供参考。通过比较企业内部环境所体现的实绩与企业市场营销计划目标，企业可以了解市场营销机会、现存的问题以及应该实施的对策。营销管理者应根据报告系统的数据和信息采用对比分析、跟踪分析等方法，分析营销各环节存在的问题和提出改进措施，提高营销系统的整体效率。

2. 国际市场营销情报系统

国际市场营销情报系统是指反映日常的企业外部国际市场营销环境信息情报的一整套程序的来源。该系统是整个信息系统的核心。其信息主要包括国际市场营销环境、国际市场产品、价格、分销、促销和竞争信息等。这个系统通过出版物、公共机构、商会、银行、保险公司、消费者组织等，了解有关国际市场企业的资料；通过向市场调研机构、市场咨询公司等购买情报，把握市场动态；通过销售人员对供应商、中间商、消费者进行调查研究来获取信息，得到第一手资料。目前，利用互联网可以建立全球数据链接，免费获取全球的金融市场、产品市场、各国政策等原始信息。信息技术的发展，使信息获取手段已经数字化和网络化，信息传播和生产不再是信息系统的"瓶颈"，因此，国际市场营销情报系统的关键是建立有效的信息化的计算机系统，以提高获取信息的速度，只有及时、有效地提供准确的国际市场信息，才有可能获得竞争优势，否则机会会马上消失。

【例 5-1】

可怕的日本人

重视决策前的信息搜集和系统分析，是日本企业成功进入国际市场的共同规律。日本各大企业一般都在世界各地设有数以百计的办事处，长期驻外人员数以千计。这些办事处既是营业网，又是情报网，搜集世界各地的工商、科技等情报。

打败瑞士手表业进入世界市场的日本精工商社，为了保持自己的地位，把公司里头脑最清醒、反应最敏捷、判断能力最强的人组织起来，成立了一个专门部门，每天观察世界上几十个对手企业一点一滴的变化，列出这些企业在产量、质量、品种、价格、市场占有率等方面和"精工"的对比情况，每天给部长和经理桌上送去一份快报。如果"精工"哪些方面落后了，就发出紧急信号，大声疾呼，引起各有关方面的重视，以进行正确的预测与决策。例如，1996 年，当瑞士人研制出世界上第一只石英电子表时，日本"精工"情报网抓住不放，在进行充分市场调查的基础上，决定把发展石英电子表作为战略方向。正如日本人所料，手表的电子表时代不可阻挡地降临了，而瑞士人则在他们强大的攻势面前只有无可奈何地节节败退。

资料来源：孙忠群. 国际营销精要. 北京：中国经济出版社，2007

---

3. 国际市场营销调研系统

国际市场营销调研系统是企业针对某项具体问题或机会进行集中研究而系统地设计、搜集分销该问题的信息，并提交营销调研报告作为决策的依据。其调研的主要内容有消费者动机、购买行为调查、产品偏好测验、销售测验、市场占有率分析、市场发展趋势分析、广告效果研究、市场潜力测量、竞争产品分析、新产品试销研究等。该系统主要搜集反映国际市场营销客观结果的信息，有时也搜集导致上述结果的原因的信息。

4. 国际市场营销分析系统

国际市场营销分析系统是指企业运用先进技术来分析营销数据和营销问题的各种程序，它主要是由统计库和模型库组成。统计库运用数理统计的方法和程序来分析各种变量之间的关系，如销售与产品价格、广告费用、售后服务等变量之间的关系，需要运用的分析方法有回归分析、相关分析、因素分析、时间序列分析等。模型库则是运用计算技术和运筹学的各种方法来帮助营销管理部门制定营销决策，如营业网点决策、最佳库存决策、最佳竞争策略决策等，常用的数学方法包括线性规划、网络计划图、决策树图、博弈论、信息经济学模型、神经网络、模糊数学等。由于营销分析系统需要运用复杂的数理模型和计算软件，因此需要企业具备专业人才和先进的机器设备。

（三）国际市场营销分析系统的作用

1. 寻求国际市场机会

国际市场营销分析系统的第一个作用是为制定国际市场决策提供有价值的信息，这对于决定是否要对某一国家或地区进行深入调研和评估是有重要意义的。为了对各国或地区进行全面评估，在国际市场信息系统内一般设计有两个指标体系，一个是经济理想程度指标体系，另一个是风险指标体系。前者包括基础设施质量、资金来源、劳动力状况、市场增长率、货币可兑换性、人均收入、市场规模、通货膨胀程度、物质生活现状、政府机构结构、合同履约率、国际收支、公司税率等项目，后者包括政局稳定、政治自由、国有化可能性、劳动力状况、国际收支等项目。部分项目在两个指标体系中会重复出现。根据这两个指标体系判断各国的投资环境，能大致估计出在处于同一经济发展水平的国家或地区的投资，哪些具有吸引力或哪些前景暗淡。

2. 监督企业的国际销售状况

国际市场营销分析系统的第二个作用是监督本企业在国外和各目标市场上的销售状况，以便比较在不同环境和不同市场情况下的销售效果。由于评价营销效果不仅依靠财务标准，还依靠其他标准。国际市场信息系统不仅要能提供投资报酬率方面的数据，也要能提供市场潜量方面的数据，从而更有效地帮助管理人员正确地评估企业在各国市场上的营销状况，并做出正确的投资决策。

3. 监测国际市场环境

国际市场营销分析系统的第三个作用是监测国际市场环境及其动向。国际市场变化多端，因此必须掌握其变化规律和渐变趋势。通过国际市场信息系统，可以了解和把握国际市场信息的变化，对于加强企业的竞争能力，保持或扩大国际市场份额具有重要意义。

4. 综合衡量企业在国际市场上的营销战略和效果

国际市场信息系统的第四个作用是综合衡量企业，尤其是跨国公司在国际市场上的营销战略和效果，对于跨国公司来说最重要的决策在于如何决定在不同国家、不同目标市场和不同营销方式之间进行合理的资源配置。这种决策的内容不仅包括在不同国家和不同产品市场上的投资问题，而且还包括资源撤出问题，即将资源从投资效益低的国家和市场撤出，投放到收益率较高的国家和市场中去。因此，跨国公司可以利用国际市场营销信息系统，把有关宏观经济数据、市场数据和公司营销数据综合起来，进行研究分析。国际市场信息通道优势就在于它搜集的信息量大、种类齐全、分类清楚，这为制定国际市场营销战略提供了一个全面分析的基础和方法，经过经济数学模型处理后，使公司资源的最佳分配成为可能。

第二节 国际市场营销调研概述

一、国际市场营销调研的含义与作用

(一) 国际市场营销调研的含义

国际市场营销调研是指企业运用科学的方法，有目的地、系统地搜集、记录一切与国际市场营销活动相关的信息，对所搜集到的信息进行整理和分析，从而把握目标市场的变化规律，为国际市场上的营销决策提供可靠的依据。

国际市场营销调研具有如下特点：

(1) 国际市场营销调研本身是营销管理的一种辅助工具，目的是为了提高营销活动的效率。它作为营销管理的辅助工具，必须依附于营销管理问题而存在，并针对所需解决的营销管理问题的需要去设计和实施。

(2) 国际市场营销调研是一项复杂且技术性较强的实践活动，它综合运用了经济学、管理学、统计学、社会学、市场营销学等多门类学科知识，采用现代科技手段，对市场状况进行研究和分析。因此，在具体的调研活动中，必须充分运用这些科学方法和技巧，并对调研活动进行合理的组织和安排，以科学的结论来帮助企业作出正确的营销决策。

(3) 国际市场营销调研是调查与研究的紧密结合，两者互为表里，缺一不可。在现实的国际市场营销调研活动中，不能局限于汇编有关市场的大量统计数字和有关市场特点，还必须针对所要解决的营销问题，对所获市场资料进行整理、分析和判断，进而得出相当具体和明确的市场研究结论。

（二）国际市场营销调研的作用

在国际市场上，市场信息是企业进行营销活动必不可少的先决条件，同时也是营销决策的重要基础。市场调研是获取市场信息的重要手段。从事国际市场营销的企业所面对的是一个复杂多变的国际市场。不同的国家、地区在政治、法律、经济和文化方面存在许多差异，各个市场变幻莫测、风险和机遇并存，企业要想在国际市场上获得成功，就必须对国际市场进行认真的调查研究，真正掌握有关市场的详细情况，才能准确地选择目标市场，并制定有针对性的营销策略。

国际市场营销调研的主要作用体现在以下几个方面：

1. 发现机会，开拓潜在市场

在国际市场的营销活动中，通过国际市场营销调研，可使企业了解哪些国际市场存在未满足需求，哪些国际市场已饱和，从中寻求存在未满足需求的市场营销机会，并根据企业的经营目标及实力寻找和选择有利的目标市场。

2. 制定正确的营销组合

发现市场机会给企业产品的销售指明了一个正确的方向，但并不意味着产品一定能为该市场的消费者所接受，能在该市场上畅销。企业还必须进一步进行市场营销调研，提供具体的信息和结论，帮助企业制定合理的产品、价格、分销和促销等市场组合策略，使企业的产品能稳步占领市场。国际市场复杂多变，容易导致市场差错的发生，影响营销活动正常的开展。市场营销调研可以帮助管理人员发现差错的原因。通过市场营销调研，广泛搜集信息，探索问题发生的根源，抓住问题的本质，并针对问题有的放矢地加以解决。有针对性的市场营销调研，可以帮助找出上述情况发生的原因，使企业及时调整市场营销战略。

3. 监测和评价营销活动的实施

在许多情况下，市场营销调研的目的是描述市场上发生的情况。出口企业的决策者经常需要了解购买企业产品的对象，掌握企业在国外市场上所占市场份额的大小及其变化情况，摸清影响企业销售的竞争者的动向，以及衡量本企业市场营销活动是否按计划认真执行。只有通过仔细地研究当前的市场信息，企业的决策人员才能了解出口计划实施的状况，并根据调研所得的信息，对企业的营销策略进行必要的评估和修正，以保证企业营销活动的正常运转。

4. 分析和预测国际市场未来的发展趋势

国际市场营销调研可以寻找出那些标志着国际市场营销环境异常变化的预兆和非正常现象，从而可以对未来市场的变化发展趋势进行预测和估计，有利于企业调整和制定合理的国际营销计划，应付可能出现的市场变化及规避市场风险，以有利于企业在国际市场竞争中掌握主动权，立于不败之地。

5. 为政府制定政策提供参考

国际市场营销调研不仅可以为企业的营销提供有关产品和市场的准确信息，而且这些信息资料也可以反馈给政府机构，为其参考和利用，成为政府机构制定进出口计划的有价值的信息资源。例如，国家对外贸易部门可以利用营销企业的市场调研结果来帮助规划其海外促销项目，并决定在出口鼓励方案中应该优先发展哪些部门；政府投资部门可利用这些市场调研结果来决定重点扶助和帮助哪些行业，合理安排进口，把有限的外汇集中用于保证购买国家重点生产建设所需的进口设备和物质；计划部门则可根据企业调研信息的反馈来预测不同部门的外汇收入，制定出口带动进口的宏观发展规划。总之，国际市场营销调研还能为政府在各国的进出口贸易和投资管理方面提供重要信息。

二、国际市场营销调研的类型

根据国际市场营销调研的不同目的和调研对象的不同特点，国际市场营销调研可以分为四种类型。

1. 探测性调研

探测性调研就是用试探的方法了解市场行情。当企业对所调研的问题不明确、无法确定所要调研的内容时就需要采用探测性的调研方法。探测性调研的主要目的是为了发现问题，寻找一些最可能的原因，为进一步调研工作指明方向，至于如何解决问题，则有赖于进一步的调研。探测性调研是一种非正式调研，大多运用第二手数据资料进行分析。

2. 描述性调研

描述性调研就是对所要解决的问题作如实的反映和具体的回答，国际市场营销调研多数属描述性调研。描述性调研就是要从市场的诸多因素中找出各种因素之间的相互关系，并为因果关系调研提供依据。由于描述性调研的目的是为某一问题提供答案，因此，要求有详细的调查计划和提纲，重视资料的搜集，并且资料要可靠。

3. 因果关系调研

因果关系调研的目的在于找出营销问题存在的原因，如果说描述性调研回答的是"是什么"、"怎么样"的问题，那么因果关系调研则要回答"为什么"、"如何"的问题。因果关系调研是在描述性调研的基本上，找出相互关联的各种因素中何者为"因"何者为"果"，谁是"主因"谁是"次因"，它们的作用程度各是多少，也就是要找出哪些是自变量哪些是因变量。例如，企业的市场占有率下降是自变量，那么因果关系调研就要找出原因是什么，并提出改善措施或决策方案。

4. 预测性调研

预测性调研是以估计未来的市场需求为目的的调研，是在搜集整理大量资料的基础上，运用数理统计方法，对需求或其他变量在未来一段时期内的变化趋势进行估计。企业只有清楚未来的需求规模的大小，才能有计划地安排生产和制订营销组合策略，降低企业将来的风险和损失。预测性调研的结果反映的是长期总体趋势，因此对企业有重大的参考价值。

【例 5-2】
宝洁公司的市场调研

宝洁公司（Procter & Gamble）是世界上规模最大、历史最悠久的日用消费品公司，在世界 500 强企业中名列前茅。其在北美、拉美、欧洲、亚洲的 80 多个国家设有工厂及分公司，其产品包括美容美发、妇幼保健、食品与饮料、纸品、家居护理、洗涤、医药等 300 多个品牌。宝洁公司每天都在进行各种各样的创新，而每一个创新项目的设立，归根到底是根据消费者的需求，在充分了解消费者需求基础之后，才会有立项和产品上市。

由于要密切关注消费者需求，调研部门是宝洁公司中非常重要的一个部门。宝洁研发中非常关键的一个步骤就是进行消费者调查，因为消费者的需求表达得模糊，需要调研部门很确切地理解消费者的真正需求。比如调查显示，消费者希望衣物能够被更好地清洁。那么调查部门就要分析清楚，这"更好地清洁"代表了什么？要了解"更好地清洁"代表了什么，就要知道衣物的质地是什么，是棉布、化纤，还是涤纶；污渍又是什么，是醋、果汁还是别的东西留下的痕迹。因为这些情况都可能具有区域性，一个国家与另一个国家往往不同。

世界上各个地方消费者的基本需求是一致的。比如很多女人都留长发，不管是中国人、菲律宾人还是美国人，她们都希望自己的头发非常光滑，这是消费者的基本需求。尽最大可能满足这些一致的基本需求，才能以最少的资源获得最大的收益。因此宝洁公司在作出决策之前，会投入数十亿元的资金进行消费者调查。

调查完成之后，调研部门会把消费者需求转化为技术语言，再由技术部门实现这些技术，并把这些转化成实际的产品来满足消费者的需求。宝洁公司的目标是，发现巨大的消费者需求，然后投入巨大的资源，从而产出具有巨大市场影响力的产品。

资料来源：胡超平.市场营销实用教程.北京：中国市场出版社，2009

三、国际市场营销调研与国内市场营销调研的区别

国际市场营销调研与国内市场营销调研相比，调研的过程和方法基本相同，但是国际市场营销调研与国内市场营销调研的差异性主要表现在：

1. 调研的范围不同

与国内市场营销调研相比，国际市场营销调研的范围更广泛。国内市场营销调研只需考虑本国市场环境因素的变化，而且由于对本国市场环境熟悉或某些因素变化缓慢，如人文、地理等，可以不作调研。国际市场营销调研则需对企业已进入或打算进入的国家的市场环境进行逐一的调查。此外，区域经济一体化和经济全球化的发展，对进行跨国经营的企业的影响也越来越大。例如，区域经济内国家的合作可能使区域外的企业面临不平等竞争的压力。一些全球性因素，如汇率波动、金融危机的传染等，也会给企业国际市场营销活动带来影响。

【例 5-3】

看法

四个人——沙特阿拉伯人、俄罗斯人、韩国人和美国人走在大街上。一个营销调研人员对他们说："打扰一下，你们对肉类短缺问题的看法是什么？"沙特阿拉伯人说："短缺是什么？"俄罗斯人说："肉指的是什么？"韩国人说："什么是看法？"美国人说："打扰？什么打扰了？"

资料来源：［美］V. 库马尔. 国际行销调研. 陈宝明译. 北京：中国人民大学出版社，2005

2. 调研的信息不同

这是由于国际市场营销决策所需要的信息不同于国内市场营销决策所需要的信息，例如，企业在选定某国作为目标市场后，首先要选择进入目标市场的方式。为此，企业需要了解目标市场国的外汇和外资政策、了解目标市场国的劳动力和原材料、管理人员经验等资源条件、了解目标市场国的市场结构以及销售渠道等影响环境，而这些信息是国内市场营销调研中所不需要的。此外，由于各国影响环境存在巨大差异，国际市场营销决策需要更充分、及时、准确的信息，以避免决策失误。

3. 调研的难度不同

首先，国际市场营销成本高，有些资料在国外很难或无法获得；其次，由于各国统计方法、统计时间的差异，不同国家的信息必须经过复杂的转换之后，才具备可比性；再次，在国内适应的调研方法和工具有可能在国外不适用，企业需要寻找其他的调研方

法和工具；最后，国际市场营销调研的组织工作更加复杂，跨国公司需要协调好本公司与国外各个公司的营销调研工作。

【例 5-4】

美国肯德基是如何进入中国市场的

为了进入中国市场，肯德基把目标顾客的调查放在了首位。该公司的营销调研人员站在北京主要的商业街道，用秒表计算人流量。营销调研人员把样品送给人们品尝，并搜集人们对味道、价格和店堂布置等方面的重要信息。同时，营销调研人员还对北京的原材料市场做了调查，并带回鸡、油、面、盐、菜等进行研究。该公司营销调研部门通过仔细分析、研究得出了结论：北京是一个蕴藏着巨大机会的市场，在北京开店是个正确的决策。结果肯德基在北京市场获得了巨大成功，原计划 5 年收回的投资 2 年就完全收回。

资料来源：孙忠群. 国际营销精要. 北京：中国经济出版社，2007

从以上分析可知，国际市场营销调研与国内市场营销调研有很大的差异，企业应充分注意到国际市场营销的特殊性，尽量避免失误，有效地为企业国际市场营销决策提供科学、有效的依据。

第三节　国际市场营销调研的内容与程序

一、国际市场营销调研的内容

国际市场营销调研是为企业进行国际营销决策提供信息服务，因此，国际市场营销调研的内容与国际市场营销决策的内容有关。根据国际市场营销决策所需信息，营销调研的内容包括：国际市场机会调研、目标市场选择调研、进入目标市场方式调研、营销组合策略调研等。

（一）国际市场机会调研

企业要做出进入国际市场开展营销，还是只在国内市场开展营销的决策，就应该将国内外的市场机会和潜在困难、企业资源等条件进行比较，因此必须进行深入调研，搜集的主要信息有：

（1）国际市场和国内市场价格。

（2）产品的世界市场总需求量。

（3）企业潜在的世界市场份额。

（4）企业进入国际市场的机会成本和可能的收益。

（5）影响企业市场份额的竞争因素、竞争对手有哪些?

（6）企业的人、财、物等资源条件。

通过上述信息的搜集，对企业是否应进入国际市场进行评估。如果信息表明，国外市场潜力大，企业也有足够实力，就应力争进入国际市场。

（二）目标市场选择调研

企业不可能同时选择所有的国家和地区作为目标市场，而是选择一个或某几个国家作为目标市场。这样，就要对各国市场潜力的大小进行评价，进行评价所要搜集的信息一般包括：

1. 市场潜量

市场潜量是指在正常情况下对某种产品市场的总需求量。这个需求量的评估一般条件下是以该国市场销售量来衡量的。该国市场销售量=当地产量+进口量-出口量。但是这里必须注意的是，某国市场销售量与市场需求可能有较大差距。例如，该国政府限制进口，产品供不应求，销售量则少于需求量。如果从事国际市场营销的企业绕过该国对进口的限制措施，比如转为在当地组装或生产，则销售量会猛增，销售量将更能反映需求量。

2. 市场竞争情况

评价各国市场的竞争状况时，调研人员应从三个方面入手：

（1）竞争条件。它包括企业本身的产品质量、品种、价格、经营机构的设置及调整的难易程度等。

（2）竞争结构。它一般是指在一定国际市场范围内，同行业和相近行业中，可能参与国际市场竞争的同类企业或替代性产品的竞争企业数量及其营销战略。

（3）竞争强度。它主要是指同一市场范围内现实的和潜在的竞争者工作的竞争优势和劣势等。

3. 风险水平

评价各国的风险水平，主要包括该国的政治的稳定性、政策和法规的连续性、对外来产品和投资的态度、本国政府与该国政府的关系等。

通过上述指标的比较和综合分析，然后选择市场吸引力大、竞争优势明显、风险水平较小的市场作为目标市场。

（三）进入目标市场方式调研

选定目标市场国后，接下来就是确定进入目标市场的方式。是向目标市场出口，还是许可证贸易；是国外组装，还是国内生产；是国外合资经营，还是建立独资企业。不同的国际市场进入方式对企业资源能力有不同的要求，其可能的风险、潜在收益及海外市场的控制力也不相同。所以，在确定进入目标市场的方式时，一般要开展营销调研，搜集的信息有：

（1）目标市场国的规模与潜力的大小，市场竞争情况。

（2）目标市场国的政局的稳定性及当地政府对外来企业的优惠和限制。

（3）目标市场国的基础设施情况，如交通、运输、能源、通信、商业发达程度等。

（4）目标市场国的资源情况，如原材料供应、劳动力价格、物质技术水平等。

（5）本企业的人、财、物、资金、技术力量等资源条件。

上述信息是确定企业进入国际市场方式的重要依据。例如，目标市场潜力大，当地政府为鼓励外商投资，实行进口成品的高关税，而进口零部件则免税等。那么，可以考虑在当地设立组装厂，把零部件运到当地组装，就地销售，如果当地市场容量大，但贸易壁垒森严，也可考虑许可证贸易的方式。企业拥有专有技术，在不需投资的情况下，只把某种技术权利有限转让，即可实现用技术出口取代出口，绕过贸易壁垒，获得外汇收益。

（四）营销组合策略调研

当企业确定了进入国际市场的方式之后，接着就要制定营销组合策略。把产品、定价、渠道、促销等可控因素有机地组成一个高效整体，这是企业成功地开展国际市场营销的关键。为了制定出高效的营销组合策略，一般应开展营销调研，搜集如下几个方面的信息：

1. 目标顾客的信息

（1）在消费者市场上，要了解消费者的年龄、职业、教育程度、对产品的购买习惯、购买力、购买动机、经济状况和偏好等情况都是企业必须了解的基本内容。

（2）在生产者市场上，要了解中间商或工业用户的数目、地理分布、规模大小、资信情况、采购特点、发展前景等。

所有这些顾客信息对于企业制定成功的营销组合策略都是不可缺少的。

【例 5-5】

顾客满意度的调查

随着我国金融市场对外开放程度的逐渐加大，外资金融机构不断涌入，其业务范围不断开放，使我国金融市场的竞争日趋激烈，客户已经成为银行的战略性资源，因而争夺日益稀缺的客户资源成为商业银行发展的关键。在这种形势下，商业银行施行满意度战略，把满意度应用于商业银行的经营管理是大势所趋。满意度研究的范围涵盖了零售商业银行的多种服务业务类型，包括营业厅业务、银行卡业务、个人信贷业务、投资理财业务、VIP 贵宾服务、电话银行业务、网上银行业务等多项内容。在各服务项目下分别进行了分银行、分区域、分重点城市及分不同类别人群的详细分析。目前，国内大部分的银行都在进行顾客满意度的调查。

资料来源：胡超平. 市场营销实用教程. 北京：中国市场出版社，2009

2. 产品信息的调研

产品是企业为国外顾客提供的最主要的内容。一个企业要想在国际市场的激烈竞争中求得生存和发展，关键是能不能始终如一地生产出顾客满意的产品。在当代，科技迅速发展，商品生命周期趋于缩短，加强产品的调研，特别是研究竞争对手的产品，对企业的发展有着非常重要的意义。其调研的内容包括以下几个方面：

（1）商品在国际市场的迅速销售情况。

（2）出口商品的设计、功能和用途。

（3）出口商品的使用方法和操作安全程度。

（4）出口商品的品牌和商标设计。

（5）出口商品的包装和外观。

（6）出口商品的生命周期。

（7）出口商品系列和产品组合。

（8）出口商品的售前、售后服务。

（9）新技术、新材料、新工艺和新产品的发展趋势。

（10）为老产品寻找用途、开拓新市场。

（11）消费者对产品的特殊要求，如色泽、风味、规格、图案、原料、性能、技术指标、包装等。

（12）竞争对手产品的优缺点。

【例5-6】

SIM 卡功能需求调查

如今手机可以实现的功能非常多,大家都司空见惯,然而其中很多在几年前都是难以想象的。在第一代手机时期,手机能够实现的功能还非常有限。某 SIM 卡公司是全球最大的 SIM 生产厂家之一,该公司想开发具有多功能的 SIM 来满足消费者对于手机更强大功能的需要。它们初步为 SIM 卡设定了号码信息备份、短信群发、主副卡、存放彩铃、直显短信、短信分类管理、存放彩信、手机下载、一卡多号、短信加密、手机卡字典、定位服务、手机银行、手机钱包、移动梦网、手机定制信息、GPRS、手机点播信息、空中菜单下载、多人游戏、手机证券等功能。然而在这众多的功能中,哪些是消费者需求度最高、愿意为之买单的呢?为此,该公司进行了消费者对 SIM 功能需求的调查。

资料来源:胡超平. 市场营销实用教程. 北京:中国市场出版社,2009

3. 价格调研

价格对出口商品的销售量和企业盈利的大小影响重大。在国际市场上,价格的决定受多种因素的影响。只有深入地调查研究,才能掌握最低价格与最高价格之间的尺度,灵活应变。价格调研的内容包括以下几个方面:

(1) 影响价格变化的因素。

(2) 国外市场商品供求关系的状况。

(3) 出口商品需求弹性的大小。

(4) 进口税则、税率以及各种国内税对商品价格的影响。

(5) 各种不同的价格政策对商品销售量的影响。

(6) 竞争产品现行价格、变相提价或降价的方法。

(7) 相关替代商品价格状况对本企业产品价格的影响。

(8) 新产品定价策略。

(9) 出口产品生命周期不同阶段的定价原则。

(10) 产品从出口到消费过程中,中间商的加价比率。

(11) 该国政府对价格的管制状况。

4. 销售渠道调研

商品周转的效率与速度对资金周转速度、成本、经济效益影响极大。因此,销售渠道也是国际市场营销调研的重要内容包括:

（1）对各类中间商（包括批发商、代理商、零售商）的信誉的选择与评价，即这些中间商现有经销产品的种类以及设施、服务、人员、水平、财务能力、资信状况等。

（2）对国外各市场零售网点的分析。

（3）市场上有没有能购买大宗商品的机构。

（4）各级中间商的作价（指加成或佣金折扣）有无一定的标准。

（5）中间商所期望的信用透支和销售条件。

（6）仓库数量、库存量及其分布情况。

（7）将产品送至市场的运费率、运输时间、保险及包装要求。

（8）出口产品分配过程中通信网络的选择等。

5. 促销方式调研

促销方式是国际市场营销组合中的一项基本活动，包括宣传产品和说服促进消费者购买的活动。其调研内容如下：

（1）调研国外市场促销组合。

（2）可利用的广告宣传媒体和费用标准。

（3）促销推广的方法，如折扣、商店内示范、样品赠送、产品配套、竞赛、抽彩以及以赞助为目的的公益社会活动等。

（4）竞争者所使用的有效宣传广告方式。

（5）代理商、中间商、零售商在促销上能起的作用。

（6）推销员的素质、水平、训练费用及在广告宣传上能起多大作用。

（7）促销费用。

6. 公共关系方面的信息

企业产品要打入目标市场，企业和产品的形象十分重要，企业和产品形象包括它们的声誉、知名度、售后服务等。开展公共关系是树立企业形象的有力举措，因此，搜集关于公共关系的信息是十分重要的。公共关系方面的信息包括：

（1）媒介关系信息。企业要了解报纸、杂志、广播、电视、互联网等重要媒介的情况，与它们保持融洽关系，使其成为企业传播有关信息的喉舌。

（2）了解企业与目标市场公众保持密切联系的方法，把企业与公众的联系视为企业的生命线。

【例 5-7】

黄箭口香糖的广告调查

　　黄箭口香糖是箭牌公司历史最悠久的品牌，在几年之前，它没有获得口香糖的主要消费群体即青少年的普遍青睐。公司发现自己受到了来自竞争对手的巨大压力，销售量和市场份额都有所下降。如何才能使黄箭口香糖受到更多年轻人的喜爱呢？黄箭口香糖的什么特性能对他们产生吸引力呢？通过初步的市场调查，公司得知年轻人喜爱口香糖是因为它的味道甜，使人感到清新并充满活力。随之，广告代理机构 BBDO 公司的研究成果证实了这些年轻人所讲的话。BBDO 公司要求 400 多个经常嚼口香糖的人评价不同品牌的口香糖各自具有代表性的属性。对于黄箭口香糖，这些被调查者大多选择了诸如"甜度适宜"和"由天然甜味剂制成"之类的评价。

　　BBDO 公司进行了另外一项调查研究了为什么青少年喜爱嚼口香糖这个问题。是他们受到了心理压力的影响，还是因为他们上学之前忘记了刷牙？近 3/4 的人说，当他们想要含点甜的东西在嘴里时就会嚼口香糖，黄箭往往是他们的首选。很明显，他们的广告宣传应该把注意力投向口香糖让人满意的甜味。

　　BBDO 公司开发了四则主题为"甜味少不了"的电视广告，并让青少年对此进行评价。反馈的普遍意见是黄箭口香糖能满足想吃甜食的欲望。一位调查者说："他们尽力把'它味道很甜'这种观念植入头脑中。"通过一则在广播和电视两种场合都播放的广告的测试也证明了 BBDO 公司选对了目标：大约 70% 的志愿者回答能想起黄箭的名字（含糖口香糖品牌能被回想起的平均比例是 57%）。

　　针对 12~24 岁的青少年所做的广告同时在两种媒体（广播和电视）上播出。BBDO 公司还在学生开学的季节发行黄箭包书纸。其中一则广告描绘了一个拉拉队队长乘着一辆小轿车寻找一袋黄箭口香糖的故事。在广告播出后，百支一盒的黄箭口香糖销量上升了 5%，而在此前销量下降了 2%。黄箭口香糖的市场份额也从 4.9% 上升到 5.3%，是广告播出后的一年里在所有口香糖品牌中获利最多的一种。

　　资料来源：［美］小查尔斯·兰姆等.市场营销学（第6版）.上海：上海人民出版社，2005

　　7. 资源配置方面的信息

　　由于企业的资源是十分有限的，因此，应该合理地配置企业的人、财、物，争取把有限的资源用于最有利的市场和最有效的营销手段中，获取最优的经济效益。合理配置资源方面的信息包括：

　　（1）企业在目标市场上的销售潜力如何？如总销量、销售增长率、市场占有率等。

（2）企业在目标市场的营销状况如何？如在该国获取利润是多少？在该国所获利润在企业总利润中所占比例是多少？在目标市场推销手段的效果如何？广告效果如何？营销方面效果变化的原因？渠道成员努力程度如何？销售服务方式如何？等等。

（3）企业产品在各自目标市场的生命周期如何？产品功能和用途如何改进？品牌、商标、设计如何改进？包装、外观如何改进？售前、售后服务如何改进？老产品怎样寻找新用途，开拓新市场？如何通过产品、市场、营销因素改革延长产品生命周期？等等。

【例5-8】

"品牌中国"调查活动

2005年，数字100市场研究有限公司和中央电视台新闻频道在北京、上海、广州三个城市进行了一次有关国内知名品牌的形象的调查——"品牌中国"调查活动。此次活动涉及国内产品品牌30余个，调查的结果非常有意思。调查中使用了拟物的方法，让消费者对各个品牌的形象进行联想，选择与品牌形象类似的一种动物。对于某白酒品牌，近50%的被访问者认为其形象是"大象"，而该企业的负责人则认为其品牌的形象是"天鹅"。

资料来源：胡超平. 市场营销实用教程. 北京：中国市场出版社，2009

二、国际市场营销调研的程序

国际市场营销调研的程序一般由四个步骤组成：明确调研问题，确定调研目标；确定备选信息来源，制订调研计划；执行调研计划，分析整理资料；写出调研报告，解释调研结果。如图5-1所示：

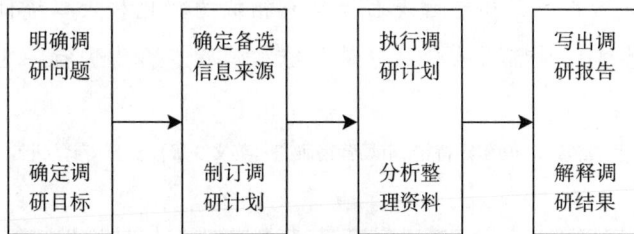

图5-1　营销调研程序

1. 明确调研问题，确定调研目标

国际市场营销调研的第一步是明确问题、确定目标。这一步看似简单，实际上是调研过程中最困难的一个步骤。由于企业的生产经营过程相对稳定，而目标市场千变万化，因此，企业营销与市场需求往往不适应。这种不适应性在营销过程中会反映出来，营销人员必须找出造成这种不适应性的原因，这就是要调查问题。问题明确了，调研的目标也就可以确定。例如，公司某种产品在某市场的销售额近来急剧下降，其原因可能是质量下降、服务水平不高、消费者需求发生了变化、中间商促销不力或者是竞争者的干扰等，所有这些因素都可能造成销售额下降，必须及时调整。例如，如果是消费者需求发生了变化，公司产品不能满足顾客变化了的需求，就必须及时搜集相关信息，准确地找出造成销售额下降的真实原因，并及时采取调整产品组合策略的措施，以保证已占领的市场，扭转销售额下降的局面。但是，如果把销售额下降的原因误认为是竞争者的干扰，从而确定调查目标是对竞争者进行调查，那么，下面三个步骤也就跟着错了，轻则浪费人力、物力、财力，重则企业利用所获信息进行了错误的决策，给企业带来不可挽回的损失。

【例 5-9】
亨氏番茄酱在巴西出师不利

尽管亨氏公司在国内市场和海外市场都有着良好的销售记录，但它在巴西的状况却一直令人失望，而巴西看起来却是南美最大的、最有前途的市场。亨氏与 Citrosuco Paulista 组成了一家合资公司，Citrosuco Paulista 是一家大型的橙汁出口商，亨氏的进入就是为了将来可能购买这家利润丰厚的公司。然而，它的产品，包括番茄酱的销售情况都不理想。问题出在哪里？问题审核揭示了原因，原来是公司缺乏强大的当地配送系统。亨氏因采用寄售方式而无法控制分销，其分销不能达到 25% 的渗透。另外的问题是亨氏集中在社区商店，因为这种策略在墨西哥是成功的。而问题审核却显示，在圣保罗，75% 的食品购买是在超市而不是小商店里进行的。虽然墨西哥和巴西表面上具有相似的文化和人口统计特性，但消费者行为却相差甚远。对巴西的食品分销系统和消费者行为进行一次深入细致的审核将有可能扭转败局。

资料来源：[美] 纳雷希·K. 马尔霍特拉. 市场营销研究（英文 3 版）. 涂平等译. 北京：电子工业出版社，2002

2. 确定备选信息来源，制订调研计划

在明确调研问题、确定调研目标之后，就要列出解决问题所需的信息，制订搜集这些信息的调研计划。在这一步骤中，首先是明确需要搜集哪些信息，然后是确定如何去搜集这些信息，提交书面调查计划。

　　假设某中国公司打算向美国市场推出一种新口味的啤酒，现在要求进行营销调研，以了解这种啤酒能否进入并占有美国市场，调研目标是给企业决策层提供搜集打入并占有该市场的有关信息。

　　为了得到这个目标所需的信息，应该搜集包括当地居民收入水平与消费习惯、政府部门的有关规定、竞争者的状况、销量和利润的预测等信息。

　　确定所需信息后，就要进一步确定取得这些信息的途径。营销人员信息的来源一般靠两个方面的资料，即二手资料和原始资料。二手资料是经别人搜集、整理过的资料，原始资料则是指调研人员通过发放问卷、面谈等方式搜集到的第一手资料。

　　3. 执行调研计划，分析整理资料

　　执行营销计划主要包括搜集、处理和分析资料等工作。搜集资料工作可安排企业营销调研人员完成，也可委托市场调研机构完成。

　　搜集来的资料必须进行分析处理，未经分析处理的资料往往是零星、分散、片面的。有些来自不同的国家、地区的资料，由于统计方法和统计标准不同，其时效性、准确性、适用范围也不相同。例如，人均收入一般以美元计算，但由于不同国家的汇率往往不能反映实际情况，得出的结果就不具可比性。要解决这个问题必须对搜集到的资料进行分析处理，才能具有可比性、合理性。这种资料分析处理一般要有分类、编校、统计、推断和鉴定五个程序。资料经分析处理后，调研人员还必须用有关统计技术对经过处理的信息进行分析，进一步给决策部门提供依据。

　　4. 写出调研报告，解释调研结果

　　营销调研的最后一步是写出调研报告，解释调研结果。调研报告应该是简明扼要的结论和说明，而且这些结论和说明对营销决策是有直接意义的。报告的内容、质量决定着调研结果的有效程度。

【例 5-10】

透明百事的市场调研

　　20 世纪 90 年代初期，百事公司计划实施一项产品延伸策略，推出一种澄清饮料——透明百事。当时，公司的支柱品牌百事和健怡百事在市场上已拥有了很高的知名度。公司认为透明百事的推出将满足产品线扩张的需求，而且也不会对其成功品牌产生影响。透明百事是一种无色的饮料，公司希望以此与姜汁酒、冰激凌苏打，甚至是苏打水展开竞争。最初的市场测试表明，该产品将占有 6% 的市场份额，是公司最小期望值的 3 倍。两种类型的消费者对透明百事感兴趣：一类是年轻的软饮料消费者，他们被新产品的独一无二的特征所吸引；另一类是年长的消费者，他们被透明百事的澄清与健康形象所吸引。

资料来源：阿尔文·C.伯恩斯.营销调研（第二版）.北京：中国人民大学出版社，2001

第四节　国际市场营销调研的基本方法

一、案头调研

案头调研又称二手资料调研或文献调研，是指寻找并研究与调查项目有关的资料的过程。二手资料是指经他人搜集、整理的资料，通常是已经发布或发表过的资料。这种调研方式一般是在从事国际市场营销企业本国范围内进行。它与实地调研方式相比，具有可以节省大量的调研费用和缩短调研时间的优点。弊端是由于它依赖于国际市场上的第二手资料，而第二手资料常常表现出三个缺点：①许多市场缺乏详细的资料。②现有资料的可靠程度不稳定。③现有资料的可比性和通用性不易把握等。这使得案头调研方式在支持国际市场营销决策的力度上受到影响。

因此，搞好案头调研的关键在于熟悉资料的来源和检索办法。同时，还要会正确认识和评价这些资料的背景材料和合理成分。案头调研的资料来源和搜集渠道主要包括：①企业内部资料。例如，订货记录、销售记录、运输记录、财务报表、库存记录、售货员日报表、顾客意见记录及预算报告等。②一些公共图书馆、大学、科研机构、银行、企事业职能部门有关国外市场情况的调查资料、考察报告。③外国使团组织和商会、消费者组织所能提供的贸易统计资料，税制，海关规定，进口商、零售商和厂商名单，编制的各种统计资料。④国际组织刊印发行的可供市场参考的资料等。⑤联机检索情报系统所提供的数据库终端检索功能。例如，国家计委与国家信息中心所提供的联机检索经济情报的服务，世界上四大著名检索系统即 BRS、DIALOG、ORBIT、ESA–IRS 在我国不少城市所设立的检索终端等。

案头调研的作用主要有两个方面：①对市场进行初步筛选。通过案头调研，可以删除那些明显没有前途的市场，初步选择出需求潜力大、经营环境好的国家作为目标市场，并大致地勾画出该市场的轮廓，以及在该市场开展营销活动所面临的主要问题和障碍。②为实地调研打下基础。一般来说，调研人员可以比较迅速、便宜地得到二手资料，而实地调研的成本较高，并且往往需要长的时间才能完成。因此，调研人员在开展实地调研之前，可以先进行案头调研，以便使实地调研的目标更加明确、范围缩小，从而节约调研成本和时间。

【例 5-11】

利用新闻图片发了财的日商

20 世纪 60 年代，中国刚刚建设大庆油田，当时这是绝对保密的，国内大多数人还不知道它的地址，可日本人却得知了，而且非常准确。那么，他们是怎么掌握了我们的秘密呢？是派了特务，还是收买了中国人？都不是。出人意料，他们靠的就是零零星星搜集到的关于大庆的公开资料，并依此做出了合乎逻辑的分析。

日本人看到《中国画报》封面上王铁人的照片，身穿大棉袄，冒着鹅毛大雪的场面，他们说这一定是东三省靠北边，否则不会下这么大雪，但具体地点不知道。当他们看到《人民日报》一篇报道，说王进喜同志到马家窑，说了一声：好大的油海啊，我们要把中国石油落后的帽子扔到太平洋里去。这下日本人乐了，说找到了，马家窑是大庆的中心。我国对日出版的《人民中国》杂志又报道说，中国工人阶级发扬了"一不怕苦，二不怕死"的精神，大庆设备不用马拉车推，完全是肩扛人抬。日本人据此分析大庆车站离马家窑远不了，远了就扛不动。地址找到了，什么时候出的油呢？他们也算准了。1964 年王进喜光荣地出席了第三届全国人民代表大会，日本人说肯定出油了，不出油王进喜当不了人大代表。接下来他们又根据《人民日报》上一幅钻塔的照片，从钻台上手柄的架势推算出油井的直径是多大，再根据油井直径和国务院的政府报告来套算，把全国石油产量减去原来的石油产量，就是大庆的石油产量。在此基础上，他们很快设计出适合中国情况的石油设备。等到我国向世界各国征求设计时，其他国家没有准备，日本人则胸有成竹地说：我们已经准备好了。很快谈判成功，赚了我们一大笔钱。

资料来源：孙忠群.国际营销精要.北京：中国经济出版社，2007

二、实地调研

实地调研是指市场调研信息资料直接来源于国际市场，从而取得第一手资料的调研方式。它与案头调研的本质区别在于一个是直接资料，一个是间接资料。实地调研所取得直接资料中"直接"的含义分两种情况：一是调研人员真正到达现场进行调查；二是调研人员虽没有亲自到达现场，但以其他方式使其得到的信息源直接来自于现场。因此实地调研的主要方式包括询问法、观察法、实验法、统计分析法等。

1. 询问法

询问法又称调查法，即直接向被调查人提出问题，并以所得到的回答作为调查结果。通常需要预先准备调查内容，最好能设计一套精确的表格。这是最常见和最广泛采用的方法。它包括：

（1）面谈访问。以访问的形式派调查人员直接向被调查者提出问题。无论是工业品市场还是消费品市场，面谈是获得信息最可靠的方法。在有深度要求和准确度要求的调研活动中，面谈访问是必不可少的。但这种访问一般费用大、时间长，容易受到调查人员情绪和看法的影响，使资料带有偏见。它适用于调查对象范围小、问题相对集中，或者调查的问题较复杂、需做深入探讨，以及临时性调查任务，没有事先拟订问卷等情况。

（2）电话调查。由调查人员根据事先确定的原则抽取样本，通过电话向被调查者询问。这种方法费用降低、完成快，并可听取用户询问或提出调查提纲以外的问题，取得额外的信息。由于国外电话普及率高，有完整的电话簿可查阅利用，对调查非常有利。其不足之处是：电话调查只限于简单问题，照片、图、表无法利用。

（3）邮寄调查。这种方法是将拟好的调查表格邮寄给客户，由他们填写寄回。此方法较面谈费用低、时间快，但主要缺点是回收率低、时间长，仅限于简单明了的问题。

（4）计算机访问。国外有些调研公司在购物中心建立交互计算机终端。愿意被采访的人阅读显示屏上的问题，输入他的回答。这种访问信息搜集的随意性较大。

（5）投影法。这是一种间接探测调查人态度的方法。有许多人不愿在被访问时袒露自己真正的态度和动机，投影法的目的在于使被调查人非自觉地表露其个性和思想。例如，用一些语句、漫画等启发调查人，让他们自由发挥，在不知不觉中流露真正动机。投影法是一种心理测试法，它需要具备一定心理知识，且成本较高。

2. 观察法

观察法是指调研者通过直接观察和记录被调查者的言行来搜集资料的方法，即调查人员直接到调查现场，耳闻目睹顾客对市场的反应或公开言行，或者利用照相机、录音机、监视器等现代化手段间接地进行观察以搜集资料。观察法可根据不同的调查目的，采取多种形式。

（1）现场观察形式。调查者参加各种展销会、展览会、订货会，观察记录商品销售情况，同类产品的发展情况，各种商品的性能、式样、价格、包装等。中国许多企业都是利用这种方法在"广交会"上进行调查的。

（2）顾客动作观察形式。在设计新产品时，应当研究如何陈列能吸引顾客。调查人员可以观察类似的产品，或用录像机摄下顾客在类似产品中的活动，作为设计新店的参考。

（3）店铺观察形式。调查人员亲自到零售店或参加展销会、陈列会等，观察并记录商品的销售情况。如调查人员调查消费者的实际购买和询问商品的品种、商标、包装等，了解消费者需求，也可统计购买人次，观察客流量和客流规律。这种方法更适合于有条件自办店铺的企业。观察法是通过实际观察，直接了解顾客反映，调查结果更接近实际。这种方法须长期坚持，结合统计资料进行。缺点是只看表面现象，观察不到内在因素，不易分析原因。因此，这种方法需要调研人员具有较高的技术业务水平。例如，具有理解不同国家文化差异，并能排除受本国参照标准影响力的能力。为了弥补观察法的不足，可在观察的同时，结合运用访问法。

【例 5-12】

丰田在美国南加州的实地观察

日本丰田汽车公司送一批工程师和设计师到美国的南加州，他们的目的是去观察女性驾驶者如何上车以及发动汽车。他们发现留着长指甲的女人在使用门把和操作仪表板上的按钮时特别困难。于是根据这项观察，丰田的设计师和工程师重新设计了汽车的内外部相关结构。

资料来源：孙忠群.国际营销精要.北京：中国经济出版社，2007

3. 实验法

实验法是指从影响调查对象的若干因素中，选出一个或几个作为实验因素，在其他因素不发生变化的条件下，了解实验因素变化对调研对象的影响。该实验限于小规模活动。实验法在市场调研中的主要形式有：

（1）新产品销售实验。在试销中听取反映，改进设计，提高质量，定型生产经营。

（2）产品展销会实验。调查人员可通过分析展出产品的销售情况并实地观察顾客的反映意见，来预测新产品的发展情况，预测产品的销售量。

实验法所得资料来源于实践。这种方法搜集的原始资料可靠，但在选择社会经济因素类似的实验市场时存在难度，且实验时间较长，成本较高。

【例 5-13】

惠普公司对中国打印机市场的调研

1996 年，惠普公司将寄予厚望的 5L 激光打印机推向中国市场，并相信能将赚得不菲的利润。但是，中国用户普遍反映 5L 的打印质量水平不高，在中国的销售很有难度，可 5L 在其他国家销售非常成功，经过征求当地专业人士的意见和专家调查测试，发现原因在于中国特殊的纸张制造工艺——采用草制打印纸张并大量添加滑石粉，造成了打印纸的特殊性。惠普公司无条件地回收已卖出的 5L 激光打印机，并针对我国纸张问题进行测试研究，生产了适合我国用户的 HP6L 激光打印机，在短短四年中，这种机型在中国销售突破百万台。

资料来源：孙忠群. 国际营销精要. 北京：中国经济出版社，2007

4. 统计分析法

统计分析法是利用企业内外的现有资料，利用统计原理，分析市场及销售变化情况，以使销售效果分派到最有利的途径上去。该方法所采用的主要形式有：

（1）趋势分析。将过去的资料累积起来，进行分析对比，加以合理延伸，以推测未来的发展方向。如某企业几年内的销售量都是递增 5% 左右，就可以推测出近两年的增加额和增长速度。这种方法只能分析一个变量，如销售量与时间的关系。

（2）相关因素分析。即分析统计资料中各变量彼此是否有关，以及相关程度的大小。也就是以一个变量分析另一个变量的发展情况。如人口的增长率与销售变量的关系，价格与供求的关系等。

（3）市场占有率分析。统计分析法简便易行，可以经常运用，以弥补其他调研法的不足，但这种方法依据史料，现实发生变化的因素没有包括在内，调研中应给予注意。

三、委托调研

在国际市场营销中，委托调研又称为国际市场营销调研代理业务，是指企业通过委托有关国际市场调研机构为之进行情报搜集与分析而开展的市场调研活动。

委托调研与企业自行开展国际市场调研相比较，具有以下优点：

（1）具有调研方面的特长。专业调研机构拥有专职的调研人员、完备的调研手段、丰富的调研经验，有利于及时完成调研任务。

（2）熟悉当地的市场，在语言等方面沟通障碍小。

（3）由调研机构承办的调研项目所提出的调研结论往往比较客观、中立，有利于进行科学决策。

（4）与企业组织现场调研相比，成本较低。

委托调研也存在着一定的不足之处，比如在委托调研之前首先要对调研机构进行调查。

委托调研需要认真做好如下工作：

（1）调研代理公司的选择。针对众多的国际市场营销调研代理公司，在指定调研代理公司时，当然要进行慎重的选择。一般来说，先要认真审查调研代理公司的技术能力和资信状况，必要时请其提供以往所作的调研项目，以便于从其客户处了解该企业的技术能力和资信状况。另外还可以通过调研项目建议的形式，请其设计出调研计划草案，进行严格审核。

（2）调研代理合同。通常一份调研代理合同应包括以下条款：①市场调研范围和调研方法条款。明确开展市场调研所处的地理区域和业务范围，使用的调研方法、调研工具、分析技术等信息。②支付条款。写明调研条款的支付方式、支付时间。③调研项目预算条款。要清楚列明各项费用的用途和具体金额。④参与调研人员条款。应明确列出参与调研人员的姓名、职务、阅历以及在本项目中担负的职责和工作任务。⑤最后期限条款。规定调研工作完成和调研报告的提交日期。⑥调研报告条款。具体描述调研报告的撰写规则、格式、调研结论要求及附录信息。

（3）与调研代理公司的合作。选定调研代理公司后双方必须本着平等互惠、相互信任的原则合作开展工作。委托方须提供的合作一般包括说明调研目标、提供本企业的各种必需的情况，与调研代理公司共同制订调研方案等。

调研活动全过程，委托方都要进行必要的监督。首先，开展调研前要按照自己的调研目标，认真研究方案，了解与调研工作有关的人员安排、时间安排、进度安排、调研成果及其检验标准。其次，委托调研过程中，应及时了解工作进度和调研成果，并与标准相对照，如有出入应及时与调研代理分析和查找原因，协商对策，及时纠正偏差。最后，调研结束后应要求调研代理公司及时提交调研报告，以便及时为企业决策提供信息支持。

四、互联网调研

随着网络的使用在全球迅速发展，网络日益成为许多公司进行国际市场营销调研的重要工具，对市场营销人员的调查显示，对他们影响最大的因素是互联网和全球化。跨国公司日益重视通过互联网来搜集有关国家和地区的市场信息、消费者需求信息、企业营销信息等，还可以通过互联网对产品概念及广告文字进行测试并获得迅速的反应。总之，通过网络能够轻易获得大量的二手资料及最新的资料，从而使国际市场营销研究比以前更容易，效率更高。

网上市场调研是利用互联网高科技手段进行的市场调研，它的特点是更快捷、更方便、成本更低。下面介绍网上调研的两种主要方式：

1. 网上问卷调查

（1）主动法。企业利用电子邮件将问卷发送给被调查者（企业或个人），被调查者填写后通过电子邮件返回问卷调查者。主动法的优点是可以有目的地选择被调查者，其缺点是容易遭到对方拒绝和不合作。

（2）被动法。企业将问卷放到特定的网站上，等待访问者填写问卷。被动法的优点是对方自愿填写问卷，不存在拒绝合作的问题；其缺点是无法核实对方的真实情况，问卷的准确性难以确定。

2. 网上二手资料的搜集

由于互联网中包括诸如联机数据库、联机馆藏目录库、电子图书、电子期刊、电子报纸、软件及广告、BBS、网络新闻等动态信息，因此，互联网是一个巨型规模的数据库，企业可以从中搜集到所需的各种二手资料。通常有下面几种方式：

（1）网站，即利用浏览器就可以从有关网站搜集到所需的二手资料。

（2）电子公告牌（BBS），即企业到相关主体的 BBS 网站上搜集所需的二手资料。

（3）新闻组（USENET）。由于新闻组的讨论主体十分广泛，而且全球有众多的网民经常参加新闻组的讨论，因此企业可以从相关主体新闻组网站上搜集二手资料。

（4）电子邮件，即企业有关网站发送电子邮件，然后就可以从该网站收到有关的二手资料。

传统的国际市场营销调研成本比较高，现在利用互联网可以较低成本在全球进行网上调研，这种调研由于及时、准确和广泛，因而信息具有很高的可靠性。

网络在国际市场营销调研中的作用如下：

（1）网上调查与购买者小组访问。这些调查可包括对参与者的鼓励，而且比费用高的邮寄或电话更具直接性与针对性。如根据先前答案问不同的问题。

（2）网上焦点小组调查。

（3）跟踪网络访问者。服务器可通过网址自动跟踪访问者漫游，并记录漫游的时间。

（4）广告效果评估。服务器跟踪与其他网址的联系，从而对它们的效果作出评价。

（5）建立顾客识别系统。许多公司正在安装程序，使他们时刻跟踪访问顾客及观察顾客的购买行为，从而建立一个虚拟的有代表性的用户对象组。

（6）电子邮件营销名单。企业通过互联网让将来愿意为营销直接作出努力的顾客在电子邮件营销名单上签名。

（7）嵌入研究。网络提供新技术使顾客的传统经济角色自动化。如通过互联网寻求产品和服务的信息，产品和服务的比较，与服务提供者互相作用，维护顾客与品牌关系等。有些企业甚至提供给顾客在线设计产品的机会，把市场调研应用于新产品开发。

随着互联网的不断发展，更多种类的研究将变得可行。但也要注意到互联网存在的局限性，由于互联网上的主体是网民，调查对象的范围不大，样本的代表性不高。当然，随着各国网络的普及，互联网作为调研的工具将变得更准确和有效。

【阅读材料】

跨国公司的市场信息系统（网络）

世界上通过国际市场信息系统成功地开展经营的例子不计其数。企业可以应用国际市场信息系统把各种宏观经济数据、市场数据和公司营销数据综合起来进行分析。国际信息系统的优势在于，它搜集的信息多而全，分类清楚，并送入经济模型进行处理，会使企业资源的最佳分配成为可能。

美国通用汽车公司是较成功地运用市场营销信息系统的一个例子。早在20世纪30年代，他们就用调查表的形式，每年向100万个以上的用户征询汽车的使用、质量等方面的意见。目前，该公司的市场营销信息系统用计算机网络把分布在49个州的65个销售部门、分布在11个州的产品仓库和21个地区的制造部门（包括53个制造厂）并联起来，当顾客打电话订货时，销售部门的人员把订单输入这个网络系统，该系统就会自动完成下面一系列工作：查询顾客的信用情况，就近的产品仓库有无此种产品的存货，在得到肯定的回答以后，该系统就开始办理接受订货，开发票和登账等各种手续，并通知销售人员，该顾客所订的产品将可在最近的一个仓库内提货。

日本的市场营销调研工作是在第二次世界大战以后从美国引进的，它比美国迟了40年，但发展很快，在某些方面大有后来居上之势。日本半官方的日本贸易振兴会，将国外经济、贸易、产业和商品等相关信息的调查、搜集和提供作为重点业务而实施。它的海外信息中心向企业提供的信息主要有：

（1）一般经济信息：经济动向、贸易动向、商品动向、制度信息、技术动向、投资、资源、成套设备信息。

（2）个别调查信息：市场调查、受托调查、商品动向调查、投资实施调查、国外信誉调查。

（3）贸易统计快报：用电子计算机调取美国、法国、英国、加拿大等国家的贸易统计数据，加工检索列表。

为了在国际市场的激烈竞争中取胜，日本的许多企业都花大本钱搞信息处理现代化。占日本全国出口 2/3 的日本十大综合商社，通过国际市场信息系统，一般能在很短的时间内获得全世界各地市场的商品供求、价格变化等信息，如：5~60秒，可获得世界各地金融市场行情；1~3分钟，可查询日本与世界各地进出口贸易的商品品种、规格等资料；3~5分钟，可查询、调用国内1万个重点公司企业当年或历年经营情况的时间系列数据；5~10分钟，可查询或调用政府制定的各种法律、法令和国会记录；15分钟，既可利用数量经济模型和计算机模拟，画出国际、国内经济因素变化可给宏观经济带来影响的变动图和曲线，也可随时获得当天全国各地汽车销售、生鲜食品批发的市场产、销、存及价格变动情况。

由于日本商社拥有遍布世界的信息网，因此，在错综复杂、瞬息万变的国际市场中，它们能不断取胜，使自己在对外贸易中迅速发展。

资料来源：甘碧群.国际市场营销学.武汉：武汉大学出版社，2006

【本章小结】

（1）国际市场信息是指国际市场上各种经济（特别是市场要素）活动和相关环境的数据、资料、情报的统称，它反映了市场活动和环境的变化、特征和趋势等情况；或是指一定时间和条件下，国际市场产品营销及相联系的多功能服务有关的各种消息、数据资料、报告等的总称，一般以文字、数据、凭证、图表、符号、报表、商情等形式表现出来。

（2）国际市场信息内容主要包括国际市场环境信息、国际市场产品信息、国际市场价格信息、国际市场销售渠道信息、国际市场促销信息和国际市场竞争信息等。国际市场信息的来源包括国际市场直接信息的来源和国际市场间接信息的来源。

（3）国际市场信息的基本要求：准确性、及时性、系统性、适用性、经济性、重点性、动态性和明晰性。

（4）国际市场营销信息系统是指由人、机器和程序组成的，能连续搜集、保存、处理、分析、分配、提供营销信息，为企业管理者提供据以进行国际市场营销决策、改进国际市场营销计划及其执行和控制工作的系统。其特点是：客观性、广泛性、能动性和开放性。

（5）国际市场营销信息系统的内容：企业内部报告与管理系统、国际市场营销情报系统、国际市场营销调研系统和国际市场营销分析系统。

（6）国际市场营销分析系统的作用：寻求国际市场机会；监督企业的国际销售状况；监测国际市场环境；综合衡量企业在国际市场上的营销战略和效果。

（7）国际市场营销调研是指企业运用科学的方法，有目的地、系统地搜集、记录一切与国际市场营销活动相关的信息，对所搜集到的信息进行整理和分析，从而把握目标市场的变化规律，为国际市场上的营销决策提供可靠的依据。

（8）国际市场营销调研的主要作用体现在：发现机会，开拓潜在市场；制定正确的营销组合；监测和评价营销活动的实施；分析和预测国际市场未来的发展趋势；为政府制定政策提供参考。

（9）国际市场营销调研的类型：探测性调研、描述性调研、因果关系调研、预测性调研。

（10）国际市场营销调研与国内市场营销调研的区别：调研的范围不同、调研的信息不同、调研的难度不同。

（11）国际市场营销调研的内容：国际市场机会调研、目标市场选择调研、进入目标市场方式调研、营销组合策略调研等。

（12）国际市场营销调研的程序：明确调研问题，确定调研目标；确定备选信息来源，制订调研计划；执行调研计划，分销整理资料；写出调研报告，解释调研结果。

（13）国际市场营销调研的基本方法：案头调研、实地调研、委托调研、互联网调研。

【思考题】

1. 国际市场信息的主要内容有哪些？

2. 国际市场信息的主要来源有哪些？

3. 对国际市场信息有哪些基本要求？

4. 什么是国际市场信息系统？其特点是什么？

5. 国际市场信息系统的主要内容与作用是什么？

6. 什么是国际市场营销调研？它有哪些作用与类型？

7. 国际市场营销调研与国内市场营销调研有何区别？

8. 国际市场营销调研的内容包括哪几个方面？

9. 国际市场营销调研包括哪几个程序？

10. 国际市场营销调研的基本方法有哪些？

11. 如何设计一个完整的国际市场营销调研方案？

【案例分析】

市场营销调研活动：细节决定成败

1. 数据给企业带来的噩梦

"最近两年，宠物食品市场空间增加了两三倍，竞争把许多国内企业逼到了死角。"《中国财富》在2005年北京民间统计调查论坛上见到了柴先生，"渠道相近，谁开发出好的产品，谁就有前途。以前做生意靠经验，我觉得产品设计要建立在科学调研的基础上。2007年底决定开始为产品设计做消费调查。"

为了能够了解更多的消费信息，柴先生设计了精细的问卷，在上海选择了1000个样本，并且保证所有的抽样在超级市场的宠物组购物人群中产生，内容涉及价格、包装、食量、周期、口味、配料六大方面，覆盖了所能想到的全部因素。沉甸甸的问卷让柴氏企业的高层着实振奋了一段时间，谁也没想到市场调查正把他们拖向崩溃。

2005年初，上海柴氏的新配方、新包装狗粮产品上市了，短暂的旺销持续了一个星期，随后就是全面萧条，后来产品在一些渠道甚至遭到了抵制。过低的销量让企业高层不知所措，当时远在美国的柴先生更是惊讶："科学的调研为什么还不如以前我们凭感觉定位来得准确？"到2005年2月初，新产品被迫从终端撤回，产品革新宣布失败。

柴先生告诉《中国财富》："我回国以后，请了十多个新产品的购买者回来座谈，他们拒绝购买的原因是宠物不喜欢吃。"产品的最终消费者并不是人，人只是一个购买者，错误的市场调查方向，决定了调查结论的局限，甚至荒谬。

经历了这次失败，柴先生认识到了调研的两面性，调研可以增加商战的胜算，而失败的调研对企业来说是一场噩梦。

2. 中国人不喝冰红茶

一间宽大的单边镜访谈室里，桌子上摆满了没有标签的杯子，有几个被访问者逐一品尝着不知名的饮料，并且把口感描述出来写在面前的卡片上……这个场景发生在1999年，当时任北华饮业调研总监的刘强组织了五场这样的双盲口味测试，他想知道，公司试图推出的新口味饮料能不能被消费者认同。

此前的调查显示：超过60%的被访问者认为不能接受"冰茶"，他们认为中国人忌讳喝隔夜茶，冰茶更是不能被接受。刘强领导的调查小组认为，只有进行了实际的口味测试才能判别这种新产品的可行性。

等拿到调查的结论，刘强的信心被彻底动摇了，被测试的消费者表现出对冰茶的抵抗，一致否定了装有冰茶的测试标本。新产品在调研中被否定。

直到 2000 年、2001 年，以旭日升为代表的冰茶在中国全面旺销，北华饮业再想迎头赶上为时已晚，一个明星产品就这样穿过详尽的市场调查与刘强擦肩而过。说起当年的教训，刘强还是惋惜："我们举行口味测试的时候是在冬天，被访问者从寒冷的室外来到现场，没等取暖就进入测试，寒冷的状态、匆忙的进程都影响了被访问者对味觉的反应。测试者对口感温和浓烈的口味表现出了更多的认同，而对清凉冰爽的冰茶则表示排斥。测试状态与实际消费状态的偏差使结果走向了反面。"

"驾驭数据需要系统谋划"。好在北华并没有从此怀疑调研本身的价值，"去年，我们成功组织了对饮料包装瓶的改革，通过测试，我们发现如果在塑料瓶装的外形上增加弧型的凹凸不仅可以改善瓶子的表面应力，增加硬度，更重要的是可以强化消费者对饮料功能性的心理认同"。

采访中，北京普瑞辛格调研公司副总经理邵志刚的话似乎道出了很多企业的心声，"调研失败如同天气预报给渔民带来的灾难，无论多么惨痛，你还是在每次出海之前，听预报、观天气、看海水"。

3. 两个小细节 1000 万元大风险

普瑞辛格调研公司给《中国财富》出示了两组数据来说明调研的严谨性。同样的调研问卷，完全相同的结构抽样，两组数据结论却差异巨大。邵志刚介绍说，国内一家知名的电视机生产企业，2004 年初设立了 20 多人的市场研究部门，就是因为下面的这次调查，部门被注销、人员被全部裁减。

问题：列举您会选择的电视机品牌？

其中一组结论是：15%的消费者选择本企业的电视机；另一组得出的结论却是：36%的消费者表示本企业的产品将成为其购买的首选。巨大的差异让公司高层非常恼火，为什么完全相同的调研抽样，会有如此矛盾的调研结果呢？公司决定聘请专业的调研公司来进行调研诊断，找出问题的真相。

普瑞辛格的执行小组与受聘和参与调查执行的访问员进行交流，并很快提交了简短的诊断结论：第二组在进行调查执行过程中存在着误导行为。调研期间，首先，第二组的成员佩戴了公司统一发放的领带，而在领带上有本公司的标志，其尺寸足以让被访问者猜测出调研的主办方；其次，第二组在调查过程中，把选项的记录板（无提示问题）向被访者出示，而本企业的名字处在候选题板的第一位。以上两个细节，向被访问者泄露了调研的主办方信息，影响了消费者的客观选择。

这家企业的老总训斥调研部门的主管："如果按照你的数据，我要增加一倍的生产计划，最后的损失恐怕不止千万。"

市场调查是直接指导营销实践的大事，对错可以得到市场的验证，只是人们往往忽视了市场调查本身带来的风险。一句"错误的数据不如没有数据"，包含了众多中国企业家对数据的恐慌和无奈。

资料来源：http://www.scopen.net

问题讨论

1. 什么是市场营销调研？市场营销调研的内容主要有哪些？

2. 进行市场营销调研应该注意哪些问题？

3. 三个案例中企业的市场营销调研为什么失败？你认为应该如何改进？

第六章　国际目标市场营销战略

学习目标与重点

（1）国际市场细分的含义和意义。

（2）国际目标市场的选择的基准与策略。

（3）国际目标市场的定位含义、原则与策略。

（4）进入国际市场的模式及特点。

关键词

国际市场细分　国际目标市场选择　国际市场定位　国际战略联盟

案例导入

"MTV" 的市场细分

　　珍妮特·杰克逊（Janet Jackson）在 2004 年超级碗橄榄球赛中场休息演出时的"服装故障"在全世界引起轰动。不论是好是坏，它都表明安排这场演出的音乐电视台（MTV）具有引发轰动效应的能量。自从 MTV 于 1981 年开播以来，全世界在音乐方面的品位与潮流已经发生了巨大变化。事实上，没有几个观众还记得在首播的音乐片剪辑中出现的英国双人演唱组 Buggles，他们当时唱的歌是《视频扼杀了广播明星》。在某些方面，21 世纪的 MTV 与 20 世纪 80 年代的大体相同。然而，今天MTV 的受众已远远超出美国国界，它与姊妹频道 VHI 和尼克国际儿童频道共同构成了世界最大的电视网，其观众遍及世界各地的近 3.4 亿个家庭。然而，MTV 并不是靠同样的视听节目就能在每一个市场都取得成功。相反，它们的成功源于认识到不同地区乃至不同国家的观众有着不同的感悟与品位，并予以迎合。MTV 特别受 15~34 岁的观众欢迎，其核心观众是 15~24 岁的年轻人——MTV 的高级管理人士骄傲地宣称完全是年轻的观众。他们会毫不迟疑地告诉你，该频道的节目安排绝对是观众导向型的，像 Total Request Live（TRL）这样的节目可以使该频道贴近观众。

　　MTV 在全球范围的成功是一个令人信服的范例，它展示了高超的全球市场细分和确定目标市场所具有的力量。市场细分就是指根据共同特征对消费者和国家群组进行识别和分类的尝试。确定目标市场就是评价子市场，并将营销的人力、物力集中于存在巨大反响潜力的某个国家、地区或人群的过程。这种确定目标市场的做法反映了一个现实情况，即公司应该找出它能够最有效、最迅速和最有效益地接触到的那些消费者。最后，还需要有适当的市场定位以影响目标顾客的观念。

资料来源：沃伦·J. 基根，马克·C. 格林. 全球营销学. 北京：中国人民大学出版社，2009

现代企业面临着复杂多变的国际市场，购买者为数众多，分布广泛，需求多样，任何一个企业都无法充分有效地满足市场的所有需求。国际企业要确定其目标市场，就必须对所有希望进入的国际市场进行细分，这样才能做出正确的选择。

实行目标市场营销，企业要采取以下几个步骤：

（1）目标市场细分。即把众多顾客的需求加以分析归纳，分成若干个不同需求的购买者群体，研究各群体对不同产品的需求及对其采用的不同营销手段，并衡量每个细分市场对企业的吸引力。这是选择目标市场的前提。

（2）选择目标市场。即根据企业自身资源和实力，筛选出一个或几个细分的小市场，作为企业的营销目标。

（3）市场定位。即分析竞争优势，为本企业产品确定一个有利的竞争位置，为企业树立正确有效的形象，并制定详细的市场营销策略。

第一节　国际市场细分的概述

一、国际市场细分的概述

（一）国际市场细分的含义

市场细分是 1956 年由美国市场学家温德尔·斯密（Wendell Smith）提出来的一个重要概念，是随着目标市场营销阶段的到来而最后形成的。所谓市场细分（Market Segmentation），就是企业根据总体市场的不同消费者明显的需求特征、购买行为和购买习惯，把它们细分为彼此有区别的不同的子市场，每个子市场由需要与欲望相同的消费者组成，其内部需求特点相类似。市场细分的依据是消费者明显不同的特性。细分的目的是选择和确定企业的目标市场，然后针对目标市场的需求，从产品计划、分配渠道、价格政策直至促销宣传，采取相应的市场营销策略，使企业经营的产品更符合不同消费者阶层和集团的需要，从而在细分市场中提高竞争力，增加销售，提高市场占有率。

国际市场细分，就是市场细分概念在国际营销中的运用。但由于国际营销的特殊性和复杂性，国际市场细分必须分成两步进行：第一步，宏观细分。根据一定的标准将世界市场细分为若干个子市场，每个子市场均在基本相同的营销环境，企业可以选择一个或几个国家作为自己的宏观目标市场。第二步，微观细分。企业进入某一个国家或地区的市场以后，针对该国顾客千差万别的需求，再按一定的标准对该国的市场继续进行细分，然后根据自己的条件满足一个或几个市场的需求。例如，某外国企业把中国和欧盟细分为两个国际细分市场，然后再将中国市场细分为东北、华北、西北、西南、华东、华南、华中七个子市场。

【例6-1】

日本精工表占领美国手表市场的市场细分策略

据美国市场调查，美国市场对手表的需求有三种不同的消费者群：

23%的消费者对手表的要求是：能计时、价格低廉。

46%的消费者对手表的要求是：计时基本准确、耐用、价格适中。

31%的消费者追求象征性价值，要求名贵，计时精确（名人名表）。

美国素有盛名的钟表厂商和瑞士手表，一向注重第三类细分市场31%的消费者群，着重经营名牌优质手表。这样，第一、第二类细分市场近70%的消费者需求未得到充分满足。日本钟表公司发现了这个市场机会，迅速打进这两个细分市场。针对消费者要求手表计时基本准确、耐用、价格适中的特点，它们生产机械表来满足消费者的需求；针对消费者要求手表能计时、价格低廉的要求，它们生产电子表来满足消费者的需求。尤其是日本精工电子表款式新颖、价格便宜，并提供方便的免费修理，很快在美国市场上取得较大市场份额。目前日本有一家企业专门生产那种外观漂亮而寿命只有9个月的纸质手表，价格在3.5美元左右，很快就打开了市场。

资料来源：吴宪和.市场营销（第三版）.上海：上海财经大学出版社，2009

（二）市场细分策略思想的形成大约经过三个发展阶段

1.大量营销阶段

这个阶段经营策略是把消费者看成具有相同需求的整体市场，力求降低生产成本，提高产量，采用最普遍的营销渠道，相同单一的广告形式，尽可能多地提供价格低廉的某种产品。市场上，企业间的竞争主要是价格竞争。

2. 产品差异化营销

这个阶段的经营思想是为消费者提供多样的产品以便其有较大的选择余地。此阶段企业还未能有意识地根据细分后各自市场的需求特性设计、生产、销售产品，不过在市场营销的实践中，已经突破了价格竞争的框框。

3. 目标市场营销

目标市场营销，就是企业把整个市场按一定因素细分为许多不同的子市场，然后从中选择某些市场作为自己的营销对象，从而开发不同的产品或采用不同的市场营销方法，尽量获得较大的市场占有率。

在现实的市场营销实战中，上述三种营销方式并非只能单独存在，而是可以同时采用的。因为不同的产品有不同的适应性，不能只限于采用一种市场营销策略。

(三) 国际市场细分化的意义

1. 有利于企业发现和发掘新的营销机会

一个企业要进行国际营销，首先必须对市场进行细分，这样可以了解消费者的特征和市场需求状况，了解哪些需求已被满足，哪些需求尚未满足，哪些潜在需求可以转化为现实需求，从而发现市场机会，并决定是否把它作为自己的目标市场。

【例 6-2】

抓住空白点

日本电视机生产企业从 1961 年开始向美国出口电视机。当时美国是世界头号电视机生产强国，而且，美国消费者还普遍存有东洋货是劣质货的观念。但日本企业经过认真的市场分析发现，在美国市场上，12 英寸以下的小型电视机是一个产品市场空白点。当时美国电视机生产企业都嫌小型机利润少而不愿经营，并且错误地认为小型机消费时代已经结束。但事实上仍有不少消费者需要它，日本企业借机将小型机打入了美国市场。正由于日本企业从美国产品市场空白点入手"钻"入美国，因此，未受到强大的美国企业的反击。待之羽翼丰满，占领大型电视机市场时，美国电视机厂家再反击已为时过晚。

资料来源：世界经典营销案例 149 篇

2. 有利于满足消费者需求

市场营销观念认为，对顾客需求的满足是企业营销活动成功与否的关键。但在国际市场营销活动中，企业要面对众多不同的国家和地区的消费者，不仅消费者的需求与偏好相当悬殊，而且各国的营销环境也各不相同，任何企业都无法同时满足所有国家和地区消费者的需求。只有对不同国家和地区的市场进行细分，企业才能根据消费者需求的特点及自身的资源状况，选择相应的细分市场作为自己的目标市场，从而更好地满足这部分消费者的需求。

【例6-3】

约翰逊黑人化妆品制造公司

美国著名约翰逊黑人化妆品制造公司的经理约翰逊是以经营冷门产品起家的。约翰逊童年时家境不好，十几岁便到一家公司当推销员，后来，他通过对市场的预测，决定独立门户，创办一家黑人化妆品公司。

这时，美国黑人化妆品市场几乎是一片空白，即使有一些产品，也都是白人、黑人通用的，而且美国黑人中懂得化妆或是有能力使用化妆品的人寥寥无几，人们认为这一行业市场太小，没有发展前途，都不愿将资金投入这一冷门行业。

约翰逊通过调查研究和大量资料的分析之后，认为：美国黑人的民权运动必然会高涨，种族歧视将会有所消除和改善，因此，黑人的经济状况不久就会好转，他们的民族自觉意识也会逐渐抬头。凡是白人能够使用和享受的东西，黑人也一定不甘落后，再无过去那种自卑感，黑人化妆品市场的繁荣一定会来到。所以他认为，开发经营黑人专用的产品，将会有大的发展，前途是无量的。

至于当时黑人对化妆不感兴趣，约翰逊认为，爱美是人的天性，黑人自然也不例外，只要能唤醒他们爱美的潜在意识，教会他们如何打扮自己，这一行业是有希望的。他还认为，做冷门生意，没有竞争对手，只要把全部精力用于开拓市场就行了，用不着担心别人来抢自己的生意。

约翰逊四处游说，东拼西借，筹集到了470美元，他花了200美元买了一部旧的搅拌机，又将剩余的资金采购了生产原料，这样，约翰逊这家小小的公司便开张了。经过短短几年的努力，约翰逊黑人化妆品公司得到了很大的发展，不久，在约翰逊预料之中的黑人民权运动的高潮来到了，他的产品极为畅销，他的公司迅速扩大，成为美国最大的黑人化妆品公司。

资料来源：金润圭：市场营销（第三版）.北京：高等教育出版社，2010

---

3. 有利于企业针对市场开发适销对路的新产品

国际市场细分为出口企业按目标市场的需求改良现有产品和设计开发新产品提供了有利条件，企业的营销目标与市场的需求更加协调一致，产品更加适销对路，从而增加销售量，获得更高的利润。

4. 促使企业针对目标市场制定适当的营销组合策略

通过市场细分，企业可以充分了解细分市场的规模、消费者需求的特点及对营销策略的反应模式，从而有利于企业在制定产品、价格、渠道和促销策略时有的放矢，更具有针对性。同时，也有利于企业及时掌握市场信息的变化，及时调整营销组合策略，使营销组合策略更适应市场需求的变化。

【例 6-4】

林昌横的"量力而营"术

林昌横是一位华侨企业家。1958 年到巴黎继承父业，经过 20 多年的苦心经营，他把一个当时只有 6 名工人的小厂发展成为现今法国第二大皮件厂，产品不仅畅销法国，而且还远销德国、瑞士、以色列、非洲等地。林昌横生财有道，他制定产品组合策略的秘诀是，先算算顾客能从口袋里拿出多少钱，然后决定采取何种产品定价策略，以及生产什么产品。他认为，中低档商品定价过高，顾客不敢问津，高中档产品定价过低，顾客反而认为质次也不愿意买。例如，他生产的皮带，就是根据法国人的高、中、低收入定价的。低档货适合低收入者的需要，就要 50 法郎上下，用料是普通牛皮、羊皮，这部分人较多，就多生产些。高档货适合高收入者的需要，就定价 600~800 法郎，用料贵重，有鳄皮、蟒皮，但是，这部分人较少，就少生产些。有些独家经营的贵重商品，定价就不封顶，因为有钱的人，只要他喜欢，价格再高他也会购买。中等货就定在 200~300 法郎。这样做，既扩大了市场，又能得到较多的盈利。

资料来源：世界经典营销案例 149 篇

---

5. 有利于企业集中资源，提升企业竞争力

企业资源是有限的，而且市场上存在着众多的竞争对手，通过市场细分，有利于企业把人力、财力、物力集中投放到目标市场，获得竞争优势，占领该目标市场。同时，企业也可以避开与强劲竞争对手在其他市场上的竞争。对于中小企业来说，市场细分的意义尤其突出，效果也更明显。

二、市场有效细分的条件

1. 细分的前提及内在根据

消费者需求的多样化是市场细分的必要前提。消费者需求的多样化、差异化，是由于人们的文化背景、受教育程度、社会观念、经济状况及生活方式存在差异引起的。消

费者的需求动机以及购买行为等因素是多元性的，也是市场细分的内在依据。

2. 市场细分的条件

进行国际市场细分，必须依据以下几个条件：

（1）可衡量性。这是指细分市场后子市场的规模和购买力是可以被衡量的。如果按照消费者的个性将消费群体划分为追求浪漫生活的人，一个国家有多少这样的人往往是无法衡量的，因此这种细分就是不符合要求的。

（2）足量性。这是指细分后的子市场的规模应足够大，这样企业才可能从市场上得到足够的利润，否则可能得不偿失。所以，有时不能将市场划分得太细，否则市场就不能保持足够的规模。

（3）可进入性。这是指企业可以达到并服务于该子市场，包括三层含义：①是否允许外国企业进入，如军用品市场。②企业能否将产品或服务传递到消费者手中。如有些国家的某些消费群体是不固定的，难以开展有针对性的营销活动。③企业有没有能力进入到该子市场，即企业在资金、技术、人才等方面是否具备进入该市场的条件。

（4）实效性。这是指企业的营销活动是否能取得相应的效果，即企业进入该市场是否有利可图。

三、国际市场细分标准

（一）消费者市场细分的标准

消费者市场细分的标准分类如表 6-1 所示。

表 6-1　消费者市场细分的标准

标　准	细　目
1. 地理	
国家、地区	某国、某地区、具体区域
城市、农村	某些城市、某些农村
自然条件	山区、平原；气温；雨量、湿度
交通运输	交通运输条件、装卸费用
2. 人文	
人口	人口总数、人口分布
年龄	6 岁以下；6~11 岁；12~19 岁；20~34 岁；35~49 岁；50~64 岁；65 岁以上
性别	男性、女性
家庭大小	1~2 人；3~4 人；5~6 人；6 人以上
生活阶段	年轻未婚；年轻已婚无子女；年轻已婚有子女 6 岁以下……
收入	不同收入阶段
职业	工人；农民；军人；职员；其他
教育水平	小学；中学；大学
民族	各民族的特点

续表

标　准	细　目
宗教信仰	基督教；天主教；伊斯兰教；佛教
生活习惯	衣、食、住、行、用
3.心理	
心理趋向	保守；一般；好奇；崇尚差异
美学观点	色彩；图案
生活特点	强调个人自由；以家庭为中心；男女是否平等
4.行为	
使用时机	节日；假日；平时
购买频率	经常购买；偶尔购买
追求利益	求实用；求便宜；求方便；求新奇；求炫耀；求随俗
使用者	未曾使用；曾使用；初次使用；潜在使用者
使用程度	大量使用；一般使用；少量使用
依赖程度	十分信赖；比较信赖；转变信赖；经常转变信赖
了解程度	不了解；已了解；已听说；有兴趣；希望要；准备买
重视因素	质量；价格；服务；广告；其他促销措施

资料来源：罗农.市场营销学.北京：清华大学出版社，2008

1. 地理标准

地理细分影响着消费者的需求和反应，不同地区的自然条件、传统文化、经济发展水平各不相同，于是形成了不同的消费习惯和偏好，从而对营销刺激产生不同的反应。

2. 人文标准

在市场细分中，人文因素也是一个重要的方面。它所运用的变量包括人口、年龄、性别、职业、教育水平、收入、民族、宗教信仰等。人文因素与需求差异有着密切关系。例如，不同年龄、不同教育程度的消费者的审美观、产品价值观、消费方式等往往不同，因而对同一种产品的欲望和消费需求也有所不同。同样，经济收入的不同，使消费者对某一种产品的质量、档次的需求也有明显差异。

【例 6-5】

"小说旅馆"生意兴隆

在美国，有一家名叫西尔维亚·奇的小旅馆，共有 20 间客房，其布置和摆设都极为奇特。每个房间的设计都以世界一位著名作家为主题。旅客通过房间中的摆设联想到不同作家名作品的精辟句子和情节，从而引起一连串退想。这家"小说旅馆"吸引了众多爱好读书的游客，生意十分兴隆。

资料来源：世界经典营销案例 149 篇

---

3. 心理标准

所谓心理标准，就是企业按消费者的心理趋向、美学观点、生活特点等心理变数细分消费者市场。生活格调是指人们对工作、消费、娱乐的特定习惯和倾向性方式。不同的生活格调会产生不同的需求偏好。从购买动机来细分市场，也是心理细分的常用方法。

【例6-6】

新型汽车受谁欢迎

有一个汽车生产商，原本是针对30岁以下的年轻人设计了一种体现年轻人敢于冒险、放荡不羁风格的汽车。新型汽车一上市，销售情况非常好。然而当他们对全部销售情况进行分析时，却发现了一个有趣的现象，这就是中老年人在购买比例中却占有相当的比重，竟然占到40%。由此可见，这些人虽然年龄超过了30岁，但他们的生活方式以及个性却是在追求一种不老的生活方式。

资料来源：杨琼.市场营销学.北京：科学出版社，2007

4. 行为标准

行为标准即企业以消费者对产品购买时机、追求利益程度、对品牌偏好程度、用户状况和购买使用频率等因素为标准划分消费者群体。

总之，消费者市场细分的依据大致有以上几种，但究竟以哪个变量为主，还要根据具体情况灵活运用，以便获得最好的营销机会。这些细分标准对消费者来说，往往相互影响，不能截然分开。

（二）消费者市场细分的方法和程序

1. 消费者市场细分的方法

（1）单一因素法。根据影响消费者需求的某一种因素进行细分市场。如根据年龄，可把儿童玩具市场划分为若干子市场：1~3周岁、3~5周岁、5~7周岁、7~10周岁、10~12周岁、12周岁以上。

（2）综合因素法。即运用两个或两个以上的因素，同时从多个角度对市场进行细分。比如，依据性别、收入、年龄三个因素细分服装市场，就可得到24（2×3×4）个子市场。这种方法适合于消费者需求差别较为复杂，需从多个方面分析、认识的市场。如图6-1所示。

（3）系列因素法。按影响消费者需求的各种因素，由大到小、由粗到细地进行系列划分。某服装企业的女装市场细分如表6-2所示。

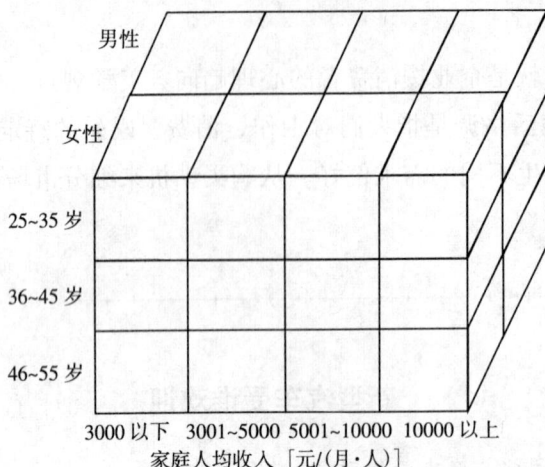

图 6-1　服装市场的细分标准

表 6-2　某服装企业女装市场细分

年龄	性别	职业	收入	教育	婚姻	住地	气候
婴儿	男	农民	低	文盲	未婚	城市	温带
儿童	女	工人	中下	小学	已婚	郊区	亚热带
青年		学生	中	中学		农村	寒带
中年		军人	高	大学			
老年		教师					
		干部					

通过上面的细分，这个服装企业可以根据自己的实力和市场情况，从以上系列因素选择中年、工人、收入高、大学学历、已婚、城市、亚热带市场。

市场细分的标准具有静态性和动态性，静态是相对的，动态是绝对的。这就是说，各种标准和具体因素是不断变化的，比如年龄、受教育程度和职业将随时间的流逝而有所变化，所以对市场细分要有动态观念，并注意目标市场的变化随时调整。

2. 市场细分过程

市场细分不是简单的市场分类，而是一项涉及企业目标、市场性质与特征等多因素的复杂过程。为了保证市场细分的有效性，在实际运作过程中，市场细分过程一般需要经历以下几个阶段：

（1）确定细分范围。根据企业的经营方向和国际营销任务，在调查研究的基础上，确定某种产品和市场范围作为细分对象。

（2）市场调查。由调研人员进行访谈或问卷调查，了解消费者的需求、购买动机、态度和行为；同时，搜集调查对象的统计资料等。

（3）细分标准的选择与分类。分析消费者需求特征的差异性，找出差异性最大的消费者群。在此基础上，识别影响消费者需求的主要因素，参照同行业市场细分的经验，从中选择一个或几个细分标准，并根据统计资料进行细分标准分类，例如收入标准分成高、中、低三个层次。

（4）描绘各细分市场。分析、描绘各细分市场的主要特征，并根据每个细分市场的差异性为其命名，更好地为企业定位。

（三）生产者市场细分标准

生产者市场细分标准如表6-3所示。

表6-3　生产者市场细分标准

细分标准	具体因素
地理位置	国家　区域　地形　气候资源　自然环境 城乡　城市规模　交通条件　生产力布局　其他
用户行业	冶金　煤炭　军工　机械　服装　食品 纺织　森林　航空　船舶　化工　其他
用户规模	大型企业　中型企业　小型企业 大用户　中用户　小用户　其他
购买行为	使用者地位　追求利益　使用率　购买频率　购买批量　购买周期　购买目的　品牌商标 渠道忠诚度　价格　服务忠诚度

1. 地理位置

用户对某些产品的需求因地区的不同而存在很大的差异。包括国家、区域、城乡、气候资源、自然环境、交通条件及其他等。按用户的地理位置细分市场，有助于企业根据自己的资源和技术设备、产品及运输条件等状况来选择有利的目标市场。

2. 用户行业

用户行业是指将用户分为冶金、煤炭、军工、机械、服装、食品、纺织、森林、航空、船舶、化工及其他。还可以按用户性质划分，包括生产者（工厂、农村、农户）、中间商（批发商、代理商、零售商）、政府机构（政府机关、事业单位、军事机构）等。根据用户性质进行市场细分使营销人员能够调整营销组合策略以适应特定类型的组织或产业的特殊需求。

3. 用户规模

用户规模是指购买力（大量、中量、少量）通常用来作为生产者细分的依据。另一个细分依据是进行购买的组织的规模，它可以影响购买过程、所需要的产品类型和数量以及对不同营销组合的反应。许多企业分别建立联系和接待大顾客与小顾客的制度。

4. 购买行为

购买行为是指用户购买状况是直接购买、修正购买还是新购买在购买行为上的差异，包括使用者地位、追求利益、使用率、购买频率、购买批量、购买周期、购买目的、品牌商标及渠道忠诚度、价格及服务忠诚度等。

下面以钢铁公司使用多种标准细分市场为例加以说明，如图6-2所示。

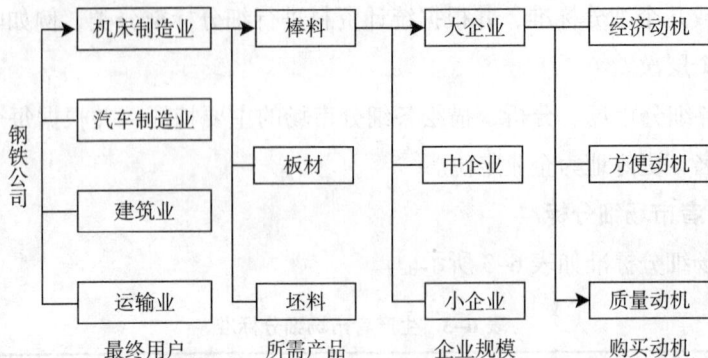

图 6-2　钢铁公司市场细分标准

（1）公司按最终用户需要把市场分为四个小市场，而后选择机床制造业为目标市场。

（2）按所需产品又分为三个小市场，公司选择棒料为目标市场。

（3）再按企业规模细分为大、中、小三个小市场，公司选择大型企业为目标市场。

（4）最后按购买动机细分为质量动机、经济动机、方便动机，公司选择质量动机为目标市场。

现代技术变化迅猛、因素复杂，企业应经常对产品进行细分评价，寻找有利的市场机会。

第二节　国际目标市场的选择

国际目标市场（International Target Market），就是企业要进入并占有的那部分国际市场（或子市场），即企业要为之服务的顾客群。国际市场细分的目的是为了选择目标市场，也就是在市场细分的基础上，企业根据自己的任务、目标和资源条件，估计每个细分市场的吸引力程度，选择一个或几个细分部分作为服务对象，然后采取相应的市场营销策略，这种营销活动称为目标营销或市场目标化。

一、评估国际目标市场的基准

评估国际目标市场的基准有：细分市场的规模和增长率、细分市场的结构吸引力、企业目标和资源。选择目标市场的首要步骤是分析评价各个细分市场，即对各细分市场在市场规模增长率、市场结构吸引力和企业目标与资源等方面的情况进行详细评估，在综合比较、分析的基础上，择出最优化的目标市场。

（一）细分市场的规模和增长率

这项评估主要研究潜在细分市场是否具有适当的规模和增长率。当然，适当的规模是一个相对概念。大公司可能偏好销售量很大的细分市场，对小的细分市场不感兴趣。小公司则由于竞争实力较弱，会有意避开较大规模的细分市场。细分市场的增长率也是一个重要因素。所有的企业都希望目标市场的销售量和利润具有良好的上升趋势，但竞争者也会迅速进入快速增长的市场，从而使利润率下降。

（二）细分市场的结构吸引力

一个具有适当规模和成长率的细分市场，又可能缺乏盈利潜力。著名管理学家波特认为，决定一个市场或一个细分市场的长期盈利潜力有五个因素：行业竞争者、潜在进入者、替代者、购买者和供应者。

如果许多势均力敌的竞争者同时步入或参与某细分市场，或者一个细分市场上已有很多颇具实力的竞争企业，那么，该细分市场的吸引力就会下降，尤其是当该细分市场已趋向饱和或萎缩时。潜在进入者既包括在其他细分市场中的同行企业，也包括那些目前不在该行业经营的企业。如果该细分市场的进入障碍较低，则该细分市场的吸引力也会下降。替代者的产品从某种意义上限制了该细分市场的潜在收益。替代品的价格越有吸引力，该细分市场增加盈利的可能性就被限制得越紧，从而使该细分市场吸引力下降。购买者和供应者对细分市场的影响表现在他们议价的能力上。如果某细分市场，购买者的压价能力很强，或者供应者有能力抬高价格或降低所供产品的质量或服务，那么该市场的吸引力就下降。

（三）企业目标和资源

选择目标市场，除了满足上述两个条件外，企业还需要考虑自身在该细分市场的目标和所具有的资源。某些具有吸引力的细分市场如果与企业的长期目标不适合，也只能放弃。而对一些适合企业目标的细分市场，企业必须考虑它是否具有在该市场获得成功所需要的各种营销技能和资源等条件。

二、国际目标市场的选择策略

企业通过评估细分市场，将决定进入哪些细分市场即选择目标市场。在选择目标市场时有五种可供考虑的市场覆盖模式，如图6-3所示。

（一）市场集中化

这是一种最简单的目标市场模式，即企业只选取一个细分市场进行集中营销。企业集中全力只生产一类产品，供应某一单一的顾客群。例如某服装厂商只能生产儿童服装。选择单一细分市场集中化模式一般基于以下考虑：企业具备在该细分市场从事专业化经营或取胜的优势条件；限于资金能力，只能经营一个细分市场；该细分市场中没有竞争

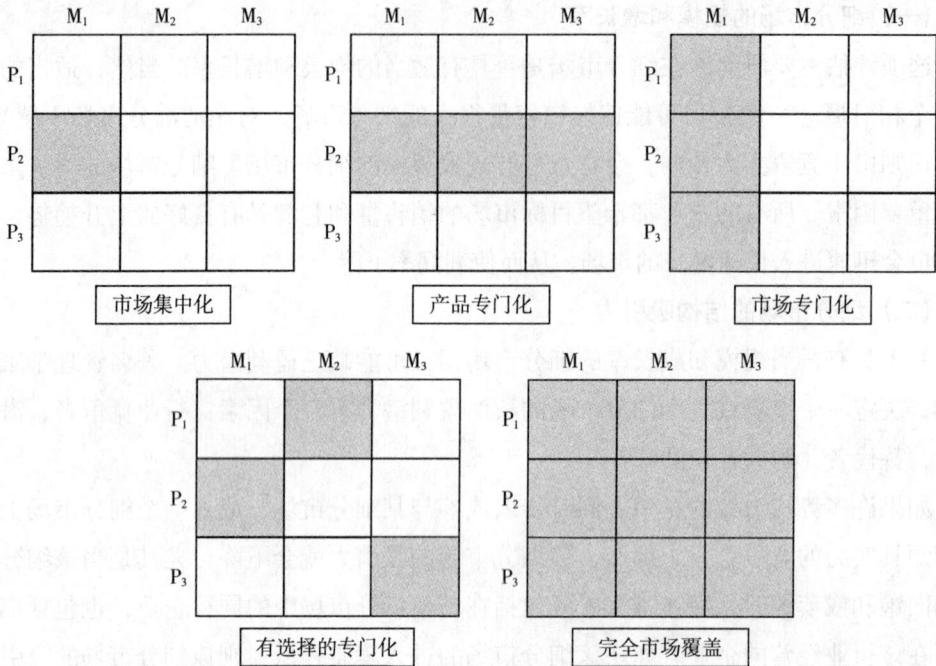

图 6-3　国际目标市场选择自力策略（P 代表产品种类，M 代表市场种类）

对手；准备以此为出发点，以求取得成功后向更多的细分市场扩展。

（二）产品专门化

该市场模式的特征是企业集中生产一种产品，并向各类顾客销售这种产品。如饮水器生产厂只生产饮水器一种产品，而同时向家庭、机关、学校、银行、餐厅、招待所等各类用户销售。产品专门化模式使企业专注于某一种或某一类产品的生产，有利于形成和发展生产和技术上的优势，在该专业化产品领域树立形象。但其局限性是当该产品领域被一种全新的技术所代替时，该产品销售量有大幅度下降的危险。当然这种全新的替代型技术并不是经常出现的，因此由于顾客类型较多，产品专业化营销的风险较单一细分市场实行集中化营销的风险要小得多。

（三）市场专门化

该市场模式的基本特征是企业专门为满足某一类顾客群体的需要，经营这类顾客所需要的各种产品。譬如某工程机械公司专门向建筑业用户供应推土机、打桩机、起重机、水泥搅拌机等建筑工程中所需要的机械设备。市场专门化由于经营的产品类型众多，能有效地分散经营风险。但由于集中于某一类顾客，当这类顾客由于某种原因购买力下降时，实行市场专门化的企业也会遇到收益下降的风险。

（四）有选择的专门化

该市场模式是企业选取若干个细分市场作为目标市场，其中每一个细分市场都具有良好的盈利潜力和结构吸引力，且符合企业的目标和资源。该目标市场模型中各个细分市场之间，较少或基本不存在联系。其优点是可以有效地分散经营风险，即使某个细分市场盈利不佳，企业仍可继续在其他细分市场取得盈利。选择专业化市场模式的企业应具有较强的资源和营销实力。

(五) 完全市场覆盖

该市场模式的基本特征是产品能满足各种顾客群体的需要。因此，只有实力雄厚的大型企业才有能力选用全面覆盖的模式。例如美国 IBM 公司在全球计算机市场、丰田汽车公司在全球汽车市场和可口可乐公司在全球饮料市场上，均采用全面覆盖的目标市场模式。

三、国际目标市场的营销策略

企业在进行了国际市场细分、选择了国际目标市场之后，必须决定如何为确定的目标市场设计营销组合，即采取怎样的方式，使自己的营销力量达到并影响目标市场。一般来说，可供企业选择的国际目标市场营销策略主要有三种。

(一) 无差异性目标市场营销策略

无差异性目标市场营销策略是指企业把整体市场看作一个大的目标市场，认为市场上所有消费者对于本企业产品的需求不存在差别，或即使有差别但差别较小可以忽略不计，因此，企业只向市场推出单一的标准化产品，并以统一的营销方式销售。如图6-4所示。

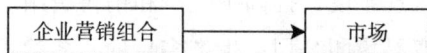

```
企业营销组合  ———→  市场
```

图6-4 无差异性目标市场营销策略

采用这种市场营销策略，必须具备下列前提条件：产品的市场需求面要宽，要能适应各个市场上不同购买者的需要，如食盐、毛巾等；产品既能大批量生产，又便于销售、储存和运输，适于同时向多个市场投放，对某些鲜活产品，不宜采用无差别策略；产品销售渠道要足够宽和足够长。

【例6-7】

可口可乐的早期目标市场策略

在相当长的一段时间内，可口可乐公司因拥有世界性的专利，仅生产一种口味、一种规格和形状的瓶装可口可乐，连广告词也只有一种。它所实施的就是无差异性市场战略，期望凭借一种可乐来满足所有消费者对饮料的需求。

资料来源：吴宪和.市场营销（第三版）.2009

大多数情况下，无差异性目标市场营销策略并不一定合适。首先，消费者需求客观

上千差万别并不断变化，一种产品长期为所有消费者和用户所接受非常罕见。其次，当众多企业如法炮制，都采用这一策略时，会造成市场竞争异常激烈。最后，对市场反应不灵敏，在变化频繁的市场上企业适应能力差，易受到竞争企业的攻击。当其他企业针对不同细分市场提供更有特色的产品和服务时，采用无差异性目标市场营销策略的企业，可能会发现自己的市场正在遭到蚕食，但又无法有效地予以反击。

（二）差异性目标市场营销策略

差异性目标市场营销策略就是把整个市场细分为若干子市场，针对不同的子市场，设计不同的产品，制定不同的营销策略，满足不同的消费需求。如美国有的服装企业，按生活方式把妇女分成三种类型：时髦型、男子气型、朴素型。时髦型妇女喜欢把自己打扮得华贵艳丽，引人注目；男子气型妇女喜欢打扮得超凡脱俗，卓尔不群；朴素型妇女购买服装讲求经济实惠，价格适中。公司根据不同类型妇女的不同偏好，有针对性地设计出不同风格的服装，使产品对各类消费者更具有吸引力。又如某自行车企业，根据地理位置、年龄、性别细分为几个子市场：农村市场，因常运输货物，要求牢固耐用，载重量大；城市男青年，要求快速、样式好；城市女青年，要求轻便、漂亮、闸灵。针对每个子市场的特点，制定不同的市场营销组合策略。这种策略的优点是能满足消费者的不同要求，有利于扩大销售、占领市场、提高企业声誉。其缺点是由于产品差异化、促销方式差异化，增加了管理难度，提高了生产和销售费用。目前只有力量雄厚的大公司采用这种策略。如青岛双星集团公司，生产多品种、多款式、多型号的鞋，满足国内外市场的多种需求。差异性目标市场营销策略如图6-5所示。

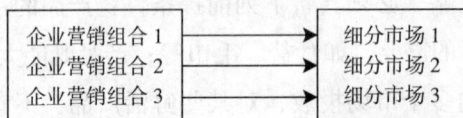

```
企业营销组合 1  ────▶  细分市场 1
企业营销组合 2  ────▶  细分市场 2
企业营销组合 3  ────▶  细分市场 3
```

图6-5　差异性目标市场营销策略

【例6-8】

美国爱迪生兄弟公司的经营策略

美国爱迪生兄弟公司经营了900家鞋店，分为四种不同的连锁店形式，每一种形式都是针对一个不同的细分市场，有的专售高价鞋，有的专售中价鞋，有的专售廉价鞋，有的专售时髦鞋。在芝加哥斯泰特大街短短距离的三个街区内就有该公司的三家鞋店。尽管这些商店彼此很近，但并不影响相互的生意。因为它们是针对女鞋市场上的不同细分市场。

资料来源：http：//121.26.225.8/jpkc/shichangyingxiao/main/teach/text/lesson10.doc

（三）集中性目标市场营销策略

集中性目标市场营销策略是指企业选择一个或几个细分化的专门市场作为营销目标，集中企业的总体营销优势，实行专业化生产和销售，充分满足消费者的需要，以开拓市场。采用这种市场策略的企业，不是追求在整体市场上占有较小的份额，而是为了在一个或几个较小的细分市场上取得较大的市场占有率，甚至居于支配地位。集中性目标市场营销策略如图6-6所示。

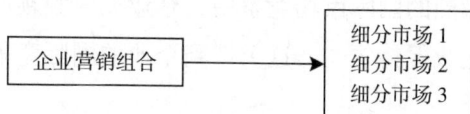

图6-6　集中性目标市场营销策略

【例6-9】

皮鞋公司的目标市场战略

有一家小规模的制鞋公司，在皮鞋市场上的竞争力较弱。通过市场调查和细分后，了解到皮鞋市场上有各种不同的皮革制成的皮鞋，款式约有150多种。但有很多消费者喜欢在家穿轻便舒适的皮便鞋，该公司决定以此消费者群体作为目标市场，集中企业的一切资源，专门生产这种皮便鞋，使公司在竞争激烈的皮革制品市场上站住了脚，获得了很大的经济效益。

资料来源：http://121.26.225.8/jpkc/shichangyingxiao/main/teach/text/lesson10.doc

集中性目标市场营销策略的优点是能够有效地使用企业资源，集中企业优势，占领空隙市场或边角市场。其局限性体现在两个方面：一是市场区域相对较小，企业发展受到限制。二是潜伏着较大的经营风险，一旦目标市场突然发生变化，都可能使企业因没有回旋余地而陷入困境。集中性目标市场营销策略一般适用于实力有限的中小企业。

三种目标市场策略各有利弊。选择目标市场时，必须考虑企业面临的各种因素和条件，如企业规模和原料的供应、产品类似性、市场类似性、产品寿命周期、竞争的目标市场等。选择适合本企业的目标市场策略是一个复杂多变的工作。企业内部条件和外部环境在不断发展变化，经营者要不断通过市场调查和预测，掌握和分析市场变化趋势与竞争对手的条件，扬长避短，发挥优势，把握时机，采取灵活的适应市场态势的策略，去争取较大的利益。

第三节　国际目标市场的定位

国际营销企业经过国际市场细分，并选定目标市场后，还面临着如何对待当前和未来国际竞争的问题。在激烈的国际市场竞争中，企业如何脱颖而出，以鲜明的特色吸引目标顾客，立于不败之地或保持领先，这关系到企业的国际竞争优势的问题，科学的市场定位是其中的关键。

一、国际目标市场定位的概念

所谓市场定位，亦即产品定位，就是根据市场的竞争情况和本企业的条件，确定本企业产品在目标市场上有利的竞争地位，并相应制定一套详细的市场营销策略。

国际市场定位是指企业根据所选的国际目标市场的竞争状况和自身的优势，塑造企业和产品在国际顾客心中的良好形象和确立企业合适的竞争地位。

国际市场定位的实质是使本企业与其他企业严格区分开来，使顾客明显感觉和认识到这种差别，从而在顾客心目中占有特殊的位置。

企业在进行市场定位时，一方面要了解竞争对手的产品具有何种特色；另一方面要研究目标顾客对该产品的各种属性的重视程度。在对以上两个方面进行深入研究后，再选定本企业产品的特色和独特形象，向潜在顾客勾画这个产品的市场定位。

二、国际市场定位的步骤

定位是以产品为出发点，如一种商品、一项服务、一家公司、一所机构，甚至一个人……但定位的对象不是产品，而是针对潜在顾客的思想，也就是说，要为产品在潜在顾客的大脑中确定一个合适的位置。具体步骤如图 6-7 所示。

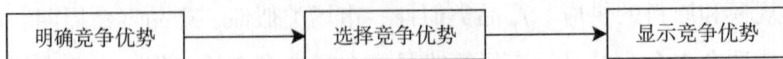

```
┌──────────┐      ┌──────────┐      ┌──────────┐
│ 明确竞争优势 │ ───> │ 选择竞争优势 │ ───> │ 显示竞争优势 │
└──────────┘      └──────────┘      └──────────┘
```

图 6-7　国际市场定位的步骤

（一）分析目标市场的现状，明确企业的竞争优势

这一步骤的中心任务是要回答以下三个问题：一是竞争对手产品定位如何？二是目标市场上顾客欲望满足程度如何以及确实还需要什么？三是针对竞争者的市场定位和潜在顾客的真正需要的利益要求企业应该及能够做什么？要回答这三个问题，企业市场营销人员必须通过调研手段，系统地设计、搜索、分析并报告有关上述问题的资料和研究

结果。通过回答上述三个问题，企业就可以从中把握和确定自己的潜在竞争优势在哪里。

（二）准确选择竞争优势，对目标市场初步定位

竞争优势表明企业能够胜过竞争对手的能力。这种能力既可以是现有的，也可以是潜在的。选择竞争优势实际上就是一个企业与竞争者在各个方面实力相比较的过程。比较的指标应是一个完整的体系，只有这样，才能准确地选择相对竞争优势。通常的方法是分析、比较企业与竞争者在经营管理、技术开发、采购、生产、市场营销、财务和产品七个方面究竟哪些是强项，哪些是弱项。借此选出最适合本企业的优势项目，以初步确定企业在目标市场上所处的位置。

（三）显示独特的竞争优势

这一步骤的主要任务是企业要通过一系列的宣传促销活动，将其独特的竞争优势准确传播给潜在顾客，并在顾客心目中留下深刻印象。为此，企业首先应使目标顾客了解、知道、熟悉、认同、喜欢和偏爱本企业的市场定位，在顾客心目中建立与该定位相一致的形象。其次，企业通过各种努力强化目标顾客形象，稳定目标顾客的态度和加深目标顾客的感情来巩固与市场相一致的形象。最后，企业应注意目标顾客对其市场定位理解出现的偏差或由于企业市场定位宣传上的失误而造成的目标顾客模糊、混乱和误会，及时纠正与市场定位不一致的形象。

三、国际市场定位的原则

各个企业经营的产品不同，面对的顾客也不同，所处的竞争环境也不同，因而市场定位所依据的原则也不同。总的来讲，市场定位所依据的原则有以下四点：

1. 根据具体的产品特点定位

构成产品内在特色的许多因素都可以作为市场定位所依据的原则。比如所含成分、材料、质量、价格等。"七喜"汽水的定位是"非可乐"，强调它是不含咖啡因的饮料，与可乐类饮料不同。"泰宁诺"止痛药的定位是"非阿司匹林的止痛药"，显示药物成分与以往的止痛药有本质的差异。一件仿皮皮衣与一件真正的水貂皮衣的市场定位自然不会一样，同样，不锈钢餐具若与纯银餐具定位相同，也是难以令人置信的。

2. 根据特定的使用场合及用途定位

为老产品找到一种新用途，是为该产品创造新的市场定位的好方法。小苏打曾一度被广泛地用作家庭的刷牙剂、除臭剂和烘焙配料，现在已有不少新产品代替了小苏打的一些功能。小苏打可以定位为冰箱除臭剂，有家公司把它当做了调味汁和肉卤的配料，还有一家公司发现它可以作为冬季流行性感冒患者的饮料。我国曾有一家生产"曲奇饼干"的厂家最初将其产品定位为家庭休闲食品，后来又发现不少顾客购买是为了馈赠，又将之定位为礼品。

3. 根据顾客得到的利益定位

产品提供给顾客的利益是顾客最能切实体验到的，也可以用作定位的依据。

【例6-10】

各种不同商品的利益定位

1975 年，美国米勒（Miller）推出了一种低热量的"Lite"牌啤酒，将其定位为喝了不会发胖的啤酒，迎合了那些经常饮用啤酒而又担心发胖的人的需要。世界上各大汽车巨头的定位也各有特色，劳斯莱斯车豪华气派、丰田车物美价廉、沃尔沃车则结实耐用。

资料来源：商业故事，2011（1）

---

4. 根据使用者类型定位

企业常常试图将其产品指向某一类特定的使用者，以便根据这些顾客的看法塑造恰当的形象。

【例6-11】

美国米勒啤酒定位

美国米勒啤酒公司曾将其原来唯一的品牌"高生"啤酒定位于"啤酒中的香槟"，吸引了许多不常饮用啤酒的高收入妇女。后来发现，占30%的狂饮者大约消费了啤酒销量的80%，于是，该公司在广告中展示石油工人钻井成功后狂欢的镜头，还有年轻人在沙滩上冲刺后开怀畅饮的镜头，塑造了一个"精力充沛的形象"。在广告中提出"有空就喝米勒"，从而成功占领啤酒狂饮者市场达 10 年之久。

资料来源：商业故事，2011（1）

事实上，许多企业进行市场定位依据的原则往往不止一个，因为要体现企业及其产品的形象，市场定位必须是多维度的、多侧面的。

四、国际目标市场定位的策略

国际目标市场定位是一种竞争策略，它显示了一种产品或一家企业同类似的产品和企业之间的竞争关系。竞争态势不同，市场定位方式也不同。常见的市场定位策略有以下几种：

(一) 避强定位策略

避强定位策略是指企业力图避免与实力最强的或较强的企业直接发生竞争，而将自己的产品定位于另一个市场区域内，使自己的产品在某些特征或属性方面与最强或较强的对手有比较显著的区别。

优点：避强定位策略能使企业较快地在市场上站稳脚跟，并能在消费者或用户中树立形象，风险小。

缺点：避强往往意味着企业必须放弃某个最佳的市场位置，很可能使企业处于最差的市场位置。

【例 6-12】

棒棒糖的补缺定位

美国银河公司发现市场上的棒棒糖一剥开糖纸，不到一分钟就被小孩吃完了，它们就专门生产一种耐吃的糖，定位于耐吃。

资料来源：http://121.26.225.8/jpkc/shichangyingxiao/main/teach/text/lesson10.doc

(二) 迎头定位策略

迎头定位策略是指企业根据自身的实力，为占据较佳的市场位置，不惜与市场上占支配地位的、实力最强或较强的竞争对手发生正面竞争，而使自己的产品进入与对手相同的市场位置。

优点：竞争过程中往往相当引人注目，甚至产生所谓的轰动效应，企业及其产品可以较快地为消费者或用户所了解，易于达到树立市场形象的目的。

缺点：具有较大的风险性。

(三) 补缺定位

寻找新的尚未被占领但有潜在市场需求的位置，填补市场上的空缺，生产市场上没有的、具备某种特色的产品。如日本的索尼公司的索尼随身听等一批新产品正是填补了市场上迷你电子产品的空缺，并进行不断的创新，使得索尼公司即使在第二次世界大战时期也能迅速的发展，一跃而成为世界级的跨国公司。采用这种定位方式时，公司应明确创新定位所需的产品在技术上、经济上是否可行，有无足够的市场容量，能否为公司带来合理而持续的盈利。

(四) 重新定位

公司在选定了市场定位目标后，如定位不准确或虽然开始定位得当，但市场情况发生变化时，如遇到竞争者定位与本公司接近，侵占了本公司部分市场，或由于某种原因消费者或用户的偏好发生变化，转移到竞争者方面时，就应考虑重新定位。重新定位是以退为进的策略，目的是为了实施更有效的定位。

【例6-13】

万宝路香烟的重新定位

如万宝路香烟刚进入市场时，是以女性为目标市场，它推出的口号是：像5月的天气一样温和。然而，尽管当时美国的吸烟人数年年都在上升，万宝路的销售业绩却始终平平。后来，广告大师李奥贝纳为其做广告策划，他将万宝路重新定位为男子汉香烟，并将它与最具男子汉气概的西部牛仔形象联系起来，使万宝路树立了自由、野性与冒险的形象，从而从众多的香烟品牌中脱颖而出。自20世纪80年代中期到现在，万宝路的销量一直居各品牌香烟销量首位，成为全球香烟市场的领导品牌。

资料来源：根据网络资料整理。

市场定位是设计公司产品和形象的行为，以使公司明确在目标市场中相对于竞争对手自己的位置。公司在进行市场定位时，应慎之又慎，要通过反复比较和调查研究，找出最合理的突破口。避免出现定位混乱、定位过度、定位过宽或定位过窄的情况。而一旦确立了理想的定位，公司必须通过一致的表现与沟通来维持此定位，并应经常加以监测以随时适应目标顾客和竞争者策略的改变。

第四节　进入国际市场的模式

随着经济生活国际化趋势的日益增强与我国对外开放向纵深发展，我国必然会有越来越多的企业介入国际经济生活，进入国际市场。为此，比较和研究企业进入国际市场的基本模式，对我国企业更好地参与国际经济生活，无疑具有十分重要的意义。

国际市场进入模式的类型包括出口进入模式、契约进入模式、投资进入模式、国际战略联盟。这些模式的主要差异是：出口进入模式输出的是实体产品；契约进入模式输出的是技术、服务、管理经验及营销诀窍等；投资进入模式输出的主要是资本；国际战略联盟的特点是与目标市场国的伙伴企业优势互补。

一、影响企业进入国际目标市场模式选择的因素

企业在进入国际市场时，并不存在一般性的最优进入模式，企业只能根据各种影响因素做出权变选择。影响国际市场进入模式选择的因素包括外部因素和内部因素，外部因素是指外部不确定性，包括市场、生产、经济、政治和社会文化五个方面；内部因素是指与公司自身条件和所处行业相关的影响因素，包括产品、资源和国际化经验三个方面。

（一）影响国际市场进入模式选择的外部因素

就外部影响因素而言，市场因素、生产要素、经济环境因素、政治因素和社会文化因素也是构成东道国国家风险的主要因素，这些是企业选择国际市场进入模式时需要考虑的因素。其中，社会文化因素对国际市场进入模式的影响非常重要，这主要表现为母国与东道国之间存在的文化距离——主要是指母国和东道国在语言、价值观、生活和做事模式等方面的差异。如果文化距离很大，公司很难预测在母国采取何种经营行为才算恰当，就会需要花费更多的成本去适应文化距离。

（二）影响国际市场进入模式选择的内部因素

就内部影响因素而言，包括产品因素、公司自身资源及企业的国际化经验，它反映了企业的竞争优势所在。与外部因素不同的是企业可以控制内部因素的变化。

1. 产品因素

产品因素包括知识价值、隐含知识和适应知识，如果公司产品所包含的技术含量和差异化程度高，或公司产品很难被竞争对手模仿，或公司产品在目标国容易被恰当地应用，则公司就会倾向于使用控制度强的进入模式，以确保这些资产不被外人利用。

2. 公司自身资源

公司自身资源也是企业在选择进入国际市场模式时需要考虑的内部因素。如果公司的规模大，资源充足，或者更确切些，公司愿意并能够为进入外国市场付出较多资源，能够承受由此产生的风险，公司就可以采用资源承诺度高的进入模式。如果公司缺乏一定的资源，就会寻求合资企业的模式，以获得必要的资源或者采用许可经营等不需要太多资源投入的形式。企业所拥有的管理知识、资本、技术、生产技巧和营销技巧等资源越多，企业可以选择的进入模式也越多。相反，企业所拥有的资源越少，通常选择资源承诺低的进入模式。

3. 企业的国际化经验

在海外市场进入模式选择的影响因素中，企业的国际化经验不可忽视。企业的国际化经验反映在国外销售额占总销售额的比例、当前有联系的国外市场数量以及关于目标市场的知识等方面。多数实证研究表明，在公司的国际经验不足时，公司就不会贸然采

用投资的进入模式，随着企业的国际化经验的积累，企业倾向于控制程度高的进入模式如全资子公司。中小企业国际化经验少，在国际化的初级阶段，倾向于低卷入程度的进入模式如出口，以便于在进行直接投资之前积累经验。

当公司国际经营的经验不足时，公司会希望减少风险，也就倾向于使用资源承诺低的进入模式，例如出口或许可经营等。

二、国际市场进入模式

（一）出口进入模式

"走出去"战略是我国坚定不移的对外开放政策的一部分，是指我国资本、产品、技术、服务和自然人走出国门，参与全球化市场竞争和国际化经营的发展方针。企业在了解进入国际市场的各种模式的基础上，选择适当的模式"走出去"，对实施"走出去"战略、扩大我国的对外开放有着积极的意义。出口模式包括间接出口和直接出口两种方式。

（1）间接出口是指企业通过本国的中间商（即专业性的外贸公司）来从事产品的出口。此种方式下，企业可以利用中间商现有的销售渠道，不必自己处理出口的单证、保险和运输等业务。同时，企业在保持进退国际市场和改变国际营销渠道的灵活性的情况下，还不用承担各种市场风险，初次出口的小企业比较适合运用间接出口的方式。

（2）直接出口是指企业拥有自己的外贸部门，或者使用目标国家的中间商来从事产品的出口。直接出口有利于企业摆脱对中间商的依赖，培养自己的国际商务人才，积累国际市场营销的经验，提高产品在国际市场上的知名度。但同时也要承担更多的风险，由于其业务量可能比较小，企业自己处理单证、保险等，所以不能达到规模经济，而且企业进退国际市场和改变营销渠道的灵活性不足。

（二）契约进入模式

契约进入模式主要包括许可证模式、特许经营模式、合同制造模式、管理合同模式和工程承包模式等。

（1）许可证模式。许可证模式是指企业在一定时期内向国外法人单位转让其工业产权（如专利、商标、配方等无形资产）的使用权，以获得提成或其他补偿。许可证最明显的好处是能绕过进口壁垒的困扰，而且政治风险很小，但是这种方式不利于对目标国市场的营销规划和方案的控制，还可能将被许可方培养成强劲的竞争对手。

（2）特许经营模式。特许经营模式是指特许人将工业产权整个经营体系（如专利、商标、企业标志、技术诀窍、经营理念、管理方法等）特许给对象国独立的公司或个人使用，被特许人必须按照特许人的政策和方法经营，并支付初始费用和销售提成。这种模式和许可证进入模式很相似，所不同的是，特许方要给予被特许方以生产和管理方面的帮助。在这种模式下，特许方不需投入太多的资源就能快速地进入国外市场，而且还对被特许方的经营拥有一定的控制权。但是很难保证被特许方按照特许合同的规定来提供产品和服务，不利于特许方在不同市场上保持一致的品质形象。

（3）合同制造模式。合同制造模式是指企业向国外企业提供零部件由其组装，或向外国企业提供详细的规格标准由其仿制，由企业自身负责营销的一种方式。采取这种模式不仅可以输出技术或商标等无形资产，而且还可以输出劳务和管理等生产要素，以及部分资本。但是由于合同制造往往涉及零部件及生产设备的进出口，有可能受到贸易壁垒的影响。

（4）管理合同模式。管理合同模式是指管理公司以合同形式承担另一家公司的一部分或全部管理任务，以提取管理费、一部分利润或以某一特定的价格购买该公司的股票作为报酬。利用这种模式，企业可以利用管理技巧，不发生现金流出而获取收入，还可以通过管理活动与目标市场国的企业和政府接触，为以后的营销活动提供机会。但这种模式具有阶段性，即一旦合同约定完成，企业就必须离开东道国，除非又有新的管理合同签订。

（5）工程承包模式。工程承包模式是指企业通过与国外企业签订合同并完成某一工程项目，然后将该项目交付给对方的方式进入外国市场。它是劳动力、技术、管理甚至是资金等生产要素的全面进入和配套进入，这样有利于发挥工程承包者的整体优势。工程承包进入模式最具吸引力之处在于，它所签订的合同往往是大型的长期项目，利润颇丰。但也正是由于其长期性，这类项目的不确定性因素也因此而增加。

（三）投资进入模式

投资模式属于进入国际市场的高级阶段。我国的"走出去"战略所指的主要就是投资模式。投资模式包括合资进入和独资进入两种形式。

（1）合资进入。合资是指与目标国家的企业联合投资，共同经营、共同分享股权及管理权，共担风险。合资企业可以利用合作伙伴的成熟营销网络，而且由于当地企业的参与，企业容易被东道国所接受。但是也应看到由于股权和管理权的分散，公司经营的协调有时候比较困难，而且公司的技术秘密和商业秘密有可能流失到对方手里，将其培养成将来的竞争对手。

（2）独资进入。独资是指企业直接到目标国家投资建厂或并购目标国家的企业。独资经营的方式可以是单纯的装配，也可以是复杂的制造活动。企业可以完全控制整个管理和销售，独立支配所得利润，技术秘密和商业秘密也不易丢失。但是独资要求的资金投入很大，而且市场规模的扩大容易受到限制，还可能面临比较大的政治风险和经济风险，如货币贬值、外汇管制、政府没收等。

（四）国际战略联盟

国际战略联盟是指两个或两个以上企业为了相互需要，分担风险并实现共同目的而建立的一种合作关系。国际战略联盟是弥补劣势、提升彼此竞争优势的重要方法，可以迅速开拓新市场，获得新技术，提高生产率，降低营销成本，谋求战略性竞争策略，寻求额外的资金来源。

1. 国际战略联盟的动因

第二次世界大战后，随着世界新政治与经济秩序的迅速发展，高科技产业与信息产业的迅速发展，经济全球化与经济区域化的发展使全球竞争更加激烈。国际企业组建战略联盟的动因如下：

（1）增强企业实力。企业在激烈的竞争环境之中，要想获得持久的竞争优势，在市场上立于不败之地，就必须善于利用各种竞争力量，以提高竞争能力，企业通过与和自己有共同利益的单位建立战略联盟，竞争对手之间通过彼此的合作，加强各自的实力，共同对付别的竞争者或潜在竞争者。

（2）扩大市场份额。有的企业之间通过建立战略联盟来扩大市场份额，双方可以利用彼此的网络进入新的市场，加强产品的销售，或者共同举行促销活动来扩大影响。

（3）迅速获取新的技术。目前，技术创新和推广的速度越来越快，一个企业如果不能紧跟技术前进的步伐，就很有可能被市场淘汰，即使很大的企业也存在这一方面的压力。而技术创新需要企业有很强的实力和充分的信息，否则很难跟上技术创新的步伐，这就要求具备各种专业特长企业之间的配合，而战略联盟正好可以满足这一要求。

（4）进入国外市场。竞争全球化是市场竞争的一个趋势，这已经为越来越多的企业所共识，企业要谋求全球化的发展，但是仅靠出口产品的方式占领国际市场存在着很大的局限。现在很多企业都试图在国外生产和国外销售，这一方式也存在着很大的问题，因为国外的经营环境与国内有很大的区别，且由于各国法规的限制，对企业的发展有极大的制约。通过与进入国建立战略联盟，用合资、合作、特许经营的方式可以有效地解决这一问题，这些优点是在国外直接投资建厂、购并当地企业所不具备的。

（5）降低风险。现在市场竞争千变万化、瞬息万变，因此企业经营存在着巨大的风险，而通过战略联盟的方式可以分担风险从而使企业经营风险大大降低。例如在科技投入方面，虽然研究开发费用很大，但成功率很低，即使开发成功，很可能迅速被更先进的技术所取代，因此研究开发存在很大的风险。通过几个企业组建战略联盟共同开发，不仅可以提高成功率，而且可以使费用得到分担，迅速回收投资，这就大大降低了风险。

当今国际战略联盟已从制造业拓展到服务业；从传统产业发展到高新技术产业。诸如戴姆勒—奔驰汽车公司同美国克莱斯勒汽车公司组成的越洋公司；柯达与佳能结盟，由佳能制造复印机，而以柯达的品牌销售的联盟；摩托罗拉与东芝达成协议，利用双方的专有技术制造微处理器；美国国民银行公司与美洲银行公司合并成为美国最大的商业银行；日本与美国两大金融机构即日兴证券与美国旅行者公司进行资本重组；美国 AT&T 和日本 NEC 建立了战略联盟；英特尔公司与微软公司结成了战略联盟等。

2. 国际战略联盟的特点

目前，网络或组织已成为企业组织发展的一种趋势，战略联盟正是具备网络组织的特点。

（1）边界模糊。战略联盟并不像传统的企业具有明确的层级和边界；而是一种你中有我、我中有你的局面。

（2）关系松散。战略联盟主要是契约式或联结式，因此合作各方之间的关系十分松散，兼具了市场机制与行政管理的特点，合作各方主要通过协商的方式解决各种问题。

（3）机动灵活。战略联盟组建过程也十分简单，无须大量附加投资。而且合作者之间的关系十分松散，战略联盟存在时间不长，解散十分方便；所以战略联盟在不适应变化的环境时可迅速将其解散。

（4）动作高效。合作各方将核心资源加入到联盟中来，联盟的各方都是一流的，在这种条件下，联盟可以高效动作，完成一些企业很难完成的任务。

综上所述，企业建立战略联盟的用意在于，与合作方协力加速扩大市场容量，从而提高市场占有率。这也正是战略联盟创造新市场的思路，即不是去"抢"对手的市场，而是与对手共同创造并分享一个更大的市场。总之，未来国际市场的竞争不再是企业与企业的竞争，而是战略联盟之间的竞争。

3. 国际战略联盟的形式

（1）技术开发联盟。这种联盟的具体形式有多种，如在大企业与（中）小企业之间形成的技术商业化协议。即由大企业提供资金与市场营销力量等，而由小企业提供新产品研制计划，合作进行技术与新产品开发。又如合作研究小组，即各方将研究与开发的力量集中起来，在形成规模经济的同时也加速了研究开发的进程。与此类似的还有联合制造工程协议，即由一方设计产品，另一方设计工艺。

（2）合作生产联盟。合作生产联盟即由各方集资购买设备以共同从事某项目生产。这种联盟可以使加盟各方分享到生产能力利用率高的益处，因为各参与方既可以优化各自的生产量，又可以根据供需的不同对比状况及时、迅速地调整生产量。

（3）市场营销与服务联盟。合作各方共同拟定适合于合作者所在国或某地特定国家市场的市场营销计划，从而使加盟各方能在取得当地政府协助的有利条件下，比其他潜在竞争对手更积极、更迅速地占领市场；加盟各方也可经由这种联盟形成新市场，使竞争不至于因各方力量相差悬殊而趋于窒息。

（4）多层次合作联盟。这种联盟实际上是上述各种联盟形式的组合，即由加盟各方在若干领域内开展合作业务。企业加入这种联盟可采取渐进方式，从一项业务交流发展到多项合作。

（5）单边与多边联盟。它是按所处地域以及合作网络的形式而区分的战略联盟。市场营销与服务联盟大多为单边联盟，即两国、两企业的联合，因为市场营销协议总是针对某个特定的国家的消费及其市场的。

当然，组建战略联盟一定要慎重选择合作伙伴，并建立合理的组织关系；合作各方加强沟通。

【例6-14】

成长为大象的蚂蚁

微软公司的迅速成长，在很大程度上归功于两次战略联盟。第一次是与IBM的合作。这是一次被称为"蚂蚁与大象"的合作。1980年，IBM推出了IBM PC新机型。为了配合这种机型，IBM公司需要一个16位的操作系统。当时还十分弱小的微软，终于受到IBM的青睐，MS-DOS成了IBM新机型的操作系统。这次合作，使"蚂蚁"迅速地成长为一头"小象"。

微软公司的第二次战略联盟，是"Wintel联盟"的建立，"Wintel联盟"让微软大获其利，"小象"迅速成为"恐龙"。

在成长为全球软件巨头后，微软的联盟策略依然令人关注。在政府采购中微软遭遇"滑铁卢"后，微软中国区总裁高群耀离职，技术出身的唐骏走马上任，微软与四通、中关村科技成立中关村软件公司，在上海成立微创软件，为中国培养2000名软件架构师等一系列的连环战术让人看得眼花缭乱。事实证明，微软正在潜移默化地改变自身在中国市场的不利地位，而选择的突破口显然是政府，政府背景的合作伙伴成为微软企业战略需要的选择。

面对"大象"级的跨国公司，"蚂蚁"级的中国企业如何像微软、三星那样长大？首当其冲的自然是建立自身的核心竞争力，使得自己能够为合作伙伴所重视。IBM当年选中微软，显然不是出于道义和"扶贫"之类的考虑，而是MS-DOS的确有独到之处。管理学家认为，战略联盟必须要有特定的机缘——通常被称为"战略缺口"，指竞争环境中一家企业所要取得的战略目标与它们依靠自有资源和能力所能达到的目标之间的距离。如果这时有某家企业的资源能力恰好能弥合这个缺口，那么双方就可能一拍即合。

资料来源：凌曼文. 与"狼"共舞——国际化如何建立海外战略联盟. 中国计算机报（有删节）

【阅读材料】

联想与宏图三胞结成首个跨年度战略联盟

为进一步提升联想电脑及其移动互联终端产品在国内消费市场中的领先份额，日前，联想集团与宏图三胞正式签署了《宏图三胞＆联想集团全业务拓展战略合作》，结成行业内首个跨年度的厂商全业务战略联盟，宏图三胞也因此成为联想集团在国内IT零售市场中首个实现跨年度联盟的连锁企业。

从2010年开始，双方的合作领域将不再局限于产品直供与专供层面，更多的会向联合研发、共同生产、协同终端与服务深层对接等纵深领域渗透。未来五年，联想集团将借助宏图三胞遍布全国的连锁营销网络，实现累计销售超过500万台联想电脑及其移动互联终端产品的宏伟目标。

从电脑到手机，双方达成全业务深度合作。

联想之所以在国内电子及IT消费市场中首先选中了与宏图三胞进行跨年度全业务战略合作，是因为联想看到了宏图三胞背后所拥有的庞大的消费市场，同时其在整个IT零售市场中的专业与服务优势，同样也是促成双方此次全业务深度合作的重要原因。对此，业内人士普遍认为，与专业的零售企业宏图三胞进行全方位业务联盟，是联想确保新财年销售任务顺利完成的最快捷、最有效，也是最能立竿见影的途径。

宏图三胞总裁陈斌表示：宏图三胞与联想集团分属于产业两极的不同企业，此次跨领域、跨年度战略合作，既是联盟，更是联姻。在此之前，双方的战略合作主要是基于产品直供模式的推广而进行的，这是一种已在业界被广泛使用的常规手法。此番联姻，就是要借此契机主动转变观念，突破常规，通过对生产与销售领域优势资源的有效性融合，在产品研发、品牌运作等新业务领域进行新一轮合作探索，以期快速形成一个更适合当前国情、更益于产业发展，也更具行业远景的协同式合作模式，真正改变厂家、商家之间的角色关系。

从研发到营销，双方合力剑指500万台市场目标。

种种迹象表明，2010年的经济形势将明显好于往年，这也将有益于消费市场的成熟与发展。陈斌表示："技术的成熟，理性的消费，加之经济的复苏，都为今年电脑市场的大发展提供了广阔的空间。尤其是今年，在与联想集团正式建立了全业务战略联盟之后，联想电脑的市场份额将全面高攀，其中笔记本整体增幅将达50%以上，台式机的年度增长也将实现20%，五年内双方将累计销售超过500万台高品质联想 IT 产品。"

业内人士分析指出，厂家、商家基于共同的利益进行战略结盟，其初衷是出于减少中间环节，缩短采购与销售成本，降低库存风险，实现资金、产品快速周转的目的。但宏图三胞与联想集团此番缔结跨年度全业务战略联盟，其意义已绝非仅此，此次强强联合，势必会对国内现有 IT 消费市场形成巨大冲击，这一趋势势不可挡，有利于行业的专业化进程，对国内 IT 厂商之间的战略性合作升级具有划时代的重大意义。

资料来源：法制晚报，2010-4-26

【本章小结】

（1）市场细分（Market Segmentation），就是企业根据总体市场的不同消费者明显的需求特征、购买行为和购买习惯，把它们细分为彼此有区别的不同的子市场，每个子市场由需要与欲望相同的消费者组成，其内部需求特点相类似。市场细分的依据是消费者明显不同的特性。细分的目的是选择和确定企业的目标市场，然后针对目标市场的需求，从产品计划、分配渠道、价格政策直至促销宣传，采取相应的整套市场营销策略，使企业经营的产品更符合各国不同消费者阶层和集团的需要，从而在细分市场中提高竞争力，增加销售，提高市场占有率。

（2）国际市场细分，就是市场细分概念在国际营销中的运用。

（3）国际市场细分化的意义：有利于企业发现和发掘新的营销机会；有利于满足消费者需求；有利于企业针对市场开发适销对路的新产品；促使企业针对目标市场制定适当的营销组合策略；有利于企业集中资源，提升企业竞争力。

（4）市场细分的条件：可衡量性；足量性；可进入性；实效性。

（5）消费者市场细分的标准：地理标准；人文标准；心理标准；行为标准。

（6）消费者市场细分的方法：单一因素法和综合因素法。单一因素法根据影响消费者需求的某一种因素进行细分市场。综合因素法即运用两个或两个以上的因素，同时从多个角度对市场进行细分。系列因素法——按影响消费者需求的各种因素，由大到小、由粗到细地进行系列划分。

（7）生产者市场细分标准：地理位置；用户行业；用户规模；购买行为。

（8）评估国际目标市场的基准：细分市场的规模和增长率、细分市场的结构吸引力、企业目标和资源。

（9）国际目标市场的选择策略：市场集中化，这是一种最简单的目标市场模式，即企业只选取一个细分市场进行集中营销；产品专门化，该市场模式的特征是企业集中生产一种产品，并向各类顾客销售这种产品；市场专门化，该模式的基本特征是企业专门为满足某一类顾客群体的需要，经营这类顾客所需要的各种产品；有选择的专门化，该市场模式是企业选取若干个细分市场作为目标市场，其中每一个细分市场都具有良好的盈利潜力和结构吸引力，且符合企业的目标和资源；完全市场覆盖，该模式的基本特征是产品能满足各种顾客群体的需要。因此，只有实力雄厚的大型企业才有能力选用全面覆盖的模式。

(10) 无差异性目标市场营销策略是指企业把整体市场看作一个大的目标市场，认为市场上所有消费者对于本企业产品的需求不存在差别，或即使有差别但差别较小可以忽略不计，因此，企业只向市场推出单一的标准化产品，并以统一的营销方式销售。

(11) 差异性目标市场营销策略是指把整个市场细分为若干个子市场，针对不同的子市场，设计不同的产品，制定不同的营销策略，满足不同的消费需求。

(12) 集中性目标市场营销策略不是以整体市场作为营销目标，而是选择一个或几个细分化的专门市场作为营销目标，集中企业的总体营销优势，实行专业化生产和销售，充分满足消费者的需要，以开拓市场。

(13) 国际市场定位是指企业根据所选的国际目标市场的竞争状况和自身的优势，塑造企业和产品在国际顾客心中的良好形象和确立企业合适的竞争地位。国际市场定位的实质是使本企业与其他企业严格区分开来，使顾客明显感觉和认识到这种差别，从而在顾客心目中占有特殊的位置。

(14) 国际市场定位的原则：根据具体的产品特点定位；根据特定的使用场合及用途定位；根据顾客得到的利益定位；根据使用者类型定位。

(15) 国际市场的定位策略：避强定位策略；迎头定位策略；补缺定位策略；重新定位。

(16) 国际市场进入模式的类型包括：出口进入模式、契约进入模式、投资进入模式、国际战略联盟。这些模式主要差异在于：出口进入模式输出的是实体产品；契约进入模式输出的是技术、服务、管理经验及营销诀窍等；投资进入模式输出的主要是资本；国际战略联盟的特点是与目标市场国的伙伴企业优势互补。

【思考题】

1. 市场细分和国际市场细分的含义是什么？
2. 市场细分的条件有哪些？
3. 消费者市场细分的标准是什么？
4. 消费者市场细分的方法有哪些？
5. 生产者市场细分的标准是什么？

6. 评估国际目标市场的基准有哪些?

7. 国际目标市场的选择策略有哪些?

8. 什么是国际市场定位?

9. 国际市场定位策略和原则是什么?

10. 国际市场进入模式的类型包括哪些? 各有哪些优势?

【案例分析】

可口可乐的细分市场

1. 可口可乐细分新市场

风行全球 110 多年的可口可乐公司是世界最大的饮料公司,也是软饮料销售市场的领袖和先锋。其产品包括世界最畅销五大名牌中的四个(可口可乐、健怡可口可乐、芬达和雪碧)。产品透过全球最大的分销系统,畅销世界超过 200 个国家及地区,每日饮用量达 10 亿杯,占世界软饮料市场的 48%。

在中国,可口可乐公司的历史可追溯到 1927 年在上海成立第一家装瓶厂,此后在天津、青岛及广州等地亦相继设厂,并迅速成为美国本土以外第一家年产超过 100 万箱的装瓶厂。

多少年来,可口可乐公司稳坐世界软饮料市场的头把交椅。除了可口可乐产品本身独特的配方外,可口可乐公司良好的市场营销策略也起到了至关重要的作用。本案例详细描述了可口可乐公司如何通过开辟新的细分市场而获得成功,很值得大家学习和借鉴。

2. 可口可乐的诞生

被誉为"清凉饮料之王"的可口可乐,在全世界最为流行,每年的销售量约 3 亿瓶,可口可乐堪称当今世界上最大的饮料公司。然而,它的诞生完全是一种意外的机遇。1886 年,美国亚特兰大市的一位名叫约翰·潘巴顿的药剂师,配制了一种用于强身壮体的饮料——法国古柯酒,放在自己经营的药房里出售。这是一种用微量的古柯与咖啡因、食油、香料等原料调和的浓糖浆,用水冲淡即可饮用。一天,有一位客人进店来要买"法国古柯酒",店员到调剂室想把浓糖浆冲淡时,却一时找不到蒸馏水。于是,这位懒散的店员就拿了调剂台上的一瓶苏打水来代用。不久,客人又回来想要再买,并且说:"今天喝的法国古柯酒味道太棒了!"这就是最原始的可口可乐。约翰·潘巴顿利用这一偶然发现,经过检验,认定它是一种有益于人体健康的饮料。于是,专门投资生产这种饮料,并且由于可乐倒入杯中会发出"喀啦喀啦"的声音，所以命名为"Coca-Cola"（可口可乐）。

3. 一个新的细分市场

早在 20 世纪 70 年代初，可口可乐公司就开始尝试在办公室设置机售系统，但终因系统占用场地太多和需要巨大的二氧化碳容器来产生碳酸而告吹。其他公司进入办公市场的尝试也屡屡受挫，因为他们要求工作人员自己来调和糖浆与水。在面临着市场份额日益缩减的紧迫形势下，可口可乐公司加快了开发的步伐，并开发出一个新产品——"休息伴"。"休息伴"的原则应是使用方便、占地不大、可放于任何地方的机售喷射系统装置。为完成这项计划，可口可乐公司特邀德国博世—西门子公司加盟制造这种机售喷射系统装置，同时为"休息伴"申请了专利。研制出的"休息伴"同微波炉大小相似，装满时重量为 78 磅。顾客可以把自我冷却的"休息伴"连接在水源上或是储水箱上。机器上装有三个糖浆罐与"休息伴"是匹配的，同时还配有一个可调制的 250 份饮料，水流就从冷管流入混合管，同时二氧化碳的注入就形成了碳酸饮料。由于每一次触键选定的糖浆量需要配以合适数量的苏打，西门子公司在机器上安装了一个指示灯，在二氧化碳瓶用空时亮灯显示。机器上还装有投币器，在买可乐时，可以投入五分、一角或二角五分的硬币。由于机器输出的饮料只有华氏 32 度，因此也无须另加冰块。

1992 年 7 月，可口可乐公司宣布：该公司在全国范围内的小型办公场所已安装了 3.5 万个"休息伴"。这种"休息伴"的安装标志着可口可乐公司实现了多年的梦想：办公室工作人员足不出户就可以享用可口可乐饮料。梦想的实现是由于可口可乐公司成功地开发了这种新型可乐分售机，该机的开发经历了 20 多年的研制过程，并在 30 多个国家推广试用，耗资巨大，被产业观察家称为软饮料史上史无前例的一项发明。

可口可乐"休息伴"的出现，标志着市场细分的新趋势和大规模的未开垦的办公市场争夺战的开始。由于咖啡饮用量的减少和人们逐渐喜欢上碳酸软饮料，办公市场对饮料公司来说变得越来越重要了。就像一位产业分析家说的那样："小商标是导致软饮料衰落的部分原因。主要的分销渠道已经饱和，要想增加很少几个销售百分点就得耗用大量资金，而工作场地将是可乐销售的未开垦的巨大市场。"

这种新型的"休息伴"除了对可口可乐公司 80 亿元销售额的潜在影响外，它显然还会给整个产业界带来某些变化。1986 年，每位市民软饮料的年消费量约为 45 加仑，已经超过了他们的饮水量。然而，在过去的 10 年里，主要的软饮料市场可供进一步开发的细分市场已所剩无几，新型的替代产品发展迅速，市场上充满了新的商标和商标系列。由于软饮料的价格不是整位数，零售商常常以各种理由用自己货架上的其他商品代替找零。结果，软饮料商们发现它们主要产品的市场份额在日益缩减，而其销售成本却在急剧上升。

4. 不断改进的市场细分策略

可口可乐公司继续发展着"休息伴"的细分市场。公司一般将糖浆和二氧化碳气瓶用 UPS（联合邮寄服务）运到顾客身边。然而，公司仍希望发展一种能直接与顾客接触的分送系统。欧洲的瓶递服务为"休息伴"提供了服务。然而，在美国许多瓶递员未能满足公司的要求。因此，咖啡分送员、瓶装水公司和一些小型独立的瓶递组织就提供了最初的服务。

美国的这些服务公司先从可口可乐公司购买机器，将其安装到顾客的工作地点，然后以咖啡和自动售货机类似的方法补充糖浆罐。分销商可选择售价 800~1000 美元的机器。可口可乐公司向咖啡分销商推销"休息伴"，使这些分销商提供一种全天的"完全提神系统"，同时软饮料的销售额也弥补了减少的咖啡销量。

"休息伴" 3 年的市场试销，使可口可乐公司在分销渠道的设计、市场的细分等方面积累了大量的经验。在试销过程中，可口可乐公司为寻找"休息伴"的最终目标市场，不断改进其细分策略。最初的一项调查表明，将"休息伴"置于 20 人或 20 人以上的办公场地可以获得相当的利润，因此公司欲以 20~45 人的办公室作为目标市场。然而，这就意味着可口可乐公司将丧失掉 100 多万个不足 20 人的办公室这一巨大市场，显然这一目标市场不合情理。可口可乐公司通过进一步调研、分析，发现小型办公室的数量大有增长之势，并证明对于那些经常有人员流动的办公室，"休息伴"只需 5 人使用就可盈利。加上分销商还可以将机器安装在大型办公室里，使得雇员们随时可以得到可口可乐的饮料。

5. 可口可乐笑对挑战

虽然可口可乐公司并未完全占领办公市场，且百事可乐公司提前向公众推出了一种 24 听装的小型售货机。据百事公司说这种小机器使公司零售额增加了 10%。虽然可口可乐公司不是针对听装饮料来设计"休息伴"的，但"休息伴"却显示出特别的优势。可口可乐市场分析员发现，每盒平均 8 美元的机售饮料要比听装饮料便宜得多，每个罐成本为 10 美分，搬动数十箱听装或瓶装饮料需要较大的器械并占用更多的存放空间。调查结果表明，主妇们更喜欢购买"休息伴"机售的 6.5 盎司饮料，而不是百事公司的标准 12 盎司罐装饮料。

市场测试使可口可乐公司对"休息伴"售出饮料的质量稳定性充满信心。可口可乐公司说顾客认为这个系统和售咖啡机一样好用。

通过对"休息伴"市场潜力的大致分析我们不难看出，可口可乐公司也面临着一系列的问题。如可口可乐公司及其分销商不可能一下发展和占领上百万个合适的场所，它能找出比划定人数更好的方法来分割市场吗？是否另有一些行业对"休息伴"会更具代表性？是否不同行业的人具有不同的购买决定过程？

但是，可口可乐公司深信，在办公室这一细分市场的争夺战中，它比老对手百事可乐公司超前了 18 个月。为了保持这一优势，它必须迅速行动，占领这个上百万元的目标市场。可口可乐公司甚至梦想，在办公市场取得胜利之时，还将开辟出另一条战线——让"休息伴"走进千家万户。

资料来源：世界经典营销案例 149 篇

问题讨论

1. 在本案例中，可口可乐市场细分的依据是什么？

2. "休息伴"的市场细分为何能够取得成功？

3. 根据可口可乐现有市场状况，你能否为其再细分出一些市场来？

4. 在纯净水和果汁饮料盛行的今日，可口可乐的传统细分市场受到了哪些冲击和挑战？

第七章　国际市场竞争战略

学习目标与重点

(1) 国际市场行业竞争环境分析。

(2) 对国际市场不同竞争对手进行分析。

(3) 国际市场竞争战略的主要类型和适用条件。

(4) 国际市场竞争战略的发展趋势。

关键词

五力分析模型　竞争战略　总成本领先战略　差别化战略　集中化战略

案例导入

美国西南航空公司

　　西南航空公司在美国被认为是异类。因为在绝大多数航空公司正在亏损或盈利甚微的时候，西南航空公司却取得了非凡的成功，收益相当可观。它是怎样做的呢？首先，每趟航班付给飞行员的报酬比其他航空公司低。因为飞行员有点供过于求，西南航空公司利用了这一点，以比较低的工资来雇用这些飞行员。其次，西南航空公司不像其他航空公司那样配置如747、DC-10等多种机型，他们只使用一种飞机，无论飞到哪儿都一样。因此维护问题变得简单多了，无须配备多种备用零件，也无须像其他航空公司那样开办详尽周密的维护培训班。整个过程被简单化了，因此维护费用非常低。最后，西南航空公司控制飞机上的便利设施。其他航空公司提供饮料、快餐，而西南航空公司却没有，但如果愿意的话，乘客可自带食物，这是其控制成本的又一种途径。西南航空公司将成本控制得非常好，这使得它可以为顾客提供非常低廉的票价。与乘坐其他航空公司的飞机相比，乘坐西南航空公司的航班能够节省一大笔开支。西南航空公司的经营方针是短期内在地域上只限飞行某几个城市，保留地区性航空公司的特色，以使其规模保持在可以控制的水平上。这样做的结果使他们的费用非常低，从而取得了巨大的成功。可见，西南航空公司采取的是在特定细分市场上的成本领先战略。

资料来源：郑俊生. 企业战略管理. 北京：北京理工大学出版社，2011

随着世界经济一体化的形成，跨国企业将必不可少的参与到国际竞争中来。特别是在顾客需求多样化、竞争日益激烈、环境迅速变化的国际市场竞争中，企业将面临着复杂多变的国际营销环境及竞争环境。孙子兵法说："知彼知己，百战不殆。"企业参与国际市场竞争也一样，要想在国际竞争中立于不败之地，企业必须分析行业环境和竞争对手，并在此基础上设计有效的竞争战略和竞争策略，才能使企业立于不败之地。

第一节　国际市场行业竞争环境分析

经济全球化空前激化了市场竞争的强度，国际市场面临着前所未有的竞争压力。因此，参与国际竞争的企业分析国际市场的行业环境和制定相应的战略，并正确实施全球竞争战略显得尤为重要。因为一个产业是由一群生产相近替代品的公司组成的，而分析国际环境中相同产业的环境及结构，了解产业竞争的态势，才能为企业参与国际竞争提供有利的信息。美国著名管理学家迈克尔·波特从产业结构分析入手，研究竞争战略。这一理论同样适用于对国际竞争与国际竞争战略的研究。产业结构深刻地影响着竞争规则的确立及公司的竞争战略，产业内部的竞争状态取决于五种基本竞争作用力，即行业内现有竞争者的威胁、新进入者的威胁、替代品的威胁、供应商的讨价还价能力、购买者的讨价还价能力。如图 7-1 所示：

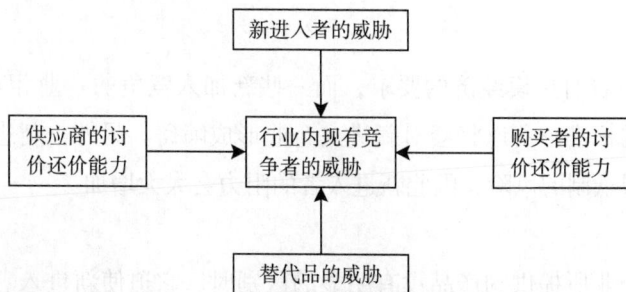

图 7-1　波特的五力竞争战略模型

从图 7-1 可以看出，这五种作用力汇集起来决定着该产业的最终利润潜力，最终利润潜力会随着这种合力的变化而发生根本变化，而且这些作用力随着产业不同而强

度不同。

一、行业内现有竞争者的威胁

企业竞争战略是企业整体战略的一部分，其目标在于使得自己的企业获得相对于竞争对手的优势。所以，在实施企业竞争战略中就必然会产生冲突与对抗现象，这些冲突与对抗就构成了现有企业之间的竞争。现有企业之间的竞争往往表现在价格、广告、产品介绍、售后服务等方面，其竞争强度与许多因素有关。

一般来说，出现下述情况将意味着行业中现有企业之间竞争的加剧。

（1）行业进入障碍较低，势均力敌竞争对手较多，竞争参与者范围广泛。

（2）市场趋于成熟，产品需求增长缓慢；竞争者企图采用降价等手段促销。

（3）竞争者提供几乎相同的产品或服务，用户转换成本很低。

（4）一个战略行动如果取得成功，其收入相当可观。

（5）行业外部实力强大的公司在接收了行业中实力薄弱的企业后，发起进攻性行动，结果使得刚被接收的企业成为市场的主要竞争者。

（6）退出障碍较高，即退出竞争要比继续参与竞争代价更高。

在这里，退出障碍主要受经济、战略、感情以及社会政治关系等方面的影响，具体包括：资产的专用性、退出的固定费用、战略上的相互牵制、情绪上的难以接受、政府和社会的各种限制等。

二、新进入者的威胁

新进入者在给行业带来新生产能力、新资源的同时，也希望在已有的市场细分中占有一席之地，这就有可能会与现有企业发生直接的竞争，最终导致行业中现有企业盈利水平下降，严重的话还有可能危及这些企业的生存。新进入障碍主要包括以下七个方面：

1. 规模经济

有的行业存在着对规模经济的要求，而一些新加入竞争的企业相对来说规模较小，达不到规模经济的标准，所以将会对新进入企业形成障碍。另外，新进入者还要承担受到原有企业的强烈抵制的风险，因此新进入者的阻力会大大增加。

2. 产品差异

当行业内各企业所提供的产品没有明显的区别时，它迫使新进入者耗费大量资金来消除这种同质性，通过价格、宣传、服务、公关等非产品因素来加强竞争；如果企业间的产品能够表现出差异性，各个企业就可以利用自己独特的差异优势来吸引不同的顾客，企业之间的竞争也相对就会减缓。

3. 资本需要

竞争需要大量的投资来构建市场进入的壁垒，以阻止其他企业来争夺自己的市场份额。尤其是高风险或投入期较长，而前期不能快速回收资本的行业，一般规模的企业很难进入。

4. 转换成本

指购买者从原来供应商处采购产品转换到另一供应商处购买产品。

5. 所带来的成本的增加或减少

一般如果是转换成本过高，将有利于提高行业进入壁垒，从而让企业留住顾客；如果转换成本过低，就会大大降低行业进入风险，加剧企业竞争。

6. 销售渠道开拓与控制

新进入者要分销自己的产品，就必须建立相应的分销渠道，而这一要求对新进入者来说往往会形成进入行业的障碍。一般来说，理想的分销渠道会被行业中原有的企业所占有，新进入者要获得分销渠道必须采取压价行为、协同分担广告费用等方法来促使中间商销售其产品，其结果必然是降低企业利润。同时，由于某些企业独占了分销渠道，或是通过各种方式控制了大部分分销渠道，大大提高了行业的进入壁垒。

7. 原材料的获得与技术优势

企业获得原材料的优势与拥有的技术或专利，都会为新进入者设置障碍。

另外，政府行为与政策、不受规模支配的成本劣势（如商业秘密、产供销关系、学习与经验曲线效应等）、自然资源（如冶金业对矿产的拥有）、地理环境（如造船厂只能建在海滨城市）等方面，都会给新进入者构成进入障碍。

【例 7-1】

韩国三星，后来者居上

韩国三星（SAMSUNG）手机 2002 年底才正式进入中国市场，在与欧美及国产手机厂商的对局中，下出了一盘不同的棋，后来居上——它依靠独特的研发能力和居世界一流的工业设计能力，以平均每月两款的速度频频推出功能实用而且外观漂亮、时尚，很适合中国消费者审美口味的中高端手机，同时坚持不跟风降价，更注重对其品牌特色的宣传推广。2003 年，在中国中高端手机市场上占据了绝对优势，在最受中国消费者关注的品牌中，以微弱差距位居第二位。

资料来源：李世嘉. 国际市场营销理论与实务. 北京：高等教育出版社，2005。

总之，新企业进入一个行业可能性的大小，取决于进入者主观估计进入所能带来的

潜在利益、所需花费的代价与所要承担的风险这三者的相对大小情况。

三、替代品的威胁

两个处于同行业或不同行业中的企业，可能会由于所生产的产品是互为替代品，从而在它们之间产生相互竞争行为，这种源自替代品的竞争会以各种形式影响行业中现有企业的竞争战略。

（1）现有企业产品售价以及获利能力的提高，将由于存在着能被用户方便接受的替代品而受到限制。

（2）由于替代品生产者的侵入，使得现有企业必须提高产品质量，或者通过降低成本来降低售价，或者使其产品具有特色，否则其销量与利润增长的目标就有可能受挫。

（3）源自替代品生产者的竞争强度，受产品买主转换成本高低的影响。

总之，替代品价格越低、质量越好、用户转换成本越低，其所能产生的竞争压力就强。

【例 7-2】

通用加快新产品研发

目前，通用汽车欧洲公司发布了全新的环境战略，短期内将以降低二氧化碳排放量为主要目标，而长期的目标则是通过新技术的应用终极实现零排放，实现汽车与自然环境的发展。现有企业产品售价以及获利潜力的进步，将由于存在着能被用户方便接受的替换品而受到限制，通用汽车在此次全新环境战略中公布：将以进步内燃机效率及多样化能源利用为手段，降低二氧化碳排放。通用汽车欧洲公司计划在 2012 年之前，开发 16 款新型发动机匹配到 93 款新车型上，另外还有 10 款新的变速器将被应用于 48 款新车型上。通用汽车已投资超过 10 亿美元用于氢能源技术的开发与应用。目前，通用汽车的氢能源战略已走出实验室，开始在各种车型上进行实试，其终极目标正是实现燃料电池的批量生产。

资料来源：根据相关资料整理而来。

四、供应商的讨价还价能力

对某一行业来说，供应商竞争力量的强弱，主要取决于供应商行业的市场状况以及他们所提供物品的重要性。供应商的威胁手段一是提高供应价格，二是降低相应产品或服务的质量，从而使下游行业利润下降。

　　一般来说，满足如下条件的供应商会具有比较强大的讨价还价能力：

　　（1）供方行业为一些具有比较稳固市场地位而不受市场激烈竞争困扰的企业，其产品的买主很多，以致每一单个买主都不可能成为供方的重要客户。

　　（2）供方各企业的产品各具特色，以致买主难以转换或转换成本太高，或者很难找到可与供方企业产品相竞争的替代品。

　　（3）供方能够方便地实行前向联合或一体化，而买主难以进行后向联合或一体化。

【例 7-3】

世界汽车巨头加快对中国的汽车市场部署

　　很多汽车商加大了对中国市场的战略部署，例如，福特汽车公司未来在中国将不断加强投入与合作力度，争取取得轿车市场 10% 的占有率，生产能力将实现从原有的 4 万辆达到 40 万辆的巨大转变，并实现大部分车辆生产本地化。丰田汽车公司全球生产布局显示，除亚洲本土外，北美地区（特别是美国）和亚洲地区（特别是中国）是丰田汽车在海外投资最大的地区。美国和中国已经成为丰田在海外的主要生产基地，丰田公司的总体市场目标是 2010~2012 年在中国拥有 10% 的市场份额。本田汽车公司计划未来获得中国 10% 的市场份额，并计划将生产能力由现在的 27 万辆扩大到 2006 年下半年的 53 万辆（含出口 5 万辆）。

　　从目前局势来看，我国汽车市场不仅成为大众、通用、本田、现代等在中国已经具有重大影响的跨国公司的战略市场，现代汽车公司已将中国作为其全球战略的重要组成部分，计划到 2010 年乘用车在华产能达到 100 万辆，使中国成为其四大海外工厂中仅次于印度的第二大海外工厂；同时，以汽车生产销售为中心，通过制造、服务、金融等汽车相关产业的扩大，来达到 2010 年 200 亿美元的销售目标；此外，现代还计划进军中国的商用车市场，有可能与江淮携手建立商用车生产基地，计划在 2010 年前形成年产 5 万台小型商用车发动机、1 万辆客车和 9 万辆货车的生产能力。世界各汽车零配件行业巨头，也纷纷做出了增资中国的计划，美国固特异轮胎橡胶有限公司将其亚太总部迁至上海，博世也要在中国追加投资。

　　由此可见，波特五力模型中的成本领先战略已经被各大汽车公司悄无声息地运作开了，在中国建造生产基地，按国情来看无疑降低了本钱、人力、运输费用，同时也降低了购买者讨价还价的负面影响。供方主要通过其提高投进要素价格与降低单位价值质量的能力，来影响行业中现有企业的盈利能力与产品竞争力。进口汽车供方能力的强弱主要取决于他们所提供给买主的是什么投进要素，当供方所提供的投进要素的价值构成了买主产品总本钱的较大比例、对买主产品生产过程非常重要或者严重影响买主产品的质量时，供方对于买主潜伏的讨价还价能力就大大增强了。

资料来源：http://wycao.blogbus.com/logs/81989742.html

五、购买者的讨价还价能力

购买者主要通过压价与要求提供较高的产品或服务质量的能力，来影响行业中现有企业的盈利能力。一般来说，满足如下条件的购买者可能具有较强的讨价还价能力：

（1）购买者的总数较少，而每个购买者的购买量较大，占了卖方销售量的很大比例。

（2）卖方行业由大量相对来说规模较小的企业所组成。

（3）购买者所购买的基本上是一种标准化产品，同时向多个卖主购买产品在经济上也完全可行。

（4）购买者有能力实现后向一体化，而卖主不可能前向一体化。

根据上面对于五种竞争力量的讨论，企业可以采取措施尽可能地将自身的经营与竞争力量隔绝开来，努力从自身利益需要出发影响行业竞争规则、先占领有利的市场地位再发起进攻性竞争行动等手段来对付这五种竞争力量，以增强自己的市场地位与竞争实力。

第二节　国际市场竞争对手分析

在经济全球化的今天，竞争无处不在，而且有愈演愈烈之势，竞争是市场经济中无法回避的永恒主题。每一个企业都在某一个行业环境里生存，在这个行业中，有许多的竞争参与者，但不是每一个竞争参与者都是你的竞争对手。那么什么样的企业才能称其为竞争对手呢？只有那些有能力与该企业抗衡的竞争参与者，才能称其为竞争对手。所以在分析竞争对手的时候要有的放矢，不要面面俱到。因此，企业要在国际市场上立足，就要懂得如何应对竞争对手，而要应付竞争对手就要研究竞争对手。正所谓知己知彼，百战不殆。竞争对手分析，是企业经营者必须考虑的重要课题，也成为企业制定竞争战略中必不可少的组成部分。竞争对手分析要遵循科学的程序，如图7-2所示。

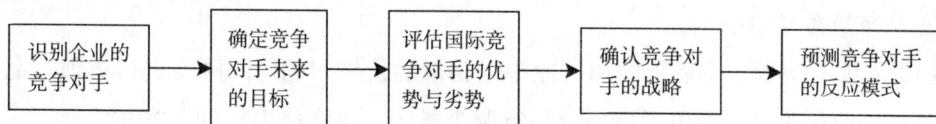

图7-2　国际竞争对手分析的程序

一、识别企业的竞争者

企业参与国际竞争，除了要清楚自己的顾客是谁以外，还应当明确谁是自己的竞争者。所以应从不同的角度来分析自己的竞争对手，以便于企业在竞争中有的放矢。

（一）划分竞争者的类型

竞争者的类型可以从行业、市场、企业所处的地位等角度来划分。从行业的角度划分，可以分为现有竞争者、潜在竞争者、替代品生产者；从市场的角度划分，可以分为品牌竞争者、行业竞争者、需要竞争者、消费竞争者；从企业所处的竞争地位划分，可以分为市场领导者、市场挑战者、市场追随者、市场补缺者。如表7-1所示。

表7-1　竞争者的类型

划分角度	竞争者			
行业	现有竞争者	潜在竞争者	替代品生产者	
市场	品牌竞争者	行业竞争者	需要竞争者	消费竞争者
竞争地位	市场领导者	市场挑战者	市场追随者	市场补缺者

1. 从行业的角度划分

（1）现有竞争者。产业内现有竞争对手的竞争是一种最普遍、最直接的竞争现象。现有竞争者一般是企业所在行业内生产同类产品或是向同类顾客提供同类服务的企业。这些竞争者和企业的竞争表现得很直接，企业的竞争行为可能会对其他竞争对手产生显著的影响，因而可能激起竞争对手们对该行动进行的报复或是设法应付。

（2）潜在竞争者。潜在竞争者是指一个行业中最近开始经营的企业，或是即将在一个行业中经营的企业。当某一个行业的前景比较乐观或是行业利润较高的时候，就会吸引新的竞争者加入，这些新增的竞争对手，在为该产业增添新的生产能力的同时，也会争夺市场份额和重要资源，从而导致该行业成本上升，价格下降，利润减少，使行业竞争更加激烈。

（3）替代品生产者。替代品是指与某一产品具有相同功能，能满足同一需求的不同性质的其他产品。一般来说，一个行业的所有企业都会受到替代品的威胁。随着科学技术的发展，替代品将越来越多，某一行业的所有企业都将面临与生产替代品的企业进行竞争。因此，任何企业都应关注替代品的问题，它要求企业要关注与企业相去甚远的业务，同时还要关注替代品行业的未来发展。

2. 从市场角度划分

（1）品牌竞争者。企业把同一行业中以相似的价格向相同的顾客提供类似产品或服务的其他企业称为品牌竞争者。如家用空调市场中，生产格力空调、海尔空调、三菱空调等厂家之间的关系。

品牌竞争者之间的产品相互替代性较高，因而竞争非常激烈，各企业均以培养顾客品牌忠诚度作为争夺顾客的重要手段。

（2）行业竞争者。企业把提供同种或同类产品，但规格、型号、款式不同的企业称为行业竞争者。所有同行业的企业之间存在彼此争夺市场的竞争关系。如家用空调与中央空调的厂家、生产高档汽车与生产中档汽车的厂家之间的关系。

（3）需要竞争者。提供不同种类的产品，但满足和实现消费者同种需要的企业称为需要竞争者。如航空公司、铁路客运、长途客运汽车公司都可以满足消费者外出旅行的需要，当火车票价上涨时，乘飞机、坐汽车的旅客就有可能增加。

（4）消费竞争者。提供不同产品，满足消费者的不同愿望，但目标消费者相同的企业称为消费竞争者。如很多消费者收入水平提高后，可以把钱用于旅游，也可用于购买汽车，或购置房产，因而这些企业间存在相互争夺消费者购买力的竞争关系，消费支出结构的变化，对企业的竞争有很大影响。

3. 从企业所处的竞争地位划分

（1）市场领导者。市场领导者是指在某一行业的产品市场上占有最大市场份额的企业。多数行业都有一个占有最大市场份额的市场领导者，市场领导者在市场中的行为对其他企业起着广泛的影响。它往往是市场竞争行为中的先行者，其他企业要么向它提出挑战，要么对它的行为进行模仿或者绕道而行。市场领导者在市场中也会面临各种挑战。处于领导地位的竞争者，通过三种方法保持其地位：扩大总需求、保持市场份额和扩大市场份额。

与其他竞争者比较，市场领导者通过扩大总需求，得到的好处最多。市场领导者通过寻找产品新的用户、增加产品新的用途、增加现有顾客的产品使用量来增加总需求。

市场领导者在扩大市场的同时，还要进行防御，设法保持其市场份额。市场领导者通过以下方法进行防御：阵地防御，即设法巩固现有产品和市场地位，防御竞争者的进攻；侧翼防御，即通过治理薄弱环节来防止竞争者乘虚而入，或在前沿阵地建立一些次要业务以防止对手进攻；先发制人，即在对手发起进攻之前，先向对手发动进攻，达到以攻为守的目的；反击式防御，关注竞争者的进攻态势，在适当的时候通过强有力的反击阻断对手的进攻；运动防御，即通过拓展业务范围或实施多角化经营开拓新的业务领域，来扶持老业务的发展；收缩性防御，即有计划地放弃部分没有发展前途的业务，以加强主要业务的实力。

如柯达公司是摄影市场的领导者，宝洁公司是日化用品市场的领导者，可口可乐公司是软饮料市场的领导者等。市场领导者通常在产品开发、价格变动、分销渠道、促销力量等方面处于主宰地位。市场领导者的地位是在竞争中形成的，但不是固定不变的。

（2）市场挑战者。市场挑战者是指在行业中处于次要地位（第二、第三甚至更低的地位）的企业。如富士是摄影市场的挑战者，高露洁是日化用品市场的挑战者，百事可乐是软饮料市场的挑战者等。市场挑战者往往试图通过主动竞争扩大市场份额，提高市场地位。市场挑战者首先要选择合适的攻击对象。它可以攻击市场领导者，攻击与自己实力相当的对手，还可攻击实力弱小的中小竞争者。市场挑战者往往采取正面进攻、侧翼进攻、包围进攻、绕道进攻、游击进攻。

（3）市场追随者。市场追随者是指在行业中居于次要地位，并安于次要地位，在战略上追随市场领导者的企业。在现实市场中存在大量的追随者。市场追随者的最主要特点是跟随。在技术方面，它不做新技术的开拓者和率先使用者，而是做学习者和改进者。在营销方面，不做市场培育的开路者，而是"搭便车"，以减少风险和降低成本。市场追随者通过观察、学习、借鉴、模仿市场领导者的行为，不断提高自身技能，不断发展壮大。市场追随者有三种类型：追随、有距离的追随和有选择的追随。

（4）市场补缺者。市场补缺者多是行业中相对较弱小的一些中小企业，它们专注于市场上被大企业忽略的细小部分，在这些小市场上通过专业化经营来获取最大限度的收益，在大企业的夹缝中求得生存和发展。市场补缺者选择的是"拾遗补缺"的市场。所谓"拾遗补缺"的市场是指必须具备下列条件的市场：有足够的规模和成长潜力；不被大竞争者重视；企业本身有能力为其服务；能建立起顾客信誉，从而能有力地抵御进攻者的进入；能获取利润。市场补缺者通过生产和提供某种具有特色的产品和服务，赢得发展的空间，甚至可能发展成为"小市场中的巨人"。

综上所述，企业应从不同的角度，识别自己的竞争对手，关注竞争形势的变化，以更好地适应和赢得竞争。

（二）需要注意的几个重要问题

企业在确定竞争对手的过程中要注意以下几个重要问题：

1. 界定竞争者的范围

根据上面的分类可以看出，竞争者的范围可大可小，比如对于生产化妆品的资生堂公司来说，欧莱雅和宝洁公司无疑就是其主要的竞争对手，但是，对于其他保健品，如排毒养颜胶囊等也可以是它的竞争对手。因为消费者增加了其他保健品的购买就减少了对化妆品的购买。因此，企业必须根据企业产品或服务来界定竞争者的范围。

2. 识别现实竞争者与潜在竞争者

一般来说，现实的竞争者对企业的生存造成了很大的威胁，但潜在的竞争者的力量也不容忽视，因为一个企业可能不会被目前现实的竞争者所打败，却有可能在不久的将来栽在潜在竞争者手里，正所谓"明枪易躲，暗箭难防"。因此，企业必须谨防"竞争近视症"。当年福特公司就是犯了"竞争近视症"，以至于没有发现日本轿车这个潜在竞争对手，让日本轿车悄悄打开了美国市场。

3. 分辨主要竞争者与次要竞争者

一般来说，与自己的营销组（产品、价格、渠道、促销）、规模、技术等越相似，其目标越接近的企业，越是主要的竞争对手，反之就是企业的次要竞争对手。所以，企业的竞争战略与竞争策略应针对主要的竞争对手，但也不能忽略其次要的竞争对手。如对可口可乐来说，百事可乐就是其主要的竞争对手，因而可口可乐公司必须要有针对性地采取合理的竞争策略与之对抗。但也不能忽视统一鲜橙多、雀巢柠檬茶等果汁饮品，因为消费者购买了果汁等饮料，就会相应地减少对碳酸饮料的消费。

4. 区分竞争者的强弱

区分竞争者的强弱，就需要收集竞争者几年内的资料。一般而言，公司可以通过二手资料、个人经历、传闻来弄清楚竞争对手的强弱，也可以进行顾客价值分析来了解这方面的信息。一般情况下，企业应该将实力较强的竞争者视为企业的主要竞争对手，对其应采取防御为主的竞争策略，但也不要放弃择机进攻的时机；也不要忽视实力弱小的企业，应随时掌握其发展动态，必要时可以采取市场策略将其消灭。

二、确定竞争对手未来的目标

在弄清谁是企业的竞争对手后，接下来的事就是要考虑每一个竞争对手在市场上想要得到什么？竞争对手在市场里寻找什么？竞争对手行为的驱动力是什么？此外，还必须考虑竞争对手在利润目标以外的目标，以及竞争对手的目标组合，并注意竞争对手用于攻击不同产品、不同市场细分区域的目标。

不同的企业对长期利益与短期利益各有侧重。有些竞争者更趋向于获得"满意"的利润而不是"最大利润"。尽管有时通过一些其他的战略可能使他们取得更多利润，但它们有自己的利润目标，只要达到既定目标就满足了。也就是说，竞争者虽然无一例外地关心其企业的利润，但它们往往并不把利润作为唯一的或首要的目标。在利润目标的背后，竞争者的目标是一系列目标的组合，对这些目标竞争者各有侧重。如日本摩托车企业在 20 世纪 70~80 年代的战略目标很明显，就是要全面占领美国这块世界上最大最好的市场。因此，像本田公司，在遇到关税壁垒时就可能采取到美国直接建厂的办法绕过美国关税壁垒的限制。

在市场上，每个竞争者的目标和动力是不同的。从企业管理的角度看，其目标主要有：

（1）生存。这是企业最初的竞争目标。企业在市场中生存下去的基本条件是以收抵支。为实现以收抵支的目标，企业必须增强到期偿还债务的能力，减少破产的风险。

（2）发展。这是企业在实现生存目标之下的第二个竞争目标。企业的发展集中表现为扩大收入。企业要扩大收入，除了具备物质基础外，更重要的是要采取正确的战略措施。

（3）获利。获利不但是企业的出发点和归宿，而且也是衡量企业所有管理活动绩效的一个综合性目标。

但是，企业目标的实现是通过不同的时期实现的。有的企业的目标是长期的，有的企业的目标是短期的。了解竞争者的目标，有利于企业采取合适的方式参与竞争，或者采取合适的应对措施。竞争者的目标还取决于企业的规模、历史、经营环境等因素。

所以，我们应该了解竞争者对目前盈利的可能性、市场占有率的增长、资金流动、技术领先、服务领先和其他目标所给予的重要性权数。了解了竞争者的这种加权目标组合，我们就可以了解竞争者对目前的财力状况是否感到满意，他对各种类型的竞争性攻击会作出什么样的反应等。如一个追求低成本领先的竞争者对于他的竞争对手因技术性突破而使成本降低所作出的反应，比对同一位竞争对手增加广告宣传所作出的反应强烈得多。

企业必须跟踪了解竞争者进入新的产品细分市场的目标。若发现竞争者开拓了一个新的细分市场，这对企业来说可能是一个发展机遇；若企业发现竞争者开始进入本公司经营的细分市场，这意味着企业将面临新的竞争与挑战。对于这些市场竞争动态，企业若了如指掌，就可以争取主动，有备无患。例如，一个注重销售额稳步增长的公司和一个注重保持投资回报率的公司对经济衰退或对另一个公司市场占有率增加的反应可能会有很大的不同。

国际竞争者未来目标的形成会受到诸多因素的影响，包括国别背景、公司规模、公司历史、目前的管理方式和经营状况等。如美国的企业和日本的企业，对于竞争者所追求的目标的看法就有很大的区别。美国企业通常以追求短期利润最大化作为目标，这是因为当前的业绩深受股东的青睐，一旦业绩不佳，股东失去信心，势必抛售所持股票，从而导致企业的资金成本上升。相反，日本企业多以扩大市场占有率为目标，这主要是因为企业运作的资金大部分来自银行，而银行收取正常的利息费用并非是高风险的高回报。因而日本企业可以拥有较长的资金回收时间，这对日本企业采取低价渗透策略进入国际市场非常有利。

三、评估国际竞争对手的优势与劣势

"扬长避短"是国际市场竞争的重要原则之一，这就要求进行国际市场营销的企业分析竞争者的优势与劣势，准确地掌握竞争者的竞争策略，包括销售额、市场占有率、利润率、销售增长率、投资收益、现金流量、新的投资与生产能力的利用情况等。

竞争优势是指一个企业超越其竞争对手的能力，或者指企业所持有的能提高企业竞争能力的东西，这些竞争能力可以是有形资产，也可以是无形资产。例如，当两个企业处在同一市场或者说他们有能力向同一顾客群体提供产品或服务时，如果其中一个企业有更高的盈利率或盈利潜力，那么，我们就认为这个企业比另外一个企业更具有竞争优势。

（一）企业的竞争优势

企业的竞争优势体现在以下几个方面：

（1）技术技能优势。企业独特的生产技术，低成本生产方法，领先的革新能力，雄厚的技术实力，完善的质量控制体系，丰富的营销经验，一流的客户服务，卓越的大规模采购技能和娴熟的商务谈判技巧等。

（2）有形资产优势。先进的生产线，现代化的车间和设备，拥有丰富的自然资源储备或是大量的原材料，吸引人的不动产地点优势，充足的资金等。

（3）无形资产优势。良好的企业形象，知名的品牌或商标，具有竞争力的商业信用，积极进取的企业文化，相对完善的管理制度，良好的顾客口碑，现代化的管理系统，大量的顾客资料及信息。

（4）人力资源优势。优秀的员工，特别是企业的关键领域拥有专长的员工，较强团队凝聚力和较好的组织学习能力，有丰富的管理经验、市场经验及投资经验的员工。

（5）组织体系优势。高质量的控制体系，完善的信息管理系统，忠诚的客户群体，较强的员工作战能力，强大的经销商网络，与供应商良好的伙伴关系，对市场环境变化的灵敏反应，市场份额的领先地位。

（二）企业的竞争劣势

竞争劣势是指企业缺少的或是做得不好的东西，或是某种会使企业处于劣势的条件。可能导致企业处于劣势的因素有以下几方面：

（1）缺乏具有竞争意义的技能或技术。

（2）缺乏具有竞争力的有形资产、无形资产、人力资源、组织体系等。

（3）关键领域里的竞争能力正在丧失。

四、确认竞争对手的战略

分析完竞争对手的优劣势以后，就必须进行竞争对手战略的确认，而竞争对手战略的确认是在竞争对手战略假设的基础上进行的。

（一）竞争对手的战略假设

每个企业所确立的战略目标，其根本是基于他们的假设之上的。这些假设可以分为三类：

1. 竞争对手所信奉的理论假设

不同的企业，对竞争对手所信奉的理论假设是不同的。例如，许多美国公司所奉行的理论是短期利润，因为只有利润，才能支持发展。而日本企业信奉的是市场占有率和规模经济理论，他们认为，只要能占领市场，扩大生产销售规模，单位成本就会下降，利润自然会滚滚而来。

2. 竞争对手对自己企业的假设

有些企业认为自己在功能和质量上高人一筹，有些企业则认为自己在成本和价格上具有优势。名牌产品企业对低档产品的渗透可能不屑一顾，而以价格取胜的企业对其他企业的削价则会迎头痛击。

3. 竞争对手对行业及行业内其他企业的假设

竞争对手对行业及行业内其他企业的假设有多方面，主要是看竞争对手对这些竞争者的准确的分析和精准的判断。

实际上，对于战略假设，无论是对竞争对手，还是对自己，都要仔细检验，这可以帮助管理者识别对所处环境的偏见和盲点。可怕的是，许多假设是尚未清楚意识到或根本没有意识到的，甚至是错误的；也有的假设过去正确，但由于经营环境的变化而变得不那么正确了，但企业仍在沿着过去的假设来执行。

（二）确认竞争对手战略的方法

确认竞争对手战略的方法既是具体的又是多方面的，应从竞争对手的各个方面去分析。

（1）从竞争对手营销战略的角度看，即竞争对手在市场竞争中所采用的竞争策略。

【例 7-4】

哈雷与本田摩托之争

本田的营销战略至少包括这样一些内容：在产品策略上，以小型车切入美国市场，提供尽可能多的小型车，提高产品吸引力；在小型车市场上，站稳脚跟后再向大型车市场渗透；在价格上，通过规模优势和管理改进降低产品成本，低价销售；在促销上，建立摩托车新形象，使其与哈雷的粗犷风格相区别。事实证明，这些战略行之有效，大获成功。相对而言，哈雷公司却没有明确的战略与方法。哈雷公司的母公司 AMF 公司虽然也为哈雷公司注入资本提高产量，也曾一度进行小型车的生产，结果由于多方面因素的不协同而以失败告终。

资料来源：根据网络相关资料整理而来。

（2）从竞争对手战略能力的角度来看。竞争目标也好，途径也好，都要以能力为基础。要深入研究竞争对手是否具有能力采用其他途径实现其目标。这就涉及企业如何规划自己的战略以应对竞争。如果较之竞争对手而言，本企业具有全面的竞争优势，那么则不必担心在何时何地发生冲突。如果竞争对手具有全面的竞争优势，那么只有两种办法：①不要触怒竞争对手，甘心做一个跟随者。②避而远之。如果不具有全面的竞争优势，而是在某些方面、某些领域具有差别优势，则可以在自己具有的差别优势的方面或领域把文章做足，但要避免以己之短碰别人之长。

五、预测竞争对手的反应模式

分析竞争对手的目的是为了了解每个竞争对手所可能采取战略行动的实质和成功的希望；各个竞争对手对其他企业在一定范围内的战略行动倾向可能做出的反应；各个竞争对手对可能发生的产业变迁和更广泛的环境变化可能做出的反应等。同时，竞争对手的反应可能会受到其营销理念、企业文化等诸多因素的影响。

一般来说，竞争对手对竞争的反应模式无非有三种情况：不采取反击行动、防御性反击和进攻性反击。这取决于竞争对手对目前位置是否满意，它是否处在战略转变之中，以及竞争对手对他的刺激程度。具体说来，可以分为以下六种反应模式，如图7-3所示。

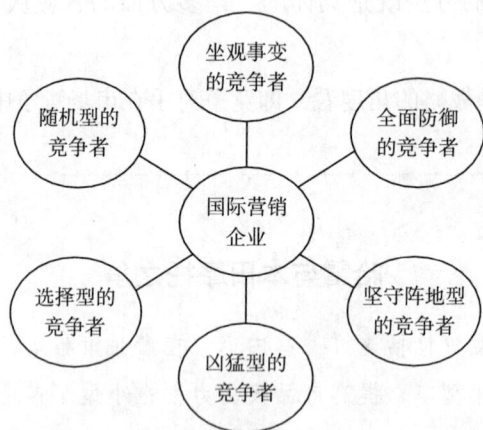

图7-3　竞争者的反应模式

（1）坐观事变的竞争者。其原因可能是深信顾客的忠诚度，也可能是没有反击所必需的资源，还可能是并未达到应予反击的程度。所以，对于这类竞争对手就要格外慎重。

（2）全面防御的竞争者。会对外在的威胁和挑战做出全面反应，以确保其地位不被侵犯。但是全面防御也会把战线拉长，对付一个竞争者还可以，若是同时要对付几个竞争者的攻击，则会力不从心。

（3）坚守阵地型的竞争者。因为其反击范围集中，而且又有背水一战、拼死一搏的信念，所以反应强度相当高。这类反击行动是比较有效的。又因为是集中在较小范围内的反击，所以其持久力也较强。

（4）凶猛型的竞争者。这一类型的企业对其所有领域发动的进攻都会做出迅速而强烈的反击。例如，宝洁公司决不会听任竞争者的一种洗涤剂轻易投放市场。

（5）选择型的竞争者。可能只对某些类型的攻击做出反应，而对其他类型的攻击则不然。因此，必须了解这种类型反击者的敏感部位，避免不必要的冲突。

（6）随机型的竞争者。它的反击最不确定，或者根本无法预测，它可能会采取任何一种可能的反击方式。

通过对竞争对手的反应模式的分析，可以看出，国际营销企业应该对竞争对手进行准确的分析和判断，并根据竞争者的反应模式进行有目的的选择竞争的策略。同时，企业非常有必要建立起用于监测、分析竞争环境的情报系统，以便及时、系统地收集和分析竞争对手的战略动态。

第三节　国际市场竞争战略分析

战略的本义是对战争的谋略，引申义是谋略。谋略是大计谋，是对整体性、长期性、基本性问题的计谋。竞争战略是对竞争的谋略，发展战略是对发展的谋略，什么战略就是对什么的谋略。谋略的本质特征有四个：整体性、长期性、基本性、计谋性。竞争战略就是对竞争中整体性、长期性、基本性问题的计谋。

企业竞争战略要解决的核心问题是，如何通过确定顾客需求、竞争者产品及本企业产品这三者之间的关系，来奠定本企业产品在市场上的特定地位并维持这一地位。一个企业要在与众多的国内外的企业进行的同台竞争中取胜，以往成功的战略优势将难以胜任，从而更强调形成竞争战略的公司、顾客和竞争对手三个主体角色的"战略三角"逻辑关系角度出发，来创建企业强于竞争对手的具有独特性、持久性的新的战略优势。如图7-4所示。

迈克尔·波特认为，要使企业获得竞争优势的战略的三个基点是总成本领先战略、差异化战略和集中化战略。

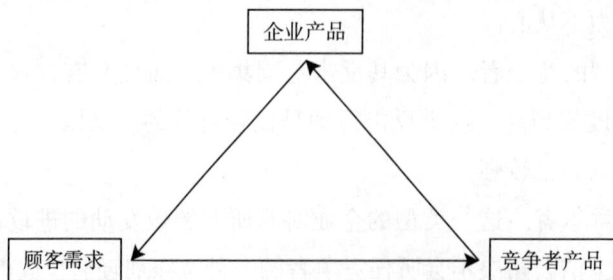

图7-4　企业、竞争对手、顾客"战略三角"

一、总成本领先战略

(一)总成本领先战略概述

总成本领先战略是指通过有效途径,将企业的经济成本降到比所有竞争对手更低的水平以获得竞争优势的一种竞争。这种战略要求企业努力取得规模经济,以经验曲线为基础,严格控制生产成本和间接费用,以使企业的产品总成本降低到最低水平。处于成本地位的战略经营单位能够防御竞争对手的进攻,因为较低的成本可使其通过削价与对手进行激烈竞争后,仍然能够获得盈利,从而在市场竞争中站稳脚跟。

【例7-5】

注重降低成本的美国公司

美国最大的家电生产者之一的惠而浦公司,在1999年投入了近4亿美元进行生产设备的更新,目的就是通过扩大生产规模和提高生产效率,从而大幅降低生产成本,这样就可以凭借更强大的竞争优势在世界范围内同其他竞争对手进行竞争;国际零售商业巨头沃尔玛也是成功地运用了总成本领先战略,使其在世界零售业的竞争中立于不败之地。

资料来源:涂永式,江若尘,李颖灏. 国际市场营销. 北京:科学出版社, 2010

(二)总成本领先战略的形式

企业及其所属事业部可以通过各种方式实施总成本领先战略。例如,简化产品,改进设计,节约原材料,降低工资费用,实行生产革新和自动化,降低管理费用等。

(三)总成本战略的适用条件及其风险

总成本战略是一种重要的竞争战略,但是,它也有一定的适用范围。当具备下列条件时,采用低成本战略会更有效力:

(1)市场需求具有价格弹性。

（2）所处行业的企业都生产标准化产品，从而使价格竞争决定企业的市场地位。

（3）实现产品差异化的途径很少。

（4）多数客户以相同的方式使用产品。

（5）用户购物从一个销售商转变为另一个销售商时，不会发生转换成本，因而特别倾向于购买价格最优惠的产品。

采用总成本战略也会带来一定的风险。例如，技术变革和技术进步会使以往的投资和效率变得无效；竞争对手通过模仿或向高技术装备进行投资，也可以做到低成本；只注意到生产成本的降低，而忽略了服务、技术开发、市场营销等方面的成本，以及忽略了产品或市场的变化等。因此，运用总成本战略，一定要考虑技术革新和技术进步的影响，注意竞争对手的战略反应和产品、市场的变化。

二、差异化战略

（一）差异化战略概述

差异化战略是指为使企业产品、服务、企业形象等与竞争对手有明显的区别，以获得竞争优势而采取的战略。这种战略的重点是创造被全行业和顾客都视为是独特的产品和服务。实现差异化战略，可以培养用户对品牌的忠诚。因此，差异化战略是使企业获得高于同行业平均水平利润的一种有效的竞争战略。例如，索尼公司注重产品的外表美观，奔驰则强调出众的工艺和良好的性能等。

（二）差异化战略的形式与内容

差异化战略包括多种形式，其中最常用的产品差异化战略包括产品质量的差异化战略、产品可靠性的差异化战略、产品创新的差异化战略、产品特性的差异化战略、产品名称的差异化战略、服务的差异化战略和形象的差异化战略。不同的事业部和不同产品，可以同时采用两种或两种以上的差异化战略，但须注意，要对市场进行细分化，根据不同的细分市场选用不同的差异化战略。

（三）差异化战略的适用条件及其风险

差异化战略适用于下列情况：

（1）有多种使产品或服务差异化的途径，而且这些差异化是被某些用户视为是有价值的。

（2）用户对产品的使用和需求是不同的。

（3）奉行差异化战略的竞争对手不多。

差异化战略面临的风险：

（1）可能丧失部分客户。如果采用总成本战略的竞争对手压低产品价格，使其与实行差异化战略的厂家的产品价格差距拉得很大，在这种情况下，用户为了节省费用，只得放弃取得差异的厂家所拥有的产品特征、服务或形象，转而选择物美价廉的产品。

（2）用户所需的产品差异的因素下降。当用户变得越来越成熟，对产品的特征和差别体会不明显时，就可能发生忽略差异的情况。

（3）大量的模仿缩小了感觉得到的差异。特别是当产品发展到成熟期时，拥有技术实力的厂家很容易通过逼真的模仿，减少产品之间的差异。

【例7-6】

耐克的差异化让其永远保持领先

20世纪70年代初，美国慢跑热正逐渐兴起，数百万人开始穿运动鞋。但当时美国运动鞋市场上占统治地位的是阿迪达斯、彪马和Tiger（虎牌）组成的"铁三角"，他们并没有意识到运动鞋市场的这一趋势，而耐克紧盯这一市场，并选定以此为目标市场，专门生产适应这一大众化运动趋势的运动鞋。耐克为打进"铁三角"，迅速开发新式跑鞋，并为此花费巨资，开发出风格各异、价格不同和多用途的产品。到1979年，耐克通过策划新产品的上市和强劲的推销，其市场占有率达到33%，终于打进了"铁三角"。

然而，到了后来，过去推动耐克成功的青少年消费者纷纷放弃了运动鞋，他们在寻找新颖的、少一点商业气息的产品。此时耐克似已陷入困境，销售额在下降，利润在下降。耐克大刀阔斧进行改革的时候已经到了。于是，耐克更新了"外观"技术，推出了一系列新款跑鞋、运动鞋和多种训练用鞋，其户外运动部门则把销售的重点对准了雅皮士一代和新一代未知的顾客。它遵循的信条是思路新颖。在美国，市场已经饱和，只有不断推陈出新的公司才能得到发展。耐克利用其敏锐的眼光去观察选择市场，进行差异化战略，永远保持领先。

资料来源：http://zdvxejqg.blog.china.alibaba.com/

三、集中化战略

（一）集中化战略概述

集中化战略是指由于国际企业资源的有限性或企业所具备的竞争优势只能在产品市场的一定范围内发挥作用，致使国际企业很难在其产品市场开展全面的竞争，而要在对国际市场细分的基础上集中力量，或主攻某一特定的国际消费群体，或主攻某个产品系列的某一个品牌，或主攻某一国别或地区市场，从而取得比竞争对手更高的市场份额或利润。

集中化战略要求国际营销企业要对国际市场和产品进行详细的细分和研究，例如，根据种族、民族、收入、家庭规模、生活方式、兴趣爱好、个性特征以及对产品的需求程度和标准等来进行分析并细分市场，同时研究现有竞争对手的实力及规模，发现市场的空白点，合理选择适合自己的市场，并集中实力做好这个市场。

这种战略的重点是瞄准某个特定的用户群体、某种细分的产品线或某个细分市场。由于企业资源有一定限度，很难在其产品市场展开全面的竞争，因而需要瞄准一定的重点，以期产生巨大有效的市场力量。此外，一个企业或事业部所具备的竞争优势，也只能在产品市场的一定范围内发挥作用。因此，采用集中化战略，能够使企业或事业部专心地为较窄的战略目标提供更好的服务，充分发挥自己的优势，取得比竞争对手更高的效率和效益。

（二）集中化战略的形式与内容

集中化战略一般有两种形式：①成本的重点集中。②差异的重点集中。集中化战略可以分为产品线重点集中战略、用户重点集中战略、地区重点集中战略及低占有率重点集中战略。各种不同的形式要根据企业在国际竞争中不同的市场细分来进行合理选择。

（三）集中化战略的适用条件及其风险

一般来说，只有具备下列四种条件，采用集中化战略才是适宜的：

（1）具有完全不同的用户群，这些用户或有不同的需求，或以不同的方式使用产品。

（2）在相同的目标细分市场中，其他竞争对手不打算实行集中化战略。

（3）企业的资源不允许其追求广泛的细分市场。

（4）行业中各细分部门在规模、成长率、获利能力等方面存在很大差异，致使某些细分部门比其他部门更有吸引力。

集中化战略也包含一些风险，如众多的竞争者可能找到更有效的方式，在服务于狭窄的目标市场方面，超过实施重点集中战略的企业；用户的需求呈现多样化的趋势，企业很难实施集中化战略；企业的集中化战略往往被实施市场细分的企业进一步细化并抢占，从而使企业的集中化战略失去优势。

【例 7-7】

向联合利华学习集中化战略

集中化战略在联合利华得到了充分的体现：①企业集中化，1999 年，把 14 个独立的合资企业合并为 4 个由联合利华控股的公司，使经营成本下降了 20%，外籍管理人员减少了 3/4。②产品集中化。果断退出非主营业务，专攻家庭及个人护理用品、食品及饮料和冰淇淋等三大优势系列，取得了重大成功。③品牌集中化。虽然拥有 2000 多个品牌，但在中国推广还不到 20 个，都是一线品牌。④厂址集中化。1999 年 5~8 月，通过调整、合并，减少了 3 个生产地址，节约了 30%的运作费用。

这次将食品零售营销网络转包，可以说是营销环节集中化。实现营销环节集中化，把自己不特别擅长的零售营销转包出去，从而专心制订战略计划、管理主要客户及分销商，有利于迅速提高市场占有率和知名度，实现在华投资的战略目标。向第三方转包零售营销网络是集中化战略的又一重大创新。

我国的企业不但要与著名的跨国公司竞争，更要自觉地向他们学习。联合利华的集中化战略就很值得我国的企业学习。集中化是经营智慧的突出体现。企业无论大小强弱，能力、财力和精力都是有限的，在经济全球化和竞争激烈化的形势下，为了向客户提供值价比（即价值与价格之比）较高的产品或服务，必须在各个方面善于集中，善于争取和发展相对优势，在任何时候都不要拉长战线、分散资源，不要搞无原则的多元化，更不要盲目进入非擅长的领域。

资料来源：http://www.ceconline.com/sales_marketing/mn/8800025841/01/

第四节 国际市场竞争战略的新发展

近年来，跨国公司为了适应市场全球化、资本国际化、贸易和投资自由化的新形势，它们纷纷以经济全球化为背景，以信息革命为手段，调整自己的竞争战略。跨国公司竞争战略发生了新发展和新变化，这些新发展和新变化表现在以下几个方面，如表 7-2 所示。

表 7-2 国际市场竞争战略的新发展

战略方向	战略内容
竞争理念	由纯竞争转向合作竞争
市场战略	组建战略联盟
战略重点	由注重产品生产转变为重视产品服务
经营战略	由"多元化"、"规模化"向"核心竞争力"转变
投资战略	从注重"绿地新建"转向"并购重组"
技术开发战略	由高度重视"应用技术开发"向不断增强"战略技术储备"转变
资金管理战略	由高度重视成本管理转为高度重视资金使用效率和控制资金风险
企业管理体制	由"垂直型结构"向"扁平化"和"网络化"转变

续表

战略方向	战略内容
东道国市场战略理念	"全球统一"理念让位于"本土化"战略理念
管理模式	更加注重知识管理
物流系统	重视供应链管理
组织形式	实施虚拟经营战略

一、竞争理念：由纯竞争转向合作竞争

自亚当·斯密以来，西方主流经济学和工商管理学都倡导"纯竞争"。纯竞争的理念源自达尔文的大自然竞争观，即"物竞天择，适者生存"。自 21 世纪以来，合资、合营、特许经营、战略联盟、战略外包等做法越来越受到跨国公司的青睐，这反映了跨国公司竞争理念的新变化。管理大师德鲁克在其著作中指出：在全球经济一体化的环境下，公司成长的新模式将是以合伙而非控制为基础所建立起来的企业结构，包括外包、战略联盟和合资，以合作竞争战略为主导的新时代已经到来。

二、市场战略：组建战略联盟

战略联盟强调合作伙伴之间的相容性和部分资源的共同运用，极具快速、灵活、经济的特征，很受跨国公司的青睐。近年来，跨国公司之间纷纷组建战略联盟参与国际竞争，充分利用这一新型组织形式的灵活性、机动性的特征，既可在联盟内实现优势互补，又可在联盟外保持企业的独立性，极大地提高了企业的竞争力。跨国公司组建的战略联盟中有相当数量的是技术联盟，通过彼此的技术合作，共同开发新技术，分享新技术带来的高额利润，这也使得大量的先进技术被发达国家的跨国公司所掌握，它们凭借技术垄断给发展中国家企业的发展造成了巨大的障碍。

三、战略重点：由注重产品生产转变为重视产品服务

许多跨国公司纷纷调整自己的经营战略，将各自的战略重点从过去的注重产品生产，转移到现在的重视产品售后服务或产品技术支持服务等各种服务活动上。今天的企业要赢得市场竞争，采取区别化策略比降低成本策略更为实际；而采取区别化策略必须从服务入手。企业由注重产品生产转变为重视产品服务，也是市场营销观念进化的结果。进行由产品生产向产品服务过渡的战略调整是企业战略发展的必然趋势，企业应当顺应这一趋势，从服务入手，采取区别化策略，以获得优于竞争对手的优势，这样才能更好地满足消费者的需求，最大限度地争取到更多的消费者，在激烈的竞争中立于不败之地。

四、经营战略：由"多元化"、"规模化"向"核心竞争力"转变

回归集中化发展战略，从非核心事业后撤，集中公司所有资源开展核心事业，突出企业优势，力图使企业在某一领域的竞争中掌握绝对主动。进入 21 世纪以来，不少大公司在跨国经营中，逐步削弱或放弃了企业的边缘业务，特别是在美国安然公司因多元化经营引发财务危机并最终导致破产后，他们不断加强对核心业务的投入和核心技术的开发，形成了企业独特的、具有显著差异化的、持续的竞争能力。追求核心竞争力的企业都特别重视技术创新能力的培育，表现在不断加强研究开发费用的投入。据有关资料统计，全球研究开发费用的 70% 是由世界 500 强投入的。在美国，跨国公司的研究开发费用占到全国的 90% 左右。大型跨国公司正是依赖技术上的垄断优势，保持强大的竞争力，并获取丰厚的利润。

五、投资战略：从注重"绿地新建"转向"并购重组"

自 20 世纪 90 年代以来，以市场为导向，以高新技术为核心，以增强核心竞争力为目标，以强势企业的联合为特征的跨国兼并重组，加剧了资源向优势企业的集中，跨国公司通过并购来吸收原有企业的存量资产，实现企业的低成本扩张。兼并重组不仅成为跨国公司提升核心竞争优势的一条捷径，而且也成为国际直接投资的一种主要方式。

跨国公司之所以热衷于跨国并购重组，主要原因有：可以迅速吃掉竞争对手，并转化为自己的竞争力量，使全球过剩的生产能力得以重新组合；增强企业抗击单一区域或国家市场波动的能力；能使企业更加适应技术发展迅速、研究成本高昂的知识经济的挑战，并有可能抓住新兴产业崛起的商机；可以从资产价值低估中获得好处；扩大规模，增强实力，优势互补，提高企业竞争能力，力图在某一领域占据垄断、统治地位。

六、技术开发战略：由高度重视"应用技术开发"向不断增强"战略技术储备"转变

高度重视技术研发投入是大型跨国公司保持市场竞争优势和实施技术、成本差别化战略的重要基础。进入 21 世纪以来，大型跨国公司不仅高度重视应用技术的研究开发，而且高度重视提高战略技术储备的水平。

【例 7-8】

全球通信公司的战略技术储备

爱立信公司一个重要的战略思想就是"要使公司成为全球通信技术发展上的领导者"。2003 年，爱立信公司营业收入达 163.6 亿美元，研发投入就达 30 亿美元，占公司营业收入的 20%，是全球通信跨国公司研发投入的最高水平，公司每年申请专利都达 1000 项以上。诺基亚公司现有全球雇员 5.3 万人，其中科研开发人员就达 1.8 万人。阿尔卡特公司有全球雇员 6 万人，其中研发人员达 1.76 万人；在全球设立了 6 个研究开发中心；2003 年销售收入 125 亿欧元，研发投入始终占到销售收入的 10% 以上，2003 年达到 13%。全球领先的技术，使阿尔卡特的产品始终保持着优势的市场地位。目前，阿尔卡特数字程控交换机、光网络领域分别拥有全球 18% 和 15% 的市场份额，均居世界第一位；在宽带接入领域以 38% 的市场份额领先于全球宽带市场；在多服务城域网中，以 22% 的市场份额居全球第二位。

资料来源：根据网络相关资料整理而来。

七、资金管理战略：由高度重视成本管理转为高度重视资金使用效率和控制资金风险

面对全球激烈竞争的市场环境，为了有效规避市场风险和提高整体经营效率，跨国公司都高度重视资金使用效率和资金风险控制。

【例 7-9】

阿尔卡特的资金管理战略

阿尔卡特在资金管理方面高度注重资金使用效率和资金风险控制这两大环节，公司通过全球资金集中管理，每年可节约数十万美元的交易成本。通过强化现金流量管理、控制存货、降低消耗、整合全球客户服务体系，使公司的固定成本大幅度削减，由每季度 2.5 亿美元降至每季度 1.2 亿美元，大大提高了销售利润率。诺基亚公司由于有效的资金管理，大大提高了资金使用效率，销售收入利润率达到 15% 左右。阿尔斯通公司通过开展债券、股权以及股权派生工具等多种方式融资，优化公司筹资方案，降低融资和使用成本，不仅使公司融资渠道进一步扩大，而且使资金使用效率大大提高。

资料来源：http://www.chemdevelop.com/Expert/Reports/expert_22.asp?id=22

八、企业管理体制：由"垂直型结构"向"扁平化"和"网络化"转变

为适应市场竞争的需要，跨国公司从 20 世纪 90 年代开始，普遍加强了内部管理体制的改革，围绕市场和客户进行组织结构调整，结果是改变了原来企业内部纵向上下之间、横向部门之间的隔阂，使企业组织结构"变扁"。在成本控制方面，宽跨度的组织效率更高，能够使各个公司降低成本，削减企业一般管理费用，加速决策过程，增强灵活性，缩短与顾客的距离。另外，由于经济全球化和网络经济的发展，市场的快速变化导致产品生命周期越来越短，时间和反应速度已经取代成本和质量而成为第一竞争要素，企业已经进入了一个快速竞争的时代。企业的注意力开始转移到寻求企业外部效率与内部效率的结合上，企业的网络化经营管理模式应运而生。例如，全球最大的零售企业沃尔玛，采用卫星定位系统和电视调度系统，随时与 4000 多个店铺进行商务沟通，及时作出市场决策。

九、东道国市场战略理念："全球统一"理念让位于"本土化"战略理念

在跨国公司海外经营过程中，虽然母国的影响仍很重要，但现实中，往往由于种种政治的、文化的和社会的原因使得非本地的跨国公司必须经常改变自己的某些内部惯例来适应当地的情况，即增加跨国公司的地理邻近根植性，也就是近年来跨国公司全球化战略中所积极倡导的各子公司"本土化"经营战略，以此来体现全球化战略同因地制宜经营方针的紧密结合。通过这一战略，在一定程度上可以适应跨国公司投资所在的国家和地区发展民族产业的需要，跨国公司拥有先进技术、专利和充足资本、先进管理经验等优势，实施"本地化"战略可以在比较优势原则下，把产品生产转移到要素价格较本国低的地方去，迅速进入东道国或邻近地区市场销售。"本土化"战略的关键因素有三个：高、中级经理的当地化；研究与开发当地化；公司风格当地化。也就是说，必须生产和创造出适合当地市场需求的产品和服务，这就需要了解当地的产品知识、市场知识以及当地的文化和价值观念等。跨国公司在本土化经营中实施以顾客为导向的调研，进行有效的跨文化沟通，以全球视角进行资源配置和进行持续的营销创新等的成功经验，很值得我国企业借鉴。

十、管理模式：更加注重知识管理

伴随着知识经济时代的到来，企业传统的管理模式受到了严重的冲击，知识管理这一新的企业管理模式显现出其强大的优势，成为企业增强核心竞争能力的重要的支撑平台。同样，在日趋激烈的国际竞争中，现代跨国公司的发展和竞争模式的变化要求必须更加注重知识管理。知识管理是适应知识经济时代的需要，以知识资产和知识活动为核

心的综合管理理念和行为模式，是通过对知识的搜集、确认、扩散及创新等活动，实现知识共享，并有效实现知识价值的转化，以促进企业知识化和企业的不断成熟、壮大。

十一、物流系统：重视供应链管理

所谓供应链，就是围绕核心企业，通过信息流、物流、资金流等，将供应商、制造商、分销商、零售商直到最终用户连成一个整体的功能网链结构模式。要想使供应链具有较强的竞争力，处于供应链上的每一个成员都有责任与义务使得供应链上的信息流、物流、资金流顺畅，保持并提高其高效率。

供应链管理的实质一方面是对抗不确定性，另一方面为了形成紧密的协作关系，共同开发新市场。现代竞争的现实告诉我们，竞争不再是一对一的单挑，也不是集团对集团的"群殴"，而是供应链与供应链的战略对抗。作为置身于市场竞争的企业应具有系统的全局的观点，积极与供应商、销售商及最终用户合作，并给予相当的支持，形成整体优势。这需要重新审视现有的供应链，加强理解，剔除不必要的环节，选择好成员，重新设计建设供应链，建立起合理有效的激励机制与分配机制、运作机制等，达到共担风险、共享利益、和衷共济的效果，从而建立长久的竞争优势。

十二、组织形式：实施虚拟经营战略

虚拟经营是指企业虽有开发、设计、生产、销售、财务等功能，但自身并没有执行这些功能的全部完整组织，企业在组织上突破了有形的界限，根据自身的情况，按市场交易成本最低原则，通过业务外包等方式，把这些功能中的一部分转移到社会中进行，自己集中发挥最具优势的功能，利用外部的资源实现集约化。虚拟经营在国外已比较普遍，在实践中发展了三种基本的虚拟企业形式：虚拟生产、虚拟开发和虚拟销售。实行虚拟经营比较成功的典范是全球著名的耐克公司。耐克本身只有一家小工厂，专做运动鞋的关键组件，而运动鞋的生产则采用订单的形式，转移到人力资源丰富的发展中国家，企业集中力量进行科研开发和经营销售。在实行这一战略的过程中，企业一定要突出核心优势并牢牢控制住核心优势。如果企业在经营过程中对核心能力、核心优势的控制权削弱或丢失，往往会导致企业危机。

国际营销企业为了适应市场全球化、资本国际化、贸易和投资自由化的新形势，在竞争战略方面纷纷进行了调整和发展，在竞争理念、市场战略、经营战略、投资战略等12个方面出现了新发展和新变化。

【阅读材料】

柯达、富士竞争策略分析

一个企业在竞争中采取怎样的策略，受很多因素的影响，其中起决定性作用的是企业在该行业中的地位。菲利普·科特勒在《营销管理》中指出竞争中企业的四种地位：领导者、挑战者、跟随者和补缺者。若说在全世界的胶卷市场上，柯达无疑是领导者，而富士是挑战者；在中国市场，医疗产品和专业产品上，柯达是领导者，但在普通胶卷市场上，则两家公司的地位非常接近。目前，富士的市场份额仍占第一位，因而可以说富士是领导者，柯达是挑战者。作为世界范围的领导者，柯达在中国普通胶卷上稍逊于富士，它无论如何是不会心甘情愿的，因而近年来大举进攻富士。

1997 年，柯达公开表示，要在未来 5 年内在中国投入 15 亿美元而不求回报，以达到最终挤垮乐凯，打败富士的目的。虽然柯达在美国本土和其他国家的经营面临重重困难，宣布要在全球裁员 1 万人，以降低成本，但在中国并不裁员，反而大规模增加投入，可见柯达对中国市场的重视程度。兼并公元、福达，是其全面进攻策略的体现之一。在其新产品，如数码相机、电脑光碟的大规模推广上，也可看出柯达占领中国市场的决心。而富士也不甘示弱，不会把在胶卷市场的领先优势拱手让给柯达，它凭着在中国市场已有的基础，全面反击，特别在胶卷产品上。在 1997 年 5~10 月，富士连续推出两代胶卷新产品，5 月推出 SUPER-HG 系列胶卷，取代原来的 HR 系列胶卷。而仅仅几个月后，又推出 SUPER IA 晶彩胶卷系列，与柯达推出的金胶卷系列全面对抗。同时，针对柯达对专卖店的大规模投入，富士在 1997 年下半年推出新的影像服务专卖店形象，原来的专卖店全部进行新的装修，形象焕然一新。目的很明显，就是要保持胶卷的领先地位。

从上面对两家公司的比较可见，富士的销售渠道较长，市场后勤管理上稍逊于柯达，这在客观上有两方面负面影响：一方面，产品经过长的渠道，多次转运后，富士公司对产品不能很好控制，给了仿冒产品有机可乘。目前市场上富士的仿冒胶卷较多，而柯达的则很少见。另一方面，几种不同类型的产品由同一经销商负责，例如，在广州，富士的民用胶卷、数码相机和磁记录产品都由同一经销商负责，而柯达的则分开由三家相关行业的公司负责。这样，富士的那家经销商可能只注重畅销的产品，而对相对不畅销的产品支持不够。近一两年，同是在推广数码产品和电脑光碟，柯达取得的成绩比富士要好得多，特别是电脑光碟，柯达的销售量在广州已排在前几名。

目前，在中国市场，两家公司在不同产品的地位没有改变。但比起几年前，柯达的影响已越来越大。除了分销策略上，在其他各个方面，两家公司也一直都对抗着。可以预见，未来柯达与富士之争将会更加激烈。

柯达、富士之争的一些启示

从柯达与富士的竞争中，可以看到市场营销策略的一些发展趋势。柯达与富士作为世界感光业的两家领头公司，它们的竞争已渗透到各个方面。在技术创新、产品性能上：两家公司固然从来没有松懈过，但近年来更多的则是体现在分销、促销上的激烈竞争，这也正体现了目前在营销学中的"整合营销传播"观念的思想。采取有效的分销策略，将使企业更具有竞争力。经济全球化是经济发展的一大趋势，我国企业要成长起来，具有竞争力，发展有效的分销策略势在必行。目前，我国企业的分销渠道中存在以下几个问题：

1. 营销系统依然是传统型的

传统的营销系统是指由一个独立的生产者、批发商、零售商组成，每个成员独立，各自追求自己的最大利润，彼此之间联系松散，各自为政。这种营销系统缺乏统一协调，成员之间必然存在利益冲突，容易形成恶性竞争。目前，国际上著名公司采取的主要是垂直型营销系统。垂直型营销系统是相对于传统型营销系统和水平型营销系统而言的，指的是由生产者、批发商、零售商通过协议形成的统一联合体，渠道成员统一协调合作，使整个营销过程中各个环节都发挥最有效的作用。

2. 低层次的市场后勤观念

目前，我国企业普遍缺乏市场后勤管理的观念，即使有些企业在市场后勤上做了一些工作，但大多数是低层次的，是实体分配观念，这种观念是以工厂的产品为出发点，尽力寻找费用少的途径，把产品送到消费者手中。而市场后勤观念是以市场为起点，然后反过来向工厂安排工作。整个流程包括销售预测、分销计划、生产计划、采购、定单处理、存货管理、包装、运输，最终到达消费者。相比之下，传统的实体分配观念是较被动的，没有把顾客导向融入营销的各个环节之中，而市场后勤则是始终以顾客为导向的，以顾客需求为起点，反过来指导整个营销流程，这也正是当代营销学所强调的。目前，我国市场上很多国产商品的服务远不如外国品牌，这正是落后市场后勤观念的体现。

我国市场营销学起步较慢，要赶上国际先进水平，仍需要一个过程。但在目前竞争越来越激烈的市场形势下，谁能先接受新观念，并付之于实践，谁就能占得先机。目前，我国的名牌企业，如海尔、长虹等，在营销策略中已走在全国前列，为我们提供了许多借鉴经验。

资料来源：http://www.100guanli.com/detail.aspx?id=299942

【本章小结】

（1）波特的五力竞争模型。波特认为产业结构深刻地影响着竞争规则的确立及公司的竞争战略，产业内部的竞争状态取决于五种基本竞争作用力，即行业内现有竞争者的威胁、新进入者的威胁、替代品的威胁、供应商的讨价还价能力、购买者的讨价还价能力。

（2）国际竞争对手分析的五个步骤：①识别企业的竞争者。②确定竞争对手未来的目标。③评估国际竞争对手的优势与劣势。④确认竞争对手的战略。⑤预测竞争对手的反应模式。

（3）竞争者的类型：①从行业的角度可以分为现有竞争者、潜在竞争者、替代品生产者。②从市场角度可以分为品牌竞争者、行业竞争者、需要竞争者、消费竞争者。③从企业所处的地位可以分为市场领导者、市场挑战者、市场追随者、市场补缺者。

（4）基本的国际市场竞争战略有三种：总成本领先战略、差异化战略和集中化战略。①总成本领先战略是指通过有效途径，将企业的经济成本降到比所有竞争对手更低的水平以获得竞争优势的一种竞争。这种战略要求企业努力取得规模经济，以经验曲线为基础，严格控制生产成本和间接费用，以使企业的产品总成本降低到最低水平。②差异化战略是指为使企业产品、服务、企业形象等与竞争对手有明显的区别，以获得竞争优势而采取的战略。这种战略的重点是创造被全行业和顾客都视为是独特的产品和服务。实现差异化战略，可以培养用户对品牌的忠诚度。③集中化战略是指由于国际企业资源的有限性或企业所具备的竞争优势只能在产品市场的一定范围内发挥作用，致使国际企业很难在其产品市场开展全面的竞争，而要在对国际市场细分的基础上进行集中力量，或主攻某一特定的国际消费群体，或主攻某个产品系列的某一个品牌，或主攻某一国别或地区市场，从而取得比竞争对手更高的市场份额或利润率。

（5）近年来，国际竞争战略的新发展表现为以下几大趋势：①竞争理念：由纯竞争转向合作竞争。②市场战略：组建战略联盟。③战略重点：由注重产品生产转变为重视产品服务。④经营战略：由"多元化"、"规模化"向"核心竞争力"转变。⑤投资战略：从注重"绿地新建"转向"并购重组"。⑥技术开发战略：由高度重视"应用技术开发"向不断增强"战略技术储备"转变。⑦资金管理战略：由高度重视成本管理转为高度重视资金使用效率和控制资金风险。⑧企业管理体制：由"垂直型结构"向"扁平化"和"网络化"转变。⑨东道国市场战略理念："全球统一"理念让位于"本土化"战略理念。

⑩管理模式：更加注重知识管理。⑪物流系统：重视供应链管理。⑫组织形式：实施虚拟经营战略。

【思考题】

1. 企业的竞争对手有哪些？

2. 企业的竞争对手分为哪几类？

3. 对竞争对手如何进行分析？

4. 企业竞争的目标有哪些？

5. 如何评价国际竞争对手的竞争优势？

6. 竞争对手有哪些反应模式？

7. 常见的国际竞争战略分为哪几种类型？其适用条件是什么？

8. 国际竞争发展趋势如何？

【案例分析】

"雷达"与"飞亚达"的较量

当今世界上能生产永不磨损型系列表的厂家为数不多，而在中国销售的这类产品中，真正称得上货真价实的，只有"雷达"与"飞亚达"。一个是享誉多年的世界名牌，一个是刚出世不久的中国名牌，它们在中国乃至国际市场上展开了一场较量。

1. 掉以轻心，雷达公司追悔莫及

从 1957 年就开始生产手表的瑞士雷达公司，确实是一家非同凡响的企业，1962 年他们推出了世界上第一块永不磨损型手表。1979 年该公司以其远见卓识，首先在上海《文汇报》和上海电视台登出广告，成为中国钟表改革开放后的第一个外商广告。然而，雷达公司却犯了一个十分严重的错误，那就是他在看到中国市场的同时，却忽视了中国钟表工业的潜力。到 1984 年，雷达公司首创的永不磨损型拱形手表虽已在世界许多国家申请了专利，而在中国却采取了先行在市场销售的策略。根据我国的专利法规，这就等于无法再在中国取得专利权。

这一掉以轻心导致的失误，终于被 1987 年底成立的深圳飞亚达计时总公司所察觉。该公司在对"雷达"拱形表外观作了局部改动后，1989 年推出了自己研制生产的永不磨损型拱形手表，并且其外观设计申请了国家专利。而雷达公司对这一事件并未做出及时反应。直到 1990 年，标价 1998 元的"飞亚达"表与标价 14000 元的同类型"雷达"表，突然在我国许多大商店及钟表店的柜台上并排出现，并以明显的价格优势和可靠的质量保证，开始对"雷达"表构成威胁的时候，雷达公司才如梦初醒，但已是追悔莫及。1992年上半年，雷达公司向中国专利局提出申请，要求取消"飞亚达"拱形表的外观设计专利，理由是在"飞亚达"表申请专利之前，"雷达"表的同类设计已在国内外公开传播媒介上出现过。1992年7月，国家专利正式取消了"飞亚达"的专利，"雷达"表作为永不磨损拱形首创者的形象得到了认可，但是由于"雷达"表已经失去在中国申请专利的机会，得不到保护，所以，"飞亚达"虽然失去了专利，却可以生产和销售这种手表。两家打了个平手。

市场竞争是无情的。本来，雷达公司作为钟表市场的主导者必然会面临竞争者的挑战，因此，必须保持高度的警惕和采取适当的策略，否则很可能丧失主导地位。但是，雷达公司在走进中国市场时，却忽视了中国钟表市场的潜在竞争者，没有采取正确的营销策略。结果让"飞亚达"找出了空当，成为"雷达"表的市场挑战者。"飞亚达"的目标是明确的，就是要把矛头对准"雷达"，通过竞争，主宰中国的高档手表市场。看来，在竞争中，市场主导者须时时有危机感，切忌掉以轻心。

2. 市场争雄，"雷达"表且守且攻

雷达表公司毕竟是一家实力雄厚的钟表公司和零售商，使该表在中国的零售额达到了4000万元左右。北京、上海、温州等地都是"雷达"表最大的中国市场。在北京，"雷达"表已不多见，取而代之的是6000~15000元的中、高档手表。在温州，两三千元的"雷达"表最大的海外市场在日本，而留学日本的上海人最多，受其影响，在上海戴"雷达"表已成为身份高贵的象征。据透露，"雷达"表每年用于中国的广告宣传及促销耗资达50万美元。充足的促销经费，加上具有10多年的中国市场基础，"雷达"表仍可以纵横于中华大地。

"雷达"在面对"飞亚达"的进攻时，采取了阵地防御战术，在充分估计了市场形势的情况下，竭力守住北京、上海、温州的势力范围，并及时调整策略，向中、高档方面转化。在巩固阵地的同时，拿出大笔资金用于推销，并筹划新的促销攻势。也正应了军事上的一条原则："进攻是最好的防御。"

3. 天时地利，"飞亚达"四面出击

"飞亚达"犹如一匹骏马突然出现，纵横南北，攻城略地，在短短几年里，夺得了全国千元以上手表的市场占有率的70%，其成功的奥妙在于"飞亚达"占尽天时、地利。

在中国市场，令雷达表公司深为苦恼的是180%的进口关税。在瑞士，雷达表只是大众型中档手表，但在中国售价却非常之高，令大众难以接受，这就使生产同一类型手表的"飞亚达"表有机可乘。虽然"雷达"表示世界名牌，但同样的表型，难分优劣的质量，同样的表壳和表镜物质，"雷达"的价格竟高于"飞亚达"5倍以上，这种巨大的价格反差使"飞亚达"表具备了竞争优势。

在销售渠道上，"飞亚达"凭天时、地利，采取了供销直接沟通的办法，在全国各大城市设有销售分部，触角直接伸进了各地每一个大商店和钟表店。这一做法，不仅大大减少了流通成本，而且信息反馈迅速。"雷达"表则需要有进出口公司进口到各地钟表公司，再由钟表公司批发到各地批发站或大商场，每一个中间环节都要获取利润，层层加码，摆在柜台上，价格已比进口时上升了许多。而且由于钟表公司钟表经营品种多样，以及对"雷达"表投入大量精力，信息反馈更是缓慢，在这方面，"飞亚达"无疑又占据了优势。

从品牌的知名度来说，"飞亚达"目前似乎逊于"雷达"。对此，"飞亚达"总经理认为这主要是"飞亚达"历史太短而宣传不够所致。"困难和解决困难的办法同时出现。"1992年7月，"飞亚达"第四次参加了香港世界钟表博览会，大张旗鼓地宣传他们志在成为世界名表，展台的规模和水准可以和任何世界名牌抗衡，连"雷达"香港地区经理史丹拿也不得不承认"飞亚达"确实精美绝伦。

使"飞亚达"自豪的是，他们不仅在国内市场上风起云涌，而且产品出口达80%以上，更值得一提的是，该公司出口到瑞士的手表机芯心脏部件达300万只，也就是说，瑞士出口到其他国家的手表机芯中，有不少心脏部件就是"飞亚达"的杰作。目前，"飞亚达"已成为中国国家级礼品。

"飞亚达"作为市场的挑战者和供给市场主导者，风险大，吸引力也很大。挑战者"飞亚达"了解主导者"雷达"的弱点，集中优势力量攻击对手的弱点，不仅提高了市场占有率，也提高了知名度和经济效益。"飞亚达"占据了天时、地利，并为把它转化为现实的市场优势，付出了许多努力。

4.鹿死谁手，真正的较量才刚刚开始

目前，中国市场上"雷达"与"飞亚达"的竞争正处于僵持状态，双方都在等待出手反击的时机。雷达公司把希望寄托在中国恢复关贸总协定上，企盼中国会大幅度降低关税。但有关专家认为，中国加入关贸总协定后，进口手表的关税也难以降至100%以下。同时，由于"雷达"表在中国必然要经过许多中间环节才能进入零售领域，层层利润加码，使其高价格不可避免。

与"雷达"焦灼地等待相比，"飞亚达"的机遇似乎来得更快一些。深圳市政府已经决定推出一批新的股票上市公司，"飞亚达"榜上有名。他们的目标就是成为中国近千家钟表企业中规模最大的公司。以此为契机，"飞亚达"公司制定了雄心勃勃的拓展计划：大规模引进日本等国家的先进生产线；兼并5~10家深圳和外地的钟表企业；开展国外的旅游业和房地产等综合经营业务；利用"飞亚达"已创出的知名度生产同一品牌的其他产品，拓展产品组合的宽度；在国外开设一两家表厂，直接进入国际市场；开展大规模的广告宣传攻势，力促"飞亚达"由国内名牌向世界名牌的转变。可以肯定，"飞亚达"将与"雷达"等世界名表展开新的角逐。

无论是正面强攻，还是侧后袭击，总会遇到种种对抗、反击。如果攻、防双方势均力敌，相持不下，就会陷入僵持状态，彼此进行拉锯式的争斗。但均势是暂时的，谁先有所突破，谁就可能走向胜利。从这个意义上看，"拉锯"实际上是商战决胜的关键阶段，应当全力搏击。搏击之法，多种多样。但是，等待只会坐失良机。"飞亚达"能够做出充分的反击准备，肯定会大有作为。

资料来源：http://www.boraid.com/download/SoftView.asp?SoftID=1087547

问题讨论

"雷达"与"飞亚达"在哪些方面展开了较量？

第八章 国际市场营销产品策略

学习目标与重点

（1）产品概念、完整产品的概念、产品分类。

（2）国际市场营销产品策略。

（3）产品生命周期各阶段理论及产品组合策略。

（4）国际新产品开发程序及策略。

（5）国际营销产品品牌策略及包装策略。

关键词

产品　产品种类　产品差异　产品系列　产品生命周期　新产品开发　品牌

案例导入

万宝路推出新产品

卷烟烟气的有害成分与被吸入肺内的焦油量相关，因此，通过减少卷烟中的烟草含量以及用化学物增大燃烧率来降低焦油吸入量的做法似乎是合理的。多孔卷烟纸的使用及在滤嘴周围增加通风孔均能稀释烟气，从而产生了低焦油或者淡味卷烟。尽管制造商从未明确声明这种卷烟更"安全"，但越来越多关注健康的公众自然地认为这种卷烟更安全。

现在，法律已经不允许烟草再有诸如"淡味"（Light）等可能产生误导的词语，因此，制造商们必须找到一个新的词汇来描述产品的特征。这个词能使消费者产生愉快的联想而且并未暗示这种卷烟可能对健康的危害较小。

2006年，一种被称作"超柔万宝路"（Marlboro Ultra Smooth）的新产品上市了，该公司确信"柔和"（Smooth）不会对消费者产生误导。"超柔万宝路"卷烟使用了炭滤嘴，催化活性炭被用来选择性地氧化卷烟烟气中的一些气相组分。当然，推出新产品也是为了竞争，主要是与位于北卡罗来纳格林斯博罗的罗瑞拉德烟草公司制造的新港品牌进行竞争。

资料来源：郭国庆. 国际营销学. 北京：中国人民大学出版社，2008

任何企业在参与国际竞争时，都必然会对自己的产品、价格、渠道和促销进行有机的组合，以实现国际范围内的利润最大化，同时也会配以4C，即顾客、成本、便利、沟通。但在这些所有的组合中，产品在国际营销中显得格外重要。究其原因是世界市场日益统一的今天，一个企业能否顺利进入国际市场，并在国际市场上占有一席之地，并实现自己以后的发展，最主要的还是取决于企业能否向国际市场提供有竞争力的产品。产品策略在国际营销组合中处于重要的核心地位，同时也是企业重要的核心竞争力，同时它还决定了其产品的价格、渠道、促销等策略的组合和运用。所以每个国际营销工作者都必须清楚地认识到，产品策略在国际营销中的重要作用，并且学会如何运用国际产品策略。

第一节　国际产品整体概念

一、产品的概念

现代市场经济要求企业建立完整的产品概念，以使企业在市场营销中所提供的是一个完整的产品，更加能符合消费者的需求。同时，要求企业在对产品的认识上不仅仅停留在产品特定的物质形态和具体用途上，而是归结为消费者需求的实际利益与满足。产品的完整概念体现了以顾客为中心的现代市场营销观念，对企业不断开发新产品、优化产品、提供优质服务，提高产品的市场竞争力有重要意义。

人们通常把产品理解为具有某种物质形状，能够提供某种用途的物品，这是一种狭义的理解。菲利普·科特勒认为："产品是指为留意、使用或消费以满足某种欲望和需要而提供给市场的一切东西。"市场营销学所定义的产品是指提供给市场，能够满足人们需要的任何有形和无形的东西。这是广义的产品的概念，它既包括有形产品的物质形态和用途，也包括能够满足人们某种需求的非物质形态的服务，如创意等。在现代市场营销中，产品的概念具有丰富的内涵和外延，从营销学的角度来讲，产品的本质是一种满足消费者需求的载体或是一种能使消费者需求得到满足的手段。

二、产品的整体概念及分类

（一）产品的整体概念

国际市场营销活动中，产品整体概念包括以下五个层次：核心产品、形式产品、期望产品、附加产品和潜在产品。如图8-1所示。

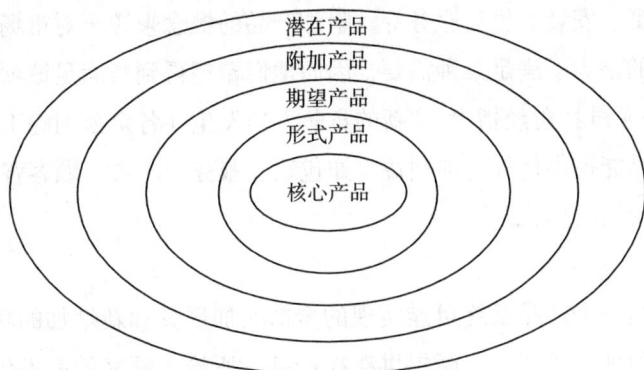

图 8-1　产品整体概念

1. 核心产品

核心产品是企业为顾客提供的最基本的效用和利益，是对顾客基本需要的满足。核心产品是顾客在购买产品时最想要的东西，也是最想得到的东西。消费者购买某种产品，并不是为了占有或获得产品本身，而是为了获得能满足某种需要的效用或利益。例如，顾客购买电脑的目的是为了工作上的方便，或是为了通过电脑上网及时掌握对自己有利的相关资讯等，而不是为了购买一堆纯粹的电子元件。核心产品引发了顾客不同的购买行为，所以核心产品是整体产品中最基本、最主要的部分。

2. 形式产品

形式产品也称实体产品，它是核心产品的实质载体，即向市场提供的实体和服务的形象。是产品的最基本的形式。是核心产品借以实现的形式，如果有形产品是实体品，则它在市场上通常表现为产品质量水平、外观特色、式样、品牌名称和包装等。产品的基本效用必须通过某些具体的形式才得以实现。市场营销者应首先着眼于顾客购买产品时所追求的利益，以求更完美地满足顾客需要，从这一点出发再去寻求利益得以实现的形式，进行产品设计。

3. 期望产品

期望产品是指购买者购买某种产品通常所希望和默认的一组产品属性和条件。一般情况下，顾客在购买某种产品时，往往会根据以往的消费经验和企业的营销宣传，对所欲购买的产品形成一种期望，如对于旅店的客人，期望的是干净的床、香皂、毛巾、热水、电话和相对安静的环境等。顾客所得到的，是购买产品所应该得到的，也是企业在提供产品时应该提供给顾客的，对于顾客来讲，在得到这些产品基本属性时，并没有太多的偏好，但是如果顾客没有得到这些，就会非常不满意，因为顾客没有得到他应该得到的东西，即顾客所期望的一整套产品属性和条件。

4. 附加产品

附加产品是顾客购买有形产品时所获得的全部附加服务和利益，包括提供信贷、免费送货、质量保证、安装、售后服务等。附加产品的概念来源于对市场需要的深入认识。因为购买者的目的是为了满足某种需要，因而他们希望得到与满足该项需要有关的一切。美国学者西奥多·莱维特曾经指出："新的竞争不是发生在各个公司的工厂生产什么产品，而是发生在其产品能提供何种附加利益（如包装、服务、广告、顾客咨询、融资、送货、仓储及具有其他价值的形式)。"

5. 潜在产品

潜在产品是指一个产品最终可能实现的全部附加部分和新增加的功能。许多企业通过对现有产品的附加与扩展，不断提供潜在产品，所给予顾客的就不仅仅是实体产品和服务，还能使顾客在获得这些新功能的时候感到喜悦。所以潜在产品指出了产品可能的演变，也使顾客对于产品的期望越来越高。潜在产品要求企业不断寻求满足顾客的新方法，不断将潜在产品变成现实产品，这样才能使顾客得到更多的意外惊喜，更好地满足顾客的需要。

【例 8-1】

"体验"产品营销

美国佛罗里达州罗德岛上有一个"监狱酒吧"，戒备森严，一般人休想进入。狱中的"囚徒"都是百万富翁，他们厌倦了花花世界中的豪华生活，特地来体验铁窗岁月，来这里的"囚徒"要登记"入狱"日期，定好假释时间，领一件黑白的囚衣方可"入狱"，囚徒的房间费用比一般旅馆高，普通床位每天 125 美元，高级房间高达 300 美元。自开办以来，生意兴隆，收入可观。靠的就是"新"、"奇"及独特的"感受"。

资料来源：http://jpkc.lzpcc.edu.cn/07/lw/skja7_1.htm

整体产品是一个完整的概念，国际营销人员在销售产品时应注意向顾客销售的是完整产品而非单一的产品实体，这对于提升产品在顾客心目中的形象有重要的意义。同时，顾客都希望在购买产品时享受到来自产品以外的服务，也即顾客期望购买的是一个完整产品。

（二）产品的分类

1. 按产品的用途划分为消费品和工业品

消费品是指直接用于满足最终消费的生活必需品，工业品是由企业或组织购买后用于生产其他产品的产品。

2. 按消费品使用时间的长短划分为耐用品、半耐用品和非耐用品

（1）耐用品是指产品使用时间至少在 1 年以上的物品，如冰箱、汽车、电视机、机

械设备等。耐用品单位价值较高，购买频率较低，而且一般来说需要专业购买，同时消费者挑选时间较长，需要货比三家。

（2）半耐用品的特点是能使用一段时间，在购买时，对产品的适用性、样式、色彩、质量和价格等基本方面会进行有针对性地比较、挑选，如部分纺织品、服装、鞋帽等。

（3）非耐用品即易耗品，其特点是一次性消耗或使用时间很短，消费者需要经常购买且希望能方便及时购买，企业应在人群集中、交通方便的地区设置零售网点。

3. 按产品之间的销售关系划分为独立产品、互补产品和替代产品

（1）独立产品即产品的销售不受其他产品的影响，如钢笔与手表、电视机与洗衣机等都互为独立产品。

（2）互补产品指产品与相关产品的销售相互依存、相互补充。一种产品销售的增加（或减少）会引起相关产品销售的增加（或减少），如打印机和油墨、洗衣机和洗衣粉或肥皂粉等。

（3）替代产品指两种产品之间销售存在着竞争关系，一种产品销售量的增加就会减少另一种产品潜在的销售量。如空调和风扇互为替代产品。

目前，国际市场上，同类产品的竞争往往取决于产品的销售服务，如汽车、家用电器、电子计算机等。因为，顾客购买产品的目的在于使用，企业应提供以保证其正常、方便使用为中心的服务。在计算机领域，IBM 公司与其他公司相比，被誉为"白雪公主与七个小矮人"。尽管 IBM 公司的产品具备了技术先进、品种齐全、更新及时和声誉卓著等优势，但公司还是规定了一条服务至上的制度："保证在 24 小时内回答每一条用户的意见。" IBM 公司的所作所为体现了以消费者为中心的现代营销观念。只有深刻理解产品整体概念，才能真正贯彻现代营销观念的要求，全面满足消费者的需要，同时建立企业的形象，提高企业的声誉和效益。

第二节　国际市场营销产品策略

国际市场营销产品策略是国际市场营销组合中的核心，是价格策略、分销策略和促销策略的基础。由于企业面对的是错综复杂的国际市场营销环境以及不同的各国消费者，这就使得企业将面临许多在国内市场产品策略中未曾遇见的问题。进入国际市场的产品必须树立产品的整体观念，以满足消费者综合的、多层次的利益和需求为中心来设计和销售产品；与国内市场营销不同的是国际营销面对的是世界各国或地区不同的市场环境，因此，企业是向全世界所有不同的市场都提供标准化产品，还是为适应每一特殊的市场

而设计差异化产品，是参与国际竞争的企业所面临的重要决策问题之一，国际市场营销学家将此归结为国际产品的标准化与差异化策略。

一、国际产品的标准化策略

（一）产品标准化的提出及其含义

国际产品的标准化策略是指企业向全世界不同国家或地区的所有市场都提供相同的产品。实施产品标准化策略的前提是市场全球化。自20世纪60年代以来，社会、经济和技术的发展使得世界各个国家和地区之间的交往日益频繁，特别是互联网的发展，使世界各国相互之间的依赖性日益增强，消费者需求也具有越来越多的共同性，相似的需求已构成了一个统一的世界市场。因此，企业可以生产全球标准化产品以获取规模经济效益。例如，在北美、欧洲及日本三个市场上出现了一个新的顾客群，他们具有相似的受教育程度、收入水平、生活方式及休闲追求等，企业可将不同国家相似的细分市场作为一个总的细分市场，向其提供标准化的产品或服务，如可口可乐、麦当劳快餐、柯达胶卷、好莱坞电影、索尼随身听等产品的消费者遍及世界各地。

（二）产品标准化策略的意义

在经济全球化步伐日益加快的今天，企业实行产品标准化策略，对企业夺取全球竞争优势无疑具有重要意义。

（1）产品标准化策略可使企业实行规模经济，大幅度降低产品研究、开发、生产、销售等各个环节的成本而提高利润。

（2）在全球范围内销售标准化产品有利于树立产品在世界上的统一形象，强化企业的声誉，有助于消费者对企业产品的识别，从而使企业产品在全球享有较高的知名度。

（3）产品标准化还可使企业对全球营销进行有效的控制。国际市场营销的地理范围较国内营销扩大了，如果产品种类较多，则每个产品所能获得的营销资源相对较少，难以进行有效的控制。产品标准化一方面降低了营销管理的难度，另一方面集中了营销资源，企业可以在数量较少的产品上投入相对丰裕的资源，对营销活动的控制力更强。

（三）选择产品标准化策略的条件

企业应根据以下几方面来决定是否选择产品的标准化策略：

（1）产品的需求特点。从全球消费者的角度来看，需求可分为两大类：一类是全球消费者共同的与国别无关的共性需求；另一类则是与各国环境相关的各国消费者的个性需求。在全球范围内销售的标准化产品一定是在全球具有相似需求的产品。消费者对任何一种国际产品的需求，都包括对产品无差别的共性需求和有差别的个性需求两种成分。企业营销人员应当正确识别消费者在产品需求中究竟是无差别的共性需求占主导地位还是有差别的个性需求占主导地位。对无差别的共性需求占主导地位的产品，宜采取产品标准化策略。下列产品的需求特征表现为无差别的共性需求成分偏大。大量的工业品，如各种原材料、生产设备、零部件等；某些日用消费品，如软饮料、胶卷、洗涤用品、化妆品、保健品、体育用品等；具有地方和民族特色的产品，如中国的丝绸、法国的香水、古巴的雪茄等。

（2）产品的生产特点。从产品生产的角度来看，适宜于产品标准化的产品类别为在采购、制造和分销等方面获得较大规模经济效益的产品。具体表现为，技术标准化的产品，如电视机、录像机、音响等产品；研究开发成本高的技术密集型产品，这类产品必须采取全球标准化以补偿产品研究与开发的巨额投资。

（3）竞争条件。如果在国际目标市场上没有竞争对手出现，或市场竞争不激烈，企业可以采用标准化策略，或者市场竞争虽很激烈，但本公司拥有独特的生产技能，且是其他公司无法效仿的，则可采用标准化产品策略。

（4）实施标准化产品策略必须做成本—收入分析，严格根据收益情况来进行决策。产品、包装、品牌名称和促销宣传的标准化无疑都能大幅度降低成本，但只有对大量需求的标准化产品才有意义。

此外，还应考虑各国的技术标准、法律要求及各国的营销支持系统，即各国为企业从事营销活动提供服务与帮助的机构和职能。如有的国家零售商没有保鲜设施，新鲜食品就很难在该国销售。尽管产品标准化策略对从事国际营销的企业有诸多有利的一面，但缺陷也是非常明显的，即难以满足不同市场消费者不同的需求。

二、国际产品差异化策略

（一）国际产品差异化策略的含义

国际产品差异化策略是指企业向世界范围内不同国家和地区的市场提供不同的产品，以适应不同国家或地区市场的特殊需求。如果说产品标准化策略是由于国际消费者存在某些共同的消费需求的话，那么产品差异化策略则是为了满足不同国家或地区的消费者由于所处不同的地理位置、经济、政治、文化及法律等环境尤其是文化环境的差异而形成的对产品的千差万别的个性需求。

尽管人类存在着某些需求共性，但在国际市场上不同国家或地区消费者的需求差异是主要的。在某些产品领域特别是与社会文化的关联性强的产品领域，国际消费者对产品的需求差异更加突出。企业必须根据国际市场消费者的具体情况改变原有产品的某些性能，以适应不同的消费需求。

（二）产品差异化策略的意义

实施产品差异化策略，即企业根据不同目标市场营销环境的特殊性和需求特点，生产和销售满足当地消费者需求特点的产品。这种产品策略更多的是从国际消费者需求个性角度来生产和销售产品，能更好地满足消费者的个性需求，有利于开拓国际市场，也有利于树立企业良好的国际形象，是企业开展国际市场营销的主流产品策略。然而，产品差异化策略对企业也提出了更高的要求。①要鉴别各个目标市场国家消费者的需求特征，这对企业的市场调研能力提出了很高的要求。②要针对不同的国际市场开发设计不同的产品，要求企业的研究开发能力跟上。③企业生产和销售的产品种类增加，其生产成本及营销费用将高于标准化产品，企业的管理难度也将加大。因此，企业在选择产品差异化策略时，要分析企业自身的实力以及投入产出比，综合各方面的情况再作判断。

(三) 产品标准化与差异化策略的选择

随着经济的发展和人们生活水平的提高，消费者需求的个性化日益凸显，选择产品差异化策略应是从事国际营销企业的主要产品策略。然而在营销实践中，企业往往将产品差异化和产品标准化策略综合运用。许多产品的差异化、多样化主要是体现在外形上，如产品的形式、包装、品牌等方面，而产品的核心部分往往是一样的。可见，国际产品的差异化策略与标准化策略并不是独立的，而是相辅相成的，有些原产国产品并不需很大的变动，而只需改变一下包装或品牌名称便可进入国际市场，有些原产国产品要想让世界消费者接受则需作较大的改变。由此可见，企业的产品策略通常是产品差异化与产品标准化的一个组合，在这种组合中有时是产品差异化程度偏大，有时是产品标准化程度偏大，企业应根据具体情况来选择产品差异化与产品标准化的组合。

三、国际营销产品组合策略

产品决策是国际营销企业进行国际营销组合的核心，是其他营销决策制定的出发点。与国内产品决策相比，国际营销的产品决策所涵盖的范围更广，要考虑的问题更多，面对的市场环境更为复杂。

【例 8-2】

日本制造的背后

众所周知，日本目前已成为世界上仅次于美国的经济强国，同时也是落后国家在经济上赶超发达国家的成功典范。然而，你可知道，这一辉煌成就的背后，排列着一大串"日本制造"的产品：丰田汽车、本田摩托、索尼电视、尼康照相机、西铁城钟表、资生堂化妆品。在 20 世纪 60 年代以前，"日本制造"还只是劣等的代名词，而在 80 年代，"日本制造"已成为高档品的象征。1955 年，日本的小轿车产量只有 3 万辆，但到了 1980 年，其年产量就高达 700 万辆，名列世界第一，并且以每天5200辆的速度销往美国；50年代末期，日本摩托车刚进入国际市场，但仅仅过了几年，它在世界市场的占有率就高达85%；50年代初期，日本才向美国学习半导体技术，但在70年代，索尼、松下、东芝、日立和三菱电子产品就大踏步进入美国市场，几乎垄断了整个世界的家用电器市场；50年代，日本照相机还默默无闻，但到70年代，尼康、佳能、潘泰克斯、美能达和奥林巴斯便跃然成为世界级名牌照相机，并且在世界市场上的销售额雄居榜首！一系列的事实说明，产品是企业市场竞争的基础，产品策略是企业营销组合策略的基本方面。

资料来源：国际营销传播网，http://www.globalmarketing.cn/Article/inter/200709/2926.html

现代企业为了满足目标市场的需要，扩大销售，分散风险，增加利润，往往经营多种产品。据统计，美国超级市场平均经营6800种产品，美国光学公司生产的品种超过3万种，美国通用电气公司的产品分布在14个行业，品种多达25万种。为此，企业应根据市场需要和自身能力，确定生产或经营哪些产品，明确产品之间的配合关系。由此可见，企业提供给目标市场的不是单一产品，而是产品组合，即由多条产品线组成，每条产品线又包含若干产品项目。

（一）产品组合内容

（1）产品组合（Product Mix），指一个特定企业生产或经营的全部产品和产品项目的组合。

（2）产品项目（Product Item），指产品目录上列出的各种不同品种、规格、质量和价格的特定的产品。

（3）产品线（Product Line），指一组具有密切关系的、能满足同类需要的、使用功能相近的产品。

影响产品组合的因素有宽度、长度、深度及一致性。

（1）产品组合的宽度：产品组合的宽度是指企业拥有的产品线的数目。如美国宝洁公司有6条产品线，即洗涤剂、牙膏、肥皂、除臭剂、尿布和咖啡。较宽的产品组合可以满足消费者多层次的需要，可以增加市场占有率，充分发挥企业现有资源的潜力。

（2）产品组合的长度：产品组合的长度是指企业内有多少种不同的产品项目，也可以指几条产品线的平均长度。如宝洁公司共有31个产品项目，其产品线的平均长度为5.2。产品组合的长度可以用来分析企业总的生产或经营能力。

（3）产品组合的深度：产品组合的深度是指企业每条产品线中包括的产品项目的多少。每条产品线中的产品项目数往往不相同。如美国东尼公司的烫发器产品线，生产9种不同规格的家用烫发器；而该公司的护肤霜生产线，只生产中性和干性皮肤护肤霜。

产品组合的深度，对满足同一目标市场消费者多样化需求和降低成本有重要影响。

（4）产品组合的一致性：产品组合的一致性是指产品线之间在最终用途、生产条件、销售渠道、促销方式等方面的一致性程度。增加产品组合的一致性，可以提高企业的市场竞争地位，发挥企业的技术、生产和营销能力。

产品组合的影响因素的不同，构成了不同的产品组合。例如，宝洁公司的产品组合，如表8-1所示。

表8-1　宝洁公司的产品组合

产品线	品牌	产品特点	目标客户
洗发护发用品	海飞丝	去屑护理	有头屑烦恼的人群
	沙宣	水养保湿、时尚专业	时尚，重视发型的人群
	伊卡璐	草本精华	注重头发保养和健康的人群
	飘柔	让秀发光滑柔顺，飘逸洒脱，具有普及性	消费能力较低的人群
	潘婷	呵护营养流失的秀发，含有维他命原 B_5	注重头发营养和健康的人群
护肤美容用品	玉兰油	惊喜从肌肤开始，美白护肤	注重皮肤保养、中等收入的女性
	SK-II	尖端生化科技，独家专利	重视除皱美白的高收入时尚女性
个人清洁用品	舒肤佳	国际知名的个人清洁护理品牌及抗菌品牌	一般家庭
	玉兰油	护肤	注重皮肤保养、中等收入的女性
	激爽	清爽提神、活力无限、有效洁净、长效留香	城市家庭和年轻人
口腔护理用品	佳洁士	高、中、低档牙膏和各种功能的牙刷，其先进技术已经先后获得了全国牙防组和中华口腔医学会的认可和验证，是唯一获此殊荣的品牌	收入水平不同的家庭
妇女保健用品	护舒宝	依靠先进技术开发的卫生巾系列用品，自1999年开始，成为中国女性护理用品市场销售额第一名的品牌	女性
婴儿护理用品	帮宝适	1997年自帮宝适在中国面世以来，在目标消费者中的知名度已达到99%，成为市场上的领导品牌	中等收入水平以上有婴儿的家庭
织物、家居护理用品	碧浪	强效去污，欧洲最大的洗衣粉品牌之一	一般家庭
	汰渍	全球第一种合成洗衣粉，多功效，强效去污	一般家庭
纸巾类用品	得宝	专利技术生产的纸巾，不掉毛屑	中等收入水平以上注重生活品质的人群
食品、饮料	品客薯片	休闲食品，包装独特	爱好休闲食品，时尚的人群，尤其是年轻人

（二）产品组合策略

产品组合策略是根据企业生产与经营能力和市场环境作出的关于企业产品品种、规格及其生产比例方面的决策。从长远来看，最佳产品组合是动态的优化过程，只有通过不断开发新产品和剔除衰退产品来实现。企业要求产品组合最佳化，必须使每条产品线都取得较好的效益，因而，企业决策者、产品线主管和营销人员必须经常了解、分析和评价每个项目的营销及利润情况。产品项目为企业提供销售额和利润额，往往是20%的项目带来 80%的利润，故人称"80/20 法则"。此外，还需了解、分析本企业的产品线与竞争对手产品线的对比情况，以此作为决策的依据。企业可能根据实际情况，分别采取不同的产品组合策略。

1. 延伸策略

延伸策略是企业将产品线延长，使其超出目前范围的一种行动。其目的是为了开拓新的市场，增加消费者；或是为了适应消费者需求的变化，配齐该产品线的所有规格和品种，使之成为完全产品线。

（1）单向延伸，又可分为向上延伸和向下延伸，即向高档或低档某个方向延伸。

【例 8-3】

日本摩托车企业的产品延伸

早期日本公司在扩大产品系列时大多采用单向延伸的方式，即从低档品到中档品再到高档品。如率先打入美国摩托车市场的本田公司将其产品线从低于 125CC 延伸到 1000CC 的摩托车，雅马哈摩托车紧随其后，陆续推出了 500CC、600CC、700CC 的摩托车，还推出了一种三缸、四冲程、轴驱动摩托车，从而在大型越野摩托车市场展开了有力的竞争。

资料来源：营销传播网

（2）双向延伸。即同时向低档和高档产品两个方向延伸。在钟表行业，以精工为品牌的集团就采用了这一策略。20 世纪 70 年代后期，精工既推出了"脉冲星"牌的系列低价表，从而向下渗透这一低档产品市场；同时，它又向上渗透高价和豪华手表市场，推出了售价高达 5000 美元的超薄型手表。

2. 扩充策略

扩充策略就是指扩充产品的宽度、长度、深度和一致性四个方面的内容。其优点是提高设备和原材料的利用率，减少经营风险，满足消费者的不同需要等。美国吉列公司为了在竞争中保持优势，瞄准了男性剃须美容市场的动向，制定了多品种系列化产品开发策略，即以喷射式罐装剃须膏为基础，开发了须后冷霜、香水以及烫发机、电吹风等美容美发用品，这些产品给吉列公司带来了丰厚的利润和很高的知名度。

3. 删减策略

删减策略就是指采用专业化组织形式，减少本企业生产的滞销产品或剔除亏损产品项目。其优点是提高生产效率与产品质量，降低成本，使企业扩大畅销产品的生产，获得长期稳固的利润。日本尼西奇公司原来是一家生产雨衣、游泳服、尿垫等橡胶制品的小型企业。后来公司经营者们果断作出决策，扬长避短，另辟蹊径，成为一家专业化生产婴儿尿垫的企业，在激烈的市场竞争中站稳了脚跟，一跃成为在日本占垄断地位的"尿布大王"。

4. 特色策略

特色策略是指在每条产品线中推出一个或几个有特色的产品项目，以吸引消费者，适应不同细分市场的需要。一般是推出最低档或最高档的产品来形成自己的特色。如本田摩托车打入美国市场的第一辆摩托车售价仅 250 美元，只是当时美国造摩托车 1000~1500 美元售价的零头！一般来说，特色策略是以低档货吸引消费者，以高档货为产品线树立形象和信誉。

5. 更新策略

更新策略是指对那些长度虽然适当，但是产品质量、技术水平落后的产品进行升级换代。其目的是实际产品线的现代化，与市场发展保持同步。其基本方法有局部更新和全部更新两种。

第三节　国际产品生命周期策略

一、产品生命周期理论

产品生命周期理论是美国哈佛大学教授雷蒙德·弗农（Raymond Vernon）1966 年在《产品周期中的国际投资与国际贸易》一文中首次提出的。产品生命周期（Product Life Cycle），是产品的市场寿命，即一种新产品从开始进入市场到被市场淘汰的整个过程。弗农认为：产品生命是指市场上的营销生命，产品和人的生命一样，要经历形成、成长、成熟、衰退这样的周期。就产品而言，也就是要经历一个开发、引进、成长、成熟、衰退的阶段。

企业不能期望它的产品永远畅销，因为一种产品在市场上的销售情况和获利能力并不是一成不变的，而是随着时间的推移不断发生变化，这种变化经历了产品的诞生、成长、成熟和衰退的过程，就像生物的生命历程一样，所以称为产品生命周期。

典型的产品生命周期一般可以分成四个阶段：导入期、成长期、成熟期和衰退期。如图 8-2 所示。

（一）导入期

指产品从开发设计、投产到投入市场进入试销阶段。新产品投入市场，便进入了导

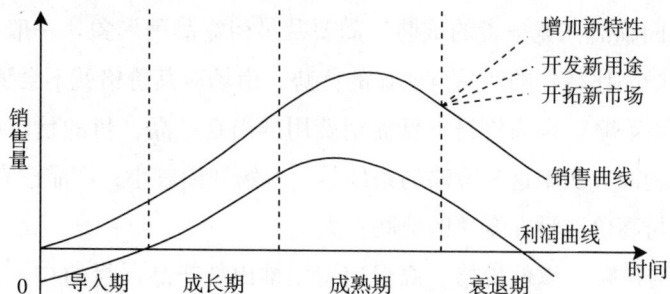

图 8-2 产品生命周期

入期。

1. 导入期的特征

（1）企业生产批量小，制造成本高。

（2）营销费用高。

（3）销售数量少。

（4）产品价格常常偏高。

2. 导入期的营销方针

（1）准：准确地进行市场定位，看准市场机会，抓准目标顾客。

（2）快："人无我有"，尽快打开市场销路，在目标市场上站稳脚跟。

（3）短：尽可能缩短导入期，减少亏损。

3. 导入期的营销目标

本阶段的营销目标是培养顾客，提高产品的知名度。

4. 导入期的营销策略

在产品的导入期，市场营销策略一般可以由产品、分销、价格、促销四个基本要素组成。仅将价格高低与促销费用高低结合起来考虑，就有下面四种策略，如图 8-3 所示。

图 8-3 促销价格组合策略

（1）快速撤脂策略。以高价格、高促销费用推出新产品。实行高价策略可在每单位销售额中获取最大利润，尽快收回投资；高促销费用能够快速建立知名度，占领市场。实施这一策略须具备以下条件：产品有较大的需求潜力；目标顾客求新心理强，急于购买新产品；企业面临潜在竞争者的威胁，需要及早树立品牌形象。一般而言，在产品引入阶段，只要新产品比替代的产品有明显的优势，市场对其价格就不会那么计较。

（2）缓慢撇脂策略。以高价格、低促销费用推出新产品，目的是以尽可能低的费用开支求得更多的利润。实施这一策略的条件是：市场规模较小；产品已有一定的知名度；目标顾客愿意支付高价；潜在竞争的威胁不大。

（3）快速渗透策略。以低价格、高促销费用推出新产品。目的在于先发制人，以最快的速度打入市场，取得尽可能大的市场占有率。然后再随着销量和产量的扩大，使单位成本降低，取得规模效益。实施这一策略的条件是：该产品市场容量相当大；潜在消费者对产品不了解，且对价格十分敏感；潜在竞争较为激烈；产品的单位制造成本可随生产规模和销售量的扩大迅速降低。

（4）缓慢渗透策略。以低价格、低促销费用推出新产品。低价可扩大销售，低促销费用可降低营销成本，增加利润。这种策略的适用条件是：市场容量很大；市场上该产品的知名度较高；市场对价格十分敏感；存在某些潜在的竞争者，但威胁不大。

（二）成长期

产品进入导入期，销售取得成功之后，便进入了成长期。成长期是指产品逐渐被了解，销售量迅速增加，企业进入大批量生产和销售阶段。

1. 成长期的特征

（1）由于技术方面的改进，生产效率提高，生产量扩大，所以产品成本降低。

（2）由于产品有利可图，生产厂家增多，开始出现竞争。

（3）多数消费者开始追随领先者，属于早期使用者。

（4）销售量迅速增长。

（5）价格不变或略有下降，企业扭亏为盈，利润迅速上升。

2. 成长期的营销方针

（1）快：尽快增产增销，确保市场供货。

（2）稳：努力站稳并扩大市场，提高市场占有率，完善产品定位，放大产品与竞争者的差异程度，限制潜在竞争者加入。

（3）好："人有我优"，塑造良好的产品形象，加强品牌地位。

3. 成长期的营销目标

培养顾客偏好，提高产品美誉度。

4. 成长期的营销策略

进入成长期以后，老顾客重复购买，并且带来了新的顾客，销售量激增，企业利润迅速增长，在这一阶段利润达到高峰。随着销售量的增大，企业生产规模也逐步扩大，产品成本逐步降低，新的竞争者会加入竞争。随着竞争的加剧，新的产品特性开始出现，产品市场开始细分，分销渠道增加。企业为维持市场的继续成长，需要保持或稍微增加促销费用，但由于销量增加，平均促销费用有所下降。针对成长期的特点，企业为维持其市场增长率，延长获取最大利润的时间，可以采取下面几种策略：

（1）改善产品品质。如增加新的功能，改变产品款式，发展新的型号，开发新的用途等。对产品进行改进，可以提高产品的竞争能力，满足顾客更广泛的需求，吸引更多的顾客。

（2）寻找新的细分市场。通过市场细分，找到新的尚未满足的细分市场，根据其需要组织生产，迅速进入这一新的市场。

（3）改变广告宣传的重点。把广告宣传的重心从介绍产品转到建立产品形象上来，树立产品名牌，维系老顾客，吸引新顾客。

（4）适时降价。在适当的时机，可以采取降价策略，以激发那些对价格比较敏感的消费者产生购买动机和采取购买行动。

（三）成熟期

产品经过成长期之后，随着购买产品的人数增多，市场需求趋于饱和，产品便进入了成熟期阶段。此时，销售增长速度缓慢直至转而下降，由于竞争的加剧，导致广告费用再度提高，利润下降。

1. 成熟期的特征

（1）产品的销售量增长缓慢，逐步达到最高峰，然后缓慢下降。

（2）产品的销售利润从成长期的最高点开始下降。

（3）市场竞争非常激烈，各种品牌、各种款式的同类产品不断出现。

2. 成熟期的营销方针

（1）改：进行产品的改进、市场改进、营销组合的改进、从变革中求发展。

（2）延：尽可能延长该"黄金时期"，即延长整个产品生命周期，努力维护企业的市场地位，保持市场占有率。

3. 成熟期的营销目标

培养顾客忠诚度，提高产品信赖度，实现利润最大化。

4. 成熟期的营销策略

对成熟期的产品，宜采取主动出击的策略，使成熟期延长，或使产品生命周期出现再循环。为此，可以采取以下三种策略：

（1）市场调整。这种策略不是要调整产品本身，而是发现产品的新用途、寻求新的用户或改变推销方式等，以使产品销售量得以扩大。

（2）产品调整。这种策略是通过产品自身的调整来满足顾客的不同需要，吸引有不同需求的顾客。整体产品概念的任何一层次的调整都可视为产品再推出。

（3）市场营销组合调整。这种策略是通过对产品、定价、渠道、促销四个市场营销组合因素加以综合调整，刺激销售量的回升。常用的方法包括降价、提高促销水平、扩展分销渠道和提高服务质量等。

（四）衰退期

随着科技的发展、新产品和替代品的出现以及消费习惯的改变等原因，产品的销售量和利润持续下降，产品从而进入了衰退期。

1. 衰退期的特征

（1）产品陈旧且日趋"老化"。

（2）产品销量急剧下降。

（3）利润明显下降，甚至出现亏损。

（4）消费者的消费习惯已发生改变。

（5）竞争者大批退出市场。

2. 衰退期的营销方针

（1）缩：缩减产销规模。

（2）转：有计划地转产新产品，适时推陈出新。

（3）退：适时地退出市场，以减少企业的损失。

3. 衰退期的营销目标

最大限度地增收节支，减少企业的损失。

4. 衰退期的营销策略

面对处于衰退期的产品，企业需要进行认真的研究分析，决定采取什么策略，在什么时间退出市场。通常有以下几种策略可供选择：

（1）继续策略。继续沿用过去的策略，仍按照原来的细分市场，使用相同的分销渠道、定价及促销方式，直到该种产品完全退出市场为止。

（2）集中策略。把企业能力和资源集中在最有利的细分市场和分销渠道上，从中获取利润。这样有利于缩短产品退出市场的时间，同时又能为企业创造更多的利润。

（3）收缩策略。抛弃无希望的顾客群体，大幅度降低促销水平，尽量减少促销费用，以增加目前的利润。这样可能导致产品在市场上的衰退加速，但也能从忠实于这种产品的顾客中得到利润。

（4）放弃策略。对于衰退比较迅速的产品，应该当机立断，放弃经营。可以采取完全放弃的形式，如把产品完全转移出去或立即停止生产；也可采取逐步放弃的方式，使其所占用的资源逐步转向其他的产品。

二、国际产品生命周期

在国际市场上，产品的生命周期就是一种产品从投放国际市场开始到退出国际市场为止的整个过程，它有着独特的规律。1966 年，美国经济学家雷蒙德·弗农（Raymond Vernon）把影响产品生命周期的技术发展分为三个阶段：创新领先国家出口阶段、技术扩散追随者阶段、技术停滞发展中国家出口阶段。

随着产品生命周期的阶段性变化，影响比较优势的决定因素也在发生变化，即使各国仍然拥有原来生产资源的储备比例，其生产和出口的比较优势也会由于产品要素密集性的变动而转移。因此，不同类型的国家能够在不同的阶段上具有比较优势。美国经济学家刘易斯·威尔士（Louis Wells）在弗农的基础上，提出了国际市场的产品生命周期理论。该理论认为，产品在其生命的不同阶段、不同的国家生产和出口，以此说明国际贸易流动的方向。该理论将市场营销学的产品生命周期理论与国际贸易理论结合起来，使比较优势理论从静态发展为动态，它是关于产品生命不同阶段决定生产与出口该产品的国家转移理论。如图 8-4 所示。

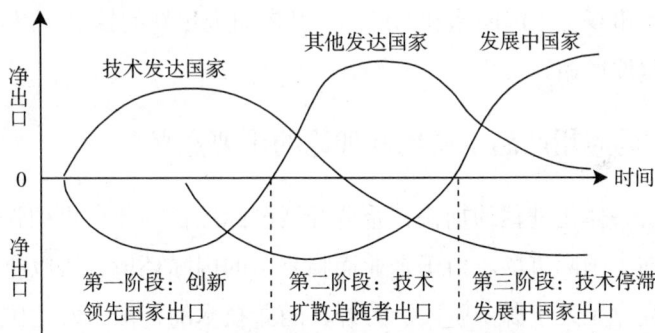

图 8-4　影响产品生命周期的技术发展

（一）国际产品生命周期的特点

1. 创新领先国家出口阶段的特点

（1）对生产要素的要求是科学技术人才和大量的研究开发投资。

（2）产品性质是知识和资本密集型的。

（3）拥有科学技术人才和资本充裕的发达国家具有优势。

2. 技术扩散追随者出口阶段的特点

（1）技术已经成熟，对生产要素的要求是大量的资本，以进行大规模生产。

（2）产品性质是资本密集型的。

（3）大多数其他发达国家具有优势，并取代技术创新国而成为主要的生产和出口国。

3. 技术停滞发展中国家出口阶段的特点

（1）产品已经标准化，广泛普及于市场。

（2）对生产要素的要求是低成本的劳动力。

（3）产品性质成为劳动密集型的。

（4）劳动充裕的发展中国家具有优势。

（二）国际产品生命周期的规律

（1）经济发达国家首先致力于新产品开发，掌握新产品的发明、制造技术，生产这种产品以满足本国消费者的需求。

（2）当产品进入导入期和成长期后，国内产品供过于求，因此将发明产品销售到其他较发达的国家及发展中国家。

（3）同时，一些较为发达的国家对新产品的生产、研发技术较发展中国家容易掌握，因而他们在此基础上开始仿制、研制该产品。

（4）当产品进入成熟期后，产品不断完善，并已形成标准化生产并大量生产，经济发达国家的产品因而可以同技术领先发达国家的产品相抗衡，由进口国转为出口国。

（5）发展中国家在进口的基础上，应用先进技术，凭借低廉的劳动力及原材料成本，以较低的成本成功地生产出标准化的产品投放到市场，使得最先出口国的产品失去竞争优势，并逐步放弃市场上已趋向饱和的产品，转向研究更新的技术，以发展更新的产品，而从其他国家进口原产品。

三、国际市场应用产品生命周期理论的重要意义

随着世界经济一体化进程的加快，企业开展国际经营的要求更加强烈，各国企业都把目光更多地转向了国际市场。由于企业面临复杂的国际环境，所以企业常常很难准确把握自己的产品究竟是处于哪个阶段。另外，随着技术的扩散，发达国家之间以及发达国家与发展中国家之间对产品需求或偏好的差别愈来愈小，新产品已不总是在发达国家市场生产，被发达国家市场淘汰的产品也不一定会在发展中国家畅销。

但产品生命周期理论使得企业能够对处于不同生命周期阶段的产品采取相应的投资和技术创新战略，使企业的产品在不同的市场形成不同的生命周期阶段，以达到企业产品生命周期的相互支持，为企业创造更长远的利益。

在国际市场上应用产品生命周期理论可以为企业谋求更加长远的发展空间，其意义表现在以下几方面：

（1）企业可以利用产品在不同国家市场所处的不同生命周期阶段不断调整市场结构，及时转移目标市场，延长产品在国际市场上的生命周期，以达到长期占领国际市场的目的。

（2）企业以可利用产品生命周期理论来不断调整产品结构，掌握市场上消费者的需求，及时研发新产品，不断推出新产品，淘汰被消费者抛弃的产品，加速出口产品的更新换代。

（3）发展中国家可以利用产品生命周期理论，引进发达国家的新技术或新产品，依靠本国自然资源和劳动力优势，以较低的成本研制生产新产品，并将产品出口到原产国，从而促使本国产品结构不断升级。同时不断借鉴发达国家新技术，以达到为我所用。

第四节　国际新产品开发策略

一、新产品的概念及种类

新产品指采用新技术原理、新设计构思研制、生产的全新产品，或在结构、材质、工艺等某一方面比原有产品有明显改进，从而显著提高了产品性能或扩大了使用功能的产品。从市场营销的角度看，凡是企业向市场提供的过去没有生产过的产品都叫新产品，或是产品整体概念中的任何一部分的变革或创新，并且给消费者带来新的利益、新的满足的产品，都可以认为是新产品。

按产品变革程度、新颖程度可以大致分为以下四类：

（一）完全新产品

完全新产品指采用新原理、新材料及新技术制造出来的前所未有的产品。完全新产品是应用科学技术新成果的产物，它往往代表科学技术发展史上的一个新突破。它的出现，从研制到大批量生产，往往需要耗费大量的人力、物力和财力，这不是一般企业所能胜任的。完全新产品往往表示了科学技术发展史上的一个新突破，它是企业在竞争中取胜的有力武器。例如，电话、飞机、尼龙、复印机、电视机、电脑等就是 19 世纪 60 年代到 20 世纪 60 年代世界公认的最重要的新产品。这些新产品的诞生都是某种科学技术的新创造和新发明，因而具有很强的市场竞争力。

（二）换代新产品

换代新产品指在原有产品的基础上采用新材料、新工艺制造出的适应新用途、满足新需求的产品。如电脑问世以来，从最初的电子管（第一代），经历了晶体管（第二代）、集成电路（第三代），发展到现在的大规模集成电路（第四代）。由于各个时期的换代产品在原理、技术和材料上有一定的连续性，所以企业开发换代新产品比开发完全新产品要容易得多，开发成本也比较低，是企业进行新产品开发的重要形式。如电视机从黑白电视机到彩色电视机，从模拟电视到数字电视等都属于换代新产品。

（三）改进新产品

改进新产品指在材料、构造、性能和包装等某一个方面或几个方面，对市场上现有产品进行改进，以提高质量或实现多样化，满足不同消费者需求的产品。它的开发难度不大，也是企业产品发展经常采用的形式。例如电视机的式样从卧式变为立式，规格向微型和超大型发展。再比如手表从圆形到方形，又发展到各种艺术造型都是属于改良新产品。

（四）仿制新产品

仿制新产品指对市场上已有的新产品在局部进行改进和创新，但保持基本原理和结构不变而仿制出来的产品。落后国家对先进国家已经投入市场的产品的仿制，有利于填补国家生产空白，提高企业的技术水平。在生产仿制新产品时，一定要注意知识产权的保护问题。

二、新产品的开发方式

新产品的开发方式包括独立研制开发、技术引进、研制与技术引进相结合、协作研究、合同式新产品开发和购买专利等。

1. 独立研制开发

指企业依靠自己的科研力量开发新产品。它包括三种具体的形式：①从基础理论研究开始，经过应用研究和开发研究，最终开发出新产品。一般是技术力量和资金雄厚的企业采用这种方式。②利用已有的基础理论，进行应用研究和开发研究，开发出新产品。③利用现有的基础理论和应用理论的成果进行开发研究，开发出新产品。

2. 技术引进

指企业通过购买别人的先进技术和研究成果，开发自己的新产品，既可以从国外引进技术，也可以从国内其他地区引进技术。这种方式不仅能节约研制费用，避免研制风险，而且还节约了研制的时间，保证了新产品在技术上的先进性。因此，这种方式被许多开发力量不强的企业所采用。但难以在市场上形成绝对的优势，也难以拥有较高的市场占有率。

3. 研制与技术引进相结合

指企业在开发新产品时既利用自己的科研力量又引进先进的技术，并通过对引进技术的消化吸收与企业的技术相结合，创造出本企业的新产品。这种方式使研制促进引进技术的消化吸收，使引进技术为研制提供条件，从而可以加快新产品的开发。

4. 协作研究

指企业与企业、企业与科研单位，企业与高等院校之间协作开发新产品。这种方式有利于充分使用社会的科研力量，发挥各方面的长处，有利于把科技成果迅速转化为生产力。

5. 合同式新产品开发

指企业雇用社会上的独立研究的人员或新产品开发机构，为企业开发新产品。

6. 购买专利

指企业通过向有关研究部门、开发企业或社会上其他机构购买某种新产品的专利权来开发新产品。这种方式可以大大节约新产品开发的时间。

三、开发新产品的程序

开发新产品是一项十分复杂且风险很大的工作。为了减少新产品的开发成本，取得良好的经济效益，必须按照科学的程序来进行新产品开发。开发新产品的程序因企业的性质、产品的复杂程度、技术要求及企业的研究与开发能力的差别而有所不同。一般说来要经历新产品构思、构思筛选、产品概念的形成与测试、初拟营销规划、商业分析、产品实体开发、市场试销和正式上市八个阶段。如图 8-5 所示。

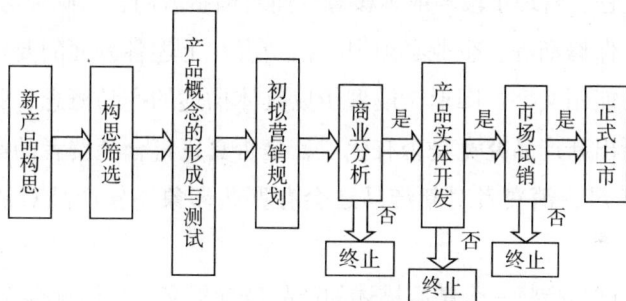

图 8-5　新产品开发程序

（一）新产品构思

产品开发能否取得成功在很大程度上取决于产品的构思。一个新产品的出现首先来源于构思，而且构思要有创意。形成一个有价值、有创意的产品构思相当不容易。构思主要来源于消费者、科研人员、竞争对手、中间商、营销人员和经营者等。这就要求企业要立足于市场，广泛地搜集各方面的信息。具体做法如下：

（1）搞好市场调查，市场是构思的主要源泉。认真听取消费者对新产品的意见、批评和要求；分析竞争者产品的特征和销售情况；组织专家学者参加座谈会，倾听他们在产品开发方面的见解和想法，尤其在技术方面，他们的意见是至关重要的；另外还要经常与中间商沟通，因为他们掌握了许多市场等方面的信息。

（2）通过市场细分，寻找和发现未被满足的需求。

（3）派人出国考察学习、查阅科技杂志等资料搜集信息。

（4）调动企业内部员工的积极性。企业的技术部门和生产工人对产品生产中的问题了解得最清楚，如果想办法解决了这些问题，有可能又一种新产品诞生了；同时，推销人员工作在销售的第一线，对产品、顾客和竞争者的情况都比较了解。要调动企业有关人员的积极性，就应该建立、健全激励机制，对提出创意和合理化建议的职工予以奖励，激发他们的热情。当然，这一切都取决于企业决策者对新产品开发的重视程度。

（二）构思筛选

有了好的构思，只是迈出产品开发的第一步。对构思还要进行评价筛选。评价应立足于市场，围绕着市场来进行。依据市场需求量、产品质量、性能、成本、价格、分销渠道、产品发展趋向、顾客反映和资金、技术水平、设备能力、营销能力、管理水平等因素，开展可行性研究。在此基础上，对所有构思进行筛选，淘汰那些不可行或可行性较低的构思，选出可行性较高的构思。

（三）产品概念的形成与测试

确定构思之后，企业还应当站在消费者的角度对这个构思做详尽的分析描述，这就是所谓的产品概念的形成。例如，一台电冰箱，从生产企业角度看，它是制冷剂、压缩机、箱体及制造过程、管理手段与成本核算。而对消费者而言，则要考虑电冰箱的外形、价格、控温性能、保修期等。企业必须根据消费者在上述各方面的要求，把产品构思发展为能被其理解、能用文字、图形、模型予以具体描述的产品概念，看看他们的反应如何。从中可以判断出新产品究竟是否有优点，是否真正符合消费者的需要，给消费者带来多大程度上的满足，消费者对新产品还会有哪些印象，新产品对消费者的吸引力大小等。

产品概念的测试是指将一个精心描述的产品概念提交给目标顾客，请他们做出评价，以了解潜在顾客的反应，为下一步优选产品概念提供依据。

（四）初拟营销规划

在产品概念形成之后，就要开始进行市场营销战略研究规划，明确新产品进入市场的初步的市场营销战略。它主要由三个方面组成：

（1）探讨目标市场的规模大小、结构形式、购买行为，新产品的市场定位，估计前几年新产品的市场占有率、销售额、利润目标等问题。

（2）探讨新产品的预期价格、分销策略和第一年的市场营销预算。

（3）预计长期销售额、目标利润和产品生命周期不同阶段的市场营销组合。

此时，企业决策者必须要认真核查新产品的未来销售额、成本和利润的估计，只有在符合企业的战略目标情况下，企业才可以进行新产品试制。

（五）商业分析

即从经济效益分析新产品概念是否符合企业目标，如果不符合企业目标，就终止，以减少损失。如果符合企业的目标，则要进行下一步的产品研发。包括两个具体步骤：预测销售额和推算成本利润。预测新产品销售额可参照市场上类似产品的销售发展历史，并考虑各种竞争因素，分析新产品的市场地位，市场占有率等。

（六）产品实体开发

主要是将通过商业分析后的新产品概念交送研究开发部门或技术工艺部门试制成为产品模型或样品，同时进行包装的研制和品牌的设计。这是新产品开发的一个重要步骤，只有通过产品试制，投入资金、设备和劳力，才能使产品概念实体化，发现不足与问题，改进设计，才能证明这种产品概念在技术、商业上的可行性如何。应当强调，新产品研制必须使模型或样品具有产品概念所规定的所有特征，同时必须满足消费者需求。如果产品实体开发不能具备以上特点，那就要及时终止，如果能满足以上条件，则可以进行下一步工作。

（七）市场试销

由于新产品在销售过程中，会有许多意想不到的事情发生，所以首先要进行试销。试销的目的就在于了解经销商和消费者对于经营、使用和再购买该新产品的情况、市场反应和市场的大小。通过试销，企业可以获得不少有价值的信息。例如，对日用消费品来说，如果新产品的试销市场呈现高试用率和高再购买率，这说明该产品可以正式上市；如果呈现高试用率和低再购买率，这说明该产品还不能上市，仍需完善；如果呈现低试用率和高再购买率，这说明该产品可以勉强正式上市，但应加强促销工作；如果试用率和再购买率都很低，这说明该产品应当放弃。对于投资费用大和风险大的新产品，试销规模应大一些；对于试销费用大、时间长的新产品，试销规模应小一些。出于竞争和减少费用方面的考虑，试销工作应迅速进行，尽量缩短时间。试销虽然要耗费一些资金和时间，但可及时发现问题，防止以后出现重大失误，并有利于制定有效的市场营销策略组合。

（八）正式上市

经过以上七个阶段的努力，比较理想的新产品开始正式投放市场，此时，企业决策者应当采取的营销策略是：

（1）选择投放新产品的最佳时间。如果新产品是替代老产品的，就应尽快将老产品卖掉，然后再将新产品推出，以免影响老产品销售，造成损失；如果新产品的市场需求有一定的季节性，就应在销售旺季刚刚开始时将新产品推出。

（2）选择投放新产品的最佳地点。应当在市场购买力高、有潜力、企业在该地区的声誉好、投放成本较低、容易进入市场的地区投放，以便尽快进入市场，站稳脚跟，然后逐渐扩展到其他地区。

（3）选择投放新产品的最佳对象。应当以早期使用者、能够较多使用的消费者、在社会上影响力较大的消费者为投放最佳对象，利用他们来带动其他消费者。

（4）按照产品生命周期中讲述的介绍期阶段应采取的市场营销策略去安排销售。

总之，产品整体概念和产品生命周期理论是产品开发与决策的基础。要想产品开发成功，企业就必须吃透市场、吃透同行、吃透政策、吃透自己、立足创新、扬长避短、量力而行。

第五节　国际市场产品的品牌、商标和包装策略

一、国际产品的品牌策略

（一）品牌概述

美国市场营销协会（AMA）对品牌（Brand）的定义为：品牌是一种名称、术语、标记、符号或图案的设计，或是它们的组合运用，其目的是用以识别某个或某群销售者的产品或服务，使之同竞争对手的产品或服务区别开来。菲利普·科特勒（Philip Kotle）将品牌所表达的定义划分为六层：属性、利益、价值、文化、个性、使用者。消费者感兴趣的是品牌的利益而不是属性，一个品牌最持久的含义是它的价值、文化和个性，它们确定了品牌的基础。构成品牌的元素有以下两个方面：

（1）品牌名称，指品牌中可以用语言称呼的部分，例如，联想、IBM、可口可乐，中国移动等。

（2）品牌标记，指品牌中可以被识别，但不能用语言简洁而准确称呼的部分，如特殊的符号、图案、术语、形状、字体造型及色彩等。

（二）商标

商标是品牌的法律用语，指经营者在商品或服务项目上使用的，将自己经营的商务或提供的服务与其他经营者区别开来的一种商业专用识别标志，是经过政府有关部门依法注册的品牌或是品牌的一部分。商标受法律的保护，注册者拥有专用权，其他任何企业不得效仿使用，但商标的专用权可以转卖。

在国际范围内，商标的申请、注册和使用应遵循保护工业产权的《巴黎公约》和关于商标国际注册的《马德里协定》及《商标注册公约》等国际公约。这些公约对商标的国际注册、商标权利在不同国家互不牵连、驰名商标保护、商标的转让以及不宜作为商标的注册内容等问题都做出了明确的规定。近年来，我国一些知名商标频频被国外商人抢注，致使无形资产流失，给我国造成了巨大的损失。

【例8-4】

海信商标被抢注案的启示

引起社会广泛关注的德国西门子公司抢注海信商标案近日以和解告终。海信集团和德国博世—西门子家电集团经过多次协商，于2005年3月6日发表联合声明，博西家电集团同意将其在德国及欧盟注册的"HiSense"商标一并有偿转让给海信集团，同时撤销针对海信集团的商标诉讼，海信集团亦撤销针对博西家电集团的所有商标注册申请。

2002年底，西门子以海信集团多次在德国参加展览会，使用"海信"商标为由，状告海信侵权。海信积极应诉，并要求德国商标局依法撤销博世—西门子公司注册的海信商标。从2002年底开始，海信集团与博世—西门子多次就商标抢注和转让问题进行磋商。2003年9月海信集团提出愿意出5万欧元作为注册的补偿，2004年2月博世—西门子公司要出天价，要求海信支付商标转让费4000万欧元。海信公司无法接受，使商标转让的谈判陷入僵局。

目前，我知名商标被抢注进入高发期，除海信商标被抢注外，国内一些出口品牌也在国外屡遭抢注。例如，厦门东林公司"Firefly"商标、上海德士"Ecolux"商标、中轻青岛分公司"Ruby"商标、上海奥利玮"Orion"商标、广州惠之星"Gerlitf"的商标、佛山电器照明的"FSL"商标均被西门子抢注。据不完全统计，中国曾有超过80个商标在印度尼西亚被抢注，有近100个商标在日本被抢注，有近200个商标在澳大利亚被抢注。每年我国商标特别是一些知名商标在境外遭抢注案件超过100起，涉及化妆品、饮料、家电、服装、文化等多个领域。上述的商标被抢注案，给我省企业特别是知名品牌企业敲响了警钟。目前，国际上的竞争对手采取反倾销、特保措施以及知识产权等手段，阻碍中国企业"走出去"，削弱中国民族企业的竞争力已经成为新的趋势。另外，由于国内企业缺乏知识产权保护意识，没有长远发展的战略眼光，对商标国际注册认识不足，导致了国外企业的恶意抢注。有关方面提供的数字显示，2002年公布的100多个中国名牌产品的商标，有近50%没有在美国、加拿大注册，近80%没有在澳大利亚注册。2004年底，我省注册商标总量11.2万件，居全国第五位，中国驰名商标39件，居全国第二位。但在境外的商标注册数量不多，通过马德里协定系统在境外注册的仅有106件。由于我省商标在国外注册数量少，极易引发注册商标遭国外抢注事件，应该引起我省企业的高度警惕。

资料来源：山东省外经贸厅，2005-03-21

（三）品牌资产和品牌价值

（1）品牌资产是与品牌、品牌名称和标志相联系的，能够增加或减少企业所销售产品或提供服务的价值或者是顾客价值的一系列品牌资产与负债。品牌资产包括品牌忠诚度、品牌知名度、品质认知度、品牌联想和品牌资产的其他专有权——专利权、商标、渠道关系等。

（2）品牌价值是品牌资产的市场价值，即消费者对品牌的认可、信赖、偏好与忠诚。

品牌是企业宝贵的无形资产，优质的品牌形象反映商品和服务的质量和内涵，有助于吸引国际消费者，扩大国际市场占有率，在国际竞争中越来越起着重要的作用，是企业核心竞争力的重要组成部分。

【例 8-5】
2011 年 BRANDZ 全球最具价值品牌百强排行榜

2011 年 5 月 9 日，华通明略发布的 BRANDZ 全球最具价值品牌 100 强排行榜（见表 8-2）证明了强大品牌具有从经济衰退中迅速恢复的能力。当绝大多数财经指标都呈现下降之时，100 强品牌在 2010 年取得了 4% 的增长，总价值已超过 2 万亿美元。而 7 个中国品牌的进入更是刷新了中国品牌在该榜单上的历史纪录。

表 8-2　2011 年 BRANDZ 全球最具价值品牌百强排行榜前 20 名

排名	升降	英文品牌名	中文名	地区	行业	品牌价值（百万美元）	品牌价值变化	品牌贡献	品牌动力
1	2	Apple	苹果	北美	科技	153285	84%	4	9
2	−1	Google	谷歌	北美	科技	111498	−2%	4	4
3	−1	IBM	IBM	北美	科技	100849	17%	3	5
4	2	McDonald's	麦当劳	北美	快餐	81016	23%	4	7
5	−1	Microsoft	微软	北美	科技	78243	2%	4	7
6	−1	Coca-Cola	可口可乐	北美	软饮料	73752	8%	5	9
7	15	AT&T	AT&T	北美	电信	69916	N/A	3	4
8	−1	Marlboro	万宝路	北美	烟草	67522	18%	4	4
9	−1	China Mobile	中国移动	亚洲	移动运营商	57326	9%	4	9
10	−1	GE	通用电气	北美	综合集团	50318	12%	1	2
11	=	ICBC	中国工商银行	亚洲	金融机构	44440	1%	2	5
12	−2	Vodafone	沃达丰	欧洲	移动运营商	43647	−2%	2	4
13	7	Verizon	Verizon	北美	移动运营商	42828	N/A	3	4
14	1	Amazon	亚马逊	北美	零售	37628	37%	3	10
15	−2	Walmart	沃尔玛	北美	零售	37277	−5%	2	5
16	14	Wells Fargo	富国银行	北美	金融机构	36876	97%	3	2

续表

排名	升降	英文品牌名	中文名	地区	行业	品牌价值（百万美元）	品牌价值变化	品牌贡献	品牌动力
17	−1	UPS	联合包裹	北美	服务	35737	35%	4	8
18	−6	HP	惠普	北美	科技	35404	−11%	3	4
19	新上榜	Deutsche Telekom	德国电信	欧洲	电信	29774	N/A	2	4
20	−2	Visa	Visa	北美	金融机构	28553	15%	4	9

资料来源：智库百科

苹果以 1532.85 亿美元的品牌价值，跃居百强首位，其品牌价值与 2010 年相比，上涨了 84%。谷歌以 1114.98 亿美元的品牌价值，位列第二位，比去年下降了2%，位次下跌了一名。IBM 以 1008.49 亿美元的品牌价值，位列第三位，与 2010 年相比，增加了 17%，位次下跌了一名。之后是品牌价值 81016 亿美元的麦当劳，与2010 年相比上涨了 23%；微软以 782.43 亿美元的品牌价值位列第五位，与 2010 年相比微涨 2%；美国最大的电信运营商 AT&T 以 699.16 亿美元的品牌价值位列第七位，与 2010 年持平；中国移动以 573.26 亿美元的品牌价值位列第九位，与 2010 年相比上涨 9%，但位次下跌了一名。

中国公司在此次榜单中表现抢眼，其中 12 家中国公司登上了百强榜单，中国移动品牌价值达 573 亿美元，排名第九位。其余 11 家上榜中国企业分别为工商银行、建设银行、百度、中国人寿、中国银行、农业银行、腾讯、中国石油、平安保险、中国电信和招商银行。12 家中国品牌总价值达 2590 亿美元，占百强总价值的 11%。

品牌的排名主要依据三个关键指标：

（1）品牌价值：以美元计算的品牌经济价值。

（2）品牌贡献：品牌对企业盈利能力的贡献，根据品牌对顾客购买决策的影响来计算。

（3）品牌动力：反映品牌价值近期增长前景的指标。

二、国际市场营销的品牌决策

在经济全球一体化的今天，参与国际市场营销的企业越来越重视企业的品牌建立和扩展。

（一）建立国际品牌应遵循的原则

（1）合法性原则。产品品牌名称及标志应符合当地政府的法律法规，并向当地专利和商标管理部门申请注册，取得合法销售的地位，使企业的权益得到保护。

（2）独特性原则。产品品牌应别具一格，富于创意，易于消费者识别。如麦当劳的标志设计就是比较独特的一个例子，金黄色的 "M" 以及和蔼可亲的麦当劳叔叔，给消费者留下了深刻的印象。

（3）适应性原则。国际品牌的建立要符合所在国当地市场的文化风俗，否则容易在意义上引起误解而造成国际营销的困难。例如，海尔的小小神童洗衣机在法国卖得很好，可产品进到中东地区却销不动，甚至遭到消费者抵制，后来经过调研才发现，原来小小神童两兄弟没穿衣服。因为法国妇女比较喜欢小孩，所以销得很好，而在中东，人们认为两个小小神童光着身子，没有穿衣服是伤风败俗，所以人们拒绝购买。后海尔作出调整才避免了企业的损失。

（4）提示性原则。品牌名称应向消费者暗示产品所包含的某种意义或效用。例如，梅赛德斯—奔驰，强调的就是尊贵的品质，它体现出的是高贵的气质，同时暗示梅赛德斯—奔驰是一个有身份和地位的经理而不是一位女秘书坐在后座上。

（5）稳定性原则。国际品牌要具有稳定性的品质，一方面有利于企业在国际市场上进一步延伸品牌；另一方面也便于消费者记忆。例如 IBM 品牌这个 "蓝色的巨人" 就具有很强的品牌稳定性。

（6）简明性原则。国际品牌在国际上传播，还要便于消费者识别、理解和记忆，这样才便于在消费者之间进行有效的传播，以减少企业的宣传成本。

【例 8-6】
香皂品牌命名的联想

美国一家公司向国际市场投放了一种香皂。在品牌命名时，对 50 个主要国家作了调查，确认该名称在各国语言中究竟意味着什么。

在英语及大部分西欧语言中，是 "优美"；

在盖尔语中，是 "歌" 的意思；

在佛兰德人眼里，是 "远去了"；

用非洲民族语言讲，它是 "马"；

在波斯语中，是 "朦胧的"、"迟钝的" 代名词；

在朝鲜语中，其发音与 "疯子" 几乎一致；

在斯拉夫语系中，只有一种理解，即 "不愉快的"、"猥亵的"。

在建立国际品牌时应注意国际间对品牌不同的联想，这对企业进行国际营销是非常重要的。

资料来源：根据网络资料整理而来。

（二）国际品牌的作用

1. 对消费者的作用

（1）品牌代表产品一定的质量和特色，便于买者选购，提高购物效率。

（2）品牌可保护买者的利益，便于有关部门对产品质量进行监督，质量出了问题也便于追查责任。

2. 对生产者的作用

（1）品牌便于卖者进行经营管理。如在作广告宣传和签订买卖合同时，都需要有品牌，以简化交易手续。

（2）注册商标受法律保护，具有排他性。

（3）品牌可建立稳定的顾客群，吸引那些具有品牌忠诚性的消费者，使企业的销售额保持稳定。

（4）品牌有助于市场细分和定位。企业可按不同细分市场的要求，建立不同的品牌，以不同的品牌分别投入不同的细分市场。

3. 对整个社会的益处

（1）品牌可促进产品质量的不断提高。由于购买者按品牌购货，生产者不能不关心品牌的声誉，加强质量管理，从而使市场上的产品质量普遍提高。

（2）品牌可加强社会的创新精神，鼓励生产者在竞争中不断创新，从而使市场上的产品丰富多彩，日新月异。

（3）商标专用权可保护企业间的公平竞争，使商品流通有秩序地进行，促使整个社会经济健康发展。

（三）国际营销品牌决策

企业在国际营销中，产品是否使用品牌，是品牌决策要回答的首要问题。建立优质资源的品牌，对企业来说是无形资产的增值，但建立品牌的成本却不容忽视。因此，一个企业要不要实行品牌决策，要看企业的产品特性和建立品牌的成本等因素。市场上很难区别的产品如原材料产品，一些生产工艺比较简单、技术比较低端的产品等，消费者一般不是凭借品牌决定购买的产品，可以不用品牌。而对于一些需要以品牌来很好地区分竞争者品牌的产品，以使自己的产品或服务更具有竞争力，可以使用品牌决策。

而如果企业决定使用品牌，则面临着使用自己的品牌还是别人品牌的决策。对于那些实力雄厚、生产技术和经营管理水平都很优秀的企业，一般都是使用自己的品牌。而一些实力不强的企业，可以使用制造商品牌或中间商品牌。

1. 有品牌或无品牌

一般情况下有品牌的产品更容易得到消费者的信任。而有时对一些有固定规格标准的矿石等原材料、煤等燃料以及地产地销产品，或一次性销售的产品，考虑成本的节省，也可以不使用品牌。无品牌策略主要适用于以下几类产品：

（1）不会因生产经营者不同而不同的产品或未经加工的产品，如农、牧、矿业初级产品、电力、煤炭等。

（2）品种繁多且技术含量不高的小商品，如盐、糖等消费者在购买时习惯上不去辨认品牌和商标或认为没有必要选择品牌和商标的产品。

无品牌的好处在于由于没有品牌推广、品牌相关包装、渠道和促销上的费用，产品的成本可以大大降低，从而获得价格上的优势。但是，无品牌策略的缺点也正是因为价格是产品相互之间竞争的主要因素，最终的结果是企业利用价格竞争会大大降低企业的利润。

与无品牌对应的是有品牌策略。有品牌策略的好处在于：

（1）使销售者更方便地处理订单和解决贸易问题。

（2）销售者的品牌名称和商标对产品独特的特点提供法律保护。

（3）有助于建立良好的企业形象。

（4）有助于企业获得良好的竞争优势。

（5）有助于企业建立顾客忠诚度。

有品牌策略和无品牌策略的选择应根据企业实际情况来进行有效的选择。

2. 制造商品牌与中间商品牌

制造商品牌是与中间商品牌相对应的说法。制造商品牌是指产品在市场上以制造商的品牌销售。例如，我国的海尔电器，在欧洲和美国市场上均采用制造商品牌进行销售。

中间商品牌（Distributor Brand）是指制造商将产品卖给零售商或者中间商，中间商再以零售商的品牌出售，所以也称为分销商品牌、零售商品牌、私人品牌、商店品牌。

事实上，在国际市场营销中，很多企业都采用制造商品牌和零售商品牌并举的品牌策略。格兰仕，全球最大的微波炉生产企业，在中国和世界市场中既销售格兰仕（制造商品牌）品牌产品，也销售 GE（中间商品牌）品牌产品；在 2007 年 10 月 17 日宣布合并美国捷威公司（Gateway, Inc.）之后，我国台湾地区的 Acer 电脑除了使用其制造商品牌 Acer 以外，还为 IBM、Dell 和日本的 Hitachi 贴牌生产个人电脑；奇瑞 QQ 将代工克莱斯勒 A1 汽车，同时生产 Dodge 和 QQ 汽车。

企业在决定使用制造商品牌之后，将面临两个决策：①在企业层面的，针对所有产品的品牌决策，即所有产品的品牌是否统一的决策。②在单个产品层面的，每一个产品在不同的市场是否采用相同的品牌决策，即全球品牌和地区品牌的决策。

3. 统一品牌与个性品牌

品牌统一决策是指国际化企业确定品牌数量的决策，即企业所生产的不同种类、规格、质量的产品是否采用同一个品牌（统一品牌）或者分别使用不同的品牌（个性企业）。

（1）统一品牌。是指企业生产经营的所有产品都使用同一个品牌的策略。很多知名的企业，如中国的海尔、联想、TCL，日本的索尼（Sony），美国的柯达（Kodak），荷兰的飞利浦（Philips），都采用统一品牌策略。统一品牌策略的最大优势是：可以集中企业的资源以塑造企业形象，显示企业的实力，宣传企业的品牌；同时，还可以降低企业单个产品的广告宣传费用，尤其是新产品在新目标市场中的广告费用；最后，采用统一品牌还可以帮助企业节省品牌运营管理费用。统一品牌策略的劣势在于，如果企业的某个产品或某类产品出现问题，会牵连、影响到整个企业的声誉以及企业其他产品的形象和销售；如果企业不同产品之间在档次和质量上差别较大，采用统一品牌策略还会混淆消费者对产品质量的认识，从而影响企业的品牌形象和产品的整体销售。在国际市场营销中，统一品牌策略被大型国际企业，尤其是品牌知名度高、市场占有率高的企业广泛应用。

（2）个别品牌。又称单个品牌，是指企业对其所生产的不同产品使用不同品牌的策略。开创品牌管理先河的宝洁公司是将此策略应用得较好的企业之一。宝洁旗下的洗发水品牌就有飘柔、海飞丝、潘婷、沙宣、伊卡璐等，品牌之间的诉求点各有不同，从而进一步细分了洗发水市场，满足了不同消费者的需求，形成了整体的竞争。飘柔强调"洗护二合一，让头发飘逸柔顺"，海飞丝强调"头屑去无踪，秀发更出众"，潘婷强调"令头发健康，加倍亮泽"，沙宣强调"我的光彩，来自你的风采"，以及伊卡璐"引发活力，让秀发起舞吧"，共同构建了宝洁"毫无拘束、品牌的自由国度"。

个别品牌策略适用于实力较强大、同时拥有多个品牌的企业。不同品牌之间在市场定位、质量、价格等方面存在较大差异的情况下，企业会在高端、中端和低端市场分别推出不同品牌的产品。例如，全球排名第一的化妆品公司欧莱雅，在中国市场有"巴黎欧莱雅"、"美宝莲"、"兰蔻"、"薇姿"、"卡尼尔"、"赫莲娜"、"理肤泉"、"小护士"等10余个品牌。其中，兰蔻和赫莲娜等，锁定的是高端市场；中档产品则包括通过专业发廊销售的欧莱雅专业美发产品和通过专业药房销售的薇姿和理肤泉；小护士、美宝莲和卡尼尔则瞄准了低端、大众市场。

个别品牌策略与统一品牌策略在优势和劣势上形成互补。个别品牌的优势在于各品牌之间相互独立、互不影响，不能"一荣俱荣"、"一损俱损"。但是，个性品牌策略不利于企业品牌的建立，在品牌建立和品牌管理上的费用比统一品牌策略高出很多，同时在新产品的推广上难度也较大，为了综合两种策略的优势，很多企业采用统一品牌和个性品牌相结合的策略。

4.统一品牌与个别品牌并列使用

统一品牌与个别品牌并列使用是企业品牌和单个产品品牌相结合的品牌策略。即企业产品分别使用不同的品牌名称，但在各种产品品牌名称前冠以企业名称。我国一汽公司旗下的"一汽解放"、"一汽宝来"、"一汽捷达"等，用的是统一品牌与个别品牌相结合；美国通用（GM）旗下的通用别克（GM-Buick）、通用凯迪拉克（GM-Cadilac）、通用雪佛莱（GM-Chevrolet），使用的也是统一品牌加个别品牌，每个品牌前都加上"GM"两个字母，以表示系通用汽车公司的产品。采用这种策略的好处是：个别品牌前面加上企业名称，可使新产品享受企业的声誉，使新产品正统化；而不同的品牌又可以表明该企业的产品具有不同的特点，可节省广告费用和宣传促销费用。

三、国际市场营销产品包装策略

（一）包装概述

包装是在商品流通过程中保护产品、方便储运、促进销售，按一定的技术方法而采用容器、材料及辅助物等的总称。同时，包装还是为了达到上述目的而采用容器、材料辅助物的过程中，施加一定的技术、方法等操作的总称。包装最基本的功能有三个，即防护功能、方便功能和促销功能。在国际营销中，对于包装在传达产品信息上的要求要更高一些。

产品包装是一项技术性和艺术性很强的工作，通过对产品的包装要达到能显示产品的特色风格，与产品的价值和质量水平相配合，包装设计要适合消费者心理，尊重消费者的宗教信仰和风俗习惯，还应符合法律规定，更应做到美观、实用、经济。具体要求有以下几个方面：

（1）准确传递商品的信息。世界各国一般都对产品包装上应标识的内容有明确的规定，如生产日期、重量、配料、保质期等，企业需如实标注说明。另外，包装上的文字、图案、色彩均应与商品的特色和风格一致。切忌包装物上的说明、彩色图片等夸大商品性能、质量、功效等。

（2）包装应与商品价格相适应。包装物的价值应与商品价值相配套，如高级珠宝应高档包装，以衬托商品的名贵。但如果包装的价值超过商品本身的价值则会引起消费者的反感，从而影响销售。

（3）考虑国际目标市场的需求。进入国际市场的产品包装要考虑各个国家和地区的储运条件、分销时间的长短、气候状况、销售条件、环境保护、风俗习惯、审美观念、收入水平及各国的法律规定等。如在非洲和拉丁美洲一些国家，由于道路状况不太理想，用玻璃作为包装材料则不太合适。还有一些发展中国家，包装消费品在分销渠道中滞留的时间长达6个多月，而在美国只需两三个月，这样对包装质量的要求肯定不同。出口到热带国家的食品的包装则重点要考虑产品的保质期问题，以避免炎热的气候环境而导致产品变质。同时，包装规格也要因国家而异，在低收入国家，消费者更习惯于数量少的包装；而在发达国家，人们更趋向于大的包装以减少购物时间，留出足够的时间来休闲。有一些国家，环境保护主义者对包装材料是否造成环境污染十分关注。此外，产品包装还要考虑各国零售商的需要。

（二）产品包装策略

1. 类似包装策略

企业对其生产的产品采用雷同的图案、近似的颜色、相同的包装资料和相同的造型进行包装，便于顾客辨认出本企业产品。采用该策略，可使消费者形成对企业产品的深刻印象，也可以降低包装成本。但类似包装策略只能适合品质相同的商品，种类差别较大、质量程度迥异的产品则不宜采用。

2. 配套包装策略

按各国消费者的消费习惯，将多种有关联的产品配套包装在一起成套供应，便于消费者购买、携带和使用，同时还可扩大产品的销售。比如将系列化妆品包装在一起出售，就是典型的配套包装。在配套产品中如包装某种新产品，可以使消费者不知不觉地接受了新产品，有益于新产品的上市和普及。

3. 再使用包装策略

指包装内的产品使用完后，包装物另有其他的用处。如各类外形精美的酒瓶可做装饰物。这类包装策略可使消费者觉得一物多用而引起其购买愿望，并且包装物的重复使用也起到了对产品的宣传作用。

4. 附赠包装策略

指在商品包装物内附赠奖券或实物，或包装本身可以换取礼品，吸引顾客的惠顾，导致顾客重复购买。如许多儿童食品的包装就是采用此种策略。此外还可采用利用包装策略，不同容器包装策略等。

5. 改变包装策略

改变和放弃原有产品的包装，改用新的包装。采用新的包装可以弥补原包装的不足，企业在改变包装的同时必须同时配合做好宣传工作，以消除消费者以为产品质量下降或其他方面的误解。

6. 等级包装策略

即对于同一种产品，按其价值不同分为若干质量等级，对不同质量等级的产品分别设计和使用不同的包装。

【阅读材料】

星巴克换标，卖咖啡定位偏移

显眼的"Starbucks Coffee"（星巴克咖啡）英文字样，环绕着加冕的美人鱼，这个熟悉的图标一度是星巴克最有价值的招牌。不过近期，星巴克决定大幅改变自己的 Logo。

2011 年 1 月 6 日，这家著名的全球咖啡连锁零售巨头对外宣布更换品牌形象。新标识中，"Starbucks Coffee"几个字彻底被拿掉，而重点突出美人鱼图案。

星巴克对其的解释是，"未来公司业务不仅限于咖啡，星巴克将试图提供多种产品"。这场被称为星巴克成立以来最大幅度的换标行为很快引来争议无数。人们争执的焦点是：以咖啡作为灵魂的星巴克，去除了"Starbucks Coffee"，还能像以前那样具有吸引力吗？

换标事件亦将星巴克此前"遮遮掩掩"的转型彻底推到了台前：在传统门店经营压力之下，昔日的咖啡巨头正试图由一家卖咖啡的公司转为"全方位消费品公司"。

1. 换标背后

这已经是星巴克公司自 1971 年成立以来第四次换标，不过，选择大胆拿掉"Starbucks Coffee"，只保留一个抽象的图像，如此大幅调整堪称首次。

星巴克咖啡公司主席、总裁兼首席执行官霍华德·舒尔茨如此阐释换标行为："这是一次看似微小但是有意义的更新，新标志以我们在市场中建立的广泛信任为基础，同时也支持了未来的发展。"

星巴克中国官方微博在 1 月 7 日 14：35 发布了"换标"消息。短短 3 个小时内，"换标"微博被转发超过 800 次，并伴有 300 余条评论。其中超过一半的人对新标识感到失望，表示更怀念经典的带有圆环标识的 Logo。

"以后，彻底分不清星巴克和山寨星巴克了……"一位粉丝在微博中写道。他指的是在部分城市，不少咖啡店刻意采取和星巴克 Logo 类似的品牌形象以吸引顾客。

星巴克大中华区公关经理励静对《中国经营报》记者称，星巴克感谢网友对新标识的意见。不过，带有新标的促销商品及纸制品会在 2011 年 3 月推出。她解释，新标"体现了星巴克业务上的发展，即星巴克除代表最佳的咖啡外，还有更多"。

励静提及的以上种种，正是近一两年来备受外界关注的星巴克产品种类扩容。事实上，星巴克已经早早不甘于"只卖咖啡"，目前星巴克的产品包括咖啡、茶、牛奶、点心、杯子、毛绒玩具等多种。在中国市场，它甚至还推出了具有当地文化特色的粽子。

有评论称，新标志取消"咖啡"字样有力地暗示出星巴克今后可能开发更多类别的商品。励静对此不置可否，只是模糊表示，"咖啡仍然是最核心的产品，但是星巴克的产品今后将不仅止于咖啡"。

有接近星巴克的人士透露，此次换标是为了配合星巴克未来"全方位消费者产品公司"的定位。他透露，在过去一两年中，星巴克推出了一系列非咖啡类产品，如茶、冰淇淋等。而为了增加利润，未来还将有更多"非咖啡类"产品上市。考虑到这一点，再沿用"星巴克咖啡"字样已经不合适。

产品扩容伴随的是星巴克渠道策略的改变。业界普遍认为，星巴克正致力于将产品售卖到超市等更多渠道，而不是仅仅局限于原来的零售店。

这一点从 2010 年发生在星巴克和卡夫之间的官司中可见一斑。2010 年末，星巴克将合作了 12 年的渠道伙伴美国卡夫食品公司告上法庭。此前，卡夫一直通过自己的渠道在全球范围内推广和销售星巴克的产品（袋装咖啡和冰淇淋等）。资料显示，星巴克每年通过卡夫在全球各地的超市、卖场和杂货店，卖出约 5 亿美元咖啡产品。

这场官司以双方撕破脸皮而告终。根据协议，当事方将于 2011 年 3 月 1 日正式结束长达数十年的伙伴关系。

与此同时，星巴克还结束了与百事可乐的合作。2007 年，这两家公司联手推出星巴克瓶装星冰乐即饮咖啡饮料在零售渠道销售，在不久前，这段"恋情"无疾而终。在和百事"分手"后，星巴克明确表态，未来不会放弃门店之外的零售渠道。其独霸超市等渠道的意图彻底明朗。

励静透露，星巴克正在和其他合作方商谈超市销售事宜，今后进入商业超市的星巴克产品种类除原有的星冰乐系列外，还将进行产品更新，但目前尚无时间表。

2. 转型决心

在某种程度上，以上反映了市场变化对星巴克的影响。

以麦当劳为代表的"快速咖啡"正加速对传统咖啡市场的冲击。在过去一年多里，麦当劳在其门店内推出了咖啡专区，并将旗下"麦咖啡"当做一种主打产品来销售。随着这种店中店的增加，麦当劳实际已经开始试图打造自己的咖啡品牌和文化。

从星巴克自身来看，此前过于重视门店快速扩张、却忽略了门店管理的同步提升，这种后遗症在 2009 年经济危机中一度让星巴克焦头烂额。资料显示，在 2009 年经济危机中，星巴克销售收入出现严重下滑，其在欧美部分国家的不少门店被迫关闭。此外，消费者还指责星巴克高品质的"体验文化"正在逐渐消失。

传统门店经营压力正与日俱增。面对这种态势，星巴克尝试做出许多变化来迎接挑战。比如它选中了速溶咖啡作为非门店业务的重点，并于 2009 年 9 月推出"星巴克 VIA 速溶咖啡"。

尽管不少人认为，这可能损害星巴克的高端形象，但星巴克坚持的理由同样诱人：在 2009 年，速溶咖啡的全球市场规模已经高达 210 亿美元，英国的咖啡销售中 80% 来自速溶咖啡。

至少从业绩上看，VIA 帮助星巴克公司迅速增加了收入。根据 2010 年第三季度财报，星巴克 VIA 速溶咖啡在北美、英国和日本三个非卡夫控制地区的销售网点数目已经达到了 3.7 万个。

除此之外，星巴克还致力于推出更多的"非咖啡类"新品摆满门店，它们包括茶、牛奶、点心、杯子、毛绒玩具等。北京上岛咖啡某店店主对记者透露，以上产品的一个共同特点是毛利颇高，它们能够很好地帮助一家咖啡店面增加销售收入。

星巴克还开始筹划如何将这些商品通过更多的渠道卖给消费者。虽然目前对此星巴克尚未公布明确的计划安排，不过励静在给本报的邮件回复中的一段表述值得寻味。她说："星巴克将与顾客分享每一个时刻，不论是在世界各地的门店，在超市货架，还是在网络上。"

与此伴随的还有大幅扩张。在 2010 年 12 月纽约投资商论坛上，舒尔茨称，星巴克要加强在加拿大、日本以及新兴市场中国、巴西、印度、俄罗斯的经营，这些大幅的国际扩张将提高星巴克的整体销售收入。

以中国为例，星巴克目前覆盖中国国内 33 个城市，拥有 400 多家门店。星巴克计划 2015 年前在中国拥有 1500 家店面，从而让中国可以成为除美国本土之外的第二大市场。

扩张很快拉开了帷幕。大约一周前，星巴克在华面积最大的门店落户厦门。励静对本报透露，未来，星巴克还会进入更多的以前未曾涉足的内陆城市。

星巴克这场风风火火的转型运动才刚刚开始。但问题是，对于过去 40 年中以咖啡作为基因和精神象征的星巴克来讲，如何跨越重重障碍，变身"全方位消费品公司"，还将艰险重重。

资料来源：中国经营报，http://www.cb.com.cn/1634427/20110114/180476.html

【本章小结】

（1）产品的完整概念体现了以顾客为中心的现代市场营销观念，对企业不断开发新产品、优化产品、提供优质服务，提高产品的市场竞争力有重要意义。现代市场经济要求企业建立完整的产品概念，以使企业在市场营销中所提供的产品是一个完整的产品，更加能符合消费者需求。产品整体概念包括以下五个层次：核心产品、形式产品、期望产品、附加产品和潜在产品。

（2）国际市场营销产品策略是国际市场营销组合中的核心，是价格策略、分销策略和促销策略的基础。进入国际市场的产品必须树立产品的整体观念，以满足消费者综合的、多层次的利益和需求为中心来设计和销售产品；与国内市场营销不同的是国际营销面对的是世界各国或地区不同的市场环境，因此，企业是向全世界所有不同的市场都提供标准化产品，还是为适应每一特殊的市场而设计差异化产品，是参与国际竞争的企业所面临的重要决策问题之一，国际市场营销学家将此归结为国际产品的标准化与差异化策略。

（3）产品决策是国际营销企业进行国际营销组合的核心，是其他营销决策制定的出发点。现代企业为了满足目标市场的需要，扩大销售，分散风险，增加利润，往往经营多种产品。为此，企业应根据市场需要和自身能力，确定生产或经营哪些产品，明确产品之间的配合关系。

（4）产品生命周期是产品的市场寿命，即一种新产品从开始进入市场到被市场淘汰的整个过程，包括导入期、成长期、成熟期、衰退期。每个时期有不同的特征、营销方针、营销目标、营销策略。

（5）在国际市场上，产品的生命周期就是一种产品从投放国际市场开始到退出国际市场为止的整个过程，它有着独特的规律。一般分为三个阶段：创新领先国家出口阶段、技术扩散追随者阶段、技术停滞发展中国家出口阶段。

（6）新产品指采用新技术原理、新设计构思研制、生产的全新产品，或在结构、材质、工艺等某一方面比原有产品有明显改进，从而显著提高了产品性能或扩大了使用功能的产品。从市场营销的角度看，凡是企业向市场提供的过去没有生产过的产品都叫新产品，或是产品整体概念中的任何一部分的变革或创新，并且给消费者带来新的利益、新的满足的产品，都可以认为是新产品。

（7）美国市场营销协会（AMA）对品牌（Brand）的定义为：品牌是一种名称、术语、标记、符号或图案的设计，或是它们的组合运用，其目的是用以识别某个或某群销售者的产品或服务，使之同竞争对手的产品或服务区别开来。品牌名称（Brand Name），指品牌中可以用语言称呼的部分，品牌标记（Brand Mark），指品牌中可以被识别，但不能用语言简洁而准确称呼的部分。

（8）商标是品牌的法律用语，指经营者在商品或服务项目上使用的，将自己经营的商务或提供的服务与其他经营者区别开来的一种商业专用识别标志，是经过政府在有关部门依法注册的品牌或是品牌的一部分。商标受法律的保护，注册者拥有专用权，其他任何企业不得效仿使用，但商标的专用权可以转卖。

（9）企业在国际营销中，产品是否使用品牌，是品牌决策要回答的首要问题。建立优质资源的品牌，对企业来说是无形资产的增值。市场上很难区别的产品如原材料产品，一些生产工艺比较简单、技术比较低端的产品等，消费者一般不是凭借品牌决定购买的产品，可以不用品牌。而对于一些需要以品牌来很好地区分竞争者品牌的产品，以使自己的产品或服务更具有竞争力，可以使用品牌决策。

（10）包装是在商品流通过程中保护产品、方便储运、促进销售，按一定的技术方法而采用的容器、材料及辅助物等的总称。同时，包装还是为了达到上述目的而采用容器、材料辅助物的过程中，施加一定的技术、方法等操作的总称。包装最基本的功能有三个：防护功能、方便功能和促销功能。

【思考题】

1. 国际产品整体概念及意义是什么？

2. 产品按不同的分类可以划分为哪几类？

3. 如何理解国际产品标准化策略？

4. 如何理解国际产品差异化策略？

5. 国际产品营销组合有哪些内容？

6. 如何理解国际产品组合策略？

7. 阐述产品生命周期各阶段营销方针、目标及策略。

8. 阐述国际产品生命周期及各阶段策略。

9. 阐述新产品开发的程序。

10. 简述品牌及商标的区别。

11. 如何进行国际品牌决策？

【案例分析】

无声小狗（Hush Puppies）营销策略（产品策略）

在美国，提起澳尔费林环球股份有限公司，几乎家喻户晓。20世纪60年代的美国，是澳尔费林公司"无声小狗"猪皮便鞋风行一时的世界。

1. "无声小狗"便鞋的诞生

澳尔费林环球股份有限公司在1903年前是一个皮革、皮鞋的供应商。1903年后，开始制鞋和制革业，主要产品是马皮及马皮制作的鞋。20世纪30年代后期，由于马匹减少，公司决定发展猪皮来代替马皮。猪皮制作的鞋穿起来比较舒服，并且防汗、不怕潮湿、不易变质，更重要的是猪皮资源充足。因而澳尔费林公司凭借自己有制作特种皮革的经验，率先选用猪皮来制鞋。

公司根据潜在顾客的需求，决定把制鞋业引入穿着舒适的便鞋市场，1957年，试销了男式便鞋3万双，鞋底和鞋帮采用胶合方式，每款有11种颜色，向农村和小镇出售。

1958年，试销成功后，公司决定给猪皮鞋取一个吸引人的牌号。为取一个好牌号，他们进行了市场调查：在洛杉矶和芝加哥走访了300人，提出了六个可供选择的名称，其中包括"无声小狗"。这个名称有来源，在美国南部某些州里，每当小狗叫唤时，人们就给它一块吃的东西，并对它说："别叫唤了，小狗。"小狗果然马上就安静下来了。公司的销售经理对这个名字十分欣赏，他认为，用这个名称做牌号十分贴切，当人们穿上猪皮便鞋时，他那疲乏的双脚就会像小狗吃到东西一样，顿时感到舒服，变得"安静"起来。公司决定采用这个名称，还特地配上了一个有趣的商标：一只带有忧郁眼神，耷拉着长耳朵的矮脚猎狗。"无声小狗"这一新产品终于诞生了。为了占有市场，澳尔费林公司开始实施一系列有效的销售策略。

2. 艰难的开拓阶段

1957~1958年，是该产品的投入期。在1957年，"无声小狗"鞋卖出3万双，到了1958年，公司进入了最艰难的开拓阶段。

一般来说，产品在导入期主要遇到的困难是知名度不高，市场占有率和销售增长率都很低，"无声小狗"鞋也遇到了这一困难。同时，它还面临着销售市场和渠道的转变困难，因为该公司原来的产品主要是马皮鞋，卖给农民，鞋子主要是结实和抗酸，现在"无声小狗"则强调舒适，消费对象是城市和郊区。因而，原先的销售点、销售网及推销员都不能适应。

针对上述两大困难，澳尔费林公司采取了以下措施：

（1）开辟新的零售点。公司董事会通知销售经理，假如在6个月内，在35个城市设立600个新零售点，公司即批准拿出销售的17%用做广告预算。这次庞大的广告预算支出，相当于该行业平均销售额的1.5%。销售经理接受了这项任务，并制定出了相应的销售计划。

新的销售计划有两项重要内容：①充分利用报刊集中进行宣传。办法是，在影响较大的《本周》杂志的星期日增刊上刊登彩色广告，连同当天的报纸一起发送到35个城市。这种宣传活动一年进行4次，即复活节、5月、8月和12月各一次。②采取鼓励零售商的方针。公司规定，凡零售商订购"无声小狗"牌便鞋的数量达到最低限度标准者，其商号名字可以显著地登在报刊星期日增刊的广告栏中。事实证明，这个计划获得了成功。

（2）培训推销人员。1958 年 8 月，该公司调回分散在各地的推销人员，集训一个多月后，再派往 35 个城市，集中力量掀起推销"无声小狗"的高潮。所有推销人员忘我的工作，个人带着不停颜色的鞋样，向潜在顾客表演猪皮如何防酸、防雨和防汗，一时各推销员成了人们关注的中心人物，销路终于打开了。

（3）加强广告宣传。公司将全部广告预算用在《本周》杂志星期日增刊上刊登大幅广告。过去，绝大部分鞋店的广告都只画一直大鞋，而澳尔费林公司的画面却是把鞋穿在人的两只脚上。公司还利用人们在圣诞节互赠礼物的习俗，作了一次季节性广告。这样，大部分零售商几天之内就把便鞋存货卖光了，公司一下销售出 12 万双鞋，每双售价都是 7.95 美元。

3. 成长期——随机应变策略

1959 年，该公司进一步扩大了广告的范围，他们利用《游行》杂志作广告，发展了 50 多个市场。这一时期的广告预算，占销售额的 7%，是制鞋业平均广告费的 4 倍，但公司还继续增加广告费用，又在《家庭周刊》的星期日副刊以及别的报纸杂志上刊登广告。与此同时，它又不断开发新款式男便鞋，销售额成倍地增长，广告费用也继续增加，从而到 1961 年，"无声小狗"便鞋在美国已成为名牌。

由于这一时期，生产远远赶不上需要，澳尔费林公司将每双鞋由原来的 7.95 美元/双提高到 9.95 美元/双，同时确定重点经销商，发展新款式，以招徕更多顾客。1960 年，公司开始生产高尔夫鞋，当时高尔夫鞋每年在市场的销售总量约 10 万双，而"无声小狗"牌高尔夫鞋第一年的销售量就已达到 94000 双。1961 年，公司又设计出了女式便鞋。到 1963 年，款式更加多样化，5 岁以上儿童穿的"无声小狗"便鞋都有供货了。工人一天三班倒，管理人员忙着采购更多的猪皮，销售量猛增，鞋子供不应求。

4. 成熟期——有的放矢策略

1963 年，产品开始跨入成熟期、销售额的增长率开始放慢，公司及广告商开始有空调查购买"无声小狗"便鞋的一些资料了。也了解到购买"无声小狗"便鞋的主要对象是专业人员和技术人员，属于高收入、高教育水平的阶层。原因是这种便鞋舒适、轻便和耐穿。

于是公司采取了以下策略：

（1）继续扩大广告范围，以便影响新的目标市场。

（2）强调"无声小狗"鞋的舒适，喊出了"穿上无声小狗便鞋，使人行横道变得更柔软"的宣传主题口号。

（3）继续伸展它的销售渠道，发展其零售点。

此时，公司拥有的销售点已有 15000 个，其中 60% 是鞋店，40% 是百货商店。1959~1965 年，每双鞋价一直保持 9.95 美元，后由于成本提高，价格涨到 11.95 美元/双。

5. 销售增长率剧减时——更新策略

从 1966 年开始，"无声小狗"便鞋的总销售量开始逐步下降，特别是年增长率急剧下降，1966 年比 1965 年下降了 10 倍，利润也下降了 40%。到 1968 年，形势更加严峻，除了竞争更加激烈、原材料成本上涨的因素外，更主要的是消费者很少重复购买，原因是买了鞋的顾客不像刚买鞋的新顾客那样，喜欢经常穿它，同时鞋子质量好，不容易穿坏，因而影响再买新鞋。

公司对市场的调查表明，60% 的男士和 67% 的女士购买它是因为舒适，41% 的男士和 35% 的女士不买它的原因是款式。

对销量的下降，公司经理伤透了脑筋，他们仍认为无声小狗便鞋的重点似乎仍应该是舒适，但款式一定要更新了。

6. 案情分析

（1）导入期：开辟新的零售点、培训推销人员、加强广告宣传；成长期：增加广告投入、开发新产品、提高价格、建设重点销售渠道；成熟期：继续扩大广告范围、强调"无声小狗"鞋的舒适、继续伸展它的销售渠道、提高价格。

不足之处：①在产品进入成长期时，企业就应该努力改进产品的品质，包括质量、款式、包装等各方面，成熟期更是如此，而澳尔费林公司直到 1966 年产品销量和利润大幅下降并进行市场调查后才意识到产品的款式问题。②从成长期开始，广告宣传就应该从加强企业和产品的地位的角度出发，建立产品信赖度，宣传产品的特色。

（2）根据销售额和利润的数据，"无声小狗"便鞋在 1968 年已经进入衰退期，但这并不意味着它只能面对退出市场的命运，应该改变鞋子的款式，使之变得新颖时尚，不仅能更好地满足消费者的心理需求，刺激购买欲望，而且可以通过提高使用的频率来提高购买频率；凭借原有的市场影响力，改进后的便鞋完全有可能重新达到以前的销售水平，因为鞋子比较耐穿，要保持过去的销售增长率有一定的难度。

资料来源：青岛职业技术学院管理学院。

问题讨论

1. 概括在"无声小狗"不同生命周期，澳尔费林公司分别采取了什么营销策略，

你认为还有哪些不足之处？

2. "无声小狗"便鞋是否在 1968 年已经进入衰退期？是否应该改变这一产品？你认为它有可能重新回复到过去的销售增长率的水平吗？

第九章　国际市场营销价格策略

学习目标与重点

（1）掌握国际市场产品定价的影响因素。

（2）掌握国际市场产品定价的目标和定价的各种方法。

（3）熟悉国际市场产品定价策略。

（4）熟悉国际企业的定价策略。

关键词

定价目标　定价方法　定价策略　转移价格

案例导入

5000 日元一杯的咖啡

位于日本东京滨松町的 Tomson（东森）咖啡店推出了一个高价咖啡广告："本店供应 5000 日元一杯的咖啡，欢迎各位光临品尝。"这在东京消费者中间引起了强烈反响，大家都觉得不可思议，因为当时连顶级的蓝山咖啡也只有 3000 日元。5000 日元一杯的咖啡是平常 100 日元一杯的 50 倍，连那些挥霍惯了的富人也觉得太贵了！它的味道一定不错！很多人决定去尝尝看，所以咖啡店的生意还可以。

"卖 5000 日元一杯的咖啡肯定让老板赚了不少"，这是人们的共同看法。可事实上老板的盈利并不多。因为喝完咖啡后，店员就将咖啡杯包好送给顾客了；而盛咖啡的杯子可是正宗的法国货，价格昂贵得很。而咖啡呢，由店里花高薪请名厨精心调制，味道纯正可口，芳香醇厚。另外，店堂的布置也相当考究，豪华典雅，如同宫殿一般。而身着古代服饰的侍女态度谦和，服务周到。

店老板明知道赚不了多少钱，为什么还这样做呢？

老板森之郎道出其中的秘密："我们要靠卖其他便宜的饮料来维持，而 5000 日元一杯的咖啡却能吸引成千上万的好奇顾客光临。"精明的店老板有一套自己的生意经：开咖啡店就是要赚钱！推出赚钱少的高价咖啡，只是一个诱饵，而每杯一百日

295

元的咖啡、果汁和汽水之类才是真正赚钱的地方。打响那家咖啡店牌子的是 5000 日元一杯的咖啡。顾客们觉得这里的东西货真价实，豪华气派，各种档次都有，所以无论是富有的大款还是一般的消费者都乐于光顾。于是这家店的生意从此火暴起来。

资料来源：李琼海. 国际市场营销实务. 北京：高等教育出版社，2010

价格是国际市场营销活动中最为敏感的因素，整个国际市场的变化往往在价格上反映出来。在国际市场营销组合中，价格是唯一能产生收入的因素，其他因素都表现为成本。价格也是最容易调节的营销组合因素，而产品、渠道甚至促销的调节都要花费更多的时间。价格调整也是竞争的重要手段和方式，是决定企业市场份额和盈利率的最重要因素之一，直接影响到企业的经济效益。因此，企业必须大力研究国际市场营销中的价格策略。本章主要阐述影响国际市场定价的主要因素、定价目标、定价方法、定价策略和国际企业的定价策略等。

第一节　国际市场产品定价的影响因素

一、成本

成本是制定价格的基本依据，也是企业进行国际市场营销产品定价的底线，如果企业制定的产品价格低于产品成本，企业就要亏损。当然在特殊情况下，如企业为了占领市场，可采用比成本更低的价格出售，但必须考虑到是否会带来反倾销诉讼等营销障碍方面的问题。

在国际市场营销的过程中，产品定价要比国内营销考虑的成本因素更多、更复杂，既要考虑产品出口前发生的成本费用（包括生产成本、流通环节费用），还要考虑产品出口后发生的一切费用及各种风险费用（关税、国外分销成本、通货膨胀、汇率波动等）。

（一）生产成本

生产成本按照其进入价格的方式可分为固定成本（厂房设备、设计、办公、管理、财务及广告费等）和可变成本（原材料、工资等）两种。通常生产成本占的比重很大，但在国际市场营销中，由于增加了影响成本的因素，导致生产成本所占的比重反而较小。比如，美国生产的心脏起搏器在美国市场的售价为 2100 美元，但由于各种关税、进口商和批发商的毛利等，产品出口到日本时，售价上升到 4000 美元。

（二）关税和其他税收

关税是指进出口商品经过一国关境时，由政府设置的海关向进出口商所征收的税收。通常分为进口税、出口税、过境税三种，还可分为从量税、从价税、混合税。目前，世界各国为了鼓励出口，增加财政收入，通常不征收出口税，关税征收以进口关税为主。除增加财政收入外，进口关税的征收还可以达到保护国内产业和市场以及调节进口货物结构的目的。

除关税外，许多国家对进口商品还征收消费税、零售税、交易税和增值税等，以及国际贸易中的进出口许可证、报关、商品检验检疫与其他行政管理费用等。这些税费的征收，大大提高了产品的成本，从而提高了产品在国际市场上的最终价格，影响产品在国际市场上的竞争能力。

【例9-1】
巴西通过降低原材料进口关税帮助本国玩具业提高竞争力

为提高本国玩具业的竞争力，巴西政府已把玩具生产所需零部件和原材料列入南共市共同关税例外产品清单，同时从2010年8月份开始对上述两类产品实施进口减税政策，关税从以前的20%降低到2%。巴西是世界第七大玩具消费市场，全年销售的75%集中在10月份的儿童节和12月份的圣诞节，2010年的销售额有望接近30亿雷亚尔（约17亿美元）。2009年，巴西玩具出口1180万美元，进口2.39亿美元，国内市场进口玩具占60%，其中90%以上来自中国。自2010年初以来，由于生产性投资加大，巴西玩具工业形势好转，前7个月本国玩具在国内市场的销售份额已提高到55%，就业人数已近2.6万人。

资料来源：中国商务部网，2010-09-12

（三）国外分销成本

产品或服务从本国生产者转移到目标市场国消费者手中，需要经过相应的中间环节，由此会发生相应的运输费用和中间商费用。运输成本主要受产品产地与最终用户地理距离的远近与运输难易程度的影响，海运、陆运、空运都会增加保险、包装、装卸等费用。

中间商费用主要受目标国市场分销体系和结构的影响。各国分销体系和结构发展程度相差悬殊，渠道长短和营销方式也各不相同，企业一般尽量减少中间环节以降低费用，从而降低价格提高竞争能力。但还要考虑到产品、市场、环境、中间商等因素的影响，如消费品一般中间环节较多，建材和机器设备等中间环节较少。

（四）风险成本

风险成本主要包括通货膨胀及汇率风险。由于货款收付等手续需要比较长的时间，因而增加了国际市场营销的风险。

（1）通货膨胀。在高通货膨胀的国家，成本可能比价格上涨的更快，而且政府往往为了抑制通货膨胀而对价格、外汇交易进行严格的限制。所以企业必须做好对成本价格和通货膨胀的预测，在长期合同中规定价格调整的条款，并尽量缩短向买方提供信用的期限。

（2）汇率波动。由于发达国家的货币基本上都是采用浮动汇率制度，很难预测某种货币未来时期的确切价值，如惠普公司曾在一年内因汇率浮动而获得额外利润 50 万美元，雀巢公司却因汇率波动在六年中损失 100 万美元。所以企业必须正确面对汇率波动所带来的风险，选择合适的支付货币、订立外汇保值条款、通过保险、套期保值与合理的软硬货币搭配等转移汇率风险。

【例 9-2】

人民币升值贬值

人民币升值主要是相对美元而言，相对其他多种外币，人民币可能继续贬值。如果选对强势货币，将人民币换成该币种进行投资或交易，就有望获得汇率及投资收益的双重回报。今年以来，亚洲各主要货币均相对于美元升值，许多币种升值的幅度要远高于人民币。例如，9 月初以来，人民币兑美元升值约 2.5%，而日元对美元升值约 4%，澳元更是超过了 9%，幅度皆超过人民币。

资料来源：深圳特区报，2010-10

二、市场需求

国际市场对商品的需求也是影响国际产品定价的基本因素，在买方市场的条件下更为重要。产品的最低价格取决于产品的成本，而市场需求则决定了产品的最高价格。市场需求包括现实需求与潜在需求状况、顾客心理（认知、感受）、需求弹性等。影响国际市场产品需求的因素很多，主要有目标市场国的经济发展水平、居民收入水平、替代品价格水平、购买欲望、消费者的消费观念和消费习惯等，所有这些影响需求的因素自然也影响到产品在国际市场上的价格。

在短期内，当消费者收入、替代品价格水平、消费偏好和人们的预期价格等因素变化不大的情况下，企业进行定价时更需要考虑需求弹性因素。对需求弹性大的产品，往往采用降低价格的策略，以扩大市场占有率，增加销售收入；对需求弹性小的产品，并没有替代品时，往往采用高价格策略。

三、市场竞争

对许多种类的产品来讲，竞争是影响产品价格最为重要的因素。竞争因素主要包括市场结构类型（国际市场竞争结构分为三类：完全竞争、垄断竞争、寡头垄断）、竞争态势（各层次竞争对手的数量、能力等）、竞争激烈程度、竞争者实力、策略和战略等。处于不同类型市场结构中的企业，处于不同竞争地位上的企业，处于不同竞争状态下的企业，他们的定价行为（包括定价目标、方法、策略）、定价能力都不同，在当今国际市场竞争激烈的情况下，企业必须时刻绷紧竞争之弦，盯住竞争对手的一举一动，及时采取应对策略。

【例 9–3】

加拿大华人企业须摒弃恶性竞争 "竞合" 才是王道

近年来，加拿大境内华人企业越来越多，然而，华人企业之间恶性竞争的报道却不时见诸报端。华人企业之间只知相互打压、不知合作共赢的现象再次引发关注。对此，加拿大《北辰时报》刊发署名评论文章指出，企业经营不仅是 "竞争"，更是 "竞合"，华人企业只有合作，才能做大市场，在海外立足。在国内的外贸业界流行着这样一句话：华人在外面最怕 "他乡遇故知"。为什么，因为知根知底，互相打价格战。华人的打火机在欧洲市场就是这种情况，你卖一元我就卖九角，最后是整个市场的丢失。难道西人公司就没有竞争打压？当然有，宝洁公司在中国市场上，面对浙江雕牌企业就专门制订了一个 "射雕计划"。微软公司面对谷歌的竞争制订了 "打谷办"。他们都是依法依规合理竞争。使用的手段是在一家超市雕牌摆了 10 个样品，宝洁就摆 20 个。在市场竞争的今天，没有哪家企业可以一统天下，垄断所有的市场。明白了这个道理，就应有欢迎竞争、拥抱竞争的心态，有道是："棋逢对手难藏兴，将遇良才好奏功。"

资料来源：中新网，2010–11

四、政府的法律和各种限制条款

为了抑制通货膨胀，政府可以采用价格控制，将价格冻结在一定的水平，或规定价格上调的比率。更多的做法是在价格变动前必须经过政府审核，申请政府备案，而批准又需要数月时间，经批准后才能涨价。也就是说，涨价必须提前数月公告，这样又会导致超常采购，从而达到打击涨价的目的。政府对价格的控制经常给跨国企业在国外的经营带来困难。甚至在有些国家，司法机构对一些商品的价格，如保险、日常用品、酒类、烟草等都做出了规定。

政府往往还会对企业价格歧视（同一时期对同一种产品向不同的消费者制定不同的价格）实行限制，如美国的《珀尔曼法》规定：一个企业向一个或多个消费者提供比其他竞争者更有竞争力、更有利的价格，来击败对手的做法是非法的。但要注意的是如果不妨碍竞争，或由于不同顾客的销售费用和运输费用不同时，营销者可以采用价格差异。

【例 9-4】

跨国公司滥用知识产权将危及中国行业

华声报消息：据经济参考报报道，随着美国、日本在一些传统制造领域的优势渐失，知识产权争端已成为他们收复市场的一种主要非贸易手段。有关专家认为，在日趋频繁的知识产权争议中，一些跨国公司存在着超出知识产权正当行使界限的滥用现象，对中国一些行业的生存和发展带来了巨大的挑战。微软在中国进行知识产权许可时的价格歧视行为 Windows 98 在中国大陆市场零售价为 1980 元，而在美国合 800 多元人民币，在日本合 600~1200 元人民币。据保守估计，中国消费者因为微软公司的差别价格一年就要多支出 10 亿元人民币。

资料来源：中国侨网，2006-01

尽管影响国际定价的因素很多，包括成本、竞争、消费需求、营销组合和政府的要求等，但实证研究表明总成本是最重要的因素，竞争者定价策略次之，然后是企业的出厂成本、投资收益政策和消费者购买力。

第二节 国际市场产品定价的目标和方法

一、国际市场定价目标

所谓定价目标，是指企业通过定价策略所要达到的目的。跨国企业在从事国际营销活动中，会根据国际市场的具体情况与企业实际选择不同的定价目标，从而影响企业国际营销产品的定价。

在确定定价目标时，必须明确两个基本问题：一是谁负责制定不同国家的定价目标（母公司还是在东道国的子公司）；二是制定共同的全球目标还是在不同的国家制定不同的目标。一般来说，由于各国的市场环境不同，全球目标往往无效。但不管最终价格如何确定，定价前必须对母公司、地区公司和子公司的投入进行准确评估，如市场将接受的价格水平必然影响公司的利润目标。

企业的定价目标主要有如下几种：

（一）追求当期利润最大

企业处于担心目标市场国家未来可能会出现政局动荡、经济波动等风险，希望尽快收回成本并获取最大利润，往往会在成本的基础上，制定一个市场可接受的最高价格，以求在最短的时间内获取最大利润。

企业可以以总收入减去总成本的差额最大化为产品定价基点，确定单位产品价格，确保利润最大。但要注意的是：追求当期利润最大必须以企业长远利润最大化为前提。

（二）争取产品质量最优

这一目标要求企业在生产和国际市场营销的过程中始终贯彻产品质量最优的指导思想，同时还要辅于优质的服务。往往通过高的价格来弥补研发、高质量和优质服务的高成本。

（三）提高市场占有率

国际市场占有率是指企业某种产品的销售量占国际市场同类产品销售量的比重。国际市场占有率的大小表明一个企业在国际市场上竞争力的大小。跨国企业在开拓国外市场之初往往以扩大市场占有率为其先期目标，通常采用低价渗透策略，以吸引更多的消费者。从长远的观点来看，较高的市场占有率，必然伴随大量销售导致的成本持续下降，往往带来较高的利润和较强的竞争力。

采用低价策略以达到提高市场占有率的做法需要具备几个条件：一是目标市场需求富有弹性；二是随着销售、生产规模的扩大，产品成本有明显下降；三是低价确实能吓退现有和潜在的竞争者。

【例 9-5】

市场占有率与利润率之间的关联度

据美国一项营销研究表明，市场占有率和利润率之间存在很高的关联度：

市场占有率在10%以下时，投资收益率大约为8%。

市场占有率在 10%~20%时，投资收益率在 14%以上。

市场占有率在 20%~30%时，投资收益率约为 22%。

市场占有率在 30%~40%时，投资收益率约为 24%。

（四）维持企业的生存

有些企业由于经营管理不善或其他原因，造成产品大量积压，资金周转不灵，只好以维持生存避免破产为目标。此时定价要尽量偏低，只要其价格能弥补可变成本和一部分固定成本便可维持生存。以便达到尽快减少库存，收回现金，克服财政困难的目的。

不同国家、不同实力的企业在国际市场上定价目标不尽相同。除了以上几个主要的定价目标外，企业可以根据国际国内的形势及自身的具体情况，还可把应付或防止竞争、维护或提高企业形象、保持与中间商良好的关系、出口创汇或公益事业等作为企业定价的目标。

二、国际市场定价方法

企业在确定了定价依据和定价目标后，就要采取适当的方法进行定价。国际市场营销定价方法与国内市场营销定价方法相似，主要包括成本导向定价法、需求导向定价法、竞争导向定价法三种。但国际市场价格的构成更复杂，因此企业要对一些基本定价方法灵活掌握和运用。

（一）成本导向定价法

成本导向定价是指国际化经营企业主要依据成本来确定自己的销售价格，也称会计学定价方法。

该方法简单易行，是国内外企业常用的基本定价方法，往往适用于刚进入国际市场的企业，在成本的基础上核算利润，保证企业不亏损。该方法的缺点是忽视了市场需求、竞争状况，缺乏灵活性、适应性，因为成本中可能包含不合理的成本费用，所以不利于企业改进管理、增强竞争力。

主要有以下三种成本导向定价方法。

1. 成本加成定价法

成本加成定价法是指企业在确定产品价格时以单位产品成本包括生产成本、运输成本以及其他一切成本，再加上一定比例的销售利润作为价格基础。计算公式为：

单位产品价格 = 单位产品总成本 × （1 + 成本加成率）

可表示为：$P = C(1 + R)$

例如：某公司生产某种产品，单位变动成本为 400 元/件，年固定成本为 1200 万元，今年计划生产 10 万件，成本加成率（或预期利润率）为 10%，试确定该产品的价格为多少？

解：单位产品价格 = $(400 + 1200 \div 10) \times (1 + 10\%) = 572$（元）

2. 目标利润定价法

目标利润定价法亦称为目标收益定价法，是根据企业的总成本和计划销售量，加上按投资收益率制定的目标利润率作为产品市场售价的定价方法。计算公式为：

单位产品价格 = （产品总成本 + 目标总利润）/预期销售量

= 产品总成本 × （1 + 目标利润率）/预期销售量

例如：某公司投资 100 万元，期望取得 20% 的投资收益率。如果生产某种产品的固定成本为 30 万元，平均变动成本为 10 元，建成投产后预计年销售量 5 万件，试按目标定价法确定该产品的价格为多少？

解：单位产品价格 = ATC + M/Q（M 为投资收益）= AVC + TFC/Q + M/Q

$= 10 + 300000/50000 + 1000000 \times 20\%/50000 = 20$（元）

该方法主要适用于大型公用事业、劳务工程和服务项目以及高垄断性产品，但主要缺点是把预期销售量看成是价格的决定因素，颠倒了价格和销售量的关系，实际上是价格决定了销售量，而非销售量决定价格。

3. 边际成本定价法

边际成本定价法又称为边际贡献定价法、增量分析定价法，是指产品售价以边际成本为基础，价格或收益大于可变成本。计算公式为：

单位产品价格 = 单位产品变动成本 + 单位产品边际贡献

其中，单位产品边际贡献 = 总边际贡献（或总边际收益）/总销售量（或总产量）

例如：某企业生产 1000 条领带，固定成本为 10000 元，平均变动成本为 0.5 元/件，总边际收益为 6000 元，试确定该产品的单价。

解：单位产品价格 = $0.5 + 6000 \div 1000 = 6.5$（元）

该方法的主要依据是只要产品售价不低于变动成本，企业就可以维持生存，甚至还可以弥补一部分固定成本。但在国际市场上使用这种方法要避免使用过低的价格，否则很可能被东道国认定为"倾销"，这样产品价格会因为附加一部分"反倾销税"而上升，从而丧失使用该方法定价的意义。

（二）需求导向定价法

需求导向定价法是根据国外市场需求强度和消费者对产品价值的理解来制定价格。这种定价方法主要考虑顾客可以接受价格，而不是产品的成本。主要包括认知价值定价、倒推定价和需求差别定价三种方法。

1. 认知价值定价法

认知价值定价法是指根据消费者对产品价值的理解程度为依据来确定产品的价格。消费者认为产品"价值"有多大，企业就可以定多高的价格，很富有弹性。

【例9-6】

美国卡特彼拉公司的价格策略

美国卡特彼拉公司销售某一型号的拖拉机，成功地使用了认知价值定价法。他们以高质服务的形象，以比同类产品高 4000 美元的价格，而销售量还很大。他们对公司产品价格高的原因作如下解释：

● 与同类产品同价   20000 美元

● 比同类产品耐用   多收   3000 美元

● 比同类产品可靠、安全   多收   2000 美元

● 比同类产品服务优良   多收   3000 美元

实际价格   28000 美元

实行折让价格   −4000 美元

最终价格   24000 美元

资料来源：吴宪和. 市场营销. 上海：上海财经大学出版社，2002

运用这种方法定价的关键是要求企业综合运用市场营销组合中的非价格因素增强产品在消费者心目中的价值感受，并能准确估算产品在消费者心目中的全部感受价值（要求进行市场调查），然后制定产品价格。

2. 倒推定价法

倒推定价法是指企业先根据国外市场上同类产品的价格估算本企业产品在国外市场的零售价格，再扣除各种中间环节费用（如中间商利润、关税和运费等），倒推出产品的出厂价格，然后与成本相比，最后确定产品的市场售价。如下：

● 国外市场零售价格   2000 美元

● 零售商利润率（30%）   600 美元

● 批发商利润率（20%）   400 美元

● 进口关税（10%）   200 美元

● 运费和保险费（5%）   100 美元

● 出厂价格   700 美元

3. 需求差别定价法

需求差别定价法是指根据地域、消费者、产品和时间等方面的差别引起的需求不同，而制定不同的价格。具体表现为：

（1）顾客细分定价，针对不同顾客群制定不同的价格。

（2）产品形式定价，针对不同型号、特征、性能及用途的产品制定不同的价格，而且不与他们的成本成比例。

（3）形象定价，同样的产品但包装的档次不同可制定不同的价格。

（4）地点定价，针对同一产品在不同的地区制定不同的价格。

（5）时间定价，由于季节等不同导致需求特征不同而制定不同的价格。

（三）竞争导向定价法

竞争导向定价法是以市场上竞争对手的价格作为定价的基本依据，并根据竞争状况的变化不断调整企业产品价格，以应付激烈的国际市场竞争。只要竞争者的产品价格不变，即使自己的产品成本和市场需求发生变化，价格也不改变。主要适用于类似完全竞争的市场或市场中的多个竞争者存在利用价格战改变市场格局的情况。主要包括随行就市定价法、主动竞争定价法和密封投标定价法。

1. 随行就市定价法

随行就市定价法是指企业为了减少或回避竞争，按照本行业在某个目标市场上的价格水平来定价。在国际市场上往往适用于那些同质或标准化的产品，如粮食、茶叶、咖啡、石油等差异不大的产品。

2. 主动竞争定价法

主动竞争定价法是指根据本企业的实力以及与竞争对手产品的差异状况，为本企业的产品确定一个高于、等于或低于竞争对手的产品价格。主要目的是打击竞争对手，以便取得更大的市场份额，甚至有时亏本也在所不惜。

3. 密封投标定价法

密封投标定价法是指企业在参加国际招标定货时，先预计竞争者的报价，并结合自己的成本，然后以比竞争者更低的价格报价，以便能够中标。主要适用于国际市场上的建筑工程承包、大型机械设备采购、政府采购等方面。

第三节　国际市场产品定价策略

一、新产品定价策略

新产品是指企业首次在国际市场上推出的产品，它可能是企业的创新产品，也可能是改进型产品或在国内畅销的产品。新产品刚问世，消费者对产品不熟悉，企业定价的自由度比较大，可以采用撇脂定价策略（高价格）或渗透定价策略（低价格）进入国际市场。

（一）撇脂定价策略

撇脂定价策略是指企业在新产品上市之初制定远远高于产品成本的价格，以求在短期内攫取最大的利润，尽早收回投资，如从鲜奶撇取奶油一样。

该定价策略的优点：①可快速收回投资。②为以后的降价提供了广阔的空间。③有利于控制上市之初的市场需求，把需求控制在企业生产能力的范围内。

该定价策略的缺点是：①高价导致新产品不容易为人了解和接受，对企业开拓市场不利。②高价会带来高额的利润，引来众多竞争者加入该行业，从而造成价格的急剧下降。

从国际营销实践看，采用该定价策略往往需要具备下面的一个或几个条件：

（1）市场有足够的购买者，且需求缺乏弹性。

（2）由于有专利保护或特殊的技术诀窍，竞争者很难进入。

（3）企业通过高价来树立高档的产品形象。

（4）企业生产能力有限，通过高价限制市场需求。

【例9-7】

注重品牌形象塑造　别克英朗定高价

"上海通用太疯狂了"，有人看到别克英朗13.49~18.59万元的最终售价后给出的评论。大名鼎鼎的大众高尔夫只卖11.88万元，福特福克斯1.8L售价不过11.89万元，雪铁龙世嘉更是只要10.88万元，相比三位欧洲对手的平民价格，别克英朗的定价确实足够疯狂。

　　大概了解一下上海通用习惯性的"高开低走"定价模式，别克品牌在紧凑型车市场上的产品规划和其现有的产品布局，你会发现别克英朗此次高价上市充分体现出厂家的高明之处。虽然消费者可以找出很多理由来证明别克英朗的价格门槛应该在现有基础上降低2万元，但从厂家的角度考虑，别克英朗却是一款必须高价上市的车型。

　　在上海通用的品牌布局中，别克品牌的市场定位要高于雪佛兰品牌。在紧凑型车市场，上海通用已有雪佛兰科鲁兹、别克凯越两款产品。定位略低的新车型雪佛兰科鲁兹，官方售价为10.89万元起。这一价格虽然相比其原型车大宇LACETTI在韩国市场6.5万元左右的售价高出许多，但这并不足以影响它在中国市场的受宠程度。月销18818辆且供不应求，如此表现足以证明雪佛兰科鲁兹在市场上的火爆程度。雪佛兰科鲁兹在市场上的热卖，也使得上海通用在别克英朗的定价上底气十足。从两个母品牌的市场定位来看，新款别克紧凑型车也不应该卖的比雪佛兰同级别车便宜。

　　以配置水平来衡量，别克英朗1.6L手动进取版与售价11.99万元的科鲁兹1.6SE手动较为接近。两款车型相比，别克英朗的优势在于多出了自动大灯、自动空调、真皮多功能方向盘等配置，且底盘结构更为先进。结合别克品牌与雪佛兰品牌的市场定位差异，两款车1.5万元的差价完全属于合理范围。售价18.59万元的别克英朗1.8L自动豪华型，虽然在价格上比雪佛兰科鲁兹1.8SX自动车型高出了3.7万元，但在配置上它也多了ESC车身稳定控制程序、GPS导航、自动大灯、后视镜加热等配置。面对多出来的配置和品牌差异，二者的价格差距同样可以让人接受。

　　除了消费者的鼎力支持之外，上海通用未来的紧凑型车投放计划也决定了别克英朗不能以低价格上市。在两厢别克英朗上市之后，上海通用还将推出三厢版英朗。参照福特福克斯、雪铁龙、世嘉等竞争车型两厢版、三厢版车型价格相同的定价，于今年晚些时候上市的三厢版别克英朗很可能在价格上与两厢版车型持平。考虑到三厢别克英朗必须要与雪佛兰科鲁兹在价格上拉开档次以避免两款车型自相残杀，先期上市的两厢版车型高价上市也是理所应当。

　　上海通用希望重塑别克品牌在中国市场的形象，也是此次别克英朗高价上市的一个重要原因。源自大宇紧凑型车的三厢凯越、两厢凯越HRV，虽然让上海通用收获了丰厚的利润，但它在一定程度上也影响到别克品牌的整体形象。在雪佛兰品牌全面引入中国市场之后，上海通用希望将别克打造成与大众、本田、丰田等平起平坐的品牌。新别克君威、别克君越已经在中级车市场迎来了良好的开局，别克英朗是别克品牌"翻身"的又一款重要车型。

　　资料来源：凤凰网汽车频道，2010-01

（二）渗透定价策略

渗透定价策略是指国际企业为投入目标市场的新产品制定较低的价格，以便占领市场，排斥竞争对手，取得领先地位的价格策略。

该定价策略的优点：①消费者易接受该产品，使产品迅速占领国际市场。②能有效阻止新竞争者的进入，使企业能有效保持或扩大现有市场份额。③方便企业打入购买力低的市场。

该定价策略的缺点：①不利于投资尽快回收，价格变化余地小。②可能影响现有产品的销售前景和生命周期。③可能给顾客造成低价低质的印象。

从国际营销实践看，采用该定价策略往往需要具备下面的一个或几个条件：

（1）产品的需求弹性较大。

（2）企业的生产成本和经营费用会随着销售量的增加而下降，规模效应明显。

（3）低价不会带来竞争者的报复和倾销的指控。

（4）企业实力雄厚，甚至能承受新产品投入期的亏损。

【例9-8】
低价策略穷途末路 以质保量成旅西华商发展之路

中新网10月7日电据西班牙《欧华报》报道，由于经济危机，人们收入减少，失业者增多，低价商品不仅是大众消费者的首选，也是众商家进行营销和商战的主要策略。

在西班牙商家尤其是服装业采取低价策略应对危机的时候，一贯以"低价"为利器，在西班牙市场中攻城略地，蓬勃发展的众多华商感到了压力。现在采取低价策略的，并不仅仅只是西班牙人的服装廉价超市和零售店，许多店家，包括国际性大型连锁超市同样在采取相同的策略。

其实，旅西华商所走的低价策略从根本上是由中国国内的产业结构和成本决定的。中国国内劳动力的低价和产品质量的档次，决定了华商可以用中国商品低价的战略在西班牙市场上获得一时的优势。然而，随着西班牙经济危机的深重和持续，以及中国产业结构的升级换代，"低价"战略已经不再是华人的优势和利器，在西班牙众商家也采取低价策略的同时，旅西华商面临着今后如何发展的问题。

低价从某种意义上说，就意味着低质。而实际中，华商经营的商品也给西班牙人留下了深刻的印象。优胜劣汰的自然法则，决定了中国未来的商品必定是技术含量高和质量优异的产品，因此奢望从国内继续进口那些质次价低的产品，将面临越来越窄的路。

随着中国经济的逐渐开放和管理水平的提高，也为了和日趋紧逼的国际贸易环境接轨，中国在未来几年将不会总维持在现在的初级发展阶段，国内的新闻报道中明确地提到要大幅增加国内的劳工工资，提高劳工的福利待遇，说得简单些就是变相增加劳动成本，汇率的提升只能使国内的生产力成本再度提升，优胜劣汰的自然法则逼着国内一些企业转而生产技术含量高和产品质量信得过的产品，因此，华商奢望从国内继续进口那些质次价低的产品将成为不可能。

资料来源：中国新闻网，2010-10

二、产品组合定价策略

很少有一个企业只生产一种产品，为实现利润最大化，企业总是尽可能满足市场需求，生产在款式、用途、规格等方面有一定联系的产品。这就要求企业对产品进行组合定价，它是指将产品依据特定标准细分后，分别就每个组成部分定价，从而形成组合价格，而不是一项单一价格。对某个产品的定价或调价，不但要考虑该产品的利润和成本，而且还要考虑对同一组合中的其他相关产品甚至是不同组合中有一定相似性产品的利润和成本的影响。组合定价是市场竞争不断激化的必然结果，是长期分析、适应和引导消费者需求的实践总结，受到许多大企业的重视和偏爱。

（一）产品线定价策略

企业通常开发出来的是产品线，而不是单一产品。企业往往赋予同一品牌且基本功能相同的产品以不同的外观特征，形成系列产品，并分别定以不同的价格，此时，我们就称为产品线差异定价。如给相同书籍的平装本和精装本定不同的价格；松下提供5种不同的摄像机，有简单的、有自动定焦距的、有感光控制的、有两种速度变焦镜头的，而且对它们分别制定不同的价格。

产品线差异定价的关键是决定价格档次的幅度。一般来说，如果档次之间的差价较小，消费者倾向于购买偏爱的产品，此时只要价差大于成本差，企业会增加盈利；如果档次之间的差价较大，消费者通常购买价格低的产品，此时该产品的获利能力决定了企业的盈利水平。

与产品线差异定价相反，还存在产品线统一定价。即企业为了针对顾客的求廉心理，对其经营的同类商品采用统一的价格，实行薄利多销，如"均价商品"、"10元专柜"等。

【例 9-9】

韦伯—费勒实验

实验 A：假设你所光顾的文具店计算器的价格是 20 元，而有人告诉你其他商店的价格是 15 元。

实验 B：假设你所光顾的文具店计算器的价格是 120 元，而有人告诉你其他商店的价格是 115 元。

实验结果：在 A 实验中大约 68% 的人会换一家商店去购买，B 实验中大约 29% 人会愿意换一家商店去购买。

韦伯—费勒定律：

(1) 消费者对价格变化感受取决于变化的百分比而非绝对值；

(2) 价格上下各有一个界限，将价格调整到价格之外易被注意，在界限之内的调价往往被忽视；

(3) 在价格上限之内一点点提价比一下子提较高价更易被接受；

(4) 一次性将价格下降到下限之下，比多次小幅降价效果要好。

(二) 互补产品定价策略

互补产品是指必须要相互配套才能正常使用的产品。互补产品广泛存在于日常消费中，如剃须刀和刀片、照相机和胶卷、钢笔与墨水等。企业在制定互补产品价格时，一般有如下两种做法：

(1) 为主体产品制定较低的价格，而为辅助产品制定较高的价格。这种定价策略往往适用于主题产品市场竞争激烈，辅助产品市场竞争相对宽松，从而通过辅助产品的利润来弥补主体产品的损失。

(2) 为主体产品制定较高的价格，而为辅助产品制定较低的价格。这种定价策略是为了满足重视售后服务、安装维修的顾客需求。

必须注意的一点是，无论采用哪种定价策略，互补产品的需求影响是相互的，如果任何一种产品价格过高，都会影响另一种产品的需求。

三、折扣定价策略

折扣定价策略是指企业根据目标市场的产品需求与产销实际，对既定产品价格进行适当比例的减让以促进产品销售的一种定价策略。主要有如下几种方法：

（一）数量折扣

数量折扣是企业给那些大量购买某种产品的顾客的一种减价，以鼓励顾客购买更多的产品。一般随着购买商品数量的不同，给予不同的折扣。

数量折扣分为累计数量折扣和非累计数量折扣两种，前者是指规定消费者在一定时期内购买产品的总量达到一定数额时，按总量给予一定的折扣，目的是为了鼓励顾客与企业建立长期、稳定的关系，培养忠诚顾客，主要用于中间商购买；后者是指只按一次购买产品数量的多少给予折扣，目的是为了鼓励顾客大量购买，加速资金周转，主要用于最终消费者或用户。

（二）现金折扣

现金折扣是指企业根据顾客不同的付款方式和付款时间按原产品价格给予一定的价格折扣，目的是为了改善企业的现金流状况，减少呆账并降低信用成本。如某商品成交价100万美元，交易条款注明"2/15，Net30"，表示付款期限是30天，如果在15天付清货款，则可享受2%的折扣。

（三）功能折扣

功能折扣也称贸易折扣或商业折扣，是企业为了补偿中间商在产品分销过程中承担了诸如产品储运、装卸、包装、加工、销售等业务功能而给予中间商的一种额外价格折扣。通常情况下，企业给予批发商的折扣大于给予零售商的折扣。如生产者报价为"2000美元，折扣20%和10%"，则表示给批发商的折扣是20%，产品售价是800美元，而给予零售商的折扣是10%，即卖给零售商的价格为720美元。

（四）季节性折扣

季节性折扣是企业给那些购买过季商品或服务的顾客一定的价格优惠，鼓励消费者反季节消费，使企业的生产和销售在一年四季保持相对稳定。例如，电话公司在电话负荷少的晚上提供一种折扣；滑雪度假胜地、溜冰场等娱乐场所会根据顾客数量的减少，给出较低的价格。

【例9-10】

回扣、佣金与折扣的区别

1. 回扣

回扣是指经营者为了销售或者购买商品，在账外暗中给予交易对象或有关人员财物的行为。

从世界各国角度来看，有的国家禁止回扣，但允许向中间人提供劳务报酬性质

的佣金；有的国家允许回扣，但规定必须以书面形式予以明确。我国反不正当竞争法规定，对于给予和收受回扣的，以行贿和受贿论处。以行贿和受贿论处，是指以商业贿赂论处，而不是直接以贿赂罪论处，当然，其中有一部分是犯罪行为。回扣具有以下特征：①回扣是在账外暗中给予和收受的。②回扣是一定比例的商品价款。③回扣是卖方退给买方单位或者个人的（一般是个人的）。

2. 佣金

佣金指卖方或买方支付给中间商代理买卖或介绍交易的服务酬金，佣金的给付对象只能是中间人。专业的贸易中介公司，在代理业务时，通常由双方签订协议规定代理佣金比率，而对外报价时，佣金率不明示在价格中，这种佣金称为"暗佣"。如果在价格条款中，明确表示佣金多少，称为"明佣"。

3. 折扣

折扣指卖方在原价格的基础上给予买方的一定比例的价格减让。使用折扣方式减让价格，而不直接降低报价，使卖方既保持了商品的价位，又明确表明了给予买方的某种优惠，是一种促销手段，如数量折扣、清仓折扣、新产品的促销折扣等。卖方在开具发票时，应标明折扣，并在总价中将折扣减去。

从世界范围来看，各国基本上都对折扣持许可态度，但往往规定一定比例，如果超出一定比例就可能会产生排挤竞争对手的效果。如德国规定不能超过交易总额的3%，我国未对折扣比例做出规定。

资料来源：麦福全. 中国乡镇企业会计，2004（11）

四、心理定价策略

心理定价策略是指企业在进行定价活动时，根据顾客的购买心理，有意将商品或服务的价格定的高些或低些，用来诱导消费者进行购买而扩大销售量的定价策略。企业产品能够满足消费者某一方面的需求，产品的价值和消费者的心理认知有着很大的关系，这为心理定价提供了基础。主要有以下几种心理定价策略：

（一）声望定价策略

声望定价是指企业利用买方仰慕名牌的心理，给企业产品制定一个大大高于市场其他同类商品的价格。这种定价策略主要适用于名牌产品、高档产品、高级工艺品、礼品、具有鲜明地方特色或民族特色的手工艺品等。消费者购买这些产品，目的在于他们的商标、品牌及其价格能否显示其身份与社会地位，因此，企业针对消费者的产品期望价值，可以制定出远远高于其他同类产品的声望价格。这样既满足了消费者的心理需求又增加了企业营利。

但经常或频繁变动产品的市场售价，会损坏产品的形象。因此，企业对于采用声望定价的产品，市场售价一般不会随着成本的降低而下调，也不会因市场需求的短期变动而频繁调整产品售价。

为了维持产品的声望，企业往往会控制产品的数量。如英国名车劳斯莱斯的价格在所有汽车中雄居榜首，除了其优越的性能、精细的做工外，严格控制质量也是一个重要的因素。在过去的 50 年中，该公司只生产了 15000 辆轿车，美国艾森豪威尔总统因未能拥有一辆金黄色的劳斯莱斯汽车而引为终身憾事。

（二）尾数定价策略

尾数定价又称为零头定价，是企业根据消费者求实、求廉的心理，给产品确定一个以零数结尾的价格，如 98 元、1999 元等。这种定价策略给顾客价格低廉的感觉，还会使顾客觉得产品价格是经过精确计算制定的，使人产生信任感。即顾客会认为单价 9.96 美元比 10 美元价格要精确，而且更便宜。曾有心理学家研究表明，价格的微小差别，能够明显刺激消费者的购买行为。

（三）招徕定价策略

招徕定价是企业对部分商品制定比较低的价格以吸引顾客，从而带动其他正常价格商品的购买，并通过一些产品的高价来弥补低价产品的损失。消费者常常会根据这几种商品的低价产生企业所有商品价格都比较低的感觉，从而产生对该企业其他产品的注意，最终达到扩大销售的目的。

【例 9-11】

该如何度过今生

关于生命意义的解读，纷繁且无序，《人生经济学》一书力图从时间、空间、人与人之间三个角度入手，去拓展智慧的领域。这是一种传统的思维路线，它基于这样的假设：所谓的自我是不存在的，它是各种各样关系的组合，要了然自我存在的意义，只有从关系入手，而理清并把握了自我生命的种种关系，就能收获完整的自我。

在自我的视野中，自我是永远在变动、在完善的。生命的长度，无非是自我丰富的历程，生命的空间，无非是自我所能扩展、所能到达的疆界。

这种思维路线的优点是与国人的心理结构相契合，因为它源于传统文化，与几千年来形成的文化心理一脉相通，易于理解、易于施行。更重要的是，在现代化的困境面前，它能让我们更好地认识当下，放下包袱，获得解脱，不失为简单、有效且直接的法门。

当然，从现代哲学的角度看，这也会带来"自失"的问题，但不"自失"的路，真的成立吗？当我们习惯了用二元视角来看问题时，世界不自觉地在我们眼前分裂了，这种被所思与所在、存在与意义所撕扯的人生，真的能得到救赎？

资料来源：北京晨报，2010-12-24

五、地理定价策略

企业在国际市场上销售产品，由于各目标市场距离原产地远近不同而带来成本费用的差异，所以企业需要对销售到不同地区的产品制定出差异价格。地理定价有以下几种：

（一）FOB 与 CIF

FOB（Free on Board）的意思是原产地定价，按照这种定价，生产企业负责将产品运到某种运输工具（如轮船、火车、汽车、飞机等）上之后，交货即告完成。此后从产地到目的地的一切风险和费用都由买方承担。采用这种定价方法，与企业相临国家的顾客负担的费用小，离企业远的国家的顾客负担的费用大，有可能导致离的远的顾客不愿意购买这个企业的产品，而购买离他们近、运费低的企业的产品，使本企业失去地理位置较远的市场。

CIF（Cost Insurance and Freight）的意思是包括成本、保险费和运费在内的定价。在这种条件下，出口企业要负担运费和保险费。

（二）统一交货定价

统一交货定价和 FOB 原产地定价正好相反。它是企业对于卖给不同地区顾客的产品，都按照相同的出厂价加相同的运费（按平均运费计算）定价，保证企业全球市场上的顾客都能以相同的价格买到同一产品。这种定价有利于价格管理，有助于企业在各国的广告宣传中保持统一的价格，缺点是由于没有区别对待，容易失去距离较近的部分市场。

（三）分区定价

分区定价是指企业把销售市场划分为若干区域，对不同区域的顾客，制定不同的地区价格。一般离得近的区域价格低些，离得远的区域价格高些。这样企业往往会面对下面两个问题：①同一区域内，有的顾客离得近，有的顾客离得远，所以，相同的价格则离得近的顾客不合算。②处于两个相临价格区域附近的顾客，他们虽然相距不远，但要按不同的价格购买同种产品，可能导致中间商随意跨区域销售，不利于企业对区域价格的控制，这要求企业在划分区域时就预先要注意这个问题。

（四）基点定价

基点定价是指企业选取某些地点作为基点，然后按照相同的价格向不同的基点供货，顾客支付的价格差别只源于他们离基点远近运费的不同。采用这种定价方法，减少了顾客购买价格的差异，有利于统一产品的市场价格。

（五）运费免收定价

有些企业为了尽快开拓某个国家的市场，由企业负担全部或部分实际运费。这样做的目的在于，通过产品销量的增加降低产品平均成本，以弥补运费开支。采用该策略有利于企业在国外市场实现快速渗透，在新市场尽快站稳脚跟。

六、价格调整策略

由于国际市场供求关系及竞争状况随时可能发生变动，即使按照前面的定价方法和定价策略把价格确定下来了，但实际情况的变化必然迫使企业要进行价格调整，以应对市场环境的变化。价格调整策略主要包括企业提价策略和降价策略两种，但是提价和降价并不是简单的涨与不涨，它必须遵循必要的流程并产生实质的效果。

（一）提价策略

企业运用提价策略可以增加利润，但会面临失去竞争优势、引起消费者不满甚至会受到政府干预的风险。导致企业提高价格的原因有：

（1）成本上涨。这是企业实施提价策略的主要原因。企业面对原材料价格上涨、生产成本增加、管理费用提高等情况时，企业为了不让利润率大幅度下降只有采取提高价格的方法。

（2）通货膨胀。世界范围内持续的通货膨胀，使企业的成本费用不断提高，压低了企业出口创汇能力。企业为了减少损失，往往通过提高价格的方法把损失转嫁给经销商或消费者。

（3）供不应求。此时企业生产的产品无法满足所有消费者的需要，可通过提高价格的方式来限制部分需求。当然除提高价格的方法外还可以采用限额供应，达到同样的效果。

（4）竞争状况。在国际市场上，当同行业的主导企业提高价格时，为了避免与其产生冲突造成损失，必须考虑跟着提高价格。此外，当企业的产品在顾客的心理上确立了差别优势时，企业可以把价格定得比别人高，但上升的幅度要合适，既要能让顾客接受，又要能维系顾客的忠诚，否则顾客会转移到购买竞争者的产品上。

需要特别注意的是，提高价格有明提和暗提，前面讲到的提高价格主要是明提。由于在国际市场上经营需要更多的运输、保险、税收等各种费用，往往导致产品在国际市场上的最终价格要比国内销售价格高很多的现象，企业要采取措施抑制价格的逐步升级，以提高自身的竞争能力，往往更多的是采用暗提的方法。下面是一些暗提的具体办法：①推迟保价，为了规避不确定性风险，企业采用暂时不规定最后价格，等到产品制成或交货时才规定最后价格。工业建筑和重型设备制造等行业一般采用这种定价策略。②签订短期合同，时间越长风险越大。③减少价格折扣，削减正常的现金折扣和数量折扣，限制销售人员以低于价目表的价格来签订合同。④降低产品质量或减少产品的功能或服务，这种方法最好谨慎使用，因为该方法在短期内可能有效，但长期使用会影响企业的形象和声誉，降低顾客的忠诚度。⑤减少产品的数量或份额，也叫改变产品的形式，与上面第四种方法一样要谨慎使用。⑥缩短分销渠道，减少交易次数，从而减少一部分中间费用。

【例9-12】

市场又刮涨价风，明年家电难言涨

家电产品用钢的销量、出厂价格正在逐渐走高，市场再刮产品涨价风。

武钢集团研究院信息所主任魏建新告诉记者，由于钢材销售势头良好，武钢已经上调了12月份钢材出厂价格，12月份家电用钢每吨普涨300元左右，结束了此前连续2个月下调出厂价的势头。

原材料上涨已成定局。魏建新认为，明年家电用钢的销量仍然会处在上行通道中，因此，家电用钢的价格至少在明年上半年仍会处于涨势。

家电企业难言涨价。面对原材料上涨，家电生产厂家却表现得异常冷静。国内如长虹、海信、科龙等家电厂家明确表示不会涨价。对此，一位家电企业营销总监透露，与往年比，许多企业在降价手段上进行了调整，在国家补贴的基础上企业也给予相应补贴，并非直接降价。而家电下乡、以旧换新等政策实施，也让许多家电企业失去了涨价的念头。中国家电协会副秘书长徐东生在"第七届中国钢铁产业链战略发展与投资峰会"上向记者表示，家电下乡执行过程中，2009年1~9月共销售9大类产品2083万台，销售额388亿元。对于明年的家电下乡政策，徐东生表示，可能会取消最高限价，同时扩大招标型号，将补贴对象扩展到农场、林场的职工，家电企业将从中继续受益。

家电产品两极分化。记者注意到，眼下，家电企业一方面为了继续刺激国内市场销售，不轻易将原材料上涨的压力直接体现到市场层面，通过内部成本控制来化解；另一方面却又在积极推动高端新品的上市发布。从今年9月份开始，美的、海尔、海信、TCL、小天鹅等家电企业陆续发力高端市场。在电视机市场上，LED液晶新品、互联网电视等新品层出不穷，海信、TCL 分别推出了 2010 年度的电视机新品。而在冰箱和洗衣机市场上，豪华多开门冰箱、变频洗衣机等新品也层出不穷，海信发布高端冰箱战略，海尔则推出了 S-e 复合平衡环技术的洗衣机新品。同样，美的、格力围绕高端变频空调的博弈，围绕 4~6 超低赫兹技术展开。

此外，近年来，海尔、长虹、美的等家电巨头一直在实施战略转型，从制造向创新环节的过程中，而面向城市为中心的高端市场抢夺是关键一环。抢占高端市场，不仅可以提升企业对于新技术产品的开发力度，还可以提升应对原材料价格上涨的能力。

行业观察家指出，对于国内家电企业而言，既要抓住国家政策积极推动在农村市场上拓展，又要充分把握城市等市场对于新技术产品的需求。实际上就是对企业的产品和市场布局提出了新的要求，农村与城市、规模与利润要同时抓。

资料来源：商务部网，2009-11-27

（二）降价策略

在经济全球化的推动下，市场竞争已经从国内竞争扩展到国际竞争，企业面临的营销环境越来越复杂。企业不仅需要根据环境的变化提高价格，有时也需要降低价格，以适应市场变化或竞争的需要。影响降价的因素主要有：

（1）企业生产能力过剩，产品积压。当采用改进产品、增加促销手段等都无法增加销售量时，就会考虑采用降价的办法来打开销路。

（2）国际市场竞争激烈时，企业为了扩大市场份额、提高市场占有率，也会考虑到降低价格。

（3）成本优势。当企业进入国际市场的成本费用比竞争者低时，一般会通过降低价格来扩大市场或提高市场占有率，从而扩大生产和销售量来排挤竞争对手。

（4）减少库存压力，促进产品更新换代，企业往往也会采用降低价格的策略。

与提高价格一样，降低价格也存在明降和暗降两种，上面讲到的方法主要是明降。暗降的方法主要有折扣、赠送顾客优惠券、允许顾客分期付款、给中间商提起佣金等形式。

【例 9-13】

通用汽车在北美大幅降价，覆盖高达 80％ 的车型

据《洛杉矶时报》10 日报道，通用汽车公司当天宣布将一些车型的标价下调2500 美元。此举旨在结束成本昂贵并时常引发混乱的折扣及促销计划。

通用此次宣布的降价范围包括了该公司近 80% 的车型，此次降价的原因可能是要改善通用汽车公司在本国的销量，在 2005 年该公司在美国本土的销量下降了 5%，尽管它从 2005 年夏天开始将只有自己雇员享受的内部买车折扣向全社会推广。

通用汽车公司表示，雪佛兰、别克、GMC 系列全体车型以及绝大多数庞蒂亚克（Pontiac）型汽车及卡车的零售价都将下调，这样可以使顾客更容易在销售点进行比较、挑选，特别是那些习惯于用互联网购物的顾客将会更加方便。而通用汽车公司也就不那么需要推行促销折扣和奖励。

通用汽车公司北美销售总监马克·拉内韦说："此次降价对我们来说是很大的一次变动，在通用汽车公司的历史上也是价格变动最大的一次。我们此举满足了顾客期盼更简单、更具吸引力的价格的愿望。"

通用汽车公司在一些 2006 年的新款汽车上试用了这种降价策略，结果表明它确实刺激了雪佛兰 Impala 和 HHR，以及庞蒂亚克 Solstice、凯迪拉克 DTS 的销量。

通用汽车公司以及底特律的其他汽车厂商曾使用一次付款折扣、促销、回扣等手段推动汽车的销量。但有分析家指出这种做法只会导致暂时的收入增加，并将逐步蚕食企业的利润。

拉内韦承认，此次降价的另一原因是吸引那些约占总数 2/3 的新车购买者，他们通过互联网对汽车价格进行比较。

资料来源：吴俊.商务部网，2006-01-11

第四节　国际企业定价策略

跨国公司国外定价应考虑的关键因素与影响国内定价的因素基本相同，正如本章前文所述，主要包括公司的总体目标、成本、竞争、需求和政府规定等。但是，在国际市场上，在最终价格决策前还必须考虑其他一些因素：①为防止国内经销商与海外分公司竞争，世界各地的价格应该保持相对一致（如某欧洲公司在欧洲生产销售的产品与其在美国生产销售的产品相同，这样，欧洲的消费者就没有理由喜欢某个地方的产品而不喜欢另一个地方的产品，除非两地存在很大的价差）。②国外市场的商业伦理与国内市场不同（如医药企业在发展中国家应以更低的价格销售）。③价格细分（差别价格）在国外市场变得越来越重要（如撒哈拉地区的环境恶劣，气温极高，那里的游牧者尽管很穷，但仍需要昂贵的服装。事实上，昂贵产品在世界的任何地方总存在较小的市场）。④各国商人对收益的偏好不同（美国商人喜欢短期收益最大化，如果在国外市场追求长期收益最大化，此时的定价会使投资回报率要经历若干年后才能达到满意水平）。下面介绍一下企业在国际市场上通常采用的一些定价策略。

一、统一、多元与协调定价策略

（一）统一定价策略

统一定价也叫本国中心定价，是指跨国公司对同一产品以本国为导向在国际市场上采用同一价格的策略。这里的同一价格是指同一产品在不同国家经过汇率折算后表现为相同的价格，而不是数字上相同。如某跨国公司在美国生产的产品出厂价为每件一美元，在德国和日本子公司生产同一产品的出厂价是一美元汇价相等的马克和日元。

该策略的优点是简单易行，跨国公司不需要调查掌握市场竞争等信息，有利于跨国公司及其产品在国际市场上保持统一的形象，为公司总部对整个国际营销活动的控制带来方便。该策略的缺点是国际市场中汇率是经常波动的，要确立真正的同一价格非常困难；此外因各国的税负、税种、税制、中间商的毛利水平等不同，使最终价格产生实质性差异；另外各国的生产成本、需求水平、竞争程度等均不相同，统一价格导致该产品在不同的国家面临不同的处境，有的失去获取最大利润的机会，有的则缺乏竞争力。所以说，跨国公司较少采用该定价策略，如微软公司以前曾经很长时间内对其生产的软件在全球实行统一的价格，现在也根据不同国家的情况实行不同的价格。

（二）多元定价策略

多元定价也叫多中心定价，是指跨国公司允许其国外的子公司对同一产品以东道国为导向制定不同的价格策略。采用这一策略时，跨国公司对国外子公司的定价不加以干涉，不提出硬性要求，子公司完全可以根据当地当时的市场情况自行做出价格决策，可充分兼顾各子公司的利益。

除独资方式外，跨国公司拥有各子公司的股权可多可少，母公司与子公司、子公司与子公司之间的利益不可能完全一致，各子公司自主定价，能按预定的目标实现自己应得的利益。

该定价策略的优点是体现了各国市场实际存在的差异性，充分考虑了各国生产成本、竞争、供求、税收等影响定价的因素，有利于实现利润最大化。该策略的致命缺陷是可能导致平行输入。例如，英国潘多拉特别产品公司在本国市场以较低的价格销售产品，而其美国子公司同一产品则以高价出售，结果英国中间商把产品运销美国市场，即使扣除运费、税收和中间商毛利，美国零售商从英国进口潘多拉产品，仍可低于美国子公司15%~20%的价格进行销售。这种跨国公司内部的价格竞争，不但给相关的子公司带来了营销困难，也损害了跨国公司的整体利益。

（三）协调定价策略

协调定价也叫全球中心定价，是指跨国公司对同一产品以世界为导向，既不采用同一价格，也不完全放手让各子公司独立定价，而是根据跨国公司的价格政策协调各子公司的定价行为。这样既克服了统一定价和多元定价的缺点，又充分利用了它们的优点，是创造型定价。

这一策略允许多个子公司根据当地生产成本、收入水平、竞争状况和营销目标等进行灵活定价，以提高产品在当地市场的竞争能力。但对各子公司之间的价格竞争必须进行管理，如划定商圈范围、统一控制分销渠道的政策、适当调整可能发生平行输入的子公司的定价方法等。有时要求某些子公司贯彻公司总部的政策，如在某国实行低价渗透，以便开拓和长期占有该国市场，而在另一些国家实行高价销售，只图在短期内占有该国市场，当该国这一产业成熟后及时降低价格或撤出市场。显然，跨国公司采用这一策略会增大管理的难度，并需要花费较大的精力。

上面介绍的三种定价策略同样适用于出口生产企业，区别仅在于：出口生产企业把国内生产的产品分销到各国市场，国内外销售产品的出厂价相同就是统一定价，不同就是多元定价；跨国公司则分别在东道国生产产品，产品在东道国销售或运销到其他国家时采用上述三种定价策略。

二、国际企业的转移定价

（一）转移定价的内含

转移价格又称划拨价格，指跨国公司根据其全球战略目标，在母公司与子公司、子公司与子公司之间相互约定的出口和采购商品、劳务和技术时所采用的内部交易价格。这种价格不受国际市场供求关系的影响，是跨国公司借以获取最大限度利润的一种手段，是一种人为的内部转账价格。

（二）转移价格的产生

转移价格的出现是跨国公司经营的必然产物。随着跨国公司经营业务的快速发展与规模的不断扩大，其内部贸易在世界贸易中的比重越来越大，据估计，现在国际贸易中有 1/3 属于跨国公司内部贸易。大规模的内部贸易，包括经常性的资金、技术、商品和劳务等要素的流动，必然需要相应的价格作为核算依据，由此产生了跨国公司内部的转移价格。在跨国公司几乎触及全球各个角落的今天，转移价格更日益受到母国与东道国的关注和重视，转移价格已成为跨国公司经营中的重要商业武器。

（三）转移定价的方法与运用

外商投资企业在制定转移价格时，要涉及跨国企业的根本利益和两个以上国家或地区的利益关系，因此，一般都会根据不同的环境、运用转移价格的目的来采取不同的方法定价。总结其定价方法，无外乎两种类型：以内在成本为基础的转移价格和以外部市场价格为基础的转移价格。表9-1是对这两种方法的优、缺点进行总结。

表 9-1　转移价格的制定方法及优缺点一览表

定价方法	具体形式	优点	缺点
内部实际成本基础	实际成本×100% 实际成本 + a%×利润 边际成本 + 必要费用	数据现成 使用简单 易成常规	不利于促进利润转让 企业的成本控制 成本内容可能存在分歧
外部市场价格基础	市场价格 − a%×毛利 协商价格	有效使用资源 有利于评价子公司业绩 不存在中间市场 易得到政府认同战略需求	内部转让的产品或劳务 难以满足企业竞争

具体运用在实际当中主要有下面几种情况：

（1）当产品由 A 国转到 B 国，如 B 国采用从价税且关税高，则采用较低的转移价格，以减少应纳的关税。

（2）当某国所得税较高时，进入该国的产品价格定高，转出该国的产品价格定低，即高进低出，以便少缴所得税。

（3）当某国出现高通胀时，也采用高进低出的转移价格，避免资金在该国大量沉淀。

（4）在外汇管制比较严的国家，也采用高进低出，这样既可避免利润汇出的麻烦，又可少缴所得税。

（四）转移价格的作用

转移价格是跨国公司实行全球利益最大化的重要调节机制，其作用主要表现在如下几个方面：

1. 调拨资金

实行全球战略经营的跨国公司需要利用众多的资金市场，从整个公司体系内部各单位统筹资金额度，并希望尽快收回投资，但许多国家或地区在此方面有很多限制。为了规避管制，跨国公司常常利用转移价格进行资金转移。常见做法有：

（1）把资本从低利率国家转移到高利率国家。

（2）利用对子公司高价售货或低价购买，从子公司抽回资本。

（3）让各子公司对母公司的各项生产、管理、科研等支付高额费用等。

2. 减少税负

通过转移定价，跨国公司可以设法降低在高税率国家的纳税基数，增加在低税率国家的纳税基数，从而减少跨国公司的整体税负。如上面定价方法中所述，主要体现在所得税和关税两个方面。

从所得税方面来讲，各国税率相差很悬殊。世界上有一些以低税率闻名的"避税天堂"，如巴拿马、列支敦士登、巴林、摩纳哥、汤加、巴哈马群岛等。世界上许多大型跨国公司在这些国家和地区设立了子公司。当国外子公司之间进行贸易时，跨国公司先将货物以低价出售给"避税地"的子公司，再由该公司以高价转售给其他子公司，而实际货物并没有经过"避税地"的子公司，只是通过转移价格的形式在公司之间进行转账，便可达到减少税负的目的。

从关税方面来讲，跨国公司同样可利用转移定价减少税负。不过，只有在征收从价税和混合税条件下转移价格才具备这样的功能。当国外子公司出售产品给关联企业时，可以采用偏低的价格发货，从而减少公司的纳税基数和纳税额。

需要注意的是，减少关税和所得税有时是互相矛盾的。例如，如果进口国所得税率比出口国高，企业需要提高价格以减少所得税，但这样做又会增加关税税额。这时，公司需要从全局的角度出发，根据各种税率进行计算、比较和分析，最后制定出使公司整体利益最大化的转移价格。

3. 攫取利润

许多跨国公司在国外的子公司都是与当地企业共同投资兴建的合资企业。跨国公司可以运用转移定价将利润转移出去，损害合作伙伴的利益。例如，某跨国公司握有 60% 股份的合资企业当年本应该盈利 100 万美元，但由于跨国公司已将利润转移给其国外其他子公司，则该企业当年盈利为零。这样，跨国公司独占了 100 万美元的利润，也就是说将本属于合作伙伴的 40 万美元据为己有。

4. 规避风险

跨国公司的全球经营面临诸多风险，如政治风险、经济风险、价格管制风险、通货膨胀风险等。为了规避这些风险，跨国公司可以利用转移定价将资金转移出去，使其可能遭受的损失降低到最低的限度。具体做法有：

（1）汇率风险。跨国公司一般采取货币转换、延付的方法来应对，但利用转移价格可以加强这种方法的有效程度，使风险进一步降低。

（2）政治风险。跨国公司最大的担心在于子公司会被没收或国有化。此时，跨国公司可将易被没收的物资以低价转移到国外，或以高价购买其他子公司的物品，以达到资金转移出东道国的目的。

（3）价格管制风险。当跨国公司面临东道国的"倾销"怀疑或指控时，公司可尽量降低原材料、零部件等供应品价格，以得到东道国的认同；相反，如果东道国认为跨国公司的产品或服务价格过高、利润过多时，则应该尽量提高供应品的价格。这样才能有效规避东道国的价格限制与监督。

5. 提高竞争能力

当跨国公司为了进一步开拓国际市场、在国外新建子公司或原有子公司面临激烈的竞争时，往往会凭借整个公司体系的资金、资源等实力，利用转移"低价"，向新建子公司供应价格低廉的原材料、零配件等，降低子公司的生产成本，使其能以低价击败竞争对手，达到争夺并抢占市场的目的。

（五）转移定价的确定和限制

转移定价一般是根据公司总体目标来最后确定的。如增加公司的利润；便于对整个公司实施控制，保证总战略的贯彻执行；使各公司成员单位的经营实绩在公司总利润中得到合理的体现，以维护他们的积极性。

对转移定价的限制主要来自两个方面：

（1）来自跨国公司内部。高低价格的利用，虽然能使公司整体利益达到最优化，但它以转移部分子公司的经营业绩为前提，在跨国公司管理实行高度分权的模式下，有些转移定价的政策会受到一些子公司的抵制。在国外的合资企业中，由于东道国的企业存在，分摊了一部分决策权利，通过转移定价以实现公司整体利益最优化更难办到。为了解决公司集中管理与分散经营相对独立的矛盾，大型跨国公司往往通过设置结算中心来进行统一协调。

（2）来自东道国政府。各国政府都很重视外国公司通过转移定价来逃税，因而通过税收、审计、海关等部门检查、监督，并在政策法规上采取一系列的措施，以消除通过转移定价来逃税的现象。目前国际上普遍采用的是"比较定价"原则，也称"一臂长"定价原则，即将同一行业中某项产品一系列的交易价格、利润率进行比较，如果发现某一跨国公司子公司的进口货价过高，不能达到该行业的平均利润率，东道国税务部门可以要求按"正常价格"进行营业补税。此外，很多国家政府还通过调整征税方法，建立严格的审计制度，加强海关的监督管理措施，防止或限制跨国公司对转移定价的滥用。

三、倾销

倾销是指一国（地区）的生产商或出口商以低于其国内市场价格或低于成本加上合理销售成本和利润的价格将其商品抛售到另一国（地区）市场的行为。对倾销的调查和确定，由对外贸易经济合作部负责。严格地讲，这是一种通过价格差异化的策略实现特定商业目的的行为。如果在两个不同的市场以两种不同的合理价格销售某一产品，通常是没有问题的。但是，在国际市场环境下，如果有意运用这种策略损害当地的企业，这就会引起东道国利益代表——政府的强烈关注。因此，很多国家都制定了明文的反倾销法。我国于2002年1月1日实施了新的《中华人民共和国反倾销条例》，1997年3月25日国务院发布的《中华人民共和国反倾销和反补贴条例》中关于反倾销的规定同时废止。从表9-2中可以看到我国在世界上是遭受极为严重的反倾销国家之一。在世界反倾销调查数不断减少的情况下，中国遭受的反倾销调查却在不断增加，所占比例更是年年增长！

到 2007 年，我国所受反倾销调查已经占到世界反倾销调查数的 1/3 以上了。

表 9-2　2001~2008 年世界及我国遭受反倾销调查情况对比

年份	世界反倾销调查数	中国遭到的反倾销调查数	占世界比重（%）
2001	366	54	14.8
2002	312	51	16.3
2003	232	52	22.4
2004	214	49	22.9
2005	200	55	27.5
2006	202	71	35.1
2007	164	66	37.2
2008（上半年）	85	37	43.5
合计	1775	435	24.5

资料来源：WTOAD Initiations：By Exporting Country From01/01/95To：30/06/08

（一）倾销的特征

1. 倾销是一种低价销售产品的措施

倾销是由出口商根据不同的市场特征、现状、供求形态及竞争目的而自行压低其产品在另一国市场上销售价格的措施。倾销的这种低价销售的行为没有遵循市场正常供求关系和基本价格规律，倾销产品的价格也不能客观地反映其经济价值。

2. 倾销是指国际贸易中的低价销售

从倾销的定义和性质可以看出，倾销仅指发生在一国（出口国）与另一国（进口国）贸易中的价格歧视，因而，一国国内贸易中的低价销售不属于这里所说的"倾销"，也就不是反倾销法律规范的对象。

3. 倾销的目的和动机具有多样性

倾销是一种可以造成某一国或地区产业损害的不正当的竞争行为。其目的或是为了销售过剩产品，或是为了维持生产规模，或是为了赚取外汇，但通常是为了排挤乃至挤垮他国相同或类似产品的生产者，以实现垄断市场、提高价格、获取超额垄断利润。

4. 倾销是一种不公平贸易行为

倾销是通过不正当的贸易手段在激烈的国际贸易竞争中获取优势，并损害进口国的利益。它不仅会影响进口国的经济发展，而且也扰乱了国际正常竞争秩序。

（二）倾销的类型

按照倾销持续的时间和实施的程度，可以把倾销分为如下几种类型：

（1）零星倾销。是指某一商品的生产商为防止商品的大量积压危及国内的价格结构，既要考虑保护其国内的竞争地位，又要避免发起可能伤害国内市场的价格战，而在短期内向海外市场大量地低价抛售该商品。

（2）掠夺倾销。企业实行亏本销售，旨在进入某个外国市场，主要是为了排斥国外竞争者。这种倾销持续时间较长，一旦企业在市场上的地位确立，该企业便依据其垄断地位而提价。

（3）持久倾销，又称长期倾销。是指某一商品的生产商一方面为了实现规模经济效益而大规模地进行生产；另一方面为了维持国内价格结构而将其中一部分商品长期低价向海外市场销售。其适用条件是，各个市场的营销成本和需求特点各有不同。

（4）逆向倾销。是指母公司从海外子公司输入廉价产品，以低于国内市场价格销售海外产品而被控告在国内市场倾销，这种情况在国际市场营销实践中时有发生。

（三）反倾销的应对措施

反倾销属于一种保护本国企业的条款。世界贸易组织认为如果倾销对进口国造成了实质的损伤和威胁，那就不允许了。所以反倾销就有了保护本国企业的色彩。或者说很多国家是"打着反倾销之旗，行保护之实"。

WTO 反倾销协议规定，进口产品以低于正常价值的价格进入另一国，则该产品被视为倾销。有三种方式参照、判断价格是否低于正常价值：①该产品在本国的销售价格。②向其他国出口价格。③成本核算。一般优先①②作为判断依据。倾销的目的是抢占份额，打败竞争对手，从而再获垄断利润。产品在进口国家的价格低于本国价格的差数，称为倾销幅度。WTO 规定，当进口产品的倾销幅度不足 2%，或某国产品的进口量不到全部进口量的 3%时，不得提起反倾销要求。只有当外国产品进口对本国企业造成实质损害时，才能提起反倾销要求。

国外许多跨国公司都曾经进行过倾销。通常的做法是：

（1）设法使出口产品从表面上与在国内市场销售的产品存在区别，即实质上是同一产品，但通过促销宣传，使之差异化，在国内市场上也没有相应产品作价格比较的基础，从而使倾销行为被掩盖。这种对策不可取。

（2）采取多种进入国际市场的模式，通过在目标市场国家投资建厂，向当地企业发放许可证进行生产等方式，可以降低成本及低价销售。这是一种积极的对策。

应对反倾销的方法是：①加强了解各国相关方面的法律法规。②努力提高产品的档次和形象，改善出口产品的结构。

【例 9–14】

中国频遭反倾销调查

2010 年，全球贸易救济数量大幅度下降。根据公开数据显示，仅上半年世界贸易组织（WTO）成员在全球范围内发起反倾销调查 69 起，反补贴调查 5 起，分别较

2009 年同期下降了 29% 和 44%。然而进入下半年，指向中国的各项贸易救济调查却呈现出更为严厉的趋势。商务部产业损害调查局的一份研究报告则显示，当前中国遭受的贸易摩擦从绝对数量上有所减少，但从相对数量上仍呈增加态势，出口贸易环境不容乐观。

2010 年 9 月 16 日，欧盟委会应比利时 Option 公司申请对中国产数据卡产品几乎同时发起反补贴、反倾销以及保障措施调查，开创了欧盟对同一产品同时发起三项调查的先例。尽管随后 Option 撤销了指控，但这一涉案金额高达 41 亿美元的贸易救济调查不仅是迄今中国遭遇涉案金额最大的贸易救济调查，而且其产品属于高科技产品，涉及华为、中兴等高科技企业，因此被业内人士视为贸易救济调查从传统的劳动密集型领域向技术密集型转变的重要风向标。

"近年来，来自美国和欧盟发起贸易救济调查的产品正在逐渐从纺织化工等行业深入到能源、电子信息技术等行业，相应地其采取的手段中反补贴的使用频率也在加大，这在今年成为贸易救济调查一个突出的特点，并将对中国企业未来贸易环境产生重要影响"。对外经济贸易大学世界贸易组织研究院副院长屠新泉表示。

来自《全球贸易摩擦研究报告（2010）》的数据有力佐证了这一观点。53% 以上的反倾销调查涉及化工、轻工和纺织产品；50% 以上的反补贴调查涉及冶金、化工和机械产品。其中，美国对中国启动该项调查的数量占同期全球总数的 62.2%，位居各国之首。

资料来源：中国经营网，2011-01-01

四、定价的特殊工具——租赁与反向贸易

在国际贸易中，通常把租赁与反向贸易看作是一种贸易方式，而在国际营销中，还可以把它们视为特殊的定价工具。这是因为，一般情况下商品价格以现金形式来表现，而租赁是以租金的形式来表现，反向贸易则主要以一定量的其他商品的形式来表现价格。每位国际营销者都必须随时准备采用租赁与反向贸易这样的定价工具，它常常会给国际企业带来竞争优势。营销者必须了解哪些市场可能需要采用租赁与反向贸易，并评估这一因素及其他市场因素将增强企业的竞争地位。

（一）租赁的价格控制

（1）确定租金。租金即租赁价格，它以租赁交易所需要的各项成本为基础，其中一部分包括：租赁设备的原价和利润；出租人向金融机构筹措资金所需要支付的利息；租赁过程所需要的各种手续费；根据租赁合同出租人所需负责的各种税款、保险、运费、

保养、维修、人员培训、专利、专有技术等方面的费用。

（2）确定租金支付办法与期限。租金一般是分期支付的，关键在于收回全部租金的期限。一般会设限于租赁设备使用寿命的某一时期，这样也可能存在风险，因为设备的使用频率与使用条件会影响其使用寿命，为此期限不宜太长。

（3）意料可能产生的风险。设备租赁比设备销售更具风险性。承租设备的多为经济比较落后的国家，这些国家容易发生通货膨胀、汇率下降，加上租赁期不可能是一段很短的时间，因此这些风险有时是很难避免的，在做出租赁决策时必须考虑这些风险因素，以便尽量减少损失。

（4）注意租赁合同条款。租赁合同条款要明确出租人与承租人各自的责任权利，以便借助有关法律解决纠纷。例如，美国 TAW 公司曾与赞比亚政府签订租赁合同，并按照用户要求设计制造了适用于低级道路的 330 台拖拉机和 400 台拖车，但赞比亚政府却突然中止合同责任条款，则可避免或减少这一损失。

（二）反向贸易及其价格控制

1. 反向贸易类型

（1）易货贸易。指交易双方直接互换货物。交易中不使用现金，往往也不需要第三方的参与。可用来降低国家外债，并节省外汇储备。

（2）补偿贸易。指一部分用实物、一部分用现金来支付的贸易。

（3）反向购买。卖方以某种确定的价格将某种产品出售给买方，买方以现金支付货款，是反向贸易中最常用的一种形式。不过这种贸易涉及两份合同，第一份合同以第二份合同为条件，第二份合同规定，原卖方必须向买方购买价值相当于第一份合同总金额之全部或一定百分比的货物。

（4）产品回购协议。当卖方销售的产品或服务能生产出其他的商品或服务时，便可能采用这种方式。通常分为两种情况：①卖方同意买方以产出的一部分来偿还。②买方付清全部货款，但同意以后回购一部分产出。

2. 反向贸易价格控制

站在卖方的角度上，不管采用何种反向贸易的方式，它所关心的是从对方取得的商品价格实现与价格控制等一系列问题，为此必须解决以下几个具体问题：①交换所得的商品是否有市场，能否在本国市场或通过第三国的中间商转手销售。②交换取得的商品销售额能否涵盖自己的商品成本与期望收益，即必须考虑到这些商品的定价、质量等问题，因为反向贸易是建立在等价互利基础上的交换活动。③购回的产品是否与自己生产的产品发生竞争，如存在竞争，则必须考虑开拓新的市场来打开产品的销路。

【阅读材料】

欧盟对英特尔开出反垄断史上惊天罚单

1. 欧盟对英特尔开出惊天罚单

英特尔每年总能赚到大笔钱，但它破起财来也很惊人。如果不出意外，其2009年财报将新添一项重大蚀损内容。

昨天（2009年5月13日），欧盟委员会宣布，由于英特尔利用垄断地位阻挠AMD参与竞争，违反了欧盟竞争法律，因此，将对其处以高达10.6亿欧元（约合14.5亿美元）罚款。这是全球迄今为止反垄断案所涉金额最大一例。这一数据超过了英特尔2009年第一季度净利润的2倍之多。危机时期，它的日子原本就不好过。

英特尔总裁兼CEO欧德宁显然大动肝火。在英特尔官方发给CBN记者的声明中，他说，英特尔"强烈反对这一决定"，相信它是错误的，并将提起诉讼。

2. 14.5亿美元罚款

欧盟委员会的理由由来已久。即英特尔向宏碁、戴尔、惠普、联想等PC厂家提供折扣，要求它们购买自己的处理器，并向它们付费以推迟或取消推出AMD的产品。否则，英特尔将在供货上卡它们的"脖子"。

比如，联想和戴尔的全系列笔记本，都曾被要求使用英特尔处理器；NEC则只能在20%的台式机和笔记本中使用AMD的产品；而在惠普的商用PC中，这个比例竟被压缩到5%以下。而在散装处理器渠道方面，英特尔也有自己的"血酬定律"，即依靠返点拉拢渠道商，瓦解对手的合作阵营，从而培养了大批渠道寄生虫。

过去多年，每当PC品牌与AMD达成合作时，总会有英特尔强硬的声音出台。戴尔2006年只是在网上卖了一下AMD处理器，不久便传出返点可能取消的消息。

一个月前欧盟委员会便放风说，或将重罚英特尔。根据当地法律，欧盟委员会最高可处以违法企业全球年营业额的10%。

事实上，早在2005年，欧盟反垄断机构便突击搜查了英特尔驻欧一处办公室。2007年，对它正式提起了指控。此外，英特尔在日、韩等地也有类似遭遇。

此前，欧洲经济与财务顾问公司ERSGroup曾发布报告说，1996~2006年，借助垄断，英特尔从CPU销售中获得600多亿美元利益。不过，当时英特尔回击说，该公司受雇于AMD进行调查，结论难以令人信服。

3. 巨头或被迫改变

声明中，欧德宁的口气之强硬确实非常罕见。

他说，这一决定"无视微处理器市场中竞争异常激烈的实际情况"，比如技术持续创新、产品性能不断提升、价格不断下降的事实。而这没有损害消费者的利益。

但是它可能损害了 AMD 的利益。在全球范围，接近 100% 的主流 PC，都由这两家企业玩着"二人转"。

欧德宁不认同这一说法。"在一个只有两家主要供应商的充分竞争市场中，其结果自然是此消彼长"。他说，欧盟忽视、拒绝了相反的证据。

有些温和地表示，仍将与欧盟委员会保持合作，以确保我们遵守其决定。并继续为欧洲和世界其他地方提供性能最好、价格更低的处理器。

但是，如果接受罚款，将等于默认垄断事实。这可能扭转英特尔的商业模式，震动业界，就像当年微软遭遇分拆危机一样。

英特尔的商业模式与垄断之间是一个悖论。尤其体现在处理器营销上，平台化战略执行后，它将众多芯片打包进一个方案，从而影响着下游渠道。而延续近 20 年的"Intel Inside"计划，更是借助广告补贴拉拢了大量合作伙伴，从而将财力弱小的 AMD 逼入墙角。

而就技术演进而言，英特尔的平台化策略却带动了全球芯片设计进一步走向集中。如果欧盟得手，英特尔的营销策略势必将被迫改变，从而影响其商业模式。

不过有人说，这是欧洲的偏见，它是全球反垄断动作最多的区域。前美国商务委员会主席皮托夫斯基公开表示，科技创新确实很轻易地让某些企业独占市场，但条条框框太多，也会使科技创新面临窒息。

英特尔声称它会反击。但是，它已在全球落下垄断印象，欧洲之外的市场可能将效法，以同样手段对付它。

资料来源：王如晨. 第一财经日报，2009-05-14

【本章小结】

（1）国际市场定价的影响因素包括成本、市场需求、市场竞争、政府和法律的各种限制条款。

（2）国际企业定价目标是指企业通过定价策略所要达到的目的。跨国企业在从事国际营销活动中，会根据国际市场的具体情况与企业实际选择不同的定价目标，从而影响企业国际营销产品的定价。

（3）国际市场定价的方法包括成本导向定价法、需求导向定价法、竞争导向定价法。

（4）新产品定价策略是新产品刚问世，消费者对产品不熟悉，企业定价的自由度比较大，可以采用撇脂定价策略（高价格）或渗透定价策略（低价格）进入国际市场。

（5）产品组合定价策略包括产品线定价策略、互补产品定价策略、折扣定价策略、心理定价策略、地理定价策略、价格调整策略等。

【思考题】

1. 影响国际市场产品定价的主要因素有哪些？

2. 国际市场定价的主要目标有哪些？

3. 比较国际市场定价的各种方法。

4. 企业应如何应用各种产品定价策略进行国际市场竞争？

5. 影响企业提价和降价的因素主要有哪些？

6. 国际企业定价策略主要有哪些？

7. 企业如何正确应用转移价格策略？

8. 反倾销的应对措施有哪些？

9. 如何对租赁和反向贸易的价格进行控制？

【案例分析】

洋奶粉合谋中国定价权

近日，惠氏、雅培等外资奶粉继2008年3~4月集体涨价之后，又一阵涨价风席卷中国市场，国产奶粉在与外资的对抗中处于下风。在业内人士看来，外资奶粉集体涨价的背后，实际上显示出了外资奶粉企业在中国婴幼儿奶粉市场越来越强的定价权。

记者在走访多家超市时发现，惠氏奶粉900克金装幼儿乐奶粉涨幅最高，从原来的159元涨至175元，涨幅超过10%，其他阶段奶粉涨幅在7%~10%，而其他外资奶粉也伺机跟进。一位雅培奶粉的促销员透露："接到雅培的涨价通知一周后价格就开始上调。"

据了解，2008年3~4月，由于原料成本上涨等原因，雀巢、惠氏、多美滋、美赞臣等洋奶粉的批发零售价均上涨，涨幅为5%~30%。近期为何再次涨价？惠氏方面回应，因为之前在中国销售的奶粉都是在新加坡生产的，但现在供不应求，必须将一部分生产基地转移到欧洲和澳洲，这样一来，成本增加，不得不提价。

对此说法，资深业内专家王丁棉表示质疑，"奶粉的价格主要依据原材料成本定价，现在的情况是进口的原料奶粉的价格已经下降了一半以上，而乳精粉、营养素、包装材料的价格也在下滑，奶粉的这种涨价完全是商家的利益驱使"。

记者了解到，今年以来进口奶粉原料价格一路下跌。来自广东海关的数据显示，2009年1月广东省进口奶粉4060吨，比2008年同期大幅增长1.7倍，进口均价为3.2美元/千克，约合2.1万元/吨，比2008年7月最高峰的4万元/吨回落了50%。其后的数据也显示，奶粉进口价格今年以来一直在2万元/吨左右，并在逐步下降。

"实际上，外资奶粉玩的就是一场心理战，成本只是一个借口，在消费者对国产奶粉信心不足的情况下，如何扩大市场份额并增加利润是目前最重要的事情"。业内人士分析，外资奶粉集体涨价的背后，实际上显示出了外资奶粉企业在中国婴幼儿奶粉市场越来越强的定价权。目前，外资奶粉在中国高端奶粉市场的份额已达到80%以上，处于绝对垄断地位。国家统计局公布的数据显示，婴幼儿乳制品进口还在继续呈现增长，其中2009年5月婴幼儿包装食品进口量0.42万吨，同比增长21.6%；1~5月，婴儿食品累计进口2.14万吨，同比增长43%。

王丁棉说："在三鹿事件之后，国产奶粉在与外资的对抗中处于绝对下风，而且几乎被外资吃掉了大部分的市场份额，日子艰难。"曾经占中低端市场25%市场份额的"三鹿"忽然间倒下，其中巨大的市场空间也自然需要有人来填补。消费者对国产奶粉信心不足，在这种情况下，外资奶粉进一步延伸产业链是自然的。

据了解，"雅培"2009年3月在广州建立工厂，准备生产袋装奶粉，瞄准了中端市场；而"多美滋"旗下一直都有"多乐加"的中端品牌，其进口奶源的一阶段袋装奶粉800克售价仅68~70元，比同类国产奶粉还要便宜30元以上，在市场上相当有竞争力。业内人士认为，没有本土品牌参与市场价格和销售竞争，会导致洋奶粉结成一个价格同盟，操纵整个市场价格。

资料来源：第一营销网，http://www.cmmo.cn，2009-07-28

问题讨论

（1）影响奶粉价格上升的原因是什么？除了文中提到的因素外，还有哪些因素会使产品价格提高？

（2）影响产品价格的因素主要有哪些？从案例中可看到什么因素是影响我国奶粉价格的主要因素，试结合案例进行分析。

第十章　国际市场分销策略

学习目标与重点

(1) 掌握国际市场分销系统的概念。

(2) 掌握国际市场分销系统结构。

(3) 理解国际市场分销渠道决策的制定。

(4) 熟悉国际市场分销管理方法。

关键词

国际市场分销系统　　国际市场分销渠道　　国际市场分销系统结构　　分销管理

案例导入

箭牌口香糖的国外销售

在上海街头的售货亭边，10 岁的张小梅把一块美国箭牌糖类有限公司的箭牌口香糖塞进嘴里，这是该公司 2010 年在中国销售的 200 亿块口香糖之一。在卖给这个扎着小辫子的顾客之前，这块薄荷口香糖通过卡车、生锈的货船、三轮车和自行车，辗转千里才来到这个脆弱的蓝色胶合板做成的售货亭；而且在卖出时仍然新鲜柔软，外表覆盖着糖分。如果考虑到这一世界上最大的发展中国家令人生畏的规模和重重的阻力，这样的成功简直是个奇迹。

西方公司面临的挑战首先是寻找可靠的分销商（通常是通过口头寻找），但挑战往往并不就此结束。分销商主要是国有企业，它们对如何定位一个品牌缺乏主动性，更谈不上理解。箭牌糖类有限公司的目标是市场占有率、保持产品质量和销售点的良好销售，希望它的口香糖自生产之日起，在 8 个月内销售掉。否则糖会从包装纸中漏出来。

让我们沿着张小梅的箭牌口香糖所走过的路，从位于中国南方的广州的工厂一路来到上海街头的售货亭：口香糖被装上沿海货轮，从广州运到上海。但是在浙江省海域，海上巡逻艇抓住了这艘货轮，除了 96 万盒口香糖外，这艘船还装着走私汽车。海关扣押了口香糖和其他货物，在此期间，箭牌糖类有限公司一直在焦急地等待着，担心产品老化。最后，口香糖被归还，在上海港装上卡车，然后通过复杂的雁过拔毛的分销系统，最后到达市场，收取很高的过路费，才准通行。

口香糖一旦到了上海，箭牌糖类有限公司就无法控制了，销售只能依赖于一个由国有贸易公司脱胎而来的公司。中国的批发商一般不送货；相反，他们就像箭牌公司的批发商陈图平那样，在货栈坐等购买者上门。

那么，那块口香糖是怎么到张小梅手里的呢？这全在于箭牌糖类有限公司销售代表的两条腿。公司销售代表走街串巷，和商店老板交谈，发送免费的公司海报和塑料货架。徐美丽就是其中一个目标。徐美丽在美而富批发市场经营一个摊位。在一次成功的商业拜访之后，她开始进箭牌口香糖。她用三轮车到批发商陈先生或他的一个竞争对手那里取货。

箭牌口香糖的推销员继续拜访像上海街头蓝色胶合板做成的那种小售货亭。在售货亭里，一个叫小严的年轻妇女在没有顾客的时候，挽着手臂睡觉。存货不多时，她就骑自行车穿过几条街，到徐女士的摊上再买一些口香糖或其他糖果。这一切只是为了能卖给张小梅一块口香糖。

"利润不大。"箭牌糖类有限公司国际业务主任说。不过他说，现在公司正竭力获取市场份额。他加了一句："我们是个很有耐心的公司。"借用公司网站上有关销售的一句话："口香糖价格适中就意味着人人买得起。"口香糖的国际市场庞大无比，凡是能进入的国家，箭牌糖类有限公司就要去寻找市场，哪怕那里的消费者目前还不嚼口香糖。例如，该公司最近在印度投资建设的工厂，尽管印度只有少数人嚼口香糖。但是由于印度的人口几乎与中国相当，10亿人中只要有很少比例的人购买，就意味着很大增长。公司的全球销售策略是保证无论何时何地，任何人都能买到口香糖。

资料来源：Philip R. Cateora，Mary C. Gilly，John L. Graham. 国际市场营销学. 北京：机械工业出版社，2010

第一节 国际市场分销系统

一、国际市场分销系统的定义

如今，世界各国经济关系密切，我们可以买日本相机、美国汽车、法国香水等。这些国外的产品是如何到达消费者的手中的呢？这就离不开国际分销系统。国际分销系统是由企业的产品或服务转移到国际市场消费者手中所经历的过程及所涉及的因素构成的。而国际分销系统中的基础部分即国际分销渠道（International Distribution Channel）是指使所有产品及其所有权从生产者转移到国际消费者的过程中所经历的各种通道和市场组织的总和。

二、国际市场分销系统的结构

由于国际市场分销渠道是由产品或服务转移所经历的通道和市场组织构成的，因此站在生产商的角度来看，国际市场分销渠道的起点便是本国生产者，终点是外国的消费者、用户。

出口企业管理分销渠道主要有两个目标：①将产品有效地从生产国转移到产品销售国市场。②参加销售国的市场竞争，实现产品的销售和获取利润。

当企业采取不同的分销策略进入国际市场时，产品或服务从生产者向消费者的转移就会经过不同的营销中介机构，从而形成不同类型的国际分销结构。但是不论何种国际分销结构，按照产品或服务传递过程中经历国别的不同，国际分销系统都包括三个部分：①出口国国内渠道。②出口国的出口商与进口国的进口商之间的渠道。③进口国国内渠道。当企业选择国内外中间商进入国外市场时，称为间接分销渠道；当企业不经过国内中间商，直接与国外消费者打交道，包括在国外设立自己的分销机构，自行销售，都称为直接分销渠道。如图 10-1 所示。

国际市场分销系统的结构主要指的是国际分销渠道结构，可以分为长度结构，即层级结构；宽度结构以及广度结构三种类型。进一步说，分销渠道结构中的长度结构、宽度结构及广度结构完整地描述了一个三维立体的分销渠道系统。

分销渠道的长度，也即分销渠道的层级。是企业分销渠道中中间环节的数目，商品在分销中经过的环节越多，分销渠道就越长，反之则越短。根据中间商数量的多少，把分销渠道相应的叫做几层渠道（见图 10-2），在本章第三节还会讲到相关的渠道决策问题。

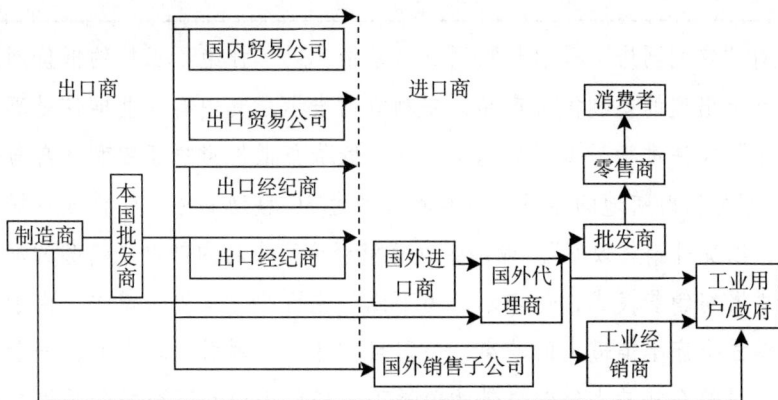

图 10-1　国际分销系统

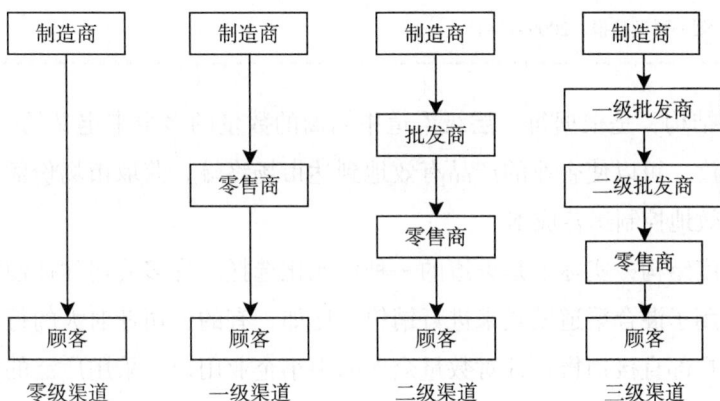

图 10-2　渠道长度类型

【例 10-1】

安利迈入 3G 直销　无意引入网络销售模式

　　"安利开网店"传闻得以澄清，该公司高管称目前尚无意改弦更张，引入网络销售模式。对目前网上的"安利网店"，安利未来可能联手淘宝采取"删除网页等举措"。日前，安利（中国）日用品有限公司与中国电信集团公司在广州联合宣布，首款预装"安利商务随行软件"的定制 3G 智能手机正式启用。这意味着国内直销正在迈入 3G 时代。早前，有传闻称安利将开设网店。按照协议，数万安利营销人员无须押金，即可参照"话费换手机"模式得到一款预装"安利商务随行软件"的 3G 智能手机。据称，该软件具有顾客管理、在线购物、业绩查询和模拟化妆四大功能。与传统网店坐等顾客上门不同，安利营销人员可以将这个"网店"随身携带，主动推荐给终端消费者。安利大中华区行政总裁颜志荣表示，安利近期没有打算开网店，目前网上的安利网店都是"李鬼"。颜志荣向 CBN 记者透露，安利已与淘宝接触，未来可能对"安利网店"采取删除网页等举措，以"杜绝不正规的低价网络销售"。对于淘宝网上出现的安利低价产品，安利方面表示，其中有一些即使是真品，也是个别"黄牛"非法进货、囤货后急于卖货，假货与低价影响了安利本身与经销商的声誉。"直销是随时随地的生意，安利希望通过 3G 移动商务为营销人员提供随时随地的支持，以提升销售效率"。颜志荣这样解释公司布局内部电子商务的动因。对于是否会引进网络销售模式，他表示，当下比较流行的网络销售模式，由于与安利现行的经营模式会产生渠道上的冲突，公司目前并无计划引进。当然，随着社会与科技的发展，在符合其基本经营方针的前提下，任何企业都不会排除采用更为灵活多样的方式，为企业的发展注入新的生机与活力。

资料来源：第一财经日报，2009-12-15

渠道宽度结构，是根据每一层级渠道中间商的数量的多少来定义的一种渠道结构。合理的渠道宽度，可以使企业的产品有效地到达市场终端，获取市场份额，实现理想的业绩销售，有效地控制运营成本。

渠道的广度结构，实际上是渠道的一种多元化选择。许多公司往往使用了多种渠道的组合，即采用了混合渠道模式来进行销售。比如，有的公司针对大的行业客户，公司内部成立大客户部直接销售；针对数量众多的中小企业用户，采用广泛的分销渠道；针对一些偏远地区的消费者，则可能采用邮购等方式来覆盖。

概括地说，渠道广度设计有两种类型：①单渠道，指的是厂商仅用一条渠道进行某种产品分销。②多渠道，指的是厂商利用不同的渠道进行某种产品的分销。在实际的分销渠道建设中，厂商大多数建立的是多渠道系统。因为多渠道可以为企业带来很多好处：增加市场覆盖面，如增加乡村代理商开拓农村市场；降低渠道成本，如增加新渠道节省了费用。弗里德曼等认为，混合渠道可以使企业的销售成本降低 20%~30%；更好地满足顾客需要，如使用专业推销员销售复杂的设备；提高产品交易量，不少企业销售量的 70%~80% 是由两三条渠道实现的。但采用多渠道也有不利的一面：①两个以上渠道对准一个细分市场时，容易产生渠道冲突。②新渠道独立性较强，合作困难，控制变得不易。

【例 10-2】

本田在广州的分销渠道模式设计

1. 长度

广州本田不设立大区商务中心，由厂方直接面对专营店，专营店直接面对顾客。

这种一层渠道形式既可以降低费用，又可以便利沟通。

2. 宽度

广州本田实行的是窄渠道策略，他们把设立销售网的重点放在大中城市和一些经济发达地区等用户群集中的地方。

3. 建点原则

客户在哪里，网点就设在哪里。

资料来源：钮海津. 本田模式：维护用户所期待的价值. 中国危机公关网，http://www.fbi8341.com/zl.asp?bkid=1&lanmuid=20&id=13856，2007-12-19

三、不同国家的分销渠道比较

（一）欧美的分销渠道

美国是市场经济高度发达的国家，基本上形成了有秩序的市场。进入美国的产品，一般要经过本国进口商，再转卖给批发商，有的还要经过代理商，由批发商或代理商转卖给零售商，零售商再将产品卖给最终使用者。西欧国家进口商的业务通常限定一定的产品类别，代理商规模通常也比较小，但西欧国家的零售商主体，如百货公司、连锁商店、超级市场的规模都很大，而且经常从国外直接进口。大型零售商的销售网络遍布全国，我国企业若把产品销往西欧各国，可直接将产品出售给这些大型零售商，节省许多中间商费用，并利用它们的销售网络扩大市场占有率。

【例10-3】

海尔进入沃尔玛

如今，美国已经是海尔冰箱在海外的一个重要市场，然而，海尔冰箱在美国市场上并不是一帆风顺的。1999年，作为海尔冰箱在美国本土创牌的一部分，海尔冰箱计划进入全球最大的连锁渠道——沃尔玛。但整整两年过去了，海尔仍然在沃尔玛门外徘徊。经过海尔人艰苦的努力，凭借海尔卓越的质量、优秀的服务以及技术支持，沃尔玛最终选择了海尔产品，海尔也通过进入沃尔玛这个大渠道迅速将自己的产品销售到了美国的家庭。

资料来源：美国：海尔大冰箱进入主渠道. 中国商业电讯，http://tech.qq.com/a/20091029/000027.htm

（二）日本的分销渠道

日本也是高度发达的市场经济国家，但它的渠道结构却不同于欧美各国。日本的销售渠道被称为是世界上最长、最复杂的销售渠道。其基本模式是：生产者＋总批发商＋行业批发商＋专业批发商＋区域性批发商＋地方批发商＋零售商＋最终使用者。日本的分销系统一直被看做是阻止外国商品进入日本市场的最有效的非关税壁垒。任何想要进入日本市场的企业都必须仔细研究其市场分销渠道。日本的分销体系有以下几个显著特点：

（1）中间商的密度很高。日本国内市场的中间商密度远远高于其他西方发达国家。由于日本消费者习惯到附近的小商店去购买东西，量少且购买频率高，因此，日本小商店密度高，且存货量小，其结果就是需要同样密度的批发商来支持高密度且存货不多的小商店。

（2）生产商对分销渠道进行控制。生产商控制分销渠道的措施主要有：①为中间商解决存活资金。②提供折扣，生产者每年为中间商提供的折扣名目繁多，如大宗购买、迅速付款、提供服务、参与促销、维持规定的库存水平、坚持生产者的价格政策等都会获得生产者的折扣。③退货，中间商所有没销售完的商品都可以退还给生产者。④促销支持，生产者为中间商提供一系列的商品展览、销售广告设计等支持，以加强生产者与中间商的联系。

（3）独特的经营哲学。习惯了和日本较长的分销渠道产生的生产者与中间商之间紧密的经济联系和相互依赖性，从而形成了日本独特的经营哲学，即强调忠诚、和谐和友谊。这种价值体系维系着销售商和供应商之间长期的关系，只要双方觉得有利可图，这种关系就难以改变。

（4）大规模零售商店对小零售商进行保护。为了保护小零售商不受大商场竞争的侵害，日本制定了《大规模零售商店法》。该法规定营业面积超过 5382 平方英尺（约 500 平方米）的大型商店，只有经过市一级政府批准，才可建造、扩大、延长开门时间或改变歇业日期。所有建立"大"商场的计划必须首先经过国际贸易工业省的审批和零售商的一致同意，如果得不到市一级的批准及当地小零售商的全体同意，计划就会被发回重新修改，几年甚至 10 年以后再报批。该法限制了国内公司与外国公司在日本的发展。除了《大规模零售商店法》以外，还有许多许可证条例也对零售商店的开设进行限制，日本和美国的商人都把日本的分销体系看做是非关税壁垒。

但是自 20 世纪 60 年代以来，由于在美日结构性障碍倡议谈判中，日美两国达成的协议对日本的分销系统产生了深远的影响，最终导致日本撤销对零售业的管制，强化有关垄断商业惯例的法规。零售法对零售店的设立条件有所放宽，如允许不经事先批准建立 1000 平方米的新零售店，对开业时间和日期的限制也被取消。日本的分销系统发生了明显的变化，传统的零售业正在失去地盘，让位给专门商店、超级市场和廉价商店。日本分销体系的改变也有利于外国产品进入日本市场。

第二节　国际市场分销渠道中间商类型

生产商的产品或服务转移到消费者所在的国家，可能会经过一些中间商。我们站在生产商的视角，把生产商所在国家的中间商称为国内中间商，把消费者所在国家的中间商称为外国中间商。

一、国内中间商

处在生产企业所在国的国内中间商是从国内基地出发，提供营销服务。对于国际销售额不大或在国外市场没有多少经验的公司，或不想直接参与复杂的国际营销活动的公司和那些想以最小的资金和管理投入在国外销售的公司来说，国内中间商具有很多优势。

国内中间商与企业同处在一个国家，由于社会文化背景相同，彼此容易沟通和信任。特别是企业规模较小或者进入国际市场的初期，企业国际市场营销经验不足或者没有实力直接进入国际市场，通过本国中间商进入国际市场是一条费用省、风险小、操作简便的有效途径。选择国内中间商进入国际市场的缺点是远离目标市场，与目标顾客的联系接触是间接的，企业对市场的控制程度很低，或根本无法控制，不利于企业在市场建立起自己的声誉，并以此作为扩大市场的基础，不利于出口规模的扩大和长远的发展，中间商为尽快获得利润，不会花很大力气去挖掘市场潜力等。但直至目前，通过本国中间商进入国际市场仍然是一条主要的国际市场分销渠道。但是利用国内中间商的主要不足是对整个过程的控制程度有限。

根据国内中间商是否拥有商品所有权可将它分为两类：出口经销商和出口代理商。凡是对出口商品拥有所有权的，称为出口经销商；凡接受委托，以委托人身份买卖货物而非拥有商品所有权的，称为出口代理商。

(一) 出口经销商

出口经销商以自己的名义在本国市场上购买商品，然后再以自己的名义组织出口，将产品卖给国外的买主。它自己决定买卖商品的花色品种和价格，自己筹集经营的资金，自己备有仓库，从而自己承担经营的风险。出口商经营出口业务有两种形式：一种出口形式是"先买后卖"，即先在国内市场采购商品，然后再转售给国外买主；另一种出口形式是"先卖后买"，即先接受外国买主的订货，然后再根据订货向国内企业购买。常见的出口经销商如下：

(1) 出口行。有的国家称为"国际贸易公司"，日本、韩国称为"综合商品社会"，我国一般称为"对外贸易公司"或"进出口公司"。出口行的主要业务是出口，有时也兼营进口业务，其实质是在国外市场上从事经营活动的国内批发商。他们一般在国外有自己的销售人员和代理商，并往往设有分公司。

作为国与国之间贸易发展中的重要中介，贸易公司有着非常悠久的历史，如联合非洲公司（UAC）是总部设在英国伦敦的一家历史悠久的国际贸易公司，在非洲大陆设有300多家分支机构。对英国制造商来说，该公司是进入非洲市场的一条主要间接出口渠道。因为贸易公司可以控制很多分销商，维持宽阔的分销渠道，所以它们提供了广泛地进入市场的最佳途径。日本和韩国的综合商社则往往得到政府及金融界的支持，在国内控制着各种分销渠道，具有垄断力量。日本的九大综合商社分别是三菱、三井、伊藤忠、丸红、住友、日商岩井、东洋棉花、兼江松商和日棉实业。无处不在的综合商社几乎控制着日本的分销体系的各个渠道，要想进入日本复杂的分销体系，往往要得到综合商社的帮助。我国的对外贸易公司或进出口公司到目前为止仍然是我国出口最重要的渠道，而且以买断出口为主。

（2）全球零售商。随着像宜家、好事多、希尔斯、玩具反斗城和沃尔玛这样的全球零售商扩大其在全球市场的占有率，它们正成为国际市场的主要国内中间商。沃尔玛在国外13个市场中拥有3000个分店，是美国供应商进入国际市场的一个诱人的通道。沃尔玛为他们提供有效的进入国际市场的途径，几乎不需要什么经验。例如，1997年销售额达7000万美元的加利福尼亚手袋制造商Pacific Connections通过沃尔玛的关系，进入了阿根廷、巴西、加拿大和墨西哥等海外市场。

（3）采购（订货）行（Buying/Indent House）。采购（订货）行主要依据从国外收到的订单向国内生产企业进行采购，或者向国外买主指定的生产企业进行订货。他们拥有货物的所有权，但并不大量、长期地持有存货，在收购数量达到订单数量时，就直接运交国外买主。因采购（订货）行是先找到买主，而后才向生产企业进行采购，而且也不大量储备货物，所以其风险较低，资金周转快，成本较低。

（4）猪驮式出口（Piggy Back Exporting）。猪驮式出口指的是这样一种出口情况：一个生产企业叫"负重者"，另一个生产企业叫"乘坐者"。"负重者"利用自己已经建立起来的海外分销渠道，将"乘坐者"和自己的产品一起进行销售。在进行这种经营时，通常有两种做法：①"负重者"将"乘坐者"的产品全部买下，然后再以较好的价格转卖出去，因此起到出口商的作用。②"负重者"在佣金基础上为"乘坐者"销售产品而起到代理人的作用。猪驮式出口对于那些没力量进行直接出口的小企业来说，是一种简单易行、风险小的出口经营方式。而对于"负重者"来说，由于增加了产品的范围，填补季节性短缺，从而增加利润。

（二）出口代理商

出口代理商（Expert Agent）是接受出口企业的委托，代理出口业务的中间商。出口代理商并不拥有货物所有权，不以自己的名义向国外买主出口商品，而是接受国内卖主的委托，按照委托协议向国外客商销售商品，收取佣金，风险由委托人承担。在国际市场上，出口代理商常见的类型有：

（1）综合出口经理商（Combination Export Manager）。如果企业海外销售额占企业总销售额的比重不大，或者企业不愿设立外销部门处理国外市场业务时，选择综合出口经理商是一种理想的渠道。综合出口经理商为出口企业提供全面的出口管理服务，如海外广告、接洽客户、拟定销售计划、提供商业情报等。它以生产企业的名义从事业务活动，甚至使用生产企业的信笺，实际上起到生产企业出口部的作用。他们一般负责资金融通和单证的处理，有时还要承担信用风险。综合经理商一般同时接受几个委托人的委托业务，其获得的报酬形式一般是收取销售佣金，此外每年还收取一定的服务费用。

（2）出口经纪人（Export Brokers）。这种代理商只负责给买卖双方牵线搭桥，既不拥有商品所有权，也不实际持有商品和代办货物运输工作，在双方达成交易后收取佣金。佣金率一般不超过 2%。出口经纪人与买卖双方一般没有长期、固定的关系，出口经纪人一般专营一种或几种产品，多数经纪人经营的对象是笨重货物或季节性产品，如机械、矿山、大宗农产品等。

（3）制造商出口代理商（Manufacturer's Export Agent）。这是一种专业化程度较高的出口代理商，又称为制造商出口代表。他们也相当于执行着生产企业出口部的职能。他们接受生产企业的委托，为其代理出口业务，以佣金形式获得报酬。制造商出口代理商是以自己的名义而非制造商的名义做买卖，他所提供的服务一般要少于综合代理商，通常不负责出口资金、信贷风险、运输、出口单证等方面的业务。而且由于制造商出口代理商同时接受许多生产企业的委托，其销售费用可以在不同厂家的产品上分摊，因此收取的佣金率也较低，制造商对其有较大的控制权。如在美国，凡数量大、已打开销路的产品，他们只收取销售额的 2%作为佣金。

（4）出口经营公司（Export Manager Company）。出口经营公司行使类似制造商出口部的功能，它提供服务的范围很广，包括寻找客户、促销、市场调研、货物运输等。它还可以为制造商讨债和寻求担保业务。不过，其最主要的职能是和国外的客户保持接触，并进行信贷磋商。选择出口经营公司渠道的优点是厂商可以以最小的投资将产品投放到国际市场，并可借此检验产品在国外市场的可接受程度，而制造商本身却无须介入。其缺点是这种分销渠道极不稳固，出口经营公司为了自己的利益不会为销售产品作长期努力，一旦产品在短期内难以盈利或是销量下降，将很可能被出口经营公司所抛弃。

【例 10-4】

美国商务部归纳的"外贸企业十条常见错误"

①在开始出口业务前,不去寻求高质量的出口咨询,不制定国际营销计划。②高层管理人员重视不够。③选择海外代理商或经销商时不够慎重。④不去打好基础,保持盈利能力强的、稳定的业务增长,而是盲目地向世界各地寻求订单。⑤当国内市场兴旺时忽视出口业务。⑥把国外的经销商放在比国内经销商更重要的位置上。⑦不愿意改变产品以适应其他国家的偏好和法规。⑧不使用外国语言向外国顾客传达有关销售、服务和保证等方面的信息。⑨不利用出口管理公司或其他营销中间机构。⑩不采用许可贸易和合营企业等方式。

资料来源:张景智. 国际市场营销学教程. 北京:对外经济贸易大学出版社,2004

二、国外中间商

利用外国中间商使制造商更接近市场,也使公司直接地面对语言、实物分销、沟通和金融等问题。外国中间商既可以是代理商,也可以是独立中间商。

(一)进口商、经销商

(1)进口商(Import Merchant),又称为"进口行"(Import House)。它是以自己的名义从国外进口货物向国内市场销售,获取商业利润的贸易企业。它拥有货物所有权,因而须承担买卖风险。进口商既可以"先买后卖"(先从国外买进商品,然后卖给国内工业用户、批发商、零售商或其他用户),也可以"先卖后买"(先根据样品与买主成交,然后再从国外买进商品)。按其业务范围,一般可区分为三种:①专业进口商。②特定地区进口商。③从国际市场广泛选购商品的进口商。进口商熟悉所经营的产品和目标国际市场,并掌握一套商品的挑选、分级、包装等处理技术和销售技巧,因此国内中间商很难取代进口商的作用。

(2)经销商(Distributors)。这是一种与出口国的供应商建立长期合作关系,并享有一定价格优惠和货源保证的从事进口业务的企业。他们在特定的地区或市场上,在购买及转售产品方面能获得独家权或优先权。出口企业可以同经销商建立密切的伙伴关系,对价格、促销、存货、服务等进行适当的控制。

【例10-5】

奥巴马或暂停通用削减旗下 500 个经销商

搜狐汽车 2010 年 10 月 21 日消息据国外媒体报道，美国一名国会成员日前表示，奥巴马政府可能会要求通用汽车公司暂停削减旗下 500 个经销商。奥巴马政府表示，在对经销商削减事宜的调查结束以前，通用最好暂停此操作。据悉，通用曾计划在 2010 年 10 月 31 日之前削减旗下 500 个经销商。自 2009 年 6 月以来，通用和克莱斯勒相继采取大幅削减经销商数量的措施应对危机。目前看来，这一做法造成的后遗症正威胁两家企业。据悉，由于缺少必要的汽车经销店，消费者购买通用和克莱斯勒产品的意愿有所下降。此前，通用曾宣布，将在 2011 年前把本土经销商总数从大约 6000 家削减至 3500~3800 家。在被削减的经销商中，75%已同意终止经销协议。

资料来源：尚莱. 搜狐汽车，2010-10-21

（二）进口代理商

进口代理商是接受出口国卖主的委托，代办进口，收取佣金的贸易服务企业。它们一般不承担信用、汇兑和市场风险，不拥有进口商品的所有权。进口代理商主要有以下几种类型：

（1）经纪人（Brokers）。经纪人是对提供低价代理服务的各种中间商的统称。他们主要经营大宗商品和粮食制品的交易。在大多数国家，经纪人为数不多。但由于其主要经营大宗商品，再加上在某些国家，经纪人组建了联营公司，他们熟悉当地市场，往往与客户建立了良好、持久的关系，常常是初级产品市场上最重要的中间商。

（2）融资经纪商（Factors）。这是近年来迅速发展的一种代理中间商。这种代理中间商除具有一般经纪商的全部职能外，还可以为销售、制造商生产的各个阶段提供融资，为买主或卖主分担风险。

（3）制造商代理人（Manufacturer's Representatives）。这是指凡接受出口国制造商的委托，签订代理合同，为制造商推销产品收取佣金的进口国的中间商。制造商代理人有很多不同的名称，如销售代理人（Sales Agent）、国外常驻销售代理人（ResidentSale's Agent）、独家代理人（Exclusive Agent）、佣金代理人（Commission Agent）、订购代理人（Indent Agent）等。制造商代理人可以对一个城市、一个地区、一个国家或是相邻几个国家出口企业的产品负责。他们不承担信用、汇兑和市场风险，也不负责安排运输、装卸，不实际占有货物。他们忠实履行销售代理人的责任，为委托人提供市场信息并为出口企业开拓市场提供良好的服务。当出口企业无力向进口国派驻自己的销售机构，但希望对出口业务予以控制时，利用适当的制造商代理人是一种明智的选择。

【例 10-6】
联想在南非市场建立经销商渠道

南非是联想海外的一个重要的市场，但是在当地的 PC 行业，作为直接面向消费者的渠道成为 PC 品牌抢占市场份额的重中之重。然而，PC 代理商为了分散自己的风险，一般都会选择代理几个 PC 品牌。一个 PC 品牌在代理商采购和经销总量中的比例，直接影响着该品牌的地区铺货程度和市场占有率。

在南非代理商在与一些国际 PC 品牌合作时往往遭到厂家压货，造成代理商库存和流动资金压力巨大，最终加剧了双方的不信任感。针对南非代理商对厂家普遍不信任感，打造联想的商业信誉成为了联想与南非代理商发展新型关系的重点。联想从南非数百家渠道中挑选出 Pinnacle 等三家大型总代理，从供应、销售、库存等多方面帮助代理商出谋划策，最大限度地保障代理商的利益。这就将联想和代理商的命运紧密地捆绑在一起，休戚与共。

在与南非代理商的合作过程中，联想对于每次商业合作的承诺都如实兑现，说到做到，不仅树立了良好的商业信誉，而且获得了代理商的额外支持。仅在一年时间内，联想就占到其三大总代理商之一——Pinnacle 的采购和经销总量的 30% 左右。

资料来源：http://finance.sina.com.cn/chanjing/gsnews/20101019/11268803378.shtml

（4）经营代理商（Managing Agents）。经营代理商在亚洲及非洲国家较为普遍，在某些地区也称作买办（Compradors）。它们根据同产品制造国的供应商签订的独家代理合同，在某一国境内开展业务。有时也对业务进行投资，其报酬通常是所用成本加母公司利润的一定百分比。

【例 10-7】
暴雪娱乐公司的《魔兽世界》代理商易主

暴雪娱乐是一家全球知名的电脑游戏及电视游戏软件公司，目前属于威望迪（Vivendi）的子公司，其目前已经推出包括资料片在内的 20 款作品。其产品在电子游戏界享有极高的评价。

暴雪娱乐公司有一款很著名的游戏——《魔兽世界》，该游戏最初进入中国是

2004年，是通过九城公司独家代理的。九城公司对暴雪娱乐公司的《魔兽世界》的独家代理运营权于 2009 年结束之后，暴雪娱乐公司把《魔兽世界》的独家运营权授予网易旗下关联公司，为期三年。随着网易《魔兽世界：巫妖王之怒》的即将开启，在"魔兽事件"后网易迎来了新的春天，然而《魔兽世界》的老东家九城这一年来只能用一句"惨不忍睹"来形容。人才纷纷流失，新产品成绩不堪入目，甚至连 Chinajoy 上也只能买个展位而无能力再做推广活动。

资料来源：http：//baike.baidu.com/view/124736.htm，http：//www.it.com.cn/games/net/yj/2010/08/26/09/871189.html，http：//tech.163.com/09/0416/15/571IJS1E000915BF.html

第三节 国际市场分销渠道决策

对于国际企业来说，国外市场上的分销渠道决策是一项十分重要的决策。许多国际企业不仅从事产品出口业务，还往往在国外市场上进行产品的生产和营销。这些企业要将产品顺利地送到最终顾客手中，就必须要建立完整的销售渠道网络，同时必须考虑各市场国的分销渠道特点、分销渠道结构和渠道成员状况等问题。但是，许多企业并不重视国外市场上的分销渠道决策，这些企业认为，把产品卖给国外的进口商就万事大吉了，这种观点和做法是不正确的，因为国际营销者的任务并未随着产品抵达海外市场或产品在海外生产出来而告完成，国际营销者应关心从生产者到最终购买者包括顾客和工业品的最终用户的整个分销渠道，尽管他并不总是能对所有中间环节的行为和政策施加影响。这一思想在现代营销学中被称为整体渠道概念，这一概念将产品自生产者到达最终购买者所经历的过程视为一个有机整体，它强调产品能否顺利有效地送达最终市场取决于全体渠道成员的协调努力。

【例 10-8】
亨迪生电子公司渠道建立及渠道的管理

亨迪生电子公司把产品直接分销给 425 家独立的家庭娱乐用品专营商和从营业面积上看是属于标准规模的 50 家独立经销商。在全国范围内，这些商人一共为 150 个市场服务，然而在其中 50 个市场中，独家经销商是亨迪生公司唯一的代理商。根据霍来先生的看法，市场区域的大小差距是由于亨迪生公司早期较难获得足够的销售量的结果，家庭娱乐用品独立的专营商人一般经销 10 种或 10 种以上家庭娱乐用品，而独家经营商品经销亨迪生公司的产品，从全国范围来说，经销商分布于拥有 25 万人口（或 25 万以下）的销售区内。对比之下，一些有很大竞争性的同类商品，如，"增你智"（Zenith），RCA 和海军上将等牌号商品，通过连锁商店和折扣商店等大量销售的商品渠道，在拥有 100 万或更多的人口的销售区域内售出越来越多的产品，该公司雇用 10 名推销代表，每个代表通常负责相当于一种州范围内的销售事务，这些代表主要同独立的专营商打交道，平均每月访问两次。

霍来先生充分意识到亨迪生电子公司寄托于经销商的重大期望和进一步加强公司和经销商之间紧密联系的重要性。长期以来，了解他们的服务质量能否使亨迪生公司要争取的顾客们感到满意，并能和公司密切协作来完成公司的业务目标。

在行政工作人员中，也提出过一些不同的观点，有一种观点就是倾向于发展特约经销的计划，因为在去年已有 25 个独立专营商显示出他们能够担任这种工作的可能性。根据这个计划，将赋予有限数量的商人在某一特定市场独家销售亨迪生的产品，并给予数额不作具体规定的特约经销酬金，交换条件是商人同意进行商品的宣传和推销，并始终如一地按照公司所规定的目标以具体的方式为商品提供服务。例如，要求商人保持以成本价格计算的、没有具体规定的平均存货额。如果采用这个特约代销的计划，它将为电视宣传规划所涉及的 100 个市场建立销售体系。第二种观点主张减少一般经销点的数目而没有特约经销的概念。这些行政管理人员举出他们所以赞成这种尝试的若干因素就是：①他们通过对商人销售情况的具体分析，表明其中 10% 的商人完成了公司 80% 的销售额。②这些管理人员着重指出，由于能够腾出更多的时间来照顾数目较少的商人，从而就可以改进推销业务工作。虽然还没有确定一个具体数目，已在考虑把电视宣传规划所面向的 100 个市场的商人数目从 475 人减少到 150 人。③不要改变目前的销售策略或经销商人数目；相反，他们认为亨迪生公司应在现行制度下把工作搞得更好。

资料来源：张红侠. 百川入海——分销渠道决策. 北京：人民中国出版社，1998

一、影响企业选择国际分销渠道的因素

营销者在选择国际分销渠道时一般要考虑六个因素：成本（Cost）、资金（Capital）、控制（Control）、覆盖（Coverage）、特征（Character）和连续性（Continuity）。这六个因素被称为渠道决策的六个"C"。

（一）成本

这里是指分销渠道的成本，即开发渠道的投资成本和维持渠道的维持成本。在这两种成本中，维持成本是主要的、经常的。它包括维持企业自身销售队伍的直接开支，支付给中间商的佣金，物流中发生的运输、仓储、装卸费用，各种单据和文书工作的费用，提供给中间商的信用、广告、促销等方面的支持费用，以及业务洽谈、通信等费用。支付渠道成本是任何企业都不可避免的，营销决策者必须在成本与效益间作出权衡和选择。一般来说，如果增加的效益能够补偿增加的成本，渠道策略的选择在经济上就是合理的。较高的渠道成本常常是企业开拓国际市场的重要障碍。评价渠道成本的基本原则是能否用最少的成本达到预期的销售目标，或能否用一定的费用最大限度地扩展其他五个"C"的利益。

（二）资金

这是指建立分销渠道的资本要求。如果制造商要建立自己的国际市场分销渠道，使用自己的销售队伍，通常需要大量的投资。如果使用独家中间商，虽可减少现金投资，但有时却需要向中间商提供财务上的支持。通常情况下，资本不是渠道设计中的关键因素，除非企业的业务正处在不断扩展阶段，或者建立自己投资的国际分销渠道，而其他几个因素才是左右渠道设计的关键。

（三）控制

渠道设计会直接影响企业对国际市场营销的控制程度。企业自己投资建立国际分销渠道时，将最有利于渠道的控制，但增加分销渠道成本。如果使用中间商，企业对渠道的控制将会相对减弱，而且会受各中间商愿意接受控制的程度的影响。一般来说，渠道长度越长，渠道宽度越宽，企业对价格、促销、顾客服务等的控制就越弱。渠道控制与产品性质有一定的关系：对于工业品来说，由于使用它的客户相对比较少，分销渠道较短，中间商较依赖制造商对产品的服务，所以制造商对分销渠道进行控制的能力较强；而就消费品来说，由于消费者人数多，市场分散，分销渠道也较长、较宽，制造商对分销渠道的控制能力较弱。

【例 10-9】
汽车营销渠道的控制（或管理）方法

为了能够对渠道进行经常性的评估、改善，建议区域营销人员建立起"渠道系统评估模型"（此方法既适合汽车企业的渠道扩张也适合大型集团经销商的渠道扩张）。

---

1. 评估体系

从渠道数量、渠道质量、渠道政策力、渠道执行力四个方面进行评估。这四个方面也构成了评估体系（在这里不进行这个体系的具体描述）。

2. 渠道数量

渠道数量包括绝对数量和相对数量。绝对数量是指渠道在一定的区域内是多了还是少了，相对数量是指渠道在一定的区域内位置、结构的好与坏。

通过以下几个指标进行评估：

(1) 渠道比率：渠道比率 = 本品某区域内渠道数量/(本品 + 竞品) 某区域内渠道数量，这个比率的好与坏是与竞品进行比较取得的。这个指标与区域销量结合是判断渠道多与少的重要指标。

(2) 渠道新增率：渠道新增率 = 本期本品本区域渠道数量/去年同期本品本区域渠道数量。按照此法可以得取本、竞品的新增率，然后进行比较，通过新增率的比较可以了解本品及竞品的渠道发展趋势。

(3) 重点经销商比率：K-A 比率 = 本品本区域重点渠道数量/本品本区域渠道数量，这是判断渠道健康度的一个重要指标。此指标的取值在 30%~40% 比较好。

(4) 重点区域覆盖率：K-区域覆盖率=重点区域内渠道数量/重点区域数量。此指标是个绝对指标，同时也可与竞品进行比较，以便了解为什么有些重要地区不能建渠道的真实原因。

特别注解：在弱势市场里，渠道比率、新增率一般比竞争品低，否则，渠道的质量存在着严重的问题。通过这两个指标，要判断出渠道在数量、结构、位置上存在的问题。

3. 渠道质量

评价渠道质量好与坏、高与低的指标有：

(1) 分销能力率：分销能力率=某区域某渠道时间销量/某区域所有渠道时间销量；此指标是判断在某区域里本品各渠道（本品各渠道之间的比较）销售能力高与低。

(2) 销售能力率：销售能力率=某区域某渠道时间销量/某区域（本品所有渠道+竞品所有渠道）时间销量；此指标的高与低是判断在某区域里某渠道（包括竞品）市场销售能力的高与低。

(3) 渠道效率：渠道效率=开票数/零售数；这是一个纵向比较的指标，它是用来判断渠道库存增加的速度以及渠道的长度是否合理。

(4) 渠道健康度：这个指标是指渠道的市场控制能力，可以从主推能力、客户二次购买数量、推荐购买数量、成交率等指标来判断。

注解：分销能力率、销售能力率这两个指标除了按照它们自身高低来判断它们的销售能力以外，通过这两个指标的比较还可以判断出其他问题。例如，经过评估，渠道甲的分销能力率很高，但销售能力率非常低（这种情况在市场里非常多）。这种情况一般是甲的管理存在问题、市场竞争力差，它的销量大（相对）是因为它有其他渠道（本品）没有的政策，因此，要注重提高它的管理，培养它的市场竞争力。

4. 渠道政策力

这里的渠道政策力并不是指渠道政策而是指渠道政策（商务政策、区域政策）在该地区的作用，它包括以下几个方面：

（1）渠道组织设计得是否合理？

（2）渠道激励政策是否有效？

（3）渠道管理政策的合理性、针对性、有效性。

（4）有没有渠道冲突与沟通政策？如果有，它在解决渠道冲突与沟通方面的作用如何？

（5）渠道销售、推广、技术支持政策怎么样？

（6）渠道服务政策如何？

注解：目前，各汽车厂家正在探索建立区域差异化销售模式（如，一汽大众、天津丰田、北京现代、东风日产等），区域差异化销售的依据：一是销量的不断增加；二是区域市场需求的差异化。对于中国汽车市场来讲这种营销模式是必然趋势，因为以上两个依据对于中国汽车市场是个不争的事实。但为什么发展、推广得这么慢？原因也有两个：一个是区域与总部权力平衡问题；另一个是区域与总部目标追求上存在着差异。就目前情况来看，解决这个问题最好的办法在区域经理身上，一个具有超凡市场能力的区域经理是能够解决好权力的制衡、短期目标和长远规划之间的关系的。因此，对渠道政策的评估、改善对于区域营销人员不论是现在还是将来都是非常重要的工作。

5. 渠道执行力

渠道执行力是指渠道对以下问题的执行能力：

（1）渠道的考核：包括信息渠道的质量、服务质量、促销效率、合同管理。

（2）渠道的管理：包括营销人员的管理和终端销售的管理。

（3）渠道的惯性：运动的物体都有自己的惯性，发展着的渠道也有自己的惯性。这个指标是指渠道在无作为的情况下它的销售能力的大小。

以上的评估有些可以量化评估，有些需要定性评估。定性评估的部分可以采取抽查、问卷、座谈等形式。需要强调的是对任何一个环节的评估都要得出一个明确的结论，但不要急于制定改善措施，必须整个系统评估完，进行综合评价时才能去制定各个环节的改善措施。这样才能体现这个系统的全面性，也只有这样才能达到最佳效果。

资料来源：LED 环球在线，2010-06-23

（四）覆盖

这是指渠道的市场覆盖面，即企业通过一定的分销渠道所能达到或影响的市场。营销者在考虑市场覆盖时应注意三点：①渠道所覆盖的每一个市场能否获取最大可能的销售额。②这一市场覆盖能否确保合理的市场占有率。③这一市场覆盖能否取得满意的市场渗透率。对于企业来说，市场覆盖面并非越广越好，主要看是否合理、有效，最终能否给企业带来较好的经济效益。国外不少企业在选择分销渠道时，并不是以尽可能地拓展市场的地理区域为目标，而是集中力量在核心市场中进行尽可能的渗透。从事国际市场营销的企业，在考虑市场覆盖时还必须考虑各类中间商的市场覆盖能力。对于大中间商来说，尽管数量不多，但一个中间商的市场覆盖面却非常大；而小中间商虽然为数众多，但单个中间商的市场覆盖面却非常有限。

（五）特征

营销者在进行国际市场分销渠道设计时，必须考虑自身的企业特征、产品特征以及进口国的市场特征、环境特征等因素。

（1）企业特征。资金雄厚、财务状况好的企业，可自由选择分销渠道，也可建立自己的销售网点，采用产销合一的经营方式，还可以选择间接分销渠道，企业资金薄弱则必须依赖中间商进行销售和提供服务，只能选择间接分销渠道；生产企业在销售力量、储存能力和销售经验等方面具备较好的条件，则应选择直接分销渠道，反之，则必须借助中间商，选择间接分销渠道；企业的产品组合中的种类多、差异大，一般要使用较多的中间商，如果产品组合中产品线少而深，则使用独家分销比较适宜；企业的营销政策也会对分销渠道的选择产生影响，如果奉行的是快速交货的客户政策，就需要选择尽可能短的分销渠道。

（2）产品特性。不同的产品可能会对分销渠道具有不同的要求。一般来说，技术性强的产品，需要较多售前、售后服务的产品，如机械设备、汽车、电视机、电冰箱、收录机等，需要较短的渠道，从而避免层层转手、维修、服务等无人负责；保鲜要求高的产品，应尽快送达顾客手中，也应使用较短的渠道；而单价低、标准化的产品，如牙膏、肥皂、香烟、卫生纸等，一般采用较长的渠道；产品的体积大小和轻重，直接影响运输和储存等销售费用，过重的或体积大的产品，应尽可能选择最短的分销渠道。

（3）进口国的市场特性。包括市场特性、顾客特性、中间商特性和竞争者特性。如果市场集中，可采用短渠道或直销渠道；假如顾客的购买数量少，购买频率低，公司宜采用较长的分销渠道；在国际市场营销中，必须认真研究东道国的分销体系并与本国和其他国反复比较，选择适宜的销售渠道，如日本的分销渠道是世界上最长、最复杂的，美国的分销渠道则要短得多、简单得多。此外，中间商实力、特点不同，诸如广告、运输、储存、信用、训练人员、送货频率等方面，也影响对渠道的选择。当市场竞争不激烈时，可采用同竞争者类似的分销渠道，反之，则采用与竞争者不同的分销渠道。

（4）环境特性。主要指经济、政治、法律环境。当一国经济衰退时，一般可能采用短渠道，以低价格将产品尽快销售给最终用户；企业选择分销渠道还必须符合国家有关政策和法令的规定，如一些发展中国家规定某些进出口业务必须由特许的企业经办；另外，如税收政策、价格政策、出口法、商品检验规定等，也都影响分销途径的选择。

（六）连续性

一个企业国际市场分销渠道的建立往往需要付出巨大的成本和营销努力，而且一个良好的分销渠道系统，不仅是企业重要的外部资源，也是企业在国际市场中建立差异优势的一个基础。因此，维持渠道的连续性对于企业营销者来说是一项重要的任务和挑战。分销渠道的连续性会受到三个方面力量的冲击：①中间商的终止，因为中间商本身存在一个寿命问题。②激烈的市场竞争，当竞争激烈及商品销路不佳，或者利润较低时，原来的渠道成员可能会退出。③随着现代技术尤其是信息技术的不断变革以及营销上的不断创新，一些新的分销渠道模式可能会出现，而传统的模式可能会因此而失去其竞争力。因此，企业要维持分销渠道的连续性，首先要慎重地选择中间商，并采取有效的措施提供支持和服务，同时在用户或消费者中树立品牌信誉，培养中间商的忠诚；其次，对已加入本企业分销系统的中间商，只要他们愿意继续经营本企业的产品，而且也符合本企业的条件和要求，则不宜轻易更换，应努力与之建立良好的长期关系；再次，对那些可能不再经营本企业产品的中间商，企业应预先作出估计，预先安排好潜在的接替者，以保持分销渠道的连续性；最后，应时刻关注竞争者渠道策略、现代技术以及消费者购买习惯和模式的变化，以保证渠道的不断优化。

二、渠道长度决策

渠道模式设计中的两个具体问题是渠道的长度决策和宽度决策。渠道的长度是指中间商层次的多少。产品从生产企业流向国际市场消费者或用户的过程中，每经过一个对产品拥有所有权或负有销售责任的中间商机构，称为一个"层次"，层次越多，分销渠道越长层次越少，分销渠道越短。在国际市场上，产品分销的层次可能长达十几个，要经过进口商、批发商及零售商等诸多层次，才能使产品抵达最终用户；也可能短到只有两个，即产品直接抵达最终用户，也就是直接销售。在上述两个极端之间，还因中间商层次的多少而存在着长短各异的各种渠道。

对中间商分销层次的确定，国际企业应综合考虑进出口条件、国际市场容量（特别是目标市场容量）、中间商的信誉和销售能力、产品特点、生产企业本身的状况和要求、消费者购买要求以及其他的国际市场环境因素等，这些内容在上面的选择因素中已有详细介绍。下面主要把商品分为工业品和消费品来研究销售渠道的基本模式，即国际市场直接分销渠道与间接分销渠道。

国际市场直接分销渠道是指产品在从生产者流向国外最终消费者或用户的过程中，不经过任何中间商，而由生产者将其产品直接销售给国内出口商、国外消费者或用户。直接分销渠道是两个层次的分销渠道，也是最短的分销渠道。

在国际市场上，直接分销可采用直接接受国外用户订货，派推销员到国外市场作个别访问或上门推销，参加国外商品博览会、展销会等直接与国外客户签订合同，使用邮购、电视、电话、传真等方式将产品直接销售给最终用户等方式。

直接分销是工业品分销的主要方式，因为工业品技术性较强，有的是按用户的特殊要求生产的，售后服务非常重要。另外，这类产品的用户较少，购买批量较大，购买频率低，直接分销方便，有利于节省费用，保证企业信誉，更可以获得较高的利润。但对消费品则不同，消费品的技术性不强，在国际市场使用面广，每次购买量少，消费者也比较分散，许多生产企业不能或很难将产品直接销售给广大的国际市场消费者。所以，作为消费品分销渠道一般较宜通过国外进口商采取间接分销，而不是直接分销（当然也有特殊情况，如随着现代网络技术的发展，许多消费品生产企业也可以通过网络直销自己的产品）。

国际市场间接分销，是指产品经由国外中间商销售给国际市场最终用户或消费者的一种分销形式，如以出口方式进入国际市场时，较典型的间接分销渠道是制造商→出口中间商→进口中间商→经销商→最终消费者。间接分销渠道有三个或三个以上的商品流转层次。

从世界范围来看，总趋势是减少分销渠道的中间环节，尽可能使产销直接联系起来，特别是由于计算机网络的发展，越来越多的厂商开始直接销售。像日本这样长渠道的国家还是受到了时代强有力的挑战。

【例 10-10】

"顺德制造"有望直销美国

《南方日报讯》（记者/张培发）：尽管外贸数据不断"飘红"，但人民币升值、用工成本上涨、利润空间下降等问题困扰着外贸企业。外贸企业该如何进一步开拓国际市场？产销直接交易模式将成为顺企新选择。由于该模式减少了中间商环节，由顺德厂家直接供货美国大型零售商，制造厂家利润将提高至少三成。

昨日上午，顺德区经济促进局召开以"进驻美国，直销美洲"为主题的出口企业拓展海外市场暨 GTC 项目说明会，为顺德企业提供产销直接交易的新模式，以实现真正意义的"走出去"。

在传统的贸易模式中，顺德产品的出口销售是通过多级中间商来完成的，先生产厂家卖给进出口商人，再由进出口商人卖给出口国的分销商，最后由分销商卖给零售终端。在这个过程中，每个中间商分到的利润大大高于生产厂家。加上人民币升值、国内用工成本上升等多重挤压，顺德出口企业的利润也日益微薄。

为破解这一困局，顺德经济促进局昨日引入全球商品交易中心（Global Trade Center, GTC）项目。记者了解到，全球商品交易中心是一家国际化大型贸易服务集成商，由总部设立在香港的全球商品交易中心控股有限公司（香港）全资投资，可为出口企业在产品集中展示、市场拓展、品牌建立、贸易服务、仓储物流、金融支持、产品研发、网络销售等提供全方位服务。

"顺德产品想直销美国，最佳的方式是将自己的产品拿到美国人的家门口去长期展示，请美国的销售人员代表厂家去跟大型零售商谈订单，然后由专业公司来完成贸易的中间环节，这样才能实现利益最大化。"全球商品贸易中心有关负责人说，由于减少了中间商环节，利润有望提高三成以上。

而为了更好地展示顺德产品，全球商品交易中心目前正筹划用 2 亿美元，在美国洛杉矶长滩港附近建设全球首个超大型展示中心，将可容纳上万家生产厂家直接展示产品。该中心同时结合数百家市场行销、船运清关、仓储物流等贸易链中的专业公司，将为中美产销双方提供一站式服务。在此基础上，该公司还计划建立欧洲（法兰克福）、中东及非洲（迪拜）等交易中心，形成覆盖全球的贸易服务体系。

资料来源：张培发. 中国网, 2011-03-02

三、渠道宽度决策

企业在制定渠道宽度决策时面临着三种选择：密集型分销策略、独家分销策略和选择性分销策略。

（1）密集型分销策略。密集型分销称为广泛性或普通型分销。采用这种策略的具体表现是，国际企业选用尽可能多的中间商经销自己的产品，使产品在目标市场有"铺天盖地而来"之势，达到使自己产品品牌"路人皆知"和随处可买，最广泛地占领目标市场的目的。在国际市场上，日用品、大部分食品、工业品中的标准和通用化商品、需要经常补充和替换或用于维修的商品、替代性强的商品等，多采用这种分销策略。决心采用密集型分销策略的企业必须充分预计到，其所面临的每个中间商可能同时经销几个厂家、多种品牌的产品，使得它们不可能为每一产品的促销提供如广告宣传、人员促销等手段过程中发生的费用，这就要求企业在经济上向其提供一定的支持，使企业的渠道费用增加。

（2）独家分销策略。这是一种最为极端的常见专营型分销策略。由于产品本身技术性强，使用复杂而独特，所以需要一系列的售后服务和特殊的推销措施相配套，使国际企业在一个目标市场只选择一个中间商来经销或代销它的产品。国际市场如汽车、家用电器、计算机、办公设备、照相器材等产品的许多生产企业都采用这种策略在世界许多国家或地区建立分销网络。采用这一策略的生产企业必须与被选中的独家经销商签订协议，协议保证作为独家经销商只能经销生产企业的产品，不得同时经销其他厂家的同类产品，而生产企业必须常常在产品供应、运输和管理技术等方面给经销商以特殊的便利条件或支持。采用独家分销策略可使国际企业十分容易地控制渠道行为，但由于采用这种策略后使国际企业与独家经销之间的互相依赖性大大增强了，这样由于经销商经营失误，会使国际企业失去一条分销渠道，甚至失去一个目标市场。

（3）选择性分销策略。选择性分销策略是介于密集性分销与独家经销两种渠道之间的一种宽度渠道策略。国际企业从愿意合作的众多企业中选择一些条件好的批发商、零售企业作为自己的中间商，这样与密集性分销相比，可以集中地使用企业的资源，相对节省费用并能较好地控制渠道行为。企业可以获得比采用密集性或独家经销两种策略更多的利益，但是，这一策略也不是尽善尽美的。起码有两点使企业决定采用该策略时有所顾忌：①与中间商能否提供良好的合作以及愿意与渠道协作的中间商数目的多少，直接有关的是国际企业能为中间商提供多少市场畅销的产品，在供货方式、价格上给予多大优惠，在诸如采用广告宣传等措施所需的费用上给予多大的支持等，国际企业能做出多大承诺。②国际企业与中间商之间的联系以执行合同来维系，无论哪方的行为有损于合同的执行，必将使产品在该渠道上的流通受阻。

【例10-11】

Nike 的辩证种销售渠道

Nike 在六种不同类型的商店中销售其生产的运动鞋和运动衣：

（1）体育用品专卖店，如高尔夫职业选手用品商店。

（2）大众体育用品商店，供应许多不同样式的耐克。

（3）百货商店，集中销售最新样式的耐克产品。

（4）大型综合商场，仅销售折扣款式。

（5）耐克产品零售商店，设在大城市中的耐克城，供应耐克的全部产品，重点是销售最新款式。

（6）工厂的门市零售店，销售的大部分是二手货和存货。

资料来源：[美] 菲利普·科特勒著.营销管理（新千年版）.北京：中国人民大学出版社，2001

第四节　国际市场分销管理

一、国际市场分销管理的含义

国际市场分销渠道管理，从广义上讲包括制定渠道目标和选择渠道策略，选择、激励、评价、控制渠道成员，以及渠道改进等。当国际市场分销不经过目标市场国家的中间商而将产品或服务直接销售给国外的最终用户或消费者时，制造商将不需要考虑国外中间商的管理问题，这时的国际市场分销相对来说比较简单。但当国际市场分销需要利用国外中间商来履行部分营销职能时，营销者则必须关注从制造商到最终用户或消费者的整个分销过程，考虑对国外中间商的控制和管理问题。在这种情况下，产品在从生产者向最终用户或消费者转移过程中的每一个环节的效率都会影响整个分销渠道的效率，因此其管理是富有挑战性的，也是应引起企业充分重视的。

【例 10-12】

卡丹路携手灵创软件开创美好未来

2003 年卡丹路携手灵创软件，进行信息化系统改造，成功实施了分销管理系统。卡丹路给灵创送来了感谢信，在感谢信中这样说，"2003 年底有幸接触到广州灵创软件公司，灵创软件在服装分销管理方面具有非常丰富的实施经验，曾经为香港堡狮龙集团等大型企业成功实施了分销管理系统，在实际应用中为我公司节省了大量费用和流通费用，大大加强了企业总部与各级各类分支机构之间的沟通，实现企业供应链和其他旧有系统之间的顺利对接，是服装行业企业分销管理解决方案领域优秀产品。在此，我们特别感谢'灵创软件'。灵创软件让我公司降低了成本、增加了收益，提高了控制力度和企业规范化运作水平，为企业的决策提供支持。愿灵创软件能给越来越多的朋友带来更多的利润，愿灵创软件的明天更加辉煌"。

灵创软件与卡丹路的合作是愉快的、成功的，而对于客户的成长发展，灵创总是给予充分的跟踪支持。现在卡丹路发展得越来越好，灵创人是感到很欣慰的。对于卡丹路成为 2010 年广州亚运会的赞助商，并冠名主办"亚运天使"——广州2010 年亚运会礼仪志愿者选拔大赛这一重大喜讯更是兴奋不已。

灵创软件必定全力以赴，提供更好的服务，全力支持卡丹路，全力支持亚运。作为一家高科技公司，灵创软件充满激情的干劲，充满阳光的公司文化内涵，与2010 年广州亚运会所提的"激情盛会，和谐亚洲"的亚运精神内涵是有紧密的吻合度的。而作为一家广州本土成长起来的具有高度社会责任感的科技公司，又怎能对2010 年的这一场亚洲盛会不给予极大关注呢？又怎能不通过力所能及的方式去全力支持亚运呢？

资料来源：http://info.cloth.hc360.com/2011/01/0416424211139.shtml

二、制定国际市场分销目标

国际市场分销渠道管理的首要任务是确定国际市场分销目标。国际市场分销目标可能是预期达到的顾客服务水平、中介机构应该发挥的功能、在一定的渠道（如超级市场）内取得大量的分销、以尽可能少的投资在新的国际市场上实现产品分销数量的增长、提高市场渗透率等。

在制定国际市场分销目标时，除了必须考虑前面所述的六个"C"以外，更重要的是必须考虑目标市场顾客对分销服务的需要。如果制造商无力提供这些服务，就需要使用中介机构。顾客的分销服务分为五大类，即批量规模、市场分散程度、等候时间、产品多样性和服务支持。

【例 10-13】

联想的战略性分销目标与战术性分销目标

联想 2001 年提出了"高科技的联想、服务的联想、国际化的联想"的战略目标，根据这个目标，分销战略就有了方向性，渠道未来的目标方向将是在三个方面：从销售低技术低价值产品向承接高技术高价值产品分销转变，分销渠道要从低服务水平向高水平增值服务转变，分销的覆盖范围重点是要从国内市场向国际市场扩展，在这个层面是战略性分销目标层面。2001 年被任命为可口可乐公司的新总裁伊维斯特在一次演讲中说："我要你的顾客；我要你的货架；我要你的顾客胃口；而且我还要软饮料每一点潜在的市场份额。"从中可以看到一个密集分销战略目标，包括对目标市场的细分覆盖，对零售终端的密集覆盖，为了达到这个目标，可口可乐需要开发那些以前被忽略的渠道，曾经有人研究过可口可乐的渠道，有 22 种之多。那么联想要想实现"从销售低技术、低价值产品，向承接高技术、高价值产品分销转变"，就必须提高分销渠道的知识、技术服务和客户开发能力，这些就成为可操作（战术性）的目标，如多少家分销渠道的多少人员，掌握多少种知识和技术，培养多少个高级的大客户代表，销售多少数量的高技术、高价值产品等等。可口可乐的密集分销战略要落实，就需要制定相应的具体操作（战术性）目标，找出哪些相应的细分市场，渠道的密度和长度达到多少数量等。

资料来源：品牌招商网，2007-08-14

三、选择国外中间商

如果企业决定使用国外中间商进入和开拓目标国家市场，那么在国际销渠道设计和管理中，就需要对具体的中间商作出选择，以保证所选择的中间商具有高效率，能有效地履行所期望的分销职能，从而确保企业国际营销目标的完成。国外中间商的选择，会直接关系到国际市场营销的效果甚至成败，因为中间商的质量和效率将影响产品在国际市场上的销路、信誉、效益和发展潜力。但是，从事国际营销的企业对国外中间商的吸引力是不同的。一般来说，那些知名度高、享有盛誉、产品销路好的企业，可以轻而易举地选择到合格的中间商；那些知名度低、产品利润率不高的企业，则需要投入大量的精力、时间和费用，才能寻找到足够数量的、合格的中间商。但不管是哪种类型的企业，在选择中间商时都要有一个筛选的过程，充分评价每一个候选的中间商是否满足一些基本的条件。

企业在选择国外中间商时一般应遵循八个步骤：

（1）收集有关国外中间商的信息，列出可供选择的中间商名单。

（2）依据企业开展国际市场营销的需要确定选择标准。企业可能需要对中间商的销售、市场调研、库存控制、运输、加工等方面提出要求。

（3）向每位候选的中间商发出一封用其本国文字书写的信件，内容包括产品介绍和对中间商的要求等。

（4）从复信中挑选一批比较合适的候选人，企业再去信提出更为具体的询问，如经营商品种类、销售覆盖区域、公司规模、销售人员数量及其他有关情况。

（5）向候选人的客户调查其信誉、经营、财务状况等情况。

（6）如果条件允许，派人访问所优选的中间商，进行更深入的了解。

（7）按照挑选标准，结合其他有关情况，确定中间商入选者名单。

（8）双方签订合同，正式确定分销过程中一些具体问题的条款。

此外，企业在选择国外中间商时还应注意的基本条件包括以下几个方面：

（1）中间商的市场范围。这是选择中间商必须考虑的最关键因素。首先，要考虑中间商的经营范围与本企业计划销售的产品、中间商的销售力量所覆盖的市场区域与目标市场是否一致。其次，要考虑中间商的客户与本企业的目标顾客是否一致。

（2）中间商的财务状况及管理水平。如果财务状况不佳，流动资金短缺，中间商往往很难保证履约、守信。管理水平则决定着中间商的营销效率和效果，直接影响到产品的销售业绩及其在市场中的声誉，因此选择中间商还必须考虑它的社会地位、历史、经营作风、人员素质等因素。

（3）中间商的专业知识。是指中间商掌握的产品、顾客竞争者、行业特点等方面的知识。专业知识强的中间商往往能够迅速打开市场，节约成本。

（4）中间商的地理位置和拥有的网点数量。理想的零售位置应该是顾客流量大、交通便利等特点，一个中间商拥有的销售网点越多，销售能力越强，制造商与之合作的潜力也越大。

（5）中间商的信誉。这是对中间商的基本道德要求。任何企业在国际分销管理中都应尽量避免与那些信誉不佳、不讲商业道德的中间商来往。

（6）预期合作程度。只有中间商的合作意愿和态度积极，才能保证达到预期的合作目标。当然制造商品牌和规模的大小会影响到中间商的合作意愿和态度，中间商一般不会为一个知名度不高的小企业提供理想的货架空间、商品陈列位置、店内展示等。

【例10-14】

联想与美国公司签署市场渠道分销协议

美国纳斯达克上市公司 Brightpoint（CELL.NASDAQ）7 月 1 日宣布，公司通过旗下子公司 Bright North America L.P.与联想集团（00992.HK）签署分销协议。

根据协议，Brightpoint 负责将联想的产品包括 Idea 和 ThinkPad，分销至美国的渠道合作商。联想北美消费者与商业销售部副总裁 Chris Frey 表示，渠道销售是联想重要的销售途径，此次新增 Brightpoint 为分销商将有助于在渠道销售中引入无线设备销售的专业伙伴。Brightpoint 主要在全球从事分销无线设备并为无线产业提供定制的物流服务，其目前为全球超过 2.5 万个 B2B 客户提供分销和定制服务。

资料来源：魏伶. 一财网，2010-07-02

四、控制国际市场分销渠道

企业选择了中间商以后，还要加强对分销渠道的管理和控制。对国际市场分销渠道的控制主要包括专门管理、健全档案、适当鼓励、定期评估、有效监督和及时调整与改进等几项工作。

（一）专门管理

出口企业，尤其是经常开展国际营销活动的大型企业，一般应设立管理国际市场分销渠道的专门机构，至少要有专人负责这项工作，以加强对分销渠道的专业化、系统化管理。日本一些公司设有国际市场客户部，能通过各种形式加强与中间商和客户之间的密切联系，不断调整对中间商或客户的管理。

（二）健全档案

要与国内外企业、银行、咨询机构及政府等保持经常性的联系，不断搜集、分析、整理有关中间商（重点是本企业客户）的资信材料，包括中间商的地理位置、管理水平、经营作风、财务状况、合作意愿等，对这些资料都要分门别类、加工整理、简明扼要，便于查询和利用。

（三）适当鼓励

对中间商给予适当鼓励，目的是促使双方友好合作，互利互惠，融洽感情。鼓励的方法主要有：①给中间商提供适销对路的产品。②给予中间商尽可能高的利益。③协助中间商品进行安装、调试、维修等方面的人员培训。④给予中间商独家专营的权利，这同时会给生产企业带来更大的风险，所以要求企业对中间商进行严格的甄选。⑤双方共同开展广告宣传，或给中间商以广告津贴和推销津贴等，减轻中间商的负担。⑥给成绩突出的中间商一定的奖励，可以是奖金、奖品、纪念品、利润分成、联合设计橱窗或专柜，或在对方重要的节假日、开业典礼时致电祝贺。

（四）定期评估

这要做两方面的工作：一是对分销渠道模式和分销渠道结构进行评估，这种评估的标准主要是经济效益。二是对客户进行评估，这种评估主要是对客户的履约率、资信状况、销售能力、合作态度、经营效率等作出鉴定，通常有两种方法，即绝对评估和相对评估，绝对评估是以企业的当期销售额来确定其优劣，相对评估是指把渠道成员的当期绩效与其前期绩效相比较，考察其增长水平来确定其优劣。

事实上，评估渠道成员，还应该评估剔除该成员所带来的非渠道运作的一些法律影响或法律成本。例如，在洪都拉斯，企业如果终止一个代理协议，必须向该代理商支付相当于 5 年的毛利，并补偿代理商所进行的一切投资和各项附加开支。

（五）及时调整与改进

市场环境、分销渠道和企业内部条件等是经常变化的。市场环境的变化会使有些中间商不能继续在渠道中服务，或者说该产品分销渠道在该市场环境下行不通；渠道成员冲突激烈，某些渠道成员业绩较差，渠道成员与企业的合作不理想，以致影响渠道运作；制造商本身的营销政策发生变化，如由间接分销改为直接分销、到国外投资办厂等。当出现这些问题时，对分销渠道的适时调整是必要的。国际市场分销渠道的调整方法一般有如下两种：

（1）增减渠道或中间商。这往往要求对中间商进行评估，如何评估前面已讲述过。

（2）改变整个渠道系统，难度远大于前者。这又有三种情况：①放弃长渠道采用短渠道，这是企业通常的选择。②放弃短渠道采用长渠道，在市场已经严重退化，企业几乎要放弃该市场，只是因为还有少量的市场需求，采用长渠道去满足其需要，避免继续使用短渠道消耗企业资源。③渠道的中间层次不变，但改变了市场区域，原有市场的该产品渠道网络因此而被出口企业废弃。

（六）内部协调

为了发挥出整条渠道的高效率，应尽量使各渠道成员的矛盾冲突降至最低限度，对国际企业来讲，由于其业务范围或涉及的区域极其广泛，所以这项工作既重要又非常艰巨。渠道内各中间商的主要矛盾有如下几种：

（1）水平渠道冲突。指的是同一渠道模式中，同一层次中间商之间的冲突。产生水平冲突的原因大多是生产企业没有对目标市场的中间商数量分管区域作出合理的规划，使中间商为各自的利益互相倾轧。这是因为在生产企业开拓了一定的目标市场后，中间商为了获取更多的利益必然要争取更多的市场份额，在目标市场上展开"圈地运动"。如果发生了这类矛盾，生产企业应及时采取有效措施，缓和并协调这些矛盾，否则，就会影响渠道成员的合作及产品的销售。另外，生产企业应未雨绸缪，采取相应措施防止这些情况的出现。

（2）垂直渠道冲突。是指在同一渠道中不同层次企业之间的冲突，这种冲突较之水平渠道冲突更常见。垂直渠道冲突也称做渠道上下游冲突。一方面，越来越多的分销商从自身利益出发，采取直销与分销相结合的方式销售商品，这就不可避免地要同下游经销商争夺客户，大大挫伤了下游渠道的积极性；另一方面，当下游经销商的实力增强以后，不甘心目前所处的地位，希望在渠道系统中有更大的权利，向上游渠道发起了挑战。在某些情况下，生产企业为了推广自己的产品，越过一级经销商直接向二级经销商供货，使上下游渠道间产生矛盾。因此，生产企业必须从全局着手，妥善解决垂直渠道冲突，促进渠道成员间更好地合作。

串货是垂直渠道冲突中的一种特殊类型，它是指经销商置经销协议和制造商长期利益于不顾，进行产品跨地区降价销售。产生这种现象的主要原因主要有：某地区市场供应饱和；广告拉力过大，渠道建设没有跟上；企业在资金、人力等方面不足，造成渠道发展不平衡；企业给予各地区的渠道优惠措施不同。解决该问题的方法是：企业内部业务员与企业之间、商业客户与企业之间签订不串货的协议；外包装区域差异化；发货车统一备案、统一签发控制货运单；建立科学的内部分区业务管理制度，有"七定"措施，即定区、定人、定客户、定价格、定占店率、定激励和定监督。

（3）不同渠道间的冲突。随着顾客细分市场和可利用的渠道不断增加，越来越多的企业采用多渠道营销系统即运用渠道组合、整合。不同渠道间的冲突指的是生产企业建立多渠道营销系统后，不同渠道服务于同一目标市场时所产生的冲突。例如，美国的李维牌牛仔裤原来通过特约经销店销售，当它决定将西尔斯百货公司和彭尼公司也纳为自己的经销伙伴时，特约经销店表示了强烈的不满。因此，生产企业要重视引导渠道成员之间进行有效地竞争，防止过度竞争，并加以协调，不同渠道间的冲突在某一渠道降低价格（一般发生在大量购买的情况下），或降低毛利时，表现得尤为强烈。

当出现上面这些渠道冲突时，企业必须正确面对，协调好分销渠道内各成员间的关系，寻求解决渠道冲突的办法。解决渠道冲突通常使用的方法有：克服渠道冲突的主要方法；做好市场布局的总体规划；严格企业内部分销系统管理；将限定销售区域的条款列入合同；对避免冲突的渠道成员实施激励；加强渠道成员间的相互沟通；建立垂直一体化的分销系统等。

【阅读材料】

建立渠道管理能力和优势的六个角度

BCG（波士顿咨询公司）从六个角度全面透彻地分析了企业如何建立渠道管理能力和优势：

（1）清晰定义渠道模式，明确企业与渠道伙伴的分工合作方式，包括选择何种分销渠道以及企业与渠道伙伴之间如何进行责任分工等。

（2）制定合理的渠道伙伴利益分配政策，体现对渠道伙伴的合理激励与有效管控，主要包括企业如何管理和激励不同层级的经销商和批发商等。

（3）强化和完善销售团队管理以系统化提升销售人员的效率和执行质量，企业采取系统化措施建立和维护具有竞争力的销售队伍。

（4）建立有效的销售支持系统并持续优化，包括销售队伍的招募和培训支持等人力资源管理体系优化，以及销售和渠道策略所要求的一整套技术解决方案。

（5）有效管理现代渠道，包括建立全面准确的信息及管理基础，并推行精细的差异化服务和管理策略，以及对销售人员进行有针对性的技能培养和能力提升等。

（6）销售渠道变革的推动，根据企业实际情况和市场需求，有机整合以上五个方面进行优化完善，形成系统的销售渠道变革方案并循序渐进地实施。

资料来源：马可佳. 第一财经日报，2011-01-18

【本章小结】

（1）国际市场分销系统中的基础部分即国际市场分销渠道（International Distribution Channel），是指使所有产品及其所有权从生产者转移到国际消费者的过程中所经历的各种通道和市场组织的总和。

（2）国际市场分销系统的结构主要指的是国际市场分销渠道结构，可以分为长度结构，即层级结构、宽度结构以及广度结构三种类型。

（3）出口经销商以自己的名义在本国市场上购买商品，然后再以自己的名义组织出口，将产品卖给国外的买主。它自己决定买卖商品的花色品种和价格，自己筹集经营的资金，自己备有仓库，从而自己承担经营的风险。

（4）出口代理商（Expert Agent）是接受出口企业的委托，代理出口业务的中间商。出口代理商并不拥有货物所有权，不以自己的名义向国外买主出口商品，而是接受国内卖主的委托，按照委托协议向国外客商销售商品，收取佣金，风险由委托人承担。

（5）进口商（Import Merchant），又称为"进口行"（Import House）。它是以自己的名

义从国外进口货物向国内市场销售，获取商业利润的贸易企业。它拥有货物所有权，因而须承担买卖风险。

（6）进口代理商是接受出口国卖主的委托，代办进口，收取佣金的贸易服务企业。它们一般不承担信用、汇兑和市场风险，不拥有进口商品的所有权。

（7）国际市场分销渠道决策一般要考虑六个因素：成本（Cost）、资金（Capital）、控制（Control）、覆盖（Coverage）、特征（Character）和连续性（Continuity）。这六个因素被称为渠道决策的六个"C"。

（8）国际市场分销渠道管理，从广义上讲包括制定渠道目标和选择渠道策略，选择、激励、评价、控制渠道成员，以及渠道改进等。

【思考题】

1. 分销系统的含义？分销系统的结构主要指什么？
2. 试比较欧美与日本分销渠道模式的主要差别。
3. 国际市场分销渠道中间商的主要类型有哪些？
4. 影响企业选择国际市场分销渠道的因素有哪些？
5. 渠道长度和宽度是指什么？怎么对它们进行决策？
6. 国际市场分销渠道管理的含义与目标。
7. 选择国际市场分销渠道应遵循哪些步骤？
8. 如何控制国外分销渠道？
9. 渠道冲突的类型及其解决办法。

【案例分析】

国外汽车营销渠道模式与本土化

伴随着中国汽车工业的迅速发展，营销渠道也在发生着巨大的变化：由最初的只有集约型汽车交易市场的形式，发展成目前的集约型交易市场、品牌专卖店、连锁销售、汽车园区等形式并存的格局。中国的国情与西方国家存在着很大的不同，西方的渠道模式不一定适合中国，但是由于西方国家的汽车工业比较成熟，因此，其渠道模式又有许多可以借鉴的方面。本文通过对中国与西方国家汽车营销渠道的模式进行比较，分析中国汽车营销渠道的发展趋势，进而对中国汽车制造商、经销商等提高相应的决策参考。

1. 国外汽车行业营销渠道现状

无论是欧盟还是美国，汽车行业营销渠道均以品牌专卖店为主，但是无论是在品牌专卖店的结构、还是在运作方面，欧盟与美国存在着很大的不同。近几年，随着竞争环境的改变，渠道结构都发生了相应的改变。

品牌专卖模式是指汽车厂家或销售总公司与经销商业主签订合同，授权汽车经销商在一定区域内从事指定品牌汽车的营销活动。经销商按照汽车厂家或销售总公司的要求建立展示厅、统一颜色和标识、规范销售的方式和方法、宣传的方式等。这种品牌专营汽车经销商完全是在销售品牌汽车可以赚钱的卖方市场环境下形成的。

4S 店［Sale（销售）、Sparepart（零部件供应）、Service（维修服务）、Survey（信息反馈）］是品牌专卖店发展到 20 世纪 90 年代的产物。4S 店有对厂家有明显的依附性，4S 店品牌专卖汽车经销商的业绩和发展受生产厂家产品的设计和质量以及产品是否为消费者所喜爱、对经销商和销售人员的培训的好与差等因素的影响。

2. 欧盟的品牌专卖店状况

品牌专卖店是欧盟汽车销售的主要渠道，目前欧盟共有 11 万多家经销商。

欧盟的汽车生产商在整个营销体系中处于核心地位，分销商、代理商、零售商通过合作或产权等为纽带、依靠合同而与生产商的利益紧密结合在一起。生产商通过设立一套严格的标准选择分销商，分销商将自己的区域划分为若干小区域，在每一个小区域内选择一家代理商或零售商，分销商与代理商或零售商的职责分工是比较明确的，分销商只负责从汽车生产厂家进货，然后发送至代理商或零售商处，起到批发和中转的功能，不从事零售业务；代理商或零售商负责具体的零售业务。生产商通过限制供货的方式控制分销商的网络。

生产商在与分销商签订分销合同时，一并签订服务合同，于是欧盟的品牌专卖店就是典型的集汽车（包括新车以及二手车）销售、零部件供应维修服务以及信息反馈为一体的 4S 店。

欧盟的品牌专卖店具有强力宣传生产商品牌的功能，但是由于区域内排他性选择经销商制度，使得欧盟汽车零售商之间的竞争不是很激烈，竞争的乏力使得产品的价格居高不下，从而欧盟的汽车生产商在与世界其他汽车生产商之间的竞争过程中逐步趋于劣势。为此，欧盟在 2002 年 2 月做出决定：在汽车零售业中引入竞争机制，以后销售汽车的不仅仅是代理商，超市、商场均可以销售。

3. 美国的品牌专卖店情况

与欧盟的品牌专卖店主要销售一种品牌的汽车不同，美国的汽车品牌专卖店由三种形式构成：排他性特许经销商，只销售一个厂家的某个品牌；非排他性特许经销商，销售不同厂家的几个品牌，还有就是厂家直销。

美国汽车销售的主流模式仍然是品牌专卖店，全美共有2.2万个品牌专卖店，区别于欧盟的独立经销商，在美国几乎没有独立经销商，品牌专卖店是由汽车生产商投资，经销商赚取佣金以及银行返回利润等。同时，美国的汽车经销商同医生、会计师、公众安全等职业一样是受国家控制的职业之一，汽车经销商取得特许经营权是由地方政府批准的，经销商必须自己贷款向厂家提取汽车。而美国汽车的售后服务则是相对独立的，大部分专卖店只做汽车销售，小部分实力较强的经销商才做服务。汽车售后服务也趋向专业化：汽车零配件的专业化，汽车保修的专业化等。

从上面的情况可以看出来，美国汽车专卖店并不是真正的4S店，大部分只具有1S的功能：销售功能。

另外一种值得研究的渠道模式是美国汽车的互联网交易，目前，美国汽车的互联网交易非常活跃，消费者从下订单到订单的满足发送至消费者处只需要3~5天的时间。

4. 我国汽车行业营销渠道概述

1998年，以广州本田、上海通用为代表的国内主要汽车生产厂家开始仿效国外营销模式，推出"整车销售、配件供应、售后服务、信息反馈"为主要内容的4S销售模式。随后，其他汽车生产企业也相继跟进，颇有一种"山雨欲来风满楼"的味道。国内的品牌专卖店在结构以及运作模式等方面类似于欧盟的4S店。除去国内4S店的投资规模较大从而将成本转嫁给消费者导致价格较高以及4S的软件素质（诸如无自己的品牌，从业人员素质低等）等方面的缺陷外，下面两方面的状况使得以4S店为主的品牌专卖店不可能成为中国汽车市场的主流渠道模式。

作为一种消费品，汽车在国内与西方的定位存在着较大的差异。在西方国家，由于经济比较发达，汽车是一种必需品；相对于中国目前的经济水平以及城乡差异，中国的汽车更类似于奢侈品，奢侈品会逐步向必需品过渡，只不过过渡的时间比较长。随着经济的发展，中国汽车的保有量将会迅速增加，而增加的保有量首先更多的集中于经济型以及中档车型方面，而高档车型由于价格弹性较低，其增加量的幅度不会有很大的提高。因此，中国汽车未来的市场主要体现于中档以及经济型车型方面，这部分的消费者对价格的敏感度较高，而4S店由于较高的品牌定位以及较高的价位，与目前经济型以及中档车型的消费者的定位是不一致的。

国内与西方国家在汽车市场结构方面有着较大的差异性。西方国家的汽车市场结构是寡头垄断型，比如，美国汽车市场主要由三大寡头垄断，欧盟的情况亦很相似。但是，中国目前汽车的市场结构更加类似于垄断竞争类型，生产商比较多，每一生产商都对市场有一定的控制力量，但是控制力量又都不是很强烈。尽管中国汽车的保有量在迅速地增加，但是，增加的保有量被众多的汽车生产商瓜分，每一生产商所分配的量就很有限了；同时，品牌的众多使得消费者有了更大的选择权，4S店的销售量就会受到很大的制约。

西方国家由于经济的发达程度较高，汽车作为一种必需品，保有量较大，同时，市场结构的寡头垄断性使得每一品牌所分得的销售量是很大的，因此，4S店在西方国家的发展比较好就是理所当然的了。在中国经济比较发达的大中型城市，高档品牌的汽车生产商可以采用4S店的模式，因为经济发达城市的汽车保有量比较大，同时中国目前的高档车市场的市场结构更加类似于寡头垄断。

5. 汽车连锁超市是中国未来汽车销售的主流模式

连锁销售之所以会成为主流渠道模式，核心原因在于这种渠道模式很好地适应并满足了中国的消费形式与特点。连锁企业尤其是全国连锁使得其订单量较其他形式的渠道要多，订单量大必然要求生产商为其提供更低的价格或更优惠的车型，鉴于较大的零售量，生产企业不管迫于无奈还是主动，最终结果只能满足连锁企业的要求。连锁企业利用优惠的价格逐步将其他形式的渠道驱逐出市场，从而其销售量进一步加大，销售量的进一步加大又使得连锁企业有更大的实力从生产商处得到更低的价格和更优惠的车型，从而进一步降低汽车价格。这一点与中国汽车的消费特点是一致的：中国汽车增长最快的是经济型以及中档车型，这部分消费者群体对价格较为敏感，连锁超市正好满足了这一点。因此，连锁超市定位于中低档车型是其能否在渠道中占据主角的核心。同时，随着连锁规模的扩大，渠道实力的增强，客观上起到整合汽车生产商的作用，那些实力较差的经销商由于得不到渠道的支持而逐渐淡出舞台。连锁销售经营较多的汽车品牌满足了消费者"货比三家"的需求，免去了消费者由于中低档车品牌的众多而东奔西跑的麻烦；同时，最终在一个城市形成几家连锁企业主宰车市的情形可以解决目前购车手续烦琐的问题：类似于北京的汽车园区或上海的"汽车大道"，服务结构外派至连锁企业或者由连锁企业代办整套手续，从而形成一种新的服务。

6. 汽车园区的发展有太多无奈

集约型汽车交易市场在我国的汽车渠道中发挥了重要的作用，其核心优势在于：品种全、价格低、服务好，如在北京亚运村汽车交易市场，购车的13项手续在交易所能完成11项。但是其缺陷也是很明显的：缺乏整体策划与运作，形成不了规模效益。在汽车市场供不应求、渠道竞争不是很激烈的状况下，其存在能满足需求，但是随着竞争的加剧、渠道的变革，集约型汽车交易市场退出历史舞台只是时间问题，相应地将会被汽车连锁销售的模式所取代。

汽车园区最大的特点在于功能的多元化，如北京国际汽车贸易服务园区设计国际汽车贸易区、汽车试车区、二手车贸易区、汽车特约维修区、国际汽车检测中心、汽车物流配送中心、北京国际汽车保税区、休闲娱乐区、汽车解体厂九个功能园区，在某种程度上诠释了汽车园区的功能内涵。实现了现金交易、信贷交易、租赁交易三种方式集成，并且具有销售、融资、办理手续一站式的服务功能，成为国际汽车交易中心、售后服务中心、展览信息交流中心和国内外汽车厂商咨询服务中心。

但是，汽车园区的缺陷也是很明显的：大部分的汽车园区（包括规划中的）地理位置在郊区，商业氛围比较淡；汽车园区内的品牌专卖店仍然各自为政，没有形成相应的规模优势，这一点与集约型交易市场的状况是一样的。

因此，未来汽车园区到底该往何处去，现在下结论还为时过早，我们的建议是：对于目前已经建立汽车园区的城市，吸引汽车连锁企业进入，代表中低档车型，与定位于高档的专卖店并存。

7. 电子商务有效提高汽车生产企业竞争力

作为一种渠道模式，汽车网上销售尽管在国内还没有太大的发展，但是随着时间的推移，这种模式将会发挥越来越重要的作用。电子商务是企业实力的象征，生产企业能做到网上销售，本身就是一种品牌提升行为；同时，电子商务又是一种提高竞争力的有效手段，无论实行成本领先战略的企业，还是差异化战略的企业，均可以从中受益。因此，生产企业要仔细研究这种新的渠道模式并采取积极的应对措施。

品牌专卖店是高档车的主流销售渠道模式；汽车连锁销售是中低档品牌销售的主流模式，因中低档车型是中国保有量最大、增长最快的市场，因此，此种渠道模式是整个汽车销售的主流形式；集约型汽车交易市场将退出舞台；汽车园区的发展有待观望；作为一种渠道形式的电子商务将能有效地提高企业的竞争力。

资料来源：包敦安, 俞国方. 中国商务部网, 山东工商学院, 2005-03-24

问题讨论

1. 西方汽车营销渠道的主流是什么？试结合案例说明原因。

2. 我国汽车营销渠道的主流是什么？分析其原因。

3. 西方和我国汽车营销渠道的主流为什么不同？

4. 简要回答集约型汽车交易市场、汽车园区、电子商务今后在我国汽车市场将扮演什么样的角色？为什么？

第十一章 国际市场营销促销策略

学习目标与重点

(1) 国际市场广告决策的主要内容。

(2) 国际市场推销人员的管理。

(3) 国际市场营业推广的主要形式。

(4) 国际市场营业推广策略的制定。

(5) 国际公共关系的主要形式及危机公关的处理。

关键词

广告 人员推销 营业推广 公共关系

案例导入

联合利华新媒体营销提速

在联合利华看来，数字媒体是与广大消费者沟通最具创新性和革命性的手段。其在数字领域的探索，可以追溯到1999年，与微软和美国在线合作，测试互联网营销效果；十年后，它在全球的年广告支出高达74亿美元，在部分国家，其数字媒介的支出占20%~30%；首席市场官 Keith Weed 上任后大胆承诺，2011年联合利华的数字营销支出要翻番。

中国市场的发展与全球保持步调一致。最近两年，联合利华大幅增加在互联网领域的营销与投入，成为快消品牌中网络营销的领导者。在门户、视频、SNS、搜索等中，人们比以往更容易见到联合利华的身影，这是其猛烈攻势的直接证明。回顾2010年联合利华在数字领域的努力，有两个品牌不得不提——立顿和清扬。

在数字时代，品牌与消费者沟通、互动的桥梁在发生变化，媒体已与以往完全不同，消费者不再被市场的"推手"驱动。联合利华明白，要给消费者更多自由发挥的空间。它在全球范围内发起了"消费者创意挑战"（Consumer Creative Challenge），邀请消费者为旗下13个品牌贡献创意并拍摄广告片，立顿中国也位列其中。与传统茶饮料不同，立顿茶的目标消费者是现代都市的年轻人群，他们工作忙碌，面对电脑时间长，喜欢分享。根据这些行为特征和需求，立顿借助互联网展开了"送茶特工队"、"玩味下午茶"、"连连抱"、"我的立顿，我的英伦时光"一系列活动，帮助忙碌的办公室年轻人与朋友沟通感情，也让众多的年轻人在轻松的下午茶时刻想起立顿红茶，将产品的独特品质和消费者的情感需求联系在一起，赢得了众多消费者尤其是年轻消费者的心。

另一个引起普遍关注和热议的营销案例，是"清扬"掀起的定制剧热潮。"清扬"品牌以内容植入为切入点，赞助《无懈可击之美女如云》电视剧，电视剧出品之后，又以网台联播带动"全媒体"组合：剧集不仅在电视上播放，还同期在互联网视频网站如优酷、土豆、搜狐视频上同步播出，同时以户外广告、地铁广告主打移动人群；此外，配合剧集的播出，"清扬"在官方网站上推出了"职场战书行动"，鼓励消费者与品牌互动。

资料来源：成功营销，2011（1）

第一节　国际市场广告策略

一、国际市场广告概述

（一）国际市场广告的概念及特点

1. 国际市场广告的概念

国际市场广告是指为了配合国际市场营销活动，通过国际性的传播媒介，在目标国或地区所做的企业及产品的信息传播活动。国际市场广告不仅有利于树立企业及产品在目标国的形象，而且在刺激需求、促进销售方面起着其他手段无法替代的作用，是消费者进行购买决策最重要的信息来源。

2. 国际市场广告的特点

国际市场广告与其他国际沟通方式相比，有以下三个特点：

（1）广告公开地刊登在大众传媒上，可增加国外消费者对企业和产品的信任度，消除疑虑。这一点对于进入陌生国家的产品或企业来说，是很重要的。

（2）广告可以利用大众媒体的传播渠道，使国际产品或企业信息最广泛地接触到国外消费者，从而有利于迅速扩大产品或企业在目标市场的知名度。

（3）广告是一种艺术，具有美的或情感的表现力和感染力，比其他沟通方式更能表现国际产品或企业的价值，更能吸引国外消费者。

（二）国际市场广告发展概况

国际市场广告是随着国际贸易和市场竞争的发展而逐渐发展起来的。在第二次世界大战结束时，广告活动主要限于国内，随着经济全球化的发展，国际市场广告迅速发展。广告公司的功能，也由广告创作和广告代理发展成为一个综合性的信息服务行业。广告在世界各国的地位和发展水平差距十分巨大。美国多年来一直占全世界广告费用总额的一半以上，其次是日本和德国。但近年来欧洲、亚洲一些国家和地区广告业也发展得很快。1989年，美国以外国家的广告业增长率首次超过美国。一般来说，广告业的发展与经济发达水平密切相关，但其他因素如文化因素等也起到非常重要的作用。

目前世界广告业发展迅速，已迈入了崭新的阶段，其主要特征有以下几个方面：

（1）电子信息、高新技术手段已全面渗透到广告业。由于大规模应用现代通信技术和计算机信息处理技术，广告日益向为广告主提供完善服务的方向发展，为生产企业在市场调查、产品设计、生产和销售以及售后服务等方面提供全面的咨询服务，并帮助企业进行形象分析和决策分析，从而促进了广告活动整体策划技术的普遍推广。

（2）高技术成果在广告中得到了广泛运用。广告的宣传手法借助科技发展的新成果，变得更为吸引人，更具有视听效果。比如，美国一家食品公司在城郊竖立了高80米、长1130米的推销面包的巨型广告牌，当人走近它时，能闻到一股面包的香味。瑞典的出租汽车上安装了小电影广告，大屏幕电脑控制彩色广告屏幕在国际上也很流行。高科技所带来的新颖的表达形式，使广告如虎添翼，令人耳目一新。

（3）广告更加注重树立企业和品牌形象。在20世纪70年代初期，广告主要强调产品特色，只要在广告中把产品比同类产品优胜的地方告诉消费者，便是有效的广告。进入80年代末期及90年代，产品广告更以独有的美好形象来支持。这些意在树立良好的品牌形象的广告，可能在产品销售方面不会有立竿见影的效果，但长久性的形象会带来长久性的收益，是今后广告竞争的重要无形投资。

（4）广告制作更为专业化。广告在现代社会的高速发展中将变得更为专业化。其中包括广告理论的建立、市场调查、形象设计、媒介运用、竞争策略、专题研究等，所以要有高水准的专业化制作才足以应付。专业化的广告公司将更加注重广告策略的重要性，帮助客户解决市场推广的全部问题，提供全面服务。

（5）广告活动有全球化的倾向，国际市场广告业的合作进一步发展。随着经济全球化与市场一体化的发展，出现了大量的国际间广告活动。国际广告界相继成立了各种行业性协会组织。同时，随着商业贸易的国际化，各国的广告公司或广告组织也经常组织国与国之间的合作。

二、国际市场广告决策

(一) 国际市场广告的标准化策略与差异化策略

1. 标准化策略

国际市场广告的标准化策略是指企业在不同国家的目标市场上，使用相同主题和信息的广告进行宣传。

国际市场广告标准化策略的主要优点有：

(1) 可以降低企业广告促销活动的成本。企业只需要确定一个广告主题，就可将其在各国市场不加改动或稍加改动后进行宣传，从而节省许多开支。

(2) 有助于国际企业及其产品在各国市场上建立统一形象，从而增强消费者对企业及产品的印象。

国际市场广告标准化策略的主要缺点有：

(1) 没有考虑各国市场的特殊性，广告缺乏针对性。

(2) 当不同国家或地区顾客的需求有显著差异时，标准化广告的效果欠佳。

2. 差异化策略

国际市场广告的差异化策略，又称本土化策略，是指企业在不同国家的目标市场上，使用不同主题和信息的广告进行宣传。美国吉列公司（Gillette）采用的就是国际广告的差异化策略，其剃须产品在全球 200 多个国家和地区销售，大多使用不同的广告进行宣传。

国际市场广告差异化策略的主要优点有：

(1) 适应不同文化背景的消费需求。由于不同国家和地区存在着不同的政治、经济、文化和法律环境，消费者对产品需求差异较大，国际市场广告的差异化策略能更好地适应这种差异性。

(2) 广告针对性强，可以带来较高的促销效益。

国际市场广告差异化策略的主要缺点有：

(1) 会导致较高的促销成本。

(2) 不容易在国际市场上建立企业及产品的统一形象。甚至有时企业总部对各国市场的广告宣传控制不力，广告出现相互矛盾，直接影响了国际企业的形象。

实际上，当今许多跨国公司采用的是标准化和差异化相结合的国际市场广告策略，即由总公司确定全球统一的、基本的广告主题和内容，各国子公司在具体实施时可根据所在国市场的差异作灵活的、适当的调整。这种策略既有利于维护国际营销企业统一的企业和产品形象，取得标准化的宣传效果，又可使广告宣传符合各个国家市场不同的需求特点，促销效果更佳。

【例 11-1】

百事新春贺岁广告片，巧嫁中国传统文化

在中国人的传统文化中，"春"有象征"新的开始"这一重要含义，"一年之计在于春"，春节时中国人家家户户门前必贴上"春联"以讨来全年的好彩头。

在百事 2010 年的新春贺岁广告片中，我们发现"春"字俨然成为了主角，在戏中除了大秀百事新"春"包装之外，导演还给"春"字加足了戏份。在广告中，百事代言人黄晓明与著名导演冯小刚联袂合作上演父子情深，"冰雕艺术家"黄晓明在受到了百事新"春"包装创意的启发，在他的冰雕作品中镶入中国"春"字与百事 Logo，当在冰块中灌入百事可乐时，一个全新的极具创意的百事可乐"春"字诞生，最终黄晓明以此创意赢得了冰雕大赛的冠军，而与此同时，帮助黄晓明夺冠的新"春"包装也给电视机前的人们留下了深刻印象。

资料来源：中国广告网，2010-02-05

（二）国际市场广告目标决策

企业的广告目标，取决于企业市场营销组合的整体战略要求。按企业的沟通目的，广告目标主要可以分为三种：

1. 以告知为目标

以此为目标的广告主要是告知目标市场某种信息，如介绍新产品及使用方法，介绍产品新用途，提供价格变化信息，传播企业形象等。

2. 以说服为目标

以此为目标的广告通常是以劝导消费者购买为主。通过说服性的广告加深顾客对产品的了解，建立品牌偏好，并且诱导顾客的购买行为。

3. 以提醒为目标

以此为目标的广告主要是为了巩固产品的使用，维持品牌的形象和知名度。如提醒顾客继续使用企业产品，提醒销售地点及新的附加利益等。

通常在产品的投入期，企业采用告知性广告，使潜在顾客了解新产品，在市场上唤起初步的需求；在产品成长期采用说服性广告，以应对竞争，建立顾客对本企业品牌的选择性需求；在产品成熟期则采用提醒性广告，维持或继续加深顾客对企业产品的印象，鼓励刺激他们继续使用其产品。

（三）国际市场广告信息决策

确定了广告目标之后，企业就要设计广告内容，即作出广告信息决策。

1. 广告信息创作

广告信息创作内容直接依据广告主所追求的目标市场及产品竞争定位策略来选择。同时，还要具体研究目标市场不同年龄、不同收入、不同购买动机对不同广告信息的理解程度，设计几种不同的信息内容，评估、预测潜在市场对不同信息内容的销售反应函数。在此基础上评估、选择最佳的信息表达方式。

2. 广告主题选择

广告主题应根据所推销的商品和不同的广告对象来确定。如果广告对象是最终消费者，在宣传上通常会以强调情感为主；如果是工业用户，则以强调理性为主。但无论是强调情感还是强调理性，广告主题最重要的是强调产品在使用中给买主带来的利益。

企业在确定广告主题时，应注意以下原则：①目标市场买主的社会经济条件所决定的买方利益的综合情况。②从买主所期望的利益中选择较为重要的因素。③所选择的较为重要的买主利益，检查竞争对手是否也在用同样的广告主题，避免使用竞争者已采用的广告主题。④一则广告强调突出一个主题，针对性强，可以有效地吸引目标顾客的注意力。

3. 广告信息表达

广告信息的表达方式，一般有以下几种形式：

（1）生活片段。表现人们在日常生活中正在使用广告中的产品。

（2）生活方式。强调本产品如何适应或改变人们的生活方式。

（3）音乐化。把企业或产品形象用广告歌来表达。

（4）想象与情趣。为产品制造一个能够唤起人们美好联想的气氛与形象。

（5）拟人化。使产品人格化，让其能说话。一些日用品和儿童用品经常采用此方式表达。

（6）科学证明。显示调查证明或科学实验证明。一些家庭用保健品常采用此方法。

（四）国际市场广告预算决策

国际市场广告预算决策是指跨国企业确定在广告上投入的资金量及其使用规划，以实现企业特定的销售目标。企业通过长期实践，总结出了一些便于实际操作的预算方法。

1. 量力支出法

企业在制定广告预算时首先考虑自己究竟能够负担多少广告费用，即以本身的经济能力为基础来确定广告费用的绝对额。这种方法简单易行，但忽略了广告额与销售额之间的因果关系，而且依据这种方法，企业每年的广告或促销预算具有很大的不确定性，不利于企业制订长期的市场拓展计划。

2. 销售比例法

这是一种比较流行的广告预算方法，该方法要求企业根据销售额的一定比例来确定广告支出。这种方法的优点是简便易行，广告额与销售额结合起来，能使广告支出保持在支付能力以内。如果企业在许多国家有销售业务，使用这种方法能够使广告预算在各国企业进行有效分配。但是，这种方法颠倒了广告额与销售额之间的因果关系，例如，企业在某国的销售额因为遇到强有力的竞争而下降，为了应对竞争和扩大销售，企业本应增加广告支出，而按照销售比例法，企业不得不减少广告支出，可见这种方法缺乏灵活性，容易使企业丧失市场机会。

3. 竞争对等法

该方法要求企业确定与竞争对手大致相同的广告预算。许多企业在进入国际市场之初，缺乏国际市场广告经验，难以确定自己的广告费用，在这种情况下，往往会效仿竞争对手的做法，与其保持大致相近的广告额。但这种方法不是很科学，因为企业与竞争对手在资源、声誉、营销目标、市场机会及市场竞争地位等方面不尽相同，对方的预算不一定符合自己的实际情况。因此，企业更多地还是应该根据市场和自身的实际情况，灵活多变地制订适合自己的广告预算方案。

4. 目标任务法

按照这种方法，企业首先要确定广告目标（如销售额增长、品牌知名度提高等），然后确定为实现这些目标所需完成的各项任务，最后估算完成这些任务所需要的广告费用。使用这种方法的困难主要在于正确地确定广告目标，并将目标恰当地分解成各项任务，使广告费用得以准确地估算。

上述几种方法，各有利弊，企业可根据自身条件、市场情况和产品特点等因素灵活选择。

（五）国际市场广告媒体决策

1. 国际市场广告媒体主要类型

广告效果很大程度上取决于广告媒体的选择适当与否，国际市场广告媒体主要有下述几种类型：

（1）报纸。报纸在许多国家都是首选的广告媒体。报纸与广播、电视相比，有传播面广、制作简单、费用低廉等优点，但也存在保存时间短、吸引力差等局限性。在经济发达的国家，报纸主要靠广告生存，对广告的竞争很激烈，因此，企业在这些国家做报纸广告有较大的选择余地。但报纸作为广告媒体在不同国家或地区的使用受到限制。例如，同为报业大国，日本的全国性日报主导或统治着全国市场，五家全国性报纸占全国报纸发行量的 50%以上，位居第一的《读卖新闻》的发行量超过 1400 万份。而在美国，区域性报纸居于主导地位，仅有三家全国性报纸，发行量最大的也就 200 多万份，企业若想将广告信息传递给广大消费者，可能需要考虑在多家区域性报纸上同时刊登广告。

（2）杂志。杂志作为广告媒体，具有针对性强、保存时间长、可信度高等优点。杂志广告一般具有专业性、权威性，适合一些专业性和技术性较强的国际产品。工业品或者某些特定的消费品多利用专业杂志作为广告媒介。但杂志的出版周期长，发行范围窄，缺乏灵活性与时效性。同时，许多杂志仅有本国文字的版本，难以在更为广泛的国际市场发行。为适应国际营销的需要，一些有影响力的杂志采取了扩大海外版的策略，如美国的《PLAYBOY》、《VOGUE》，法国的《ELLE》等都扩大了世界范围的发行。

（3）广播。广播具有传播范围广、信息传递迅速及时、方式灵活多样、费用相对低廉等特点。在文盲率较高或者电视机尚未普及的国家或地区，广播是传递广告信息的重要媒体。在电视传媒发达的国家，广播在竞争中已经被置于从属地位。然而在许多国家和地区，无线电广播仍拥有许多听众，特别是人们往往利用驾车时间收听广播。因而，一些汽车公司和食品饮料等生产厂家就大量利用广播媒体播放商业广告。广播广告的不足之处在于，听众在收听时不够专注，很容易遗忘广告内容，而且缺乏对产品形象的认识，不易留下深刻印象。

（4）电视。电视广告由于实现了视、听结合，而且表现手法灵活多样，从而具有很强的吸引力。在目前各种广告媒体中，其促销效果最好。近几年，视听技术的发展、生产销售的国际化以及电视机普及率的提高，为电视作为国际性的广告媒体提供了有利条件。但是，电视作为广告媒体也有其自身的局限，比如广告时间短、易受其他节目的干扰、费用昂贵、观众统计资料难以获得等。许多国家对电视商业广告或多或少有所限制，有时甚至很严格，不仅限制商业广告播出的时间，而且还限制广告的内容及目标对象。

（5）互联网。互联网已经成为当今全球最大的传播媒体。有人称其为继报纸、杂志、广播、电视之后的"第五媒体"。互联网具有其他媒体所不具备的优势，首先是速度快，时效性强，信息上网的瞬间便可同时发送到所有用户手上；其次是容量无限和全球范围的传播。随着互联网用户成几何级数的增长，网络广告越来越为企业所看好。但是，相对于传统媒体，互联网的广告信任度、广告的针对性都有待加强。

（6）户外广告。户外广告的种类很多，如广告牌、招贴画、霓虹灯和车体广告等。自20世纪80年代以来，出现了一些新的户外广告，如气球广告或飞艇广告、立体广告和电子户外广告等。户外广告具有形象生动、保存时间较长、成本费用较低等特点。但是，户外广告针对性差，信息表达的形式与内容受到限制，促销效果难以评估。另外，许多国家对户外广告的位置、尺寸及颜色等常常有不同的限制。

【例11-2】

五粮液冠名川航 A330 中国白酒 "飞进" 国际市场

2010 年 11 月 5 日，由五粮液冠名的川航 A330 宽体客机在成都双流国际机场首飞，这是五粮液进军国际市场，引领 "中国白酒金三角" 走向世界的 "新尝试"。

据介绍，此架 A330 飞机被命名为 "五粮液" 号，主要执行马尔代夫、首尔等世界热点旅游目的地的航班任务。"五粮液" 号是四川航空为五粮液量身定做，除机身整体冠名外，五粮液还覆盖了机舱内广告。据悉，双方将进行为期 3 年的合作。

五粮液总裁唐桥在首飞仪式上说，冠名川航可以利用川航航线资源，让更多的人感受到中国传统文化和中国白酒文化的神韵和魅力，这是五粮液推动 "中国白酒金三角" 建设，进军国际市场的一次创新和尝试。五粮液将通过各种机会和渠道，将中国白酒的魅力和神韵传递给世界各地，引领中国白酒走向世界。

资料来源：新华网四川频道，2010-11-05

（7）直接邮寄广告。直接邮寄广告简称直邮广告，是企业通过邮寄样品、产品说明书或商品目录等，向目标顾客传递产品信息。直邮广告的优点是简单易行，成本相对较低，针对性强，可以使受众对产品或企业产生亲切感。缺点是如果没有找对目标受众，容易造成滥寄现象，并引起受众反感。

2. 选择广告媒体应考虑的因素

（1）产品的性质和特点。各种媒体在产品的描述、表现、可信度等方面的表现力各不相同，企业应结合具体产品的性质和特点，选择最为适合的广告媒体。如服装，利用电视或杂志等的彩色画面做宣传，效果较好；而一些工业用品，则适宜用直接邮寄广告的宣传方式。

（2）目标市场国顾客的媒体习惯。各种媒体在不同国家的影响作用不同。比如，在各种宣传媒体中，电视影响最大的国家是秘鲁、哥斯达黎加和委内瑞拉。而在那些禁止或限制电视广告、广播广告的国家，印刷品的宣传占了很高的比重，如北欧的瑞典和挪威。因此，国际企业必须充分了解和掌握目标市场国顾客的媒体习惯，以便有的放矢地进行广告宣传。

（3）媒体的覆盖面和影响力。媒体覆盖面的大小主要取决于显露时间和拥有率两个因素。各个国家对各种媒体的显露时间有着不同的规定，各种媒体在各个国家的拥有率也不一样，因此，各国广告媒体的覆盖面差别很大，企业在选择广告媒体之前应进行深入的调查了解。如在东欧国家任何一种媒体都不能单独产生足够的覆盖面，企业通常需同时采用多种媒体。

（4）媒体费用。不同的广告媒体所需的费用是不一样的。媒体费用的高低与媒体自身的声誉、影响力以及广告用时长短、时段质量、版面大小等因素直接相关。企业应考虑在其一定的广告预算内，使广告信息尽可能有效地达到目标受众。此外，还应考虑广告税率，各国对广告税的征收标准和方法都不同，不同的税率也会影响广告费用。

三、影响国际市场广告的主要限制性因素

（一）语言的限制

不同国家语言差异很大，有的一国之内语言差异也很大。许多企业发现，在美国做广告除主要用英语外，还使用西班牙语、意大利语、法语、日语等；在泰国做广告，要使用英语、汉语和泰国语；在新加坡做广告，要使用英语、汉语、马来语和泰米尔语。国际企业必须使用这些不同语言与潜在买主进行信息传递。在处理多国语言问题时，稍有不慎就可能犯错误。如百事可乐公司的一幅广告语"Come Alive with Pepsi"，在中国译作"畅饮百事可乐，使你心旷神怡"，取得了极好的宣传效果。但在该企业进入德国市场时，该广告语被译作"百事可乐，死而复活"，让人哭笑不得。因此，广告用语的翻译和设计必须以对不同语言的深入了解为基础，营销人员在东道国做广告时，可雇用当地雇员帮助审核广告稿本，也可以完全利用当地的广告代理商，使广告能得到当地消费者的正确理解，达到扩大销售、提高声誉和扩展国际市场的目的。

（二）文化因素的限制

国际市场广告要克服在不同文化的交流中遇到的问题。文化因素包括的范围很广，如各国的风俗习惯、社会价值观、宗教信仰等。在一个国家是优秀的广告，而在另一国家很可能犯了禁忌。例如，男女共进晚餐的画面，在西方和大多数国家是习以为常的事，但在中东国家，却被认为是大逆不道的事。孔雀在我国是"吉祥"的象征，但在欧洲却被看成是自我吹嘘、炫耀的"祸鸟"，因而所有带有孔雀图案的商品都会受到排斥。在设计国际广告时，应特别注意广告内容必须与目标市场国的文化习俗相适应，以减少广告风险。

【例11-3】
雷诺烟草广告在泰国遇到挫折

美国第二大烟草企业雷诺公司在泰国为骆驼香烟做电视广告时，曾经遇到挫折。"为了一支骆驼，我愿走一里路"，骆驼香烟的这句广告名言响彻全球，其潜台词是烟民为了购买骆驼香烟，宁愿走到鞋底磨破。雷诺电视广告画面上的烟民，高跷二

郎腿坐在泰国的寺庙前，鞋底磨破的地方特别醒目。该广告在泰国播出后，举国愤慨，群起斥责。原来，泰国盛行佛教，寺庙乃至尊圣地，在寺庙前跷着二郎腿，露出脚丫子，简直是大逆不道。

资料来源：孙忠群. 国际营销精要. 北京：中国经济出版社，2007

（三）政府对广告的调控政策

各国都有自己的广告法规和管理政策。如果企业不了解东道国政府对广告的有关政策和法规，不仅不能达到预期的促销效果，而且可能由于广告方面的行为违反法律而受到处罚。世界各国政府对广告的限制和调控政策主要包括以下几个方面：

（1）对商品种类的限制。不少国家对广告商品类别作出明确的控制，许多国家禁止播放香烟、酒类、处方药的广告。因此，不少广告商通过变通的方法试图绕过政府的管制。

（2）对内容的限制。各国都对广告的内容和表现方式做了不少的限制。在德国禁止做与竞争产品对比的广告，如果广告宣传某种洗衣粉比其他品牌洗衣粉更干净，可能随时会遭到起诉。在沙特阿拉伯，所有的广告都要经过严格的审查，法律禁止以下内容的广告：禁止内容为占星术或算命的书、出版物或者杂志的广告；避免令儿童感到害怕或困扰的广告；禁止使用比较性的广告宣传；女性只能出现在与家庭事务有关的广告中，她们的外表必须文雅以体现女性的高贵；妇女必须穿合适的长裙，盖住除了面部和手掌之外的身体其他部分，不允许穿运动服装或类似的外套出现在广告上等。

（3）对时间的限制。意大利规定电视商业广告的播出次数每年不得超过10次，每两次的间隔时间不得少于10天。德国规定除周末和节假日外，每天只允许播20分钟的商业广告，而且只能在晚上6~8点之间集中播放。在科威特，由政府控制的电视广播公司，每天只允许用32分钟时间做广告，而且必须在晚上。

（4）对广告税率的限制。有些国家通过对不同媒体广告采用不同的税率来加以调控。在意大利，对广播和电视广告采用15%的税率，对报纸广告采用4%的税率，对户外广告采用10%~12%的税率。在奥地利，对广播和电影院广告采用的税率最高达30%，对印刷物和电视广告采用10%的税率。

【例 11-4】

高露洁和雅芳广告在英叫停

2006年末，英国广告标准管理局（ASA）发布报告称，高露洁牙膏和雅芳一款面霜的广告分别存在误导消费者和夸大效用的现象，因此下令两家生产商停播广告。

英方对高露洁"八成牙医推荐高露洁牙膏"的广告语提出了两大问题：一是误导消费者理解为牙医推荐高露洁牙膏超过推荐其他品牌牙膏；二是误导消费者认为高露洁所有产品都获得了专业牙医的医学认可。雅芳在该产品广告中宣传，Thermafirm面霜是"紧肤的新浪潮"，糅合"三重音速技术"和"超音速加强酵母"，是"独创科技皮肤护理"的突破，"加入的天然成分用以收紧皮肤各层"，可以在家中方便使用，"只需3天便可拥有更紧致的皮肤"。英国广告标准管理局在咨询专家的意见后，认为Thermafirm面霜的功效与保湿霜无分别，无证据显示它可以紧致皮肤，裁定广告内容误导，下令雅芳停播广告。

资料来源：法制晚报，2007-01-18

四、国际市场广告代理机构

企业开展国际市场广告活动一般是通过国际市场广告代理商进行的。由于广告代理商的业务水平直接关系到企业广告的成败，因而选择怎样的广告代理商就成为企业需要考虑的一个关键问题。

（一）国际市场广告代理商的类型

可供国际企业选择的广告代理商主要有三类：国内外均有分支机构的国际市场广告代理商；有国外合作伙伴的本国广告代理商；国外当地的广告代理商。

就业务范围与服务能力，这些广告代理商又可以分为综合型广告代理商和专业型广告代理商。综合型广告代理商一般机构健全、规模较大、实力雄厚，一方面能为广告主提供从广告策划、广告设计、广告制作，到购买媒体、检测广告效果等一条龙服务；另一方面能为广告主提供市场调研、公共关系、营业推广、直接销售等全面的促销服务。专业型广告代理商通常经营范围较狭窄，服务项目较单一，一般不承担广告运作的整体策划和实施。但它能满足特定广告客户的特殊需要，比如，提供某一特定行业的广告代理专项服务，提供广告活动中某一环节的广告服务，提供特定媒体的广告服务等。

（二）国际市场广告代理商的选择

选择国际市场广告代理商需考虑的主要因素是：

（1）业务范围。广告代理商的业务范围应能覆盖企业所选择的目标市场，并能提供企业所需的各项广告业务。

（2）业务能力。广告代理商的业务能力包括其人员素质、技术设备状况、与媒体关系、广告创意、制作水平、实施和调查测定等能力。通常业务能力越强的广告代理商，广告的质量和效果会越好。

（3）规模适当。如果企业的广告项目多、要求高、技术复杂，需选择规模较大的广告代理商；如果广告的项目较少，技术要求也不复杂，则可选择规模较小的代理商。

（4）广告费用。不同的广告代理商的收费标准是不同的。除广告费以外，代理商对提供市场调研、公关策划等服务，也有不同的收费标准和方式，企业事先应多做调查和对比，择优选用。

第二节　国际市场人员推销策略

一、国际市场人员推销概述

（一）国际市场人员推销的含义

国际市场人员推销是指营销企业向目标国派出推销人员或委托、聘用当地或第三国的推销人员直接与顾客或潜在顾客接触、洽谈，并说服其购买企业产品的促销活动。人员推销在工业品的国际营销中应用非常普遍，在消费品营销时，多用于向中间商的推销。

（二）国际市场人员推销的特点

与其他促销方式相比，人员推销的主要特点是：

（1）可以与顾客进行面对面、双向式的沟通。推销人员通过与顾客的直接接触，可以及时了解顾客的反应，并据此调整推销策略，进行有针对性的说服。

（2）当场讲解示范，能传递复杂的产品信息。推销人员通过示范、讲解，可帮助顾客更深入地了解产品的性能及使用方法，并现场解答顾客的疑虑。

（3）可促进买卖双方建立良好的关系和友谊。推销人员与顾客在长期交往中可以建立起良好的个人关系和友谊，进而有利与巩固和争取更多的顾客，建立长期、稳定的业务关系。

（4）可以为企业提供第一手的市场情报。由于推销人员身处市场一线，可以及时地了解到顾客的需求、竞争者的情况以及市场动态，是企业获取国外市场营销信息的重要来源。

当然，人员推销这种促销方式也有一定的局限性。首先，人员推销的市场覆盖面有限，推销费用较高。其次，国际营销由于不同国家和地区文化、语言、经济水平差异很大，对推销人员的综合素质和能力要求更高，推销人员的选拔、培养也非易事。

二、国际市场人员推销的类型

（一）企业派出的外销人员

国际营销企业经常派出销售人员在国外市场专门从事推销和贸易谈判业务，或定期到国外进行市场调研、考察和访问。

（二）企业在国外的分支机构（或附属机构）

很多跨国企业都在国外设立分支机构（或附属机构），这些机构一般都有自己的推销人员，专门负责本公司产品在有关地区的销售工作。

（三）利用国外的代理商和经销商进行推销

有些企业因为不熟悉国际市场情况或出于费用的考虑，不直接派出人员和设立机构，而是请国外的中间商代为推销产品。

三、国际市场人员推销的组织结构

国际市场人员推销工作效率的高低，不仅取决于推销人员个人的工作态度和素质，同时还取决于国际营销企业能否合理地组织推销队伍。国际市场人员推销的组织结构一般有以下四种类型：

（一）地区型结构

企业按区域分配推销人员，即由特定的推销人员负责特定地区所有产品的推销业务。这种结构的优点是：推销人员责任明确，容易考核其工作业绩；有利于推销人员熟悉当地的市场和顾客，并与顾客建立发展长期的关系；有利于企业节省推销费用。但其局限性是：当产品或市场差异性较大时，推销人员不易了解众多的产品和顾客，会直接影响推销效果。因此，地区型结构一般适合于产品种类、技术较为单纯的企业。

（二）产品型结构

企业按产品类别分配推销人员，每个推销人员负责一类或少数几类产品在各地的销售。当企业产品种类多，差异性较大，技术性能和技术结构复杂时，采用这种结构推销效果较好。但其缺点是，不同产品的推销人员可能同时到一个地区（甚至同一客户）推销，这样既不利于节约推销费用，也不利于制定统一的市场促销策略。

（三）顾客型结构

企业按照顾客的行业、经营规模或与企业的关系等进行分类，再根据不同的顾客类型来组织推销队伍。采用这种结构的突出优点是，推销人员可以深刻地了解他所接触顾客的需求状况及所需解决的问题，采取针对性的措施，使企业与顾客之间的关系密切而牢固。但如果顾客分布地区较分散或销售路线过长时，往往推销费用过大。

（四）混合型结构

许多国际企业的经营范围和市场范围极广，顾客又分散，如果按照上述单一的结构配置推销人员队伍，将影响推销效率，因此可以综合运用三种结构形式，如按地区—顾客、产品—地区、产品—顾客等形式对推销人员进行混合型配置，这样推销效果将更好。

四、国际市场推销人员的管理

国际市场推销人员的管理主要包括招聘、培训、激励、评估等环节。

（一）国际市场推销人员的招聘

从事国际市场推销工作的人员除具有强烈的进取心、果断的决策能力和熟练的沟通技巧外，还要具备对不同文化的适应力及独立工作的能力。国际营销企业推销人员的招聘对象通常有三个来源：①目标市场国。②本国。③其他国家。

国际市场推销人员的招聘多数是在目标市场国进行的。因为当地人对本国的风俗习惯、消费行为和商业惯例更加了解，便于与当地顾客的沟通和业务发展。企业也可以在本国进行推销人员的招聘然后外派工作，企业选派的外销人员要能适应海外目标市场国的社会文化环境。通常企业的外派人员由于已在企业工作过，熟悉企业的产品及业务流程，企业对他们的业务能力与处事也比较了解，因此可能被作为骨干使用或者委以领导责任。此外，企业可以招聘来自第三国的推销人员，一般他们通晓多国语言，有丰富的从业背景，这也反映了企业经营的国际化程度。

（二）国际市场推销人员的培训

国际市场推销人员的培训内容根据培训对象的不同而有所区别。对于本国外派的推销人员，应着重进行语言、礼仪、生活习俗和商业习俗以及海外工作可能遇到的特殊问题等方面的培训；而对于目标市场国当地推销人员的培训，则应侧重于让他们充分了解企业情况及企业文化，学习与产品相关的技术知识，掌握产品推销技巧，提高其推销工作能力。

对于跨国公司来说，当地推销人员的培训一般由各国子公司负责。公司总部应监督各子公司的培训效果，并可向各子公司提供培训资料，组织各子公司交流培训经验。另一种培训方式是由公司总部或区域的培训中心的专家共同组成巡回讲习团，到各地开办培训课程。当企业开发新产品或进入一个新的市场区域，销售工作都会有所改变，推销人员通常需要额外的培训，这种培训多采用专家巡回讲习团的方式进行。

（三）国际市场推销人员的激励

企业对推销人员最基本的激励措施是薪酬制度。国际营销企业推销人员的薪酬制度设计是非常复杂的，一般会涉及企业外派人员、当地员工、短期外派人员等薪酬的制定以及相互间合理的差距。推销人员的薪酬一般包括薪金、佣金、奖金以及对某些艰苦地区的额外补贴等部分，针对优秀的推销人员企业将给予丰厚的薪酬。除此以外，其他激励手段包括晋升职位、进修培训、荣誉授予或免费旅游等。

对于国际市场推销人员的激励，要考虑到不同社会文化因素的影响。由于推销人员来自不同的国家或地区，有着不同的社会文化背景，导致不同的需求和行为动机，因而对同样的激励措施可能会作出不同的反应。例如，对于来自美国的推销人员，可以给予直接的金钱奖励和晋升机会；而同样的个人激励措施对于日本推销人员不一定会取得很大成效，因为他们更关注集体荣誉感并考虑同事之间的关系，他们不愿与众不同而招来麻烦。对于我国企业的外派推销人员，应关心他们的家庭生活与福利待遇，提供休假制度和晋升机会。对于发展中国家招聘的推销人员，提供免费的海外旅游或度假机会是一种重要的激励措施，因为对于他们来说，这种机会比较难得。

【例 11-5】

TCL 海外员工的薪酬

考虑到海外不同区域的经济、文化的跨度大，而且具有很大的波动性。为了保证整体薪酬的平衡并且与战略保持一致，TCL 借鉴跨国企业的经验，将海外员工的薪酬划分为基本工资和海外派遣津贴两部分。

基本工资为外派员工提供基本的生活保障，确证员工的稳定感；而海外派遣津贴则包括国外服务津贴、艰苦条件津贴、安置迁移津贴、归国度假津贴等，同时又将市场绩效目标和区域市场特征等内容纳入其中。这样体现了薪酬的弹性特点，保证整体薪酬的激励目标。总体构成了 TCL "弹力薪酬模型体系"。

充分的适应性、刚性和可操作性，是海外薪酬管理的核心。"弹力薪酬模型"围绕地区特征（包括经济水平、物价指数、辛苦指数等要素）、区域战略目标（不同发展阶段的战略目标不相同，战略与员工业绩考核相结合）、员工（级别待遇）三个纬度展开。这样的体系可以保持非常强的柔滑性和活动性，并具有相当的公平性。

资料来源：商界. 中国商业评论，2005（10）

（四）国际市场推销人员的评估

企业要针对推销人员制定行之有效的评估标准和评估方法，对推销人员进行定期考核评估。科学的考核评估制度可使企业全面了解推销人员的业绩，也是对推销人员进行激励的依据。

对推销工作的评估可分为定量和定性两部分。定量部分主要包括销售额、市场占有率、市场增长率、新发展客户数、推销费用率等考核指标。定性部分主要考核推销人员的服务质量、顾客的满意度、顾客忠诚度等。

企业在对推销人员进行考核评估时，还应考虑当地市场的特点以及不同社会文化因素的影响。比如，产品在某些地区可能难以销售，可相应地降低推销限额或者提高酬金。若企业同时在多个海外市场上进行销售，可按市场特征进行分组，规定小组考核指标，从而更好地分析、比较不同市场条件下推销人员的推销业绩。

第三节　国际市场营业推广策略

一、国际市场营业推广的含义与特点

（一）国际市场营业推广的含义

国际市场营业推广是指除了广告、人员推销、公共关系等手段以外，在国际目标市场上，企业为了刺激需求，扩大销售而采取的能迅速产生激励作用的促销措施。国际市场营业推广的主要目的是：诱导消费者试用或直接购买新产品；刺激现有产品销量增加或库存减少；鼓励经销商采取多种措施扩大产品销售；增强广告与人员推销的作用。

（二）国际市场营业推广的特点

作为一种促销方式，营业推广见效快，可以在短期内刺激目标市场需求，使之大幅度地增长。与其他促销方式相比，营业推广还具有灵活多样和非连续性等特点。营业推广可以针对不同的对象（如消费者、中间商、推销人员等）采用多种多样的促销方式（如折扣、赠品、销售竞赛等），这些方式各有特点，可根据需要灵活地加以选择和利用。另外，营业推广往往是企业短期、暂时性的行为，不像广告、人员推销和公共关系那样作为常规性的促销活动出现。

在国际市场上开展营业推广，必须在适宜的条件下，以适宜的方式进行。否则，会降低产品的身价，影响产品在国际市场上的声誉，使消费者感到卖主急于出售；甚至会使顾客担心产品的质量不好，或者价格定得过高。在国际市场上开展营业推广，除了考虑市场供求和产品性质以外，还应考虑消费者的购买动机和购买习惯、产品在国际市场上的生命周期、竞争状况，以及目标市场的政治、经济、法律、文化、人口和科技发展等环境因素，进行适当的选择。

二、国际市场营业推广的分类

根据推广对象的不同，国际市场营业推广一般可分为以下三种类型：

（一）针对消费者的营业推广

如免费样品、折扣、发放奖券和代金券、实行有奖销售、附送赠品、现场表演、开办分期付款业务、在销售点做醒目的陈设等。对国际市场消费者的营业推广的主要目的是刺激需求，诱导购买。

（二）针对中间商的营业推广

如购货折扣、推销奖金、开展推销竞赛、合作广告及商品陈列津贴、赠送样品和纪念品、帮助设计橱窗、举办业务会议及贸易展览等。这种营业推广方式，旨在促进企业和中间商之间达成协议，提高中间商经营本企业产品的效率，鼓励他们增加进货，积极推销，尽力宣传产品。对于进入国际市场不久或在国际市场名气不大的产品，通过中间商促销是一种重要途径。

（三）针对国际市场推销人员的营业推广

如推销竞赛、提成、奖金、利润分成、高额补助以及对表现出色的推销人员给予精神和荣誉上的鼓励等形式。这种营业推广方式主要是为了鼓励国际推销人员多为顾客服务，积极推销产品，提高推销工作效率，更多地开拓国际市场。

三、国际市场营业推广策略的制定

企业要制定一套有效的国际市场营业推广策略，不只是选择一种或几种推广方式，还要结合产品、市场等方面的情况，慎重确定营业推广的地区范围、鼓励的规模、鼓励的对象、推广的途径、时机、期限、目标和预算等，在营业推广实施过程中和实施结束以后，企业还要不断地进行营业推广效果的评价，以调整企业的营业推广策略。

（一）营业推广鼓励的规模

营业推广面并非越大越好，鼓励的规模必须适当。通常情况下，选择单位推广费用效率最高时的规模，低于这个规模，营业推广不能充分发挥作用；高于这个规模，或许会促使营业额上升，但其效率会递减。国外许多大公司，在用营业推广方式推销老产品时，只要求营业推广收入能大于支出，甚至收支基本平衡就可以了。有时，企业为了推销长期积压的产品，只求通过营业推广把产品卖出去，而不讲究收支状况。一个合理的鼓励规模，一般通过推广方法、推广的费用和销售额的相互关系来确定。

（二）营业推广鼓励的对象

在国际市场上，营业推广鼓励对象可以是任何人，也可以是部分人，通常是鼓励商品的购买者或消费者。但企业有时可以有意识地限制那些不可能成为长期顾客的人或购买量太少的人参加。比如，企业可以对国际市场的老客户或有长期往来的中间商提供优惠条件（如购货折扣、津贴等），而短期客户则不享受这些优惠条件。

（三）营业推广的途径

企业在确定了上面两个问题以后，还要研究通过什么途径向国际市场的顾客开展营业推广。营业推广的途径和方式不同，推广费用和效益也不一样。企业必须结合自身内部条件、市场状况、竞争动态、消费者需求动机和购买动机等进行综合分析，选择最有利的营业推广途径和方式。

（四）营业推广的时机和期限

不同的商品，在不同的市场、不同的条件下，营业推广的时机是不同的。市场竞争激烈的产品、质量差异不大的同类产品、老产品、刚进入国际市场的产品、滞销产品等，多在销售淡季或其他特殊条件下运用营业推广策略。至于推广期限，企业应考虑消费的季节性、产品的供求状况及其在国际市场的生命周期、商业习惯等适当确定。

（五）营业推广的目标

营业推广目标主要是指企业开展营业推广所要达到的目的和期望。营业推广目标必须依据企业的国际市场营销战略和促销策略来制定。营业推广的目标不同，其推广方式、推广期限等都不一样。比如，针对国内外中间商的营业推广，其目标与方式可能有以下几种：诱导、吸引国内出口商和国外进口商、中间商等购买新品种和大批量购买，可以采用推销奖金、联营专柜、赠送样品等手段；鼓励国外老客户和新市场的新客户续购、多购，可以采用购货折扣、合作广告、推广津贴、特别服务、分期付款等手段；为了建立企业与国内外中间商的良好关系，除了加强业务往来和物质刺激以外，还要重视非业务往来和精神激励。比如，举办联谊会、恳谈会等；在主要的节日和喜庆日赠送礼品和贺信；邀请国外中间商来本国旅游、观光等。

营业推广介于广告和人员推销之间，用来补充广告和人员推销。与经常性有计划地进行国际广告和人员推销不同，营业推广主要是针对国际目标市场在一定时期内为了某种目标而采取的短期的特殊的推销方法和措施，如为了打开产品出口的销路，刺激国际市场消费者购买，促销新产品，处理滞销产品，提高销售量，击败竞争者等。企业往往使用这种促销方式来配合广告和人员推销，使三者相互呼应，相互补充，相得益彰。

四、影响国际市场营业推广的因素

企业在国际市场上开展营业推广时，除了考虑产品性质、消费者的购买习惯、产品在国际市场上的生命周期外，还应特别注意当地政府对营业推广活动的限制、经销商等的合作情况以及市场的竞争程度等因素的影响。

（一）当地政府的限制

许多国家对营业推广方式在当地市场上的应用加以限制。例如，有的国家规定，企业在当地市场上进行营业推广活动要事先征得政府有关部门的同意；有的国家限制企业营业推广活动的规模；有的国家对营业推广的形式进行限制，如法国政府规定：禁止抽奖，免费赠送的物品不得超过消费者所购买商品价值的 5%；还有的国家规定赠送的物品必须与推销的商品有关，如杯子可作为购买咖啡的赠品，而餐具就不能作为购买洗衣机的赠品。

（二）经销商的合作情况

企业国际市场营业推广活动的成功，需要得到当地经销商或者中间商的支持与协助。例如，由经销商代为分发赠品或优惠券，由零售商来负责进行现场示范或者商店陈列等。对于那些零售商数量多、规模小的国家或地区，企业在当地市场的营业推广活动要想得到零售商的有效支持与合作就要困难得多了，因为零售商数量多、分布散、不容易联系，商场规模小，无法提供必要的营业面积或者示范表演场地，加上营业推广经验缺乏，难以收到满意的促销效果。

（三）市场的竞争程度

目标市场的竞争程度，以及竞争对手在促销方面的动向或措施，将会直接影响企业的营业推广活动。比如，竞争对手推出新的促销措施来吸引顾客争夺市场，企业若不采取相应的对策，就有失去顾客而丧失市场的危险。同样地，企业在海外目标市场的营业推广活动，也可能遭到当地竞争者的反对或阻挠，甚至通过当地商会或政府部门利用法律或法规的形式来加以禁止。

第四节　国际市场公共关系策略

一、国际市场公共关系的含义和任务

（一）国际市场公共关系的含义

国际市场公共关系是指企业为搞好与国外社会公众关系，增进公众对企业的信任和支持，树立企业良好形象的一切活动的总称。企业的公众，即企业公共关系的对象十分广泛，包括企业员工、顾客、供应商、中间商、竞争对手、当地政府部门、各类社会团体组织、大众传媒、公司股东等。

复杂和激烈的国际市场竞争，使得国际市场营销者面临着比国内市场更加困难的公共关系任务。企业必须针对东道国的社会文化、生活习俗、宗教信仰的特点，开展公共关系，与东道国市场各方面建立融洽的关系，以有利于企业的长远发展。

（二）国际市场公共关系的任务

企业公共关系的中心任务是树立和维护企业良好的公众形象。具体而言，企业的国际公关工作的主要任务有：

（1）宣传企业。企业可以向公众提供自己印制或正式出版的宣传品（书面资料或音像资料），向公众介绍企业、企业的产品以及企业所做的对公众有利的事情。同时，可以利用大众传播媒体为企业进行宣传，以建立企业的良好形象。如果能争取到新闻媒体的主动报道，则这种宣传的可信度会更高。

（2）加强与社会各界的沟通与联系。企业通过与当地政府、经销商、社会团体、消费者等的沟通与联系，有助于增进相互了解，加深感情。沟通方式比如举办新产品发布会、展览会，企业招待会或纪念日活动；企业捐助社会公益事业；企业赞助体育赛事等。

（3）意见反馈。建立与公众之间的联系制度，答复他们向本企业提出的各种询问，提供有关本企业情况的材料，对各种来访、来电和来信给予迅速、准确、友好的接待和处理。

（4）应付危机，消除不利影响。当企业的国际市场营销活动发生失误，或出现较大的问题时，可以利用公共关系给予补救；对不利于本企业发展的社会活动和社会舆论，要运用公共关系进行纠正和反驳。

二、国际市场公共关系类型

企业开展国际市场公共关系活动的形式主要有以下几种：

（一）媒体公关

报纸、杂志、广播、电视等大众传播媒介承担着传播信息、引导舆论和提供娱乐的社会职能，因此企业必须充分利用宣传媒介来为其服务。要与这些传媒的编辑、记者保持经常的接触，主动提供信息，尽量做到有求必应，建立可靠信誉和相互合作关系。同时企业的公共关系部门要创造具有新闻性的事件，让媒体主动来报道。为了使媒体感兴趣，要让事件具有新闻价值，具有可信性，同时符合媒体性质的要求。

（二）顾客公关

顾客公关的目的在于促使本企业产品或服务的消费者、购买者形成对企业及其产品的良好印象和评价，提高企业及其产品在市场上的知名度和美誉度，为企业争取顾客，开拓并稳定市场。为此，国际企业应积极搜集和听取目标市场国的公众对本公司政策、产品等方面的态度和意见，及时处理和消除公众的抱怨情绪；开展市场教育，以各种方式向顾客介绍产品的用途和性能，并帮助顾客迅速掌握产品的使用办法；对来访、来电、来函热情接待并及时答复。

（三）政府公关

与在国内经营的企业不同，国际经营企业面临着来自各个国家和政府的截然不同的要求或压力。所以，一方面国际经营企业必须随时调整自己的行为以适应各国政府政策的变化；另一方面国际经营企业又要左右逢源，以协调可能发生的冲突和矛盾。企业要通过公共关系加强与东道国政府官员的联系，了解有关的法律、法规和政策导向，以求得企业经营活动的长期发展。为了达到这一目标，企业可以搞些公益活动，如为公用事业捐款，扶持残疾人事业，赞助文化、教育、卫生、环保事业等，树立为目标市场国社会与经济发展积极做贡献的形象。

三、国际企业危机公关

国际企业危机公关是指在国际营销活动中，由于企业的管理不善、同行竞争甚至遭遇恶意破坏或者外界特殊事件的影响，而给企业或品牌带来危机，企业针对危机所采取的各种消除影响、恢复形象的补救措施。当代企业面临着越来越复杂的经营环境，这为企业带来了众多机遇的同时也恶化了企业的生存条件，企业面临更多的危机可能。尤其是近年来互联网的快速发展，提升了企业危机信息的传播速度，使企业危机在国际市场上更快地蔓延开来。因此，危机公关越来越受到国际企业的重视。

（一）企业危机的类型

企业面对的危机大致可以分为两大类：①企业内部危机事件，即企业在经营管理中有可能发生的危机事件，如机器事故、产品责任事故、人事管理、财务等方面的危机。②企业外部危机事件，即国家、社会、自然界及其他单位等外部环境引发的企业危机事件，如自然灾害、竞争对手恶意破坏、政治事件牵连等方面造成的危机。

（二）企业危机公关的过程

1. 危机公关的预防

危机公关的预防即企业对危机产生的预防和预警管理。企业一般在组织、机制、计划等三个方面着手：设立由决策人、公关专家、公关部经理、人事部经理、保卫部经理等人员构成的应付危机的常设机构；建立企业危机监测和预警机制；制订危机管理计划，未雨绸缪，超前决策。对于国际营销企业来说，由各分公司自主进行危机公关的预防，更具有及时性和灵活性。

2. 危机公关的准备

企业在遇到危机时，应该立即组织有关人员，尤其是专家参与成立危机公关管理小组，调查情况，对危机的影响作出评估，以制订相应计划控制事态的发展。由于以网络技术为代表的信息社会的到来，使得公关危机造成的负面影响有可能在极短的时间内传遍世界，造成极为严重的局面，因此要求企业反应迅速，在最短的时间内介入危机公关，

尽可能争取媒体甚至是政府部门的支持，避免事态的扩大。此外，企业可以借鉴国家危机处理机制，将危机定级，针对不同等级的公关危机宣布进入某一级危机状态，采取针对性措施处理危机。

3. 危机公关的实施

在企业处理公关危机的过程中，应注意妥善处理和利用以下群体：①当事人。企业应在事实不清时采取人道主义态度尽量安抚当事人，争取舆论的同情；在事实清楚时应及时采取对策，承担和履行责任。②媒体。企业危机是新闻媒体难得的宣传热点，企业应注重接触媒体，真诚沟通，引导舆论。③公众。企业应及时发布准确的信息，避免传播的失误造成舆论真空，被流言所占据，误导公众。④权威专家与机构。危机处理中，企业要善于借助公正性和权威性的专家与机构来帮助澄清事实，解决危机。⑤政府。政府的态度往往影响着舆论的导向，企业如有可能运用政府公关，可以避免危机的扩大。

4. 危机公关的事后恢复

企业要做好善后处理工作，尽快恢复企业信誉与商业形象，重新取得顾客、政府部门以及社会的信任。对于重大责任事故，导致社会公众利益受损时，企业必须承担责任，给予公众相应的物质和精神补偿。如确非企业的责任，企业应及时澄清事实真相，争取公众的认同，恢复企业名誉。

企业危机公关具有全局性、战略性、综合性的特点。企业形象的维护提升需要通过企业积极开展危机公关，不断修正自身缺陷，抵御外部压力，以获得持续良好的发展。

【例 11-6】

痛定思痛——丰田加速全球危机公关

"丰田汽车包括中国在内，在全球范围实施了大规模的召回，也给中国消费者带来了影响和担心，在此我表示真诚道歉"。2010 年 3 月 1 日，北京见面会上，日本丰田汽车公司总裁丰田章男从开场白开始就延续了之前的"煽情"风格——鞠躬、道歉。随后，他还就脚垫、油门踏板、制动系统三个方面进行说明并回答了媒体记者的提问。

由于质量原因，丰田在全球多个国家进行了召回，召回总量逾 800 万辆，堪称全球最大汽车召回事件。对于最初爆发于美国的召回事件，除了在报纸上刊登召回的消息之外，丰田公司没有采取任何其他举措，没有发表任何公开声明。但随着召回事件在美国愈演愈烈，丰田公司总裁丰田章男出席美国听证会的态度也由之前的不确定转变为异常坚定。

随后，丰田章男又马不停蹄地赶赴中国等国家，就"召回门事件"做出道歉和说明。同时，丰田也成立了专门的机构来处理此事，并承诺改进质量。

资料来源：中国质量新闻网，2010-07-05

【阅读材料】
"快乐亚运新视界"——TCL 亚运营销简介

2008 年 11 月 12 日，TCL 集团与广州第十六届亚洲运动会组委会签约，成为广州 2010 年亚运会合作伙伴，正式启动亚运营销。在亚运周期内，TCL 的整体营销计划将以"快乐亚运新视界"为主题，寻求亚运会与 TCL 自身产品技术和市场推广的结合，通过"创意理念+快乐体验+多媒体互动技术"的战术组合，实施亚运整合推广。

在全球消费电子产业格局受金融危机影响而动荡重组、重新洗牌的过程中，坚持一直以来的体育营销战略，实施亚运营销，在 TCL 看来，是品牌投资未来的重要举措。TCL 希望借助亚运营销，履行企业公民的责任，同时在市场竞争中走出自己的独到路线，实现品牌提升、市场拓展和销售增长的多重发展目标，实现"弯道超车"，为 TCL 的长远发展打下了坚实的基础。

1. "新视界"亚运营销

TCL 的亚运赞助权益涵盖旗下电视机、LED 显示大屏、安保监视器、移动电视等产品。通过自身在技术和产品上的优势，TCL 在亚运营销上能够做出差异化，带给消费者愉悦的体验。这也是 TCL 寻求亚运会与自身产品技术结合点，构建"快乐亚运新视界"整合营销的产品支撑。

之所以选择广州亚运会，从商业角度而言，亚运会在亚洲范围内具有较强的影响力，是全亚洲人民经济、文化、体育交流的舞台。在中国，特别是 3~4 级城市，亚运会依然拥有着广泛的目标群体。从调研数据上看，有 87% 的受众对广州亚运会表示关注和非常关注。广州亚运会将成为快乐、包容和富有创意的体育盛事。赞助亚运会，为 TCL 海内外的合作伙伴、消费者创造了近距离和广州亚运接触的机会。同时也使 TCL 有机会在家门口迎接四方宾客，展示世界一流科技。

借助亚运会这一极具影响力的赛事传播平台，TCL 达到甚至超过了亚运会的要求，产品、技术和服务能够得以充分展示——TCL 的多媒体产品可以完美地实现全模式高清、节能护眼和随机录放等功能，满足世界一流赛事和接待的需求；监视器解决方案和工程经验可以满足赛事和场馆的安保需求，确保万无一失。通过与大韩电光的合作，TCL 将釜山亚运会和韩国世界杯场馆技术服务的经验和研发能力，与其自身的制造能力结合到一起，将为广州亚运提供更为出色的 LED 设备和服务。另外，TCL 遍布海外 40 多个国家和地区的渠道，能协助亚组委更好地进行海外推广。

凭借广州 2010 年亚运会合作伙伴的专属权益和独特资源，TCL 将以代表世界领先科技的 TCL 视听产品为载体，将创新科技和快乐体验带给更多消费者，促进销售的同时也推广 TCL 品牌所倡导的时尚、健康、快乐的生活方式和积极进取、自我实现的生活态度。

2. 构建"快乐亚运新视界"营销平台

在成为广州 2010 年亚运会合作伙伴，拥有了高端赛会资源之后，2009 年 6 月 27 日，TCL 集团在宁波北仑正式结盟中国男篮和 CBA，成为中国国家男子篮球队官方合作伙伴和中国男子篮球职业联赛指定赞助商，收纳高端运动队和运动员资源，进一步完善了亚运周期内整合营销的平台。

选择篮球项目作为 TCL 亚运周期内"快乐亚运新视界"整合推广活动的重要载体，源于全球经济环境变化对企业体育营销提出的新要求——在欧美市场陷入经济衰退的情况下，国内及亚太新兴市场增长潜力凸显，而全球消费电子行业的发展重心向中国及亚洲新兴市场转移的趋势也逐渐显现。与之相应，中国本土及亚洲新兴市场在 TCL 企业经营战略上的重要性也进一步凸显。夯实品牌基础，进一步强化与上述重要目标市场消费者的品牌联系，成为 TCL 品牌战略下一步推进重点。

因应时势，兼顾欧美市场，对国内普通大众和海外新兴市场影响力最大，大众参与度最高的篮球，成为实施 TCL 亚运营销的重要载体。篮球运动，是中国参与人数最多的运动之一，中国男篮在亚运赛场称霸多年，在 2010 年广州亚运会上，中国男篮和明星球员也将成为万众瞩目的焦点。

这也是 TCL 以篮球作为"快乐亚运新视界"推广重要载体的初衷——通过拥有广泛人群的运动项目资源，争取将"快乐亚运新视界"的创新科技和快乐体验带给更多人，从而建立起以消费者（受众）为核心的品牌沟通传播模型。

携手中国男篮及 CBA 是 TCL 亚运营销战略的重要组成部分，进一步夯实了 TCL 的亚运营销平台——在高端的综合赛事资源上，TCL 拥有 2010 年广州亚运会的推广权益和资源；在万众瞩目的运动会上，TCL 将中国男篮揽入了自身营销平台中；而在具有足够的时间和区域跨度的高水平联赛上，TCL 的亚运推广也在 CBA 拥有了相应的资源；这一体育营销体系的基础，则是大众运动人群的广泛参与，这也将是 TCL 围绕亚运实施整合营销的重点。

在未来一年中，亚运营销将是 TCL 体育营销的主线，而中国篮球将是 TCL "快乐亚运新视界"整合推广的重要载体。作为例证，在 2009 年 9 月 23 日 TCL 集团的亚运战略发布会上，中国男篮球员王治郅、胡雪峰、张凯代表中国男篮出任 TCL 亚运大使，助力 TCL 亚运营销，并将陆续出席 TCL 后续的亚运推广活动。

3. "快乐亚运新视界"——TCL 亚运营销计划

以"快乐亚运新视界"作为亚运推广主题，是为了区隔传统体育营销中对产品性能的诉求。TCL 希望利用亚运良机，构建起跨越时间和空间的体验平台，将体验作为公众、亚运和 TCL 品牌的黏合剂，力求让公众享受与亚运盛会相关的各种活动，通过"新视界"所代表的产品创新、技术创新，获得快乐的切身体验，从而认同接触到的 TCL 产品和品牌理念。

在未来的一年中，TCL 将围绕快乐、亚运和创新视界这几个关键词，以"创意理念+快乐体验+多媒体互动技术"，依托亚运会上最受瞩目的冠军运动队资源——中国男篮，联合广州亚组委启动一系列亚运整合推广活动。

从 2009 年 11 月份起，TCL 将启动的"快乐亚运新视界"全国亚运巡演，该项巡演活动为时一年，将涉及全国 20 余个大中型城市，以富有创意的数字多媒体互动体验为主，辅以各地不同特色的表演形式，使全民更加快乐的享受亚运 Party，体验轻松愉悦的体育节日。

除了 TCL "亚运中国行"大型文艺晚会，作为广州 2010 年亚运会合作伙伴，TCL 还将主办"世界经典艺术多媒体互动展""亚运中国行"大型文艺晚会、"亚洲之路"和一系列亚运赛时文化活动，参与亚运火炬地面传递，启动针对海内外消费者和员工的亚运传播和款待计划，并辅之以"快乐亚运新视界"网络推广、网络亚运火炬传递等线上活动，以整合推广、大力传扬广州亚运的官方理念和体育精神，全力支持广州亚组委办好此次盛会。

其中，TCL "亚运中国行"大型文艺晚会将于 2009 年 10 月 21 日在南京开启首站活动。此项亚运文艺推广活动将到访南京、杭州、上海、济南、西安、武汉、长春、哈尔滨、北京 9 个国内主要城市，集传递亚运精神的歌舞与富有地方特色的文艺节目于一身，营造全民参与亚运的氛围。

在此之前的 8 月 14 日，TCL 主办的"世界经典艺术多媒体互动展"已在北京城市规划展览馆拉开了中国巡展的序幕，并将依次前往杭州、上海、广州等地进行巡展。作为运用多媒体科技推动世界文化交流和艺术传播的大胆尝试，"TCL 艺术展"以"穿越时空的对话"为主题，集教育、IT 技术、娱乐为一体，通过多媒体技术让首次中国之行的欧洲艺术作品全部改"说"汉语，是国内首次将 3D 技术、全息技术和声音识别技术完美融合来展示西方经典艺术珍品魅力的高科技视觉盛宴。

而在最早启动的大型迎亚运文化体育交流活动"亚洲之路"中，TCL为在重访"海上丝绸之路"的"阔阔真公主号"，配备了高清液晶电视、高清播放器、移动空调、高清DV等顶尖电子设备，为远洋航行的"文化使者"提供了便捷、舒适的海上工作环境，更为登船参观的亚洲各国民众营造了无与伦比的视听享受，在造访亚洲10余个国家和地区的40余个港口城市的过程中，通过多场参观、联谊等品牌和市场拓展活动，给各国公众留下了深刻的品牌印象。这一推广活动已经收到了明显效果，在活动进行后，TCL彩电在菲律宾当月的销售额一举超越了2008年全年的销售额，并且这种影响一直在持续，2009年6月的销售又比5月提升了近20%。

目前，在正在行进的"亚洲之路"的陆路行程中，TCL正调动沿途国内和海外分公司力量，为重走古"丝绸之路"的亚运车队提供技术设备和活动支持，沿途将以"Fun Games, Fun Party"为主题，开展媒体见面会、趣味跑、乐羊羊走亚洲、亚运祝福语征集、亚运图片展等活动，这将又是一番传播体验之旅。

通过一系列亚运整合推广活动，TCL希望让更多的人全方位地体验广州亚运的激情、创意、个性与乐趣，以"快乐亚运新视界"倡导健康、时尚、快乐生活的品牌精神。

资料来源：搜狐体育频道，2009-11-23

【本章小结】

（1）在国际市场营销中，由于各国间不同的文化习俗、不同的政策法律等因素的影响，增加了买卖双方沟通的复杂性，加大了企业促销的难度。国际市场促销组合包括广告、人员推销、营业推广和公共关系四种促销手段，企业应对其进行有机地组合和运用。

（2）国际市场广告是促销的一种重要手段。伴随着世界经济的发展，广告业发展迅猛。国际市场广告使用最多的四大媒体是报纸、杂志、广播、电视，近年来，互联网广告发展也十分迅速。企业在全球广告业务活动中，应对采取标准化策略或差异化策略做出选择。同时，要特别重视语言、文化以及政府政策等因素对广告业务的限制。企业应慎重选择适合的广告代理商进行国际广告业务的代理。

（3）国际营销中的人员推销也是非常重要的一种促销手段。国际企业对推销人员的组织形式可以有地区型、产品型、顾客型、混合型四种。国际企业推销人员的来源有三个：①目标市场国。②本国。③其他国家。加强国际市场推销人员的管理，有利于提高和保证推销人员的素质，提高促销工作的效率。为此，企业需做好人员招聘、培训、激励和评估等环节的工作。

（4）国际营业推广是一种以短期目标为主的比较直接的促销手段，它针对性强，方式灵活多样。国际市场营业推广一般分为针对消费者的营业推广、针对中间商的营业推广和针对推销人员的营业推广三类。企业在制定营业推广方案时应慎重确定推广的对象、规模、时机、期限等，并注意各国的法律和文化习俗等方面的限制。

（5）国际公共关系在国际企业促销中发挥着越来越重要的作用。国际企业公关的主要任务是宣传企业；加强与社会各界的沟通与联系；反馈意见；应对危机，消除不利影响。而其主要形式包括媒体公关、顾客公关以及政府公关。

【思考题】

1. 讨论国际市场广告标准化策略和差异化策略各自的特点。

2. 企业在选择国际广告媒体时应主要考虑哪些因素？

3. 国际营销中推销人员的组织结构有哪几种形式？

4. 国际营销企业应如何做好推销人员的管理工作？

5. 国际市场营业推广的类型有哪几种？

6. 影响国际市场营业推广的因素有哪些？

7. 试述国际公共关系的主要任务和形式。

8. 国际营销企业应如何进行危机公关？

【案例分析】

耐克：成功的行销传播

耐克（Nike）正式命名于1978年，它超过了领导品牌阿迪达斯、飙马、锐步，被誉为是"近20年世界新创建的最成功的消费品公司"。在美国，约有高达七成的青少年的梦想便是有一双耐克鞋，"耐克"成为消费者追求的一个"梦"。

"耐克"的行销奥秘是多方面的，其中一个很出色的方面是它的行销沟通。耐克公司的早期广告作品主要侧重于宣传产品的技术优势，因为当时品牌定位在正式竞技体育选手市场上。这段时期的耐克广告还称不上是真正意义上的沟通。

20世纪80年代，耐克产品开始从田径场和体育馆进入寻常百姓家（特别是十几岁的青少年）。由于在两个完全不同的市场作战，它面临的难题是在适应流行意识和宣传体育成就上如何获得平衡与一致，耐克公司开始重新思考其广告策略了。真正的突破是1986年的一则宣传耐克充气鞋垫的广告，在广告片中耐克公司不是采用一味宣传产品技术性能和优势的惯常手法，而是采用一个崭新的创意：由代表和象征嬉皮士的著名甲壳虫乐队演奏的著名歌曲《革命》，在反叛图新的节奏、旋律中，一群穿戴耐克产品的美国人正如痴如醉地进行健身锻炼，这则广告准确地迎合了刚刚出现的健身运动的变革之风和时代新潮，给人以耳目一新的感觉。耐克公司原先一直采用杂志作为主要广告媒体，向竞技选手们传递产品的信息，但自此以后，电视广告成为耐克的主要"发言人"，这一举措使得耐克广告更能适应其产品市场的新发展。

耐克公司的广告变法为其赢得了市场和消费者，但更重要的是耐克公司在变革中，逐渐掌握了广告沟通艺术，形成自己独特的广告思想和策略。耐克公司拓展市场的首要突破口是青少年市场，这一市场上的消费者有一些共同的特征：热爱运动、崇敬英雄人物，追星意识强烈，希望受人重视，思维活跃，想象力丰富并充满梦想。针对青少年消费者的这一特征，耐克公司发起"明星攻势"的法宝，相继与一些大名鼎鼎、受人喜爱的体育明星签约，如乔丹、巴克利、阿加西、坎通纳等，他们成为耐克广告片中光彩照人的沟通"主角"。20 世纪 90 年代耐克公司还专门设计推广了一种电脑游戏，让参与者可在游戏中与球王乔丹一起打篮球。耐克掌握了十几岁少年厌恶说教、独立意识增强的特点，充分发挥和迎合他们的想象力与自我意识，从"乔丹"意识到"热爱运动的我"，从"穿着耐克鞋的乔丹"联想到"穿着耐克鞋的我"……在一连串的消费者自我想象、对比中，耐克公司与其目标市场的沟通，就自然而然地形成。

当耐克公司在青少年市场和男性市场上牢牢站稳脚跟后，转而集中火力进攻女性市场。广告采用自我审视的方法来了解女性的内心世界，以女人与女人的"对话"作为主要沟通手段。广告作品采用对比强烈的黑白画面，背景之上凸显的是一个个交织在一起的"不"字，广告文字富有情意，意味深长，语气柔和但充满一种令人感动的关怀与希望：在你一生中，有人总认为你不能干这不能干那。在你的一生中，有人总说你不够优秀、不够强健、不够天赋，他们还说你身高不行、体重不行、体质不行，不会有所作为。他们总说你不行，在你一生中，他们会成千上万次迅速、坚定地说你不行，除非你自己证明你行。

广告是登载在妇女喜爱的《生活时尚》杂志上。广告文字似乎不像是一个体育用品商的销售诉求，而更像一则呼之欲出的女性内心告白，但广告体现出耐克广告的真实特征：沟通，而非刺激。如同其他耐克广告，这则广告获得了巨大成功，广告刊发后，许多女性顾客打来电话倾诉说："耐克广告改变了我的一生……"、"我从今以后只买耐克，因你们理解我。"这些结果也反映在销售业绩上，在女性市场上耐克远逊锐步的状况发生了根本改变，耐克品牌的提及率及美誉度已超过了锐步。

资料来源：营销管理文库.中国管理网

问题讨论

1. 耐克公司在不同的阶段各采用了哪些广告策略？

2. 从耐克的行销传播中我们可以得到哪些启示？

第十二章　国际市场营销计划、组织和控制

学习目标与重点

(1) 国际市场营销计划、控制等基本概念。

(2) 母公司、子公司营销计划的内容。

(3) 国际市场营销计划、控制的流程。

(4) 国际市场营销组织设计的原则和类型。

(5) 国际市场营销组织设计的影响因素。

(6) 国际市场营销控制的具体内容。

关键词

营销计划　战略规划　组织结构　营销控制

案例导入

新联想加速整合　公布全新组织架构

2005年9月30日，联想集团对外公布了全新的全球组织架构。联想原有业务和近期并购的IBM个人电脑业务将在全球范围内整合在一起，形成统一的组织架构。过去双方各自的产品运作、供应链和销售体系将合并，统一整合到这个全新的组织架构中。

(1) 为了延续Think Pad和联想在业界领先的创新能力，新联想将全球的产品和产品营销业务整合为一个新的全球产品集团。这个产品集团将由联想集团高级副总裁兼首席运营官——弗兰·奥沙利文领导。该产品集团将主要负责联想品牌、Think品牌和IBM-Think品牌产品的全球业务。产品集团下设了台式电脑和笔记本电脑两个国际业务群组，同时该产品集团还设有专门的数码等其他业务、客户服务和质量控制部门。

(2) 为了获得最高的运营效率，新联想将把供应链的各环节合并成一个新的全球供应链系统，该供应链系统将包括采购、物流、销售支持、供应链战略规划及生

产制造等全面运作，将由联想集团高级副总裁刘军领导这个全球供应链系统。

（3）为了保证高水平的客户满意度，新联想将区域总部由三个扩展到五个，区域总部将主要负责该地区的产品销售和客户服务，整体由联想集团高级副总裁拉维·马尔瓦哈领导。联想过去在美国和 EMEA（欧洲、中东和非洲）这两个区域总部的组织架构将保持不变。联想在亚太的区域总部将主要负责日本、韩国、澳大利亚、新西兰、中国香港、中国台湾和东盟等主要市场。而在中国，Think 品牌和联想品牌的业务将合并为一体，成立联想中国区——全球第四个区域总部。

（4）从 2006 年 1 月 1 日开始，联想将在其业务发展最快的国家——印度设立第五个区域总部。

联想同时宣布将把设在中国北京、日本大和以及美国北卡罗来纳州罗利的研发中心整合到一起，并统一由现任的联想集团首席技术官贺志强负责。调整后，贺志强、刘军、拉维·马尔瓦哈和弗兰·奥沙利文将直接向史蒂夫·沃德汇报。

联想集团首席执行官（CEO）史蒂夫·沃德表示：我们今天发布的全球组织架构是为了能在成熟市场和新兴市场中实现联想的创新战略、高效运作和达成高水准的客户满意度而设计的。

资料来源：联想集团网站（www.lenovo.com.cn）

第一节　国际市场营销计划

一、国际市场营销计划的概念

（一）国际市场营销计划的含义

国际市场营销计划是指国际企业或跨国公司预期未来一定时间内所要达到的营销目标，以及为实现这些营销目标而进行的设计与决策。国际市场营销计划是企业开拓国际市场，开展跨国经营的重要手段。它确定了预期的经营目标，并在收集、分析资料，预测成本费用的前提下，规定实现其目标的步骤、措施和具体要求，从而减少了营销人员开展市场活动的盲目性，有利于充分利用企业的资源，保证国际企业的国际营销活动正常而高效地运转。

由于企业在经营理念、营销战略、组织体制等方面存在差异，国际市场营销计划在不同的企业所处地位也不尽相同。有些企业的营销计划仅是企业整体计划的一个组成部分，而有些企业，尤其是高度贯彻市场导向观念的企业，营销计划本身就是企业的整体计划。

（二）国际市场营销计划的类别

（1）从期限的长短来划分。国际市场营销计划可分为短期计划和长期计划。短期计划又称经营计划，执行期一般为 1 年，包括年度营销目标、地区营销目标、产品营销目标以及实现这些目标的方法与手段。长期计划又称战略规划，可分为 3 年计划、5 年计划、10 年计划，甚至还有 20 年计划。长期计划包括长期营销目标、成长计划、竞争计划以及实现这些目标和计划的方法与手段。

（2）从制订和执行主体来划分。国际市场营销计划又可分为总（母）公司计划和子（分）公司计划。通常来说，母公司偏重于战略规划，子公司偏重于经营计划。战略规划与经营计划的区别在于，前者着重于决定主要目标和基本战略，而后者侧重于将这些目标和战略付诸实施。前者是创始性的原则计划，后者是从属于前者的具体计划。如果公司在国际上推行的是标准化策略，那就需制定出统一的营销策略和要求，然后用以指导各个目标市场的营销活动；如果实行的是差异化策略，则要针对某个具体国家的目标市场制订市场营销的计划和方案。

（三）国际市场营销战略规划

国际市场营销战略规划是在企业最高管理层次上对市场的环境和自身的潜力所作的整体规划，它关系到企业在较长时期内其主要力量的使用方向，是公司及附属子公司的活动纲领。一般来说，市场和外部环境变化越快，企业的规模越大，就越要加强对未来市场和战略的研究。

国际市场营销的战略规划主要包括四个方面的含义：

（1）战略规划不可避免地与管理的全部组织和结构交织在一起，它是对未来的决策，考察管理层已作出的以及将作出的决策的一系列原因和结果。

（2）战略规划是一种程序，包括设定公司目标、确定战略及其实现的政策，制订详细计划，保证战略的实施以达到预期的目的。

（3）战略规划又是一种哲学、姿态和生活方式，它要求企业行为建立在对未来预期的基础之上，它不仅是对程序、过程、结构的一系列规定，更是一种思想的过程和智力的运用。

（4）战略规划与其他各种计划如长期实施计划、中期实施计划和短期实施计划相联系。

一个企业的战略规划包括四个组成部分：①环境分析。②企业的能力与资源。③管理者的利益和愿望。④对社会的责任。将这些组成部分逐个进行详细的考察，并将其联系起来考虑，就可制定出一项可行的战略规划。在国际市场营销中，由于国际市场竞争的日益加剧，各国市场千变万化及国际企业组织结构的复杂性，国际市场营销战略规划不能仅仅是被动地反应和适应环境的变化，而应该是建立在过去趋势、当前情况和未来估计的基础上的不断修正的过程。科学的国际营销战略规划可以调动各个地区和各个部门的积极性，集中企业在国际范围内的资源进行优化配置，便于公司总部对企业的国际营销活动进行指挥、协调和控制。

（四）国际市场营销经营计划

国际市场营销经营计划是规划具体措施和资源分配，借以在特定市场上实现战略规划的目标，主要涉及具体的营销策略和方案。企业进行国际市场营销的经营计划，一般都应明确规定应干什么，由谁干，如何干，何时干。

国际市场营销的经营计划通常包括以下具体计划：

（1）产品管理计划。产品计划主要规定一个特定产品或产品种类的销售目标和指标，由产品经理编制。

（2）品牌管理计划。品牌计划规定一个产品类别中某个品牌的销售目标、策略和政策，由品牌经理编制。

（3）细分市场计划。这是为某一地区或细分市场制订的经营销售计划，明确在这一市场公司应采取的策略和战术，由市场经理编制。

（4）分销渠道计划。确定公司在某一市场的渠道选择及扩展方案，渠道的长度、宽度，经销或代理或设立销售公司，包括对中间商的选择和训练计划。

（5）国际定价计划。根据公司的竞争战略和市场战略，确定每个市场是采用高价或低价，价格如何调整和变化，每个市场价格制定的基础和方法。

（6）国际促销计划。规定在采用的促销手段中，广告预算、公关计划、营业推广计划、人员推销计划等。

二、国际市场营销战略规划的制定

（一）确定企业任务

企业任务即业务使命，概括起来就是要回答以下几个问题：①企业所提供的产品或服务是什么？②企业的客户是谁？③企业如何满足客户需求？④企业承担什么样的社会责任？⑤企业是否应该进入国际市场？⑥企业在国际市场中处于什么样的地位？

制定公司的国际市场营销战略规划首先要从战略角度明确企业任务。只有明确了企业的任务，公司的每个成员才会更好地了解企业的市场范围、经营意图、发展方向、历史使命，从而会增加自身的责任感和自豪感，保证公司能够从容应对各种挑战，实现公司目标。

（二）企业情况分析

企业情况分析是制定国际市场营销规划的主要依据。在进行情况分析时一般考虑以下几方面的问题：

（1）当前的营销状况分析。企业当前的营销状况包括：企业最近几年的销售量、利润、市场占有率、品牌知名度和美誉度情况；企业所在的行业市场在过去和可预见的将来市场增长率的变化趋势；行业总体盈利水平；竞争对手的市场份额和竞争力；市场上的主要分销渠道和分销能力等。

（2）机会与威胁分析。机会与威胁分析也叫外部环境分析，这是因为企业往往是通过外部环境的分析发现机会和威胁的。企业应掌握那些影响其经营的主要宏观环境因素和微观环境因素，这些环境因素的变化都会影响企业的经营，既可能给企业带来机会，也可能带来威胁。

（3）优势与劣势分析。优势与劣势分析也叫内部环境分析，这是因为企业往往是通过对自己内部环境的分析，并把自身与竞争对手进行比较，以明确自己的优势与劣势的。企业在分析机会和威胁的基础上进一步分析自己的优势与劣势，能够便于企业清楚自身服务于这个市场的资源和能力，在面对市场机会或威胁时，能更好地把握机会或规避威胁。

（三）确定企业营销目标

国际市场营销战略规划的目标包括两层含义：①选择特定的国家并确定特定的市场，即选择目标市场。②建立特定的经营目标，即数量、效益指标。选择目标市场就是对要进入的国家进行分析和筛选，包括对有关国家的市场特性、分销系统、传播媒介、法律法规、产业结构、政令政策、资源禀赋以及融资环境进行分析，要特别注意各国市场的强制性因素和各国的"关税"、"配额"、"禁运"、"外汇管制"及"非关税壁垒"等限制因素。在确定了目标市场之后，便确定了企业经营销售目标。这是量化了的多项指标体系，如利润率、市场占有率、销售额增长率等。目标只有量化，才能变成明确的计划，各种活动的组织和评价就是通过目标差这个量化标准进行的。

（四）制定营销战略

战略是实现目标的手段，在确定了企业营销目标后，每个企业都必须制定实现目标的合理的战略。国际市场营销战略分以下几种类型：

（1）公司增长战略。大多数的公司以增加销售额和利润为目标而制定增长战略。当公司发现现有产品和现有市场还有发展潜力时，它可以采取市场渗透的密集性增长战略；当公司发现本行业具有发展前途，公司与供应商及销售商联合起来可共同盈利时，它可以实行一定程度联营的一体化增长战略；当公司发现有实力创建新厂或收购别的企业时，它可以采用多样化增长战略以扩大经营范围。

（2）产品战略。对出口的产品，公司可根据实际情况实行四种战略：不惜放弃短期收入来扩大市场份额的产品发展战略；保持当前产品地位和维持市场份额的产品维持战略；不顾长远影响而追求短期效益的产品收缩战略；停止生产和企业资源挪作他用的产品放弃战略。

（3）市场战略。企业针对目标市场可采用扩大产品种类的多样化增长战略；用全新产品和业务开拓新市场的新产品开发战略；根据国外消费者需求，适应市场变化以保护原有市场的保持战略；对无利可图的产品逐步退出市场的撤退战略。

【例12-1】

天士力集团的国际化经营战略

天士力集团高举"中药现代化"大旗，走国际化道路的意识很强，很早就提出"基础市场在国内，目标市场在国外"的企业战略。这样的眼光颇有先见之明。近年来，全球对天然药物的需求日益升温，据相关统计，在全世界药品市场上，由天然物质制成的药品已占约30%，国际植物药市场份额已达270亿美元。

天士力集团的国际化战略是：首先，以复方丹参滴丸为主导产品拓展国际市场，而且先从传统医药基础较好的东南亚市场以及在药政管理方面相对宽松的市场，比如非洲的产品出口开始，并坚持"专家定位、学术推广"的营销模式，进一步扩大市场网络建设。其次，在国际药品的三大主流市场（美国、日本和欧洲），天士力则通过海外投资的方式，先控股荷兰神州医药公司，进而与一家美国公司合资成立北美公司，在日本也成立了分公司，建立起了三大主流医药市场的运营实体。

资料来源：钟可芬.医药经济报，2010-12-10

（五）制定具体的营销策略

营销战略还只是方向性的框架，还不够具体，因此，企业决策者还要在营销战略的基础上建立一套整体的策略方案。策略是企业用来吸引顾客以及有效地利用资源，提高企业经营绩效及击败竞争者的原则。公司针对其选择的国际目标市场，制定产品、价格、分销渠道和促销等营销组合整体策略。

（1）产品策略。根据各个市场的需求，在设计、性能、包装和商标上适应国际市场需求的特点。一般由产品经理制定。

（2）定价策略。根据公司的竞争战略、市场战略、成本及市场需求的特性，制定每个国际目标市场价格的策略，并根据市场变化不断调整和变化该方案。

（3）渠道策略。根据东道国消费者的习惯和要求、中间商的分销网络和组织机构的特点等来制定国际市场分销渠道的方案，包括渠道长度、宽度、代理、设立销售公司以及对中间商的选择和训练。

（4）促销策略。根据企业的产品、销售技术、国外市场特点来制定促销预算和促销活动的方案，包括广告计划、公关计划、营业推广计划和人员推销计划等。

【例 12-2】

361°等鞋企欲借力亚运会实践国际化营销策略

众所周知，亚运会是一场全亚洲的体育盛宴，对每一个体育运动品牌来说无疑是一个巨大的商机。

日前，361°正式公布了其作为广州 2010 年亚运会高级合作伙伴的亚运营销策略，积极倡导亚运会主题理念，为广州亚运会聚拢了最沸腾的热情和人气。据了解，361°联合国际设计团队，融合国际品质及科技标准，与最新的全球时尚元素及运动服饰传统经典的设计元素相结合，倾力打造亚运专业系列装备。

与此同时，一向专注于打造专业篮球运动装备的匹克，最近也在紧锣密鼓地筹划介入亚运会的方式。业内人士透露："匹克此番切入点可能围绕专业篮球球队，通过赞助综合性体育赛事中的专业球队，让更多的消费者了解品牌。"

亚运会赛事对于运动鞋企品牌的宣传有着强大的号召力，能有效吸引更多消费者眼光，利于品牌的二次传播，采用赞助赛事策略并快速吸引消费者眼球不失为一个明智之举。

资料来源：环球鞋网，2010-10-22

（六）营销费用预算

在制定出营销策略之后，企业决策者应该详细说明支持该方案的财务预算，包括收入和支出。虽然较高的营销费用支出可以带来较高的销售额，但当销售额达到某一水准时，销售额进一步提高可能无法使利润提高，反而会损害利润。所以有必要仔细研究公司执行各种营销策略所需的最适量的营销预算。预算表一经确定，它就成为企业购买原材料、生产调度、人员配置以及销售活动的基础。

（七）反馈和控制

营销战略规划的最后一个环节是反馈和控制，用以监督行动方案的实施过程。在实施营销战略和策略的过程中，企业需要追踪计划的实施结果，并将结果反馈给相关人员。同时，企业还要监测内外环境的新变化。当环境发生变化时，企业按既定的营销计划执行可能达不到预定的目标，因此，企业要重新审视和修订其营销计划，甚至营销目标。

国际营销战略规划过程可以用图 12-1 加以表示：

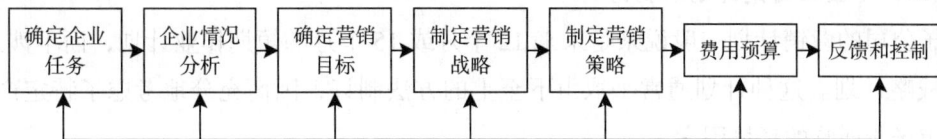

| 确定企业任务 | 企业情况分析 | 确定营销目标 | 制定营销战略 | 制定营销策略 | 费用预算 | 反馈和控制 |

图 12-1　国际营销战略规划过程

三、母公司与子公司的营销计划

国际营销计划的制订应涵盖母公司和子公司两个层次的管理活动。更进一步的计划还应该涉及具体的战略事项和经营业务。当前国际市场的激烈竞争要求跨国公司更系统地制订其营销计划，包括母公司的营销计划与子公司的营销计划。

（一）母公司营销计划的制订

母公司营销计划的制订主要包括指导、协调以及批准子公司的营销计划，并制订整个企业的战略计划。母公司在子公司营销计划的制订过程中起着很重要的作用，具体表现在如下几个方面：①帮助子公司建立完善的计划作业系统。②为子公司提供有关环境分析的信息。③帮助子公司设立营销目标。④为子公司提供国际营销战略的战术技巧。

母公司的管理层扮演着两个和计划制订有关的角色。首先，它为子公司营销计划的制订提供信息输入，并负责审查和批准他们的营销计划。其次，它制订整个公司的战略计划，这个计划可以是一个覆盖国内和国际市场的全球营销战略计划，也可以是为国内和国际市场分别制订不同的战略计划。营销战略计划的实质在于以有利于公司的方式对竞争者的行为和市场的演进施加影响。换句话说，营销战略的目的在于改变竞争环境。一个营销战略计划应包括：描述出将要达到的新的竞争均衡状态；达到这种状态的原因和后果；为达到这种状态所需采取的战略步骤。

跨国公司国际营销战略计划的重要性取决于以下两个因素：一是对于那些国际业务量和利润占整个公司较大份额，并将国际市场作为主要的业务扩展方向的企业来说，必须利用成功的国际营销战略计划来达到其公司营销目标；二是在 20 世纪 70 年代之后，国际市场的竞争态势变化十分激烈，战略计划是跨国公司在海外市场上维持竞争力和战略地位的关键手段。

母公司国际营销战略计划的制订始于企业对国际经营活动的参与。一个企业进入海外市场是以谋求长期利润的增长为目标。当国内市场的发展前景不被看好时，转向国际市场发展成为大多数公司的战略选择。企业是否选择加入国际市场经营的战略应当考虑以下因素：企业的使命和目标，海外市场长期的机会和威胁，企业的优势和劣势，国内市场的机会，以及企业进入国际市场的财务能力等。企业在决定进入某特定国外市场之前，应对东道国的经济、文化、政治及商业环境进行详细的考察。

（二）子公司营销计划的制订

子公司的营销计划一般说来是未来 12 个月或 15 个月的短期作业计划，而不涉及长期的战略计划。这种计划通常采取由下至上的方法制订，因而充分地考虑了特定产品、特定市场所面临的环境因素。

不同的国际企业或是处在不同经营阶段时，其子公司在制订短期经营计划时的内容和范围是有所不同的。海外只有少量投资，海外子公司少且小，未能实现全球一体化经营的国际企业，其海外子公司的经营计划就有较强的独立性。海外已有大量投资，子公司广布世界各地，经营实现全球一体化的大型跨国公司，由于具有明显的"交易内部化"特征，某一海外子公司在制定经营计划时，必须充分注意与母公司及海外其他子公司在业务方面的衔接。子公司经营计划制订的过程，如图 12-2 所示。

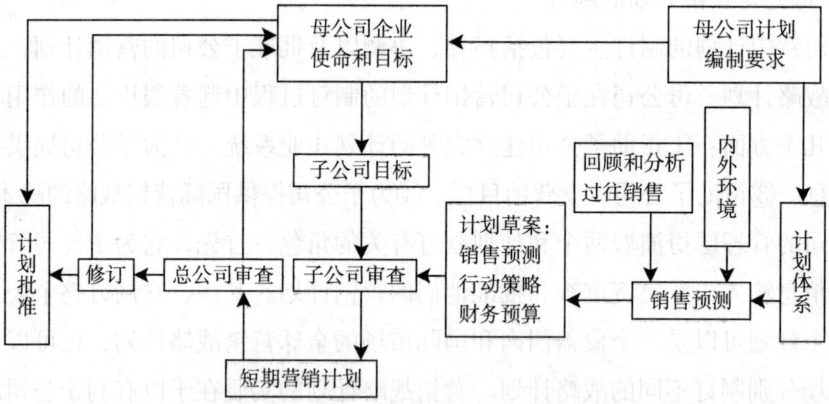

图 12-2　国际企业子公司营销计划制订流程

从经营计划制订的流程看，子公司的经营目标是其经营计划的灵魂或轴心，但子公司的经营目标必须服从母公司的整体经营使命与目标。同时，母公司为实现其总体目标，必须要规定包括全部子公司在内的一系列计划指标和衡量标准。子公司的经营计划必须自觉纳入总计划，并按照统一标准进行设计，并充分考虑上级下达的指标。

销售计划是经营计划的核心。经营计划的制定从回顾、分析过去的销售情况开始，然后对未来销售做出预测。销售预测除了以过去销售实绩为基础外，还应充分考虑到企业内、外部环境的变化。比如，当地竞争者的状况、企业新产品的开发及技术的改进等。

企业未来销售量的实现取决于具体的行动策略和财务预算的支持。具体策略是指营销组合策略，即产品、价格、促销与渠道策略。财务预算包括营业收入、毛利、销售和管理费用开支等内容。因此，销售预测应该由企业的财务、生产、营销、人事等部门一起完成。

经营计划经子公司审查通过之后，便得以形成。接下来，还需递交总公司审查。总公司要对各子公司的情况进行全盘考虑，通常是海外子公司负责人回国参加总经理所召集的年度计划会议。对于一些设立地区总部的大型跨国公司，子公司经营计划将递交地区总经理，先在地区进行平衡。总公司在审查子公司经营计划后，将提出一系列修正意见，得到总公司批准后，子公司的经营计划就在下一年度贯彻执行。

第二节　国际市场营销组织

一、国际市场营销组织设计的原则

企业要进入国际市场，面对复杂多变的国际市场营销环境，需要对自己的国际营销活动进行有效的组织，使国际市场营销计划所规定的各项活动不但能顺利执行，而且还能得到有效的控制。国际市场营销组织设计的首要原则是要与企业的国际化战略相适应。美国学者钱德勒提出的"结构跟紧战略"，说明了组织结构与战略之间的密切关系。当企业国际化及其战略发展和变化时，企业组织结构应相应地调整。美国管理协会曾对 30 家美国国际企业组织情况进行调查，发现有过半数的企业组织结构都处在不断地变化调整中。

实施国际化战略的企业，根据其国际化的程度、目标和倾向，可分为四种管理导向：本国中心主义（Ethnocentrism）、多中心主义（Polycentrism）、地区中心主义（Regioncentrism）和全球中心主义（Geocentrism）。不同的管理导向，标志着不同的权利重心基础；不同的权利重心，反映了企业不同的国际营销战略；不同的国际营销战略，决定了企业所适应的国际营销组织结构。

1. 本国中心主义

实行本国中心主义的企业将国内业务放在首位，而将国际业务放在次要地位。只有国内市场出现产品过剩时才会开展国际业务，开拓海外市场。通常来说，采用这种管理导向的企业国际营销战略的决策权力高度集中于总公司，在海外销售的产品与营销方式和国内基本相同。企业不会花太多的精力放在国际业务上，海外公司组织机构简单。企业的高级管理人员均由本国人担任，以总公司的标准作为对国际营销活动的评价和控制基础。

2. 多中心主义

实行多中心主义的企业认识到国际市场的特殊性，将海外业务看成是企业不可缺少的组成部分，并根据各国市场的差异制定相应的营销战略，即按国别组织营销活动。在不同的国家或地区的子公司可以彼此独立地确定各自的营销目标和计划。与采用本国中心主义管理导向的企业相比，母公司在国际营销战略的决策权力方面相对薄弱，各个子公司在当地聘用高级管理人员，并以当地的标准作为营销活动绩效的评估基础。

3. 地区中心主义

实行地区中心主义的企业主要根据某地区内各个市场之间存在的共性制订一体化的地区营销计划，从而以地区为基础将母公司的利益与子公司的利益结合起来。如很多国际化企业针对亚太地区的国家在文化、经济等领域有许多相似的地方，设立了亚太区域总部。这种组织机构比多中心主义管理模式更为复杂。地区负责人拥有较大的决策权力，以地区的绩效作为评估与控制标准的基础。

4. 全球中心主义

实行全球中心主义的企业是从全球的角度来考虑组织资源的优化配置，根据全球市场环境确定全球营销战略目标。企业将全球作为自己的市场，要求在多国经营的基础上取得最大的经济效益，而不是只着眼于国际业务活动中的某一个市场。实施全球战略的企业，国际业务的规模程度很高，企业内部的分工水平也非常高，企业的组织结构复杂，各个部门的关联性很强。在管理决策方面致力于母公司与海外子公司的高度合作。评估与控制的标准要求既符合地区性又能适合全球的通用标准。这种组织模式是跨国公司发展到高级阶段的产物，目前只有发达国家的大型跨国公司才采用。

不同的管理导向决定了企业在国际营销中采用不同的组织结构。国际营销组织的设计要遵循的原则是：明确企业实行的管理导向模式，在管理导向模式所确定的战略框架中设计合适的营销组织结构。不过，这是理想的组织形式。在实践中，由于环境不断变化以及诸多不可控因素，企业的国际营销组织结构还要根据市场环境等实际状况不断进行调整。

二、影响国际市场营销组织结构设计的因素

影响国际市场营销组织结构的因素主要包括以下几个方面：

(一) 外部环境

企业组织是一个开放系统。企业在开展国际营销活动过程中，在宏观方面要受到不同国家和地区的政治、经济、文化、法律、技术、自然条件等环境因素的影响，在微观方面要受到供应商、中间商、消费者、竞争者、社会公众等因素的影响。外部环境的差异性、复杂性和不稳定性越大，组织内部的差异性和复杂性也就越大。例如，竞争者对产品的不断创新与发展，必然迫使企业相应地设立适当规模的新产品开发部门。再比如，东道国政府为了本国利益往往要对国际企业施加压力，这就迫使这些企业设立相应的公关部门。

（二）企业的规模和产品的性质

一般来说，企业规模越大，其组织分支增加，管理能力增强，市场营销组织结构相应也就变得越复杂。例如，随着经营地理范围的扩大和业务的多样化，大型跨国公司的组织结构会呈现出复杂的网络结构。另外，企业所经营的产品性质也在很大程度上决定了市场营销组织的形式。产品性质不但指它的物理性质与化学性质，还包括产品的通用性、普及性等。如生产大型机械的企业，其营销组织就不宜过长；麦当劳由于食品的保鲜要求，只能在本土加工，公司的组织结构不得不考虑地区的特殊性。

（三）企业在国际化进程中所处的阶段

企业在国际化进程中会根据其所处的不同阶段采用与之对应的国际营销组织结构。开展国际业务的企业在刚开始涉足国际市场时，企业的营销重点还在国内市场，它的国际营销组织结构也应该比较简单。但随着营销重心向国际市场的偏移，它的国际营销组织结构会变得逐渐复杂。间接出口、直接销售、与国外市场相结合、全球经营等国际化进程的不同阶段，需要相应的营销组织结构来支撑其经营目标。

（四）国外市场特性

企业的国际营销活动可能在同质市场上开展，也可能在异质市场上进行。如果在同质市场上经营，所需要的产品同质化倾向很高，企业的国际营销组织的复杂性就比较低。例如，对于可口可乐公司来说，其市场需求具有趋同性，因此，一般按地理区域来建立组织结构。而当企业为了满足多个差异化明显的异质市场的需求时，其业务的复杂程度就很高，需要企业内部各部门相互协调和配合。例如，一些在多个地区经营不同产品的跨国公司采用矩阵形式的组织结构。

（五）国外子公司的地理位置

企业在国外子公司的地理位置影响着企业的国际营销组织结构。如果企业的子公司是设在文化、经济差异不大的地区，例如英国和法国，那么在这两个国家设立子公司，地理因素不成为影响因素。但是，如果企业的子公司是设在文化、经济差异很大的地区，如美国和越南，那么在这两个国家设立的子公司的组织结构差异就比较大。

（六）重要区域性经济集团的出现

随着全球经济一体化进程的推进，区域性经济同盟如欧盟、北美自由贸易区、东盟等经济集团的产生和发展，一些国际企业的海外组织结构从原来按国设立改为按区域设立。如布鲁塞尔、纽约、中国香港等已成为许多国际企业设立地区总部的首选地。

三、国际市场营销组织结构的类型

企业在开展国际市场营销活动中可根据实际情况采取不同的组织形式，因为不同的组织结构具有不同的作用。企业国际营销组织结构可以归纳为以下六种基本的类型：出口部、国际部、地区型组织、产品型组织、矩阵式组织和全球性组织。

(一) 出口部

当一家企业刚开始涉足国际市场或国外销售业务不多时，企业通常会设立一个出口部，作为一个单独的职能结构，负责统一处理其国际业务。出口部与国内销售部同级，它负责与所有海外市场和海外客户保持联系，解决出口中的问题，履行管理和财务职责，选择并监督代理商，如图12-3所示。但在实践中随着销售业务的展开，出口部往往缺乏公司总部和其他职能部门强有力的支持，从而影响其海外业务的扩展。因此，公司的出口部应随着海外业务量的扩大而扩大。

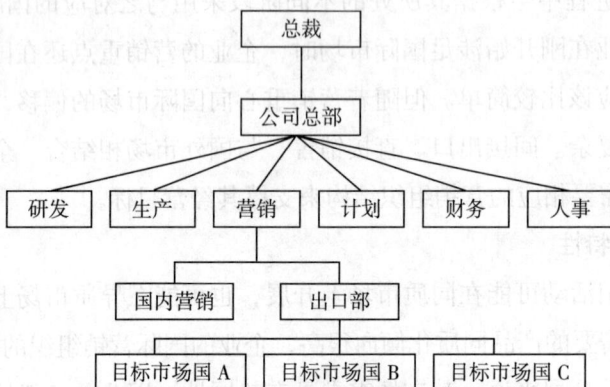

图12-3 出口部组织结构

(二) 国际部

随着公司国际业务的不断发展，企业进入国际市场的方式日趋多样化，这样使得协调国际市场活动的职责已经超出了出口部所能涉及的范围。同时，由于出口部在国际业务方面与日俱增的权力会引发与国内营销部之间的摩擦。因此，原有的出口部已不足以解决这些问题，而需要建立一个能统一管理和协调生产、财务等各职能部门的组织机构，这个机构在许多公司里称为国际（业务）部。在这种结构下，公司活动分为两部分：国内部和国际部。国际部的主要职能是分管公司在国外的业务活动。

国际部与公司总部其他职能部门平级，它又由研发、生产、营销、计划、财务及人事部门组成，由国际部经理或公司国际业务副总裁负责，如图12-4所示。国际部与国外的客户保持直接关系，其职能是制订与实施促销计划，向生产部门提供产品信息，为确定财务政策出谋划策。与出口部相比，这种组织结构的主要优点是：国际部经理拥有更大权力，能在更大的程度和范围引导企业拓展国际市场。其缺点在于：首先，国际部仍是从属于公司的一般业务部门，如果公司的国内业务占绝对重要地位，企业就可能限制其国际部在国外市场的拓展。其次，国际部通常不能参与企业整体战略的制定，这就导致国际部获取不到足够的公司资源用于开发特定产品、实施促销计划和海外市场渗透。

此外，由于企业的研发以国内市场为导向，海外市场的研发往往只是简单的产品改良。因此，到一定阶段时，这种组织结构形式就不能适应国际业务进一步发展的需要。

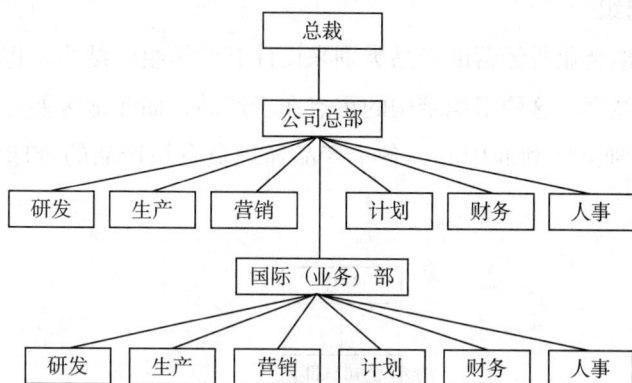

图 12-4 国际部组织结构

（三）地区型组织

当公司的国际业务进一步发展后，国际营销组织形式将由国际部演变为地区型组织。地区型组织介于涉外子公司和总公司的国际部之间，它突出各地区的市场营销组织的功能。当某个区域的各国在经济、社会、地理和政治条件方面具有一定程度的相似性时，而且公司在该区域的业务达到一定规模时，就有必要建立一个地区管理中心来进行公司资源配置的决策，在整个地区的利益基础上参与每个国别市场的经营计划和控制，以保证公司的资源在该地区内达到最优配置，如图 12-5 所示。

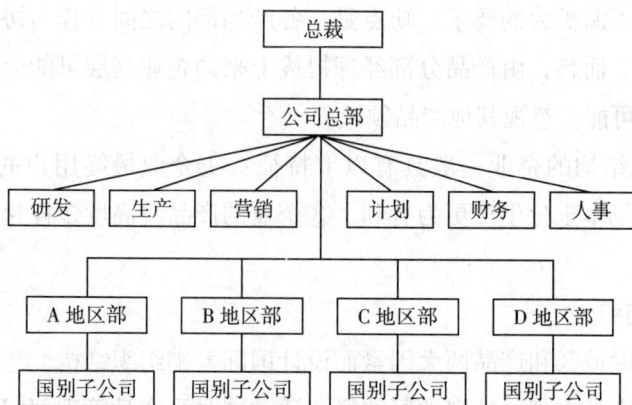

图 12-5 地区型组织结构

地区型组织结构的主要优点是：可以有效地实现地区、产品和职能之间的最佳平衡；有效地协调各个子公司的冲突，发挥公司的整体利益；将经营和控制的决策权力授予地区管理中心，减少了公司总部层面集中管理的压力；对每个地区针对性的营销活动，增强了灵活反应能力。地区型组织结构的缺点是：没有针对特定产品开展经营活动，从而造成单项产品管理上的混乱；另外，这种结构还可能导致各地区各自为政，影响企业的全局利益。

（四）产品型组织

产品型组织根据企业所经营的产品类别来设计其营销组织结构，将从事国际化经营的责任赋予各产品经理。这种组织结构的重点在于产品，而非地区差异。整个企业依据产品线划分为多个独立的利润中心，各个产品经理负责该产品的全球营销活动，如图12-6所示。

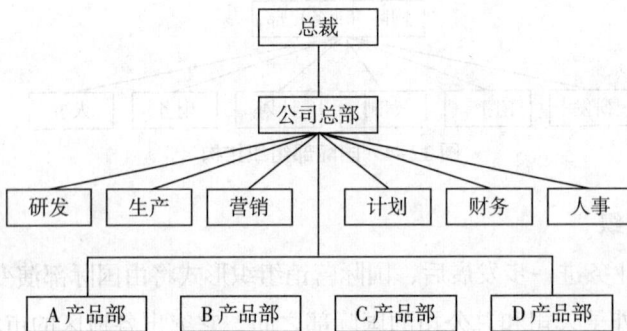

图 12-6 产品型组织结构

产品型组织结构的优点是：权力分散化，产品经理有很大的主动权，可根据国际市场对产品的需求变化及时调整营销策略；增加新产品和撤出老产品不会给企业带来高额成本；利用产品生命周期对产品进行管理和控制也更为容易；此外，这种结构也能适应跨国公司海外业务不断扩大的要求。缺点是：各产品部门之间合作与协调比较困难，并且会增加管理成本。而且，由产品分部经理提拔上来的企业高层可能会过于重视他们原来负责的产品线，可能会忽视其他产品领域。

采取这种组织结构的企业一般具有以下特征：①企业最终用户的类型多种多样。②企业实行国外市场本土化生产更为有利。③企业的产品线高度多样化，并具有高层次的技术能力。

（五）矩阵式组织

矩阵式组织兼顾地区和产品两大因素而设计国际营销组织结构。矩阵式组织结构最大的特点在于企业产品在某一特定地区的经营活动同时受产品管理部门和地区管理部门的双重领导，而非传统直线职能下的一个，即在矩阵组织中有两条命令链，如图12-7所示。

矩阵式组织结构的主要优点是：比直线职能式组织更为灵活，较好地解决了市场反应灵活性与规模优势之间的矛盾；能综合分析和处理各种环境因素，更好地适应外部环境的变化；加强了总部对各个区域的经营活动的计划和控制；加强了企业内部之间的合

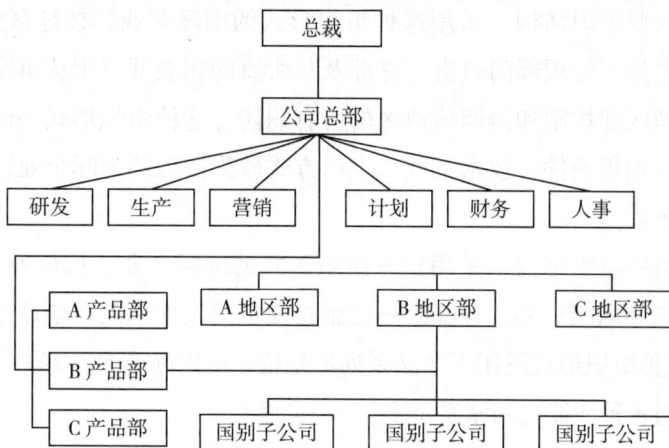

图 12-7 矩阵式组织结构

作，创造出一种协同效应。这种组织结构的不足之处是：产品管理部分和地区管理部门的工作经验和强调的工作重心有所差异，容易引发矛盾和冲突；组织结构较为复杂，基层部门要同时受产品管理部门和地区管理部门的监督、考核和评估，容易造成管理混乱。总的来说，矩阵式组织对于那些需要快速适应环境变化的企业来讲具有很大的优越性。

采用矩阵式组织结构的跨国公司一般具有以下特征：①各分部的经营活动对产品与地区两方面因素的依赖程度都很大。②企业的经营活动面临很大的不确定性，对信息处理的要求很高。③企业的资本及人力资源的实力都很强。

（六）全球性组织

随着公司国际业务的日益扩展，公司总部需要从全球的角度来组织和协调整个公司的研发、生产、财务、计划、人事和营销工作，统一安排资金和利润，使国内经营与国外经营融为一体，强调各个部门都必须服从于公司全球营销的目标和任务。这个时候，企业会考虑采用全球性组织结构。

全球性组织结构具有两个显著的特点：一是在这种组织结构中，全球范围的经营决策权都集中在总部，而不分国内和国外；二是公司总部的所有部门都是从全球利益的角度按公司在世界范围内的需要而设置的，这样就为国际企业实施全球战略提供了组织条件。全球性组织结构往往是大型跨国公司采用的组织结构。

全球性组织结构可分为产品、地区、职能、混合等四种结构。

（1）全球产品型组织结构。采用这一组织形式的国际企业按产品系列划分部门，各产品部的经理负责该产品在全球范围内的各种职能。国际企业在总部还另设有地区专职人员，负责协调该地区内的各种产品的业务活动。这种组织结构能适用于产品种类繁多，市场分布广泛，技术要求较高的国际企业，其特点是国际企业总部首先确定企业的总体目标和发展战略，然后由各产品部据此制定各自的业务发展计划。

（2）全球地区型组织结构。采用这种组织形式的国际企业，按地区业务划分部门，其主要经营责任由地区管理部门负责。总部及其所属的职能部门则从事全球性发展战略的设计和控制，地区部控制和协调该地区的所有职能。这种组织形式一般适用于产品种类较少，并且市场销售条件、技术基础、生产方式较为接近的国际企业，如一些食品加工、医药和石油企业。

（3）全球职能型组织结构。采用这种组织形式的国际企业，按研发、生产、财务、计划、人事和营销等职能分部，各部由一位副总裁负责该项职能在全球范围的活动，如图 12-8 所示。这种组织形式适用于产品系列不是很多的国际企业，其特点是对各种职能本身控制很紧，但各种职能之间联系不多。

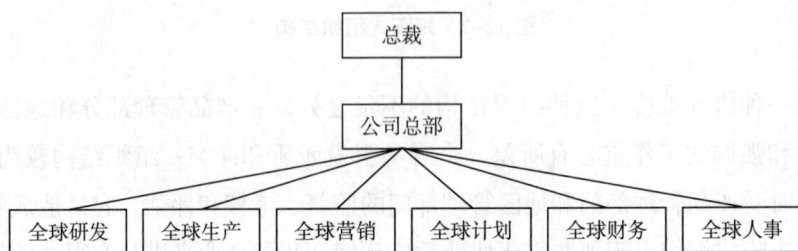

图 12-8　全球职能型组织结构

（4）全球混合型组织结构。当公司规模庞大，产品线众多，或从事不同行业时，由于不同业务有不同的全球性需求、供给和竞争形态，因而有必要根据不同业务需要而采取不同的组织结构，即全球混合式组织结构。随着产品市场的多元化，混合式结构可能会越来越受到国际企业的青睐，因为这种结构既弥补了按单项设计的组织结构的不足，又照顾了不同经营活动的要求。

四、国际市场营销组织结构的调整

国际市场营销组织结构形式并不是一成不变的，而是在国际环境动态变化中进行适应性的调整和重新选择。随着企业内部条件和外部环境的变化，企业营销战略也必须相应地变化，而国际市场营销组织结构则随着营销战略的改变而调整和变革。特别是，国际企业在出现如下特征的时候，将不得不采取完善甚至重新构建的措施：①企业的经营业绩快速下降。②不佳的财务状况。③新产品的出现。④外部环境变化（如东道国政策发生大的变动）等。这可以通过观察有关组织机构欠佳的标识来监视这些引起组织结构调整的原因，表 12-1 列出了一些国际市场营销组织欠佳的标志。

表 12-1　国际市场营销组织欠佳的标志

1. 国外经营活动没有实现预期目标 主要针对某一特定区域里或某一产品线的综合销售。如果公司的销售额增长了，但公司的市场份额下降了，这一问题也会更尖锐
2. 对国外经营活动的财务缺乏控制 这与公司关于集权和分权的总体思想有关，也与下放权力给国外经理的程度有关。这类问题因国外税法和会计惯例不同会很复杂
3. 各部门或分支机构在地域或客户方面的冲突 当一家公司扩展到一个新的地域时，这种冲突非常普遍。这些冲突可能是因为向国外市场推进新产品或并购造成的
4. 国外生产或分销设施的低利用率 当各产品线各自向海外扩展或兼并后不巩固
5. 管理人员和服务的重复 当各产品线由国内独立的各部扩大而进入海外市场时，或大规模合并时，这种情况就会发生
6. 销售办事处和特殊商品销售人员之间的重复 此类问题在那些销售特种化学品或电子设备等技术产品的公司中很普遍
7. 分销商的迅速增生 这会造成市场覆盖面重叠或利益冲突
8. 在一国或一个地区的法人实体和营业单位的迅速增生 每当进入一个新的国家市场，新建立的分支机构常常会衍生出各种功能
9. 国外客户对有关服务的抱怨增加 标志着有关的营销人员没有协调服务于共同的客户

资料来源：Subbash C. Jain, International Marking Management, Forth Edition p.804

【例 12-3】

联合利华的重组计划

2004 年，联合利华业绩亮起红灯。次年，集团 CEO 夏思可发布了"同一个联合利华"的重组计划，旨在建立一个更加精干和灵活的业务结构，推动联合利华快速增长。

经过此次改革，联合利华原来的执行委员会以及 11 个业务部被取消。管理大权掌握在集团 CEO 及其运营团队手中。该团队成员包括欧洲区、非洲区和亚洲区总裁，食品业务总裁和家庭及个人护理业务总裁，首席财务官以及首席人力资源官。

这次重组的核心在于通过结构调整统一联合利华。2008 年之前，联合利华的侧重点是在其业务分布的各个主要国家推行"同一个联合利华"的运营模式，实现地区内部的统一。从 2008 年开始，联合利华着手设立 4 个新的区域性总部，即其所谓的"多国组织"，其目的是通过区域性的集中管理，使联合利华在各区域的单位共享人力资源、IT 和财务等服务职能，从而提高企业运营效率。

资料来源：龚伟同. 商务周刊，2008-11-05

国际营销组织中的人员也许不能或不愿意对结构性变化作出适应性调整和重新选择，甚至抵制变化。尤其是涉及职责和权力变化时，这种抵制会更强烈。为了确保国际营销组织的稳定性，这种动态变化必须是逐步推进的，而不可以用急变的方式进行。在最终确定调整或重新构建之前，可以通过观察某些有关国际营销组织欠佳的标识并同各职能部门人员进行讨论，以减少组织机构调整的阻力，适时地对企业的国际营销组织进行适应性调整。

第三节　国际市场营销控制

国际市场营销控制是国际市场营销管理的一项关键职能，与计划和组织密不可分。当企业对其国际市场营销活动制订了长期和短期的计划，并建立与之相适应的组织结构，保证营销目标实现的关键在于有效的控制。通过周密设计的控制体系，既可以使营销工作适合于各个具体目标市场的特殊情况，又可以使战略及营销方案在不同程度上实现标准化，使之适应于全球市场的需要。

国际市场营销控制就是指对企业的国际市场营销活动进行监督和评估，纠正营销计划实施过程中的偏差，并采取必要的措施，以确保企业既定营销目标的实现。

一、国际市场营销控制的模式

在企业的国际市场营销活动中，通常需要根据组织结构的变化相应地调整公司总部对子公司的监控管理模式。国际市场营销控制的模式主要包括三类：集权型控制模式、分权型控制模式以及分权与集权相结合的控制模式。

（一）集权型控制模式

集权型控制模式是指公司总部对其国内与国外分部实行集中型控制，这是较传统的跨国公司控制模式。集权型控制模式主要表现在海外业务规划和控制两个方面，其特征是：子公司的经营权掌握在母公司手中；子公司职员的工作业绩以母公司的标准来衡量；母公司向子公司传达各种指令和信息；母公司按统一的标准对子公司进行控制，而较少考虑当地市场的具体情况；子公司的高级管理人员通常优先选用母公司的现有人员，致使子公司当地人才的发展机会较少。

集权型控制模式的优点是便于母公司在全球范围内发挥统一调配的作用，这也是该模式能够存在的重要基础。不过，这种控制模式过于忽略子公司的自身利益，容易引起当地雇员的抵制行为和排外情绪。

（二）分权型控制模式

由于分布在世界各地的子公司同母公司在社会、政治、经济、文化等方面的环境差异和能力差异越来越明显，以母公司集权控制子公司的方式越来越难以持续，在这种背景下，产生了分权型控制模式。分权型控制模式的主要特征是：子公司经营决策权掌握在子公司管理者手中，母公司只承担子公司早期决策及高级管理人员的培养；子公司员工的工作业绩用子公司所在地通用标准来衡量；子公司员工的薪酬水平与母公司不发生直接关系，各子公司之间可能存在明显差异。

这样，在分权型控制模式下，海外子公司实际上等于本地公司。因此，这种控制模式有利于发挥子公司自身的积极性，提高子公司雇员的企业归属感。当然，从母公司的立场来看，这种控制模式不利于进行统一调配，各子公司也相应地会失去利用国际市场和全球资源的机会。

（三）分权与集权相结合的控制模式

随着企业国际化的发展，国际间的经济合作更为广泛和深入，跨国公司的业务遍及全球，原来以母公司为中心的集权型控制模式和多中心的分权型控制模式已经不能满足实际需要，从而产生了一种新的控制模式，即分权与集权相结合的控制模式。

分权与集权相结合的控制模式以全球为中心，既不偏重于母公司，也不偏重于子公司，各子公司根据企业整体战略目标自行制订经营方针和经营计划。分权与集权相结合的控制模式的主要特征是：母公司把经营决策权按照实际需要授予子公司，子公司在决策时考虑母公司提供的各项参数和标准；子公司员工及其工作业绩衡量标准依据平均效率和各国的客观情况而定；子公司发放报酬时，依据目标和任务的完成情况而定；信息在母公司和子公司之间以双向方式交流；子公司所在地人员也能调入母公司或派往其他国家子公司任职。

将分权与集权相结合，实际上充分兼顾了企业的整体利益与目标市场国当地市场环境的特点，满足了跨国公司开展全球业务的控制需求。

二、国际市场营销控制的程序

国际市场营销控制的操作过程主要包括七个步骤：设定控制目标，选择控制方法，明确衡量标准，指定责任人，建立信息反馈系统，评估审查结果，及时纠正偏差。国际营销控制是一个动态的循环过程，上述七个步骤按照顺序构成一个控制周期，通过反复性的运行，不断缩小偏差，使原定的营销目标和计划得以实现。

（一）设定控制目标

控制目标是指被控制对象应实现的目标，即一定时期内企业经营应达到的目的。目标是控制的核心，它是控制的起始点，即有了目标才能开始进行控制；它又是控制的归宿，因为只有目标实现的程度才能说明控制是否有效。因此，设定控制目标是控制程序中一个十分重要的步骤。

一般而言，控制目标就是企业计划的目标。与计划目标相比较，控制目标必须是具体的、可操作的，而且要比较详细，不仅企业各个层次，各个部门的目标必须明确无误，而且应指明各项目标的种种细节。控制目标一般包括一些具体的指标，如销售额、利润率、销售增长率、市场占有率、企业知名度、品牌知名度、新产品开发周期等。企业的管理者在进入国际市场之前，必须明确企业目的及其国际营销活动的短期和长期目标，这样，控制才会有的放矢。

（二）选择控制方法

国际市场营销控制的方法可分为两大类：一是直接控制，二是间接控制。

直接控制就是企业总部有关管理人员直接参与下属机构的经营管理。比如，总公司管理人员以股东身份直接参与海外子公司对外合同的签订，主持制订子公司的经营计划，甚至参与选择中间商以及价格的制定等。

间接控制是指企业总部有关管理人员通过各种杠杆机制干预调节下属机构的经营活动。间接控制包括制定各种指令性计划指标、制定相关规章制度、下达各项销售政策，组织业务竞赛等。另外，签订正式合同的方法是控制海外营销机构的一种有效的控制机制，即通过定额和许可证的方式要求海外营销机构达到具体的绩效。

直接控制能够直接把握下属企业的发展方向，但容易挫伤下属企业的经营积极性，而且其适用的范围十分有限。间接控制具有明显的灵活性，而且比较适合规模较大的国际企业，但是它管理难度比较大。因此，国际企业应该根据自身实际状况选择合适的控制方法。

（三）明确衡量标准

营销控制的衡量标准与营销目标的指标是一致的，只有根据营销目标制定出绩效的衡量标准之后，控制机制才能发挥作用。确定国际营销的控制衡量标准时需要注意以下三点：①要数量化，明确具体金额、数量，并要确定相应的等级范围。②要充分考虑海外子公司当地的经营环境，特别是不同的币种及其汇率，当地政府的税收、金融等方面的政策。③要顾及某些抽象性目标，从企业战略的角度通盘考虑。

（四）指定责任人

控制系统是由人去执行的，如果没有人去执行并加以管理，那么一切都是徒劳。因此，指定责任人对于建立控制系统也具有十分重要的意义。控制系统的责任人基本分三个层次：①公司总经理及总部各职能部门。②国际事业部，或地区部，或产品部的副总经理及其职能部门。③子公司或其他下属机构的经理及其职能部门。

指定责任人最关键的一点是必须遵循责、权、利三者结合的原则，即无论是控制者或是被控制者都必须有明确的责任、权力和利益。如果违反这一原则，那么企业的控制机制就得不到有效的发挥。

（五）建立信息反馈系统

国际营销信息反馈系统是跨国公司的中枢神经系统，对及时有效地收集和传递信息起着至关重要的作用。它主要是对企业在国际市场上的各种信息，包括顾客信息、产品销售和服务信息、各地区和各子公司的营销活动信息、竞争者的信息、市场环境信息等，在系统中经过分类、处理和存储，作为目标营销控制的基础数据。

（六）评估审查结果

评估就是在掌握详细资料的基础上，依据既定的标准，将被控制单位的经营业绩与公司的有关目标进行比较，分析和判断被控制单位在哪些方面完成了预订目标，哪些方面背离了预订的目标或出现了偏差。评估时既要严格依据既定标准，同时也要充分考虑当地的经营环境，如当地汇率变化、通货膨胀、政府政策变动等对企业的经营绩效产生重大影响的不可抗拒的外部因素。评估过程同时又是分析过程，对于被控制单位未能达成既定目标的，必须分析其原因，以便为下一步的纠正偏差提供可靠依据。

（七）及时纠正偏差

纠正偏差避免错误是控制的直接目的，因而它是控制的最关键环节。纠正偏差可能分为两种情况：如果偏差产生的原因出在国际营销本身，企业就必须采取措施纠正不正确的营销活动；如果偏差产生的原因是营销目标或控制标准本身不合理，就需要修正营销目标或控制标准。由于国际业务单位文化背景不同，组织复杂，纠正的实际操作难度较大，控制部门必须建立比较完善的纠正机制，才能实现及时纠正。

三、国际市场营销控制的内容

国际市场营销控制涉及的范围很广，主要内容包括：战略控制、年度营销计划控制、盈利能力控制和效率控制。

（一）战略控制

战略控制是为了确保企业战略和营销环境实现最佳的适应状态。在企业营销活动进行过程中，面对复杂多变的国际营销环境，企业必须定期对其目标、计划、政策等总体方针进行重新评价，其中营销审计是一种重要的战略控制方法。

营销审计是对公司或公司的业务单位的营销环境、目标、战略和活动所进行的全面、系统、独立和定期的检查，以确定问题的范围和机会，并提出行动方案以提高公司的营销绩效。一般情况下，国际营销审计要经过三个具体步骤：①公司管理人员和营销审计人员会谈，以便在审计目标、范围、深度、数据来源、报告形式以及时间安排等方面达成一致。②通过详细的会谈计划、资料调查、内部文件审查等方式收集所需的数据。③提交审计报告。国际营销审计包括反映公司营销情况的六个主要部分：营销环境审计、营销战略审计、营销组织审计、营销制度审计、营销效率审计和营销职能审计。对这些问题的审计结果和相关建议，都应该在最后提交给高层管理者的审计报告中进行反映。

（二）年度营销计划控制

年度营销计划控制的目的在于确保公司实现年度营销计划中所确定的销售、利润和其他指标，主要工具有销售分析、市场份额分析、销售费用率分析和财务分析。

1. 销售分析

销售是企业经营活动的中心，销售额的大小反映了企业的经营规模，销售额的增长是企业经济效益提高的前提。

销售分析主要是通过将每周、每月或每季度的销售数字进行汇总，将它与预期指标进行比较，以判断各种因素对销售量的影响。销售分析具体分为销售差异分析和个别销售分析。从销售量差异的分析中，可以找出不同因素在导致销售额缺口的过程中所起的作用；从个别销售分析中，可以分析个别产品、销售区域以及其他有关方面未能完成预定销售额的原因。

2. 市场份额分析

企业在评价国际营销绩效时，仅考虑销售额是不够的，因为它不能表明相对于竞争对手的绩效如何。因此，管理层还需要进行市场份额分析。

市场份额分析有三种常见的衡量方法：①总市场份额分析，即本企业销售额在行业总销售额中所占的比例。②服务市场份额分析，是指本企业销售额占其所服务市场的总销售额的比例。③相对市场份额，是指本企业的市场份额与行业内领先的竞争者的市场份额比较。

3. 销售费用率分析

年度营销计划控制要求企业在实现其销售目标时，其营销费用不能超出一定的范围。企业对营销费用占销售额的比例一般都有明确规定，管理层应该监视各项营销开支的比率。如果营销开支的波动超出一定的范围，就必须进行追踪寻找原因，并根据调查的原因采取相应的纠正措施。

4. 财务分析

营销费用与销售额之比应该放在一个总体的财务框架中进行分析，以明确企业的利润来源。企业管理者越来越倾向于利用财务分析来寻找提高利润的途径，而不仅仅依赖销售量的扩大。例如，企业的资产报酬率是利润率和资产周转率的乘积，因此，企业管理者可以采用两种办法来提高资产报酬率：①增加销售额或削减费用。②增加销售额或减少完成一定销售额所需要的资产。

（三）盈利能力控制

企业必须对其所经营的各种产品、区域市场、顾客群体、销售渠道的盈利情况进行分析和评估，以帮助管理者决定哪些产品或营销活动应该扩大、收缩或取消。

企业在计算盈利能力时，必须区分三种不同的成本：①直接成本，是指能直接分配给适当的营销实体的成本，如销售人员的工资和差旅费。②可追溯的共同成本，是指间接却能按照一定标准分配给营销实体的成本，如陈列各类产品的柜台租金，可根据产品所占据的空间分配费用。③不可追溯的共同成本，是指高度主观地分配给各营销实体的成本，如企业形象广告费。

（四）效率控制

效率控制在于分析和考虑是否存在更有效的方法来管理销售队伍、广告、销售促进和分销等方面的活动。

1. 销售队伍效率

企业各级管理层必须定期对下属销售队伍的工作进行考核检查，并作出评价。奖惩严明，对工作积极、业绩较好的销售人员应给予奖励，工作不努力者应给予必要的批评与警告，对不称职者应及时撤换。

2. 广告效率

企业管理人员应掌握与广告效率相关的统计资料，在分析资料后，可以采取一系列措施来改进广告效率，包括做好产品定位、明确广告目标、预先开展广告测试、选择更合适的广告媒体、寻找性价比更高的媒体以及广告事后效果评估等。

3. 销售促进效率

销售促进包括许多种能激发顾客购买兴趣或试用产品的方法。为了提高销售促进的效率，管理层应该坚持记录每次促销活动的成本及其对销售的影响。通过统计资料和促销活动结果的相关分析，就可以提出更有效的促销措施。

4. 分销效率

企业管理层应调查研究分销活动的经济性，包括库存控制、仓库位置的选择、运输方式等，应努力减少存货，同时加速存货的周转。

【例 12-4】

宝洁：在铺货中保持控制力

在宝洁的销售网络中，除了直供的大型连锁终端外，有近 50% 的产品是通过各地的分销商铺货的。"宝洁有一套标准化的分销、铺货模式，我们是在宝洁派驻的客户经理指导下操作的"。宝洁在山东的一位分销商表示他们的铺货完全在宝洁掌控之中。他认为宝洁主要在三个方面配合分销商铺货：提供完整的信息、一套标准化的推广模式以及跟踪铺货的效果。

从 2003 年开始，宝洁在它的分销商里推出 "Mc Sales Model" 计划。这个计划是指根据不同类型的销售渠道，要求分销商们按全国统一的模式，对其组织结构、渠道划分、销售代表工作流程及客户访问步骤、薪酬体系进行标准化。"据说'Mc'取义于Mcdonald's，即学习麦当劳的标准化业务模式"。宝洁一位分销商处的销售主管表示。

业内人士认为，正是宝洁这套标准化的铺货模式，让宝洁更好地掌控分销商与终端，并能够有效地收集不同终端消费者反馈的信息，从而改进自身的产品。

资料来源：栗子. 天下商机网，2009-03-14

【阅读材料】

中国汽车企业国际化经营策略

纵观跨国型汽车企业的国际化之路，都历经了较长的时间过程。中国汽车企业国际化发展尚处于起步阶段，必然面临着许多问题和困惑，需要在国际化经营和实践中摸索出一条适合本企业发展的道路。中国汽车企业国际化经营是其发展壮大的必然选择和必经之路。在全球经济面临危机的背景下，中国汽车企业如何进行国际化经营，实现从"内需导向"向"出口导向"的转变，是亟待解决的问题。

一、中国汽车企业国际化经营面临的机遇与挑战

1. 中国汽车企业国际化所处的发展阶段与模式选择

按照国际渐进理论，企业实施国际化战略通常会采用由贸易式到契约式再到投资式的战略路线。企业进入海外市场可以有多种模式，海外市场的进入模式选择被认为是决定企业国际化经营成功与否的关键性决策之一。

（1）贸易进入模式是目前我国汽车企业国际化战略的主要模式。2009 年一季度，我国以一般贸易方式出口汽车 5.3 万辆，同比下降 54.4%，占同期我国汽车出口总量的 80.3%。贸易进入模式是中国汽车企业进行国外经营的起点，是风险最小、资源承诺以及财务和管理方面投入最少、进入目标国家最快的一种进入模式。但这种模式的缺点也较为明显，关税与非关税壁垒影响可能导致产品失去价格竞争优势，运输成本很高，交货周期长，难以保持对当地市场需求的监测等。由于此种模式稳定

性和可持续性差等原因，并不被我国汽车海外市场长远和健康发展所提倡。

（2）契约与投资模式是目前我国汽车企业国际化战略的辅助模式。目前，契约与投资模式是我国汽车企业国际化战略的辅助模式，是一般贸易进入模式的有效补充。在现阶段建议中国汽车企业进入海外市场采用多种模式组合，实现国际化经营的渐进式发展。

契约进入模式是企业通过与目标国家的法人签订长期的非投资性的无形资产转让合同进入目标国家，其更注重汽车企业技术、技能与工艺输出，而不是产品的输出。该目标市场国家汽车工业往往处于起步期，以市场换技术，可以绕过进口限制与投资环境障碍，避免高运输成本，降低投资风险。

投资进入模式是通过直接投资进入目标国家，建立分公司或子公司，开拓海外目标市场步伐较快，实现市场多元化、产品多样化以及开展新业务；并购进入模式是通过对现有企业进行兼并和以获得经营控制权为目的股权收购，以财务、管理等资源为依托，但同时对企业也蕴涵着巨大的风险，可能会因投资回报时间过长导致初期投入成本过高，也会因成本过高而导致公司的战略调整缺乏灵活性。

2. 中国汽车企业国际化经营面临的机会

根据 IMF 对 2009 年国际经济形势的预测，在全球金融危机的影响下，世界经济衰退趋势明显，其中大多数发达国家经济依然处在低谷，即使在年底出现温和的复苏，仍然不会对全年的 GDP 做出很大的贡献，但新兴经济体和发展中国家仍能保持 3%~10% 的增速，将成为未来全球经济发展的主要增长点和增长动力，全球汽车产业链向新兴市场延伸的趋势明显。

3. 中国汽车企业国际化经营面临的主要问题

（1）缺乏对海外市场环境的了解。中国汽车企业国际化经营缺乏对海外市场环境的了解，要准确识别海外市场风险变化、敏锐挖掘海外市场机会，对目标国家的社会、政策、经济、法律等整体状况以及市场特点和变化规律进行系统分析。中国汽车企业在国际化经营的历程较短，因此，迫切需要进一步了解海外市场，提高海外业务拓展的广度和深度。

（2）缺少系统性的市场调研。中国汽车企业海外扩张过程中，缺少系统性、针对性的重点市场研究。对海外目标市场的整体容量、市场结构、差异化需求、购买习惯、消费信贷、渠道分布、渠道模式等了解甚少，就贸然进入海外市场，势必将面临较大的市场风险和经营风险，因此需要进一步重点明确"海外市场变化及趋势，才能制订明确的海外拓展战略，寻找海外市场机会"。

（3）短视的一般贸易方式。中国汽车企业要实施"走出去"的国际化战略，必须要根据自身的条件、市场状况、竞争特点等因素来综合判断，以确定最适合当时、当地具体情况的海外进入模式来拓展国际市场。目前我国汽车产品的出口一般贸易仍然占据主导地位，渠道以贸易为核心，导致渠道稳定性较差，核心渠道比例较少，渠道平均销量低，海外渠道质量有待提升。一般贸易可以在短期内获得经济效益，但无法保障企业海外市场的长远可持续发展。

（4）盲目的市场扩张行为。中国汽车企业在实施国际化经营的过程中，盲目的市场扩张行为严重。2008年，中国汽车出口目的国已近200个，其中亚洲国家和地区47个、非洲52个、欧洲39个、南美洲38个、北美洲3个和大洋洲14个。据统计，2008年出口目的国排在前五位的依次是乌克兰、俄罗斯、英国、波兰和德国，出口量增幅最大的前五位国家则是南非、智利、埃及、乌克兰和波兰。近年来，由于中国汽车企业大规模向海外市场扩张，导致海外市场的集中度相对较低，市场重点和热点转换频繁稳定性差。中国汽车企业应实施市场聚焦战略，将有限的资源投入有限市场，实现市场深耕细作。

（5）尚未建立起完善的海外售后服务体系。中国汽车企业尚未建立起完善的海外售后服务体系，大多借助于国外当地经销商来实现车辆销售和提供售后服务，销售渠道和服务网络尚不健全、服务管理还不到位、服务政策的制定针对性不强、配件储备与备件管理各项指标表现与国际化水平差距明显，需要进一步缩短差距，提高售后服务水平。

（6）国际化人才短缺。我国汽车企业国际化业务拓展中，同时面临国际化人才匮乏问题。"国际化企业需要国际化的人才"，国内汽车企业现有人才不能适应海外市场，企业目前最需要的是营销人才、国际经营管理人才和法律人才，长远来讲最需要的是汽车技术研发人才、知识产权运作人才、汽车金融人才和国际物流人才。人才匮乏已经制约了我国汽车行业的发展，成为汽车企业进行国际化经营的"瓶颈"。

二、中国汽车企业国际化经营的策略

中国汽车企业国际化经营随着国际化业务的拓展，将面临对一系列的经营管理问题，我们将对目前企业存在的一些共性问题提供参考性与策略性的建议。

（1）国际化经营总体发展策略。制定国际化经营发展策略应以企业的战略资源为基础，明确海外经营是企业利用"两个市场、两种资源"实现可持续发展的重要手段。纵观跨国汽车企业的国际化之路，我国汽车企业的国际化之路尚处于起步阶段，还需要一个较长的过程才能形成核心竞争力和区位优势。因此，现阶段不仅要制定中长期的总体发展策略，还要制定短期的总体发展策略，逐步完成国际化经营准备阶段、国际化布局及推进，并最终实现国际化的经营。

（2）产品适应发展策略。中国汽车企业国际化市场的拓展中，产品是影响市场的主要驱动因素。国内现有市场上的产品不能满足海外国际化市场的多样化需求，需要以适应海外市场的新产品进入新目标市场，即加强产品的商品改进：针对不同市场的需要开展出口改进，满足当地市场的基本要求；加大新产品开发力度：根据重点出口市场的需求研究，在现有产品平台上开发满足用户需要的产品。

（3）业务发展模式选择策略。中国汽车企业的海外经营的业务模式选择，应实施组合差异化的发展策略。通过产品贸易出口，快速融合国际汽车产业链；通过海外设厂，逐步建立海外销售渠道和服务网络；通过进行财务投资与实施海外并购，为海外国际化经营做好充分准备。我国汽车企业可依据自身产品力、渠道力、品牌力，寻找符合国际化业务发展的路径。

（4）稳健型的市场进入策略。中国汽车企业国际化布局与扩张，建议采取稳健型的市场进入策略。对不同特征的市场采取不同的发展策略，避免市场进入的盲目性：对于市场潜力较大的重点市场，采取海外合资建厂模式，进行本地化生产、本地化销售，实现本地化服务；对于贸易壁垒较小的非汽车生产国，加强海外市场组织，继续推行本地化销售；对于本销量较小的发展中国家市场，继续采取出口贸易、边境贸易等方式，加速推进 KD 组装出口模式。

（5）建立战略伙伴联盟策略。中国汽车企业国际化经营，在海外建立战略伙伴联盟有两种方式。①采取贸易供应模式的区域：通过派出的本地化机构组织市场与销售工作，分地区发展代理商，按两个方向逐步拓宽和加强渗透：由重点地区向全国覆盖，由一级代理向多级代理深化。②采取建厂供应模式的区域：选取当地实力强的经销商开展合作，赋予该经销商双重身份：合资工厂的股东销售公司，负责发展该国各地的一级、二级代理商。

（6）组织与人力资源发展策略。中国汽车企业国际化经营的组织与人员发展策略，应紧紧围绕企业海外市场发展目标。在组织发展策略上，第一阶段，单一国内管理。主要体现在国内初步设立出口销售，研发立足国内研究海外市场；生产保障国内外并行，配件供应全部在国内完成。第二阶段，市场本地化管理，成立独立的海外扩展部门。通过设立区域管理部门派驻人员了解海外市场实现真正意义上的本地化管理，对于海外重点发展区域初步建厂，部分产品研发工作可移植在海外进行，并形成本地化建立零备件供应体系。第三阶段，区域内配置管理转变。重点区域成立分公司，独立进行经营，设立海外运营中心，实现本土"母厂"对海外"子厂"进行照看式管理，大区管控区域内各生产厂进行统合，协同生产。

在人力资源发展团队建设的策略上，逐步建立海外人才选拔标准，组建以"政策法规技术专家"、"市场管理专家"、"语言专家"、"产品专家"为核心的"4人"团队，灌输企业人力资源管理理念，分阶段选拔和培育海外市场人才。第一阶段，注重本国人才培养、海外人才外派与输出。第二阶段，注重本地化人才招聘、本地化人才初步培养。第三阶段，注重本地化人力资源管理、结合本地化人才培养。

中国汽车企业需要立足现状，明确企业当前国际化经营所处的发展阶段和具备的竞争优势，同时应展望未来，分析企业国际化经营中所面临的机遇与挑战，寻找我国汽车企业国际化经营之路的发展对策，加快中国汽车企业国际化经营的步伐。

资料来源：安琪. 当代经理人，2009（11）

【本章小结】

（1）计划、组织与控制是国际市场营销管理的三大基本内容。在复杂多变的国际市场营销环境中，为了使企业的营销活动不断适应变化的市场，需要制订相应营销战略计划，同时需要建立合适的组织结构来进行管理，并通过有效的控制来保证实现既定目标。

（2）企业的国际市场营销计划将企业的国际战略、营销目标、国际环境、内在条件等要素整合成一个统一体系，涵盖母公司和子公司两个层次的管理活动。国际市场营销组织的设计，要遵循一定的原则，并参照外部环境、企业的规模和性质等要素确定合适的营销组织结构，并应参照市场环境等要素的变化进行适应性调整。企业可选择的六种基本的组织结构类型包括：出口部、国际部、地区型组织、产品型组织、矩阵式组织和全球性组织。国际营销控制按照一定程序构成一个控制周期，通过反复性的运行，使原定的营销目标和计划得以实现。国际营销控制的主要内容包括：战略控制、年度营销计划控制、盈利能力控制和效率控制。

【思考题】

1. 简述国际市场营销战略规划过程。

2. 简述国际企业子公司营销计划制定流程？

3. 简述国际市场营销组织设计的原则？

4. 国际市场营销组织结构有哪些主要类型？分别适用哪些情况？

5. 企业在设计国际市场营销组织结构时，应考虑哪些因素？

6. 国际市场营销控制模式有哪几种，并比较不同模式的特点。

7. 国际市场营销控制程序包括哪些步骤？

8. 国际市场营销控制的主要内容及其目的是什么？

【案例分析】

某跨国制药公司的组织结构调整

这是一家总部设在美国、制造各式药品的跨国企业，它通过"国际部"和3个"地区分部"对设立在36个国家和地区的分公司（或子公司）的国际业务进行管理。其管理机构设置和工作人员配备情况如下：设在美国本土的国际部共有250名职员；在它下面按地理区域设有3个地区分部，其中设在法国的欧洲分部有150名职员（从销售额看是最大的一个分部），设在巴西的拉丁美洲分部有30名职员，设在新加坡的亚洲分部有20名职员。这些分部负责对所属地区的分（子）公司进行控制和协调，但亚洲分部属下的日本子公司，由于其规模较大、业务特殊，实际上拥有与地区分部相同的地位。这家制药公司中，介于分（子）公司和总公司之间的管理层次有两层，共450名职员。

由于需求层次上的差别，发展中国家分部侧重于儿童药品和抗"传染病"药，发达国家分部侧重于老年保健药品和抗"富贵病"药。为了更好地组织新产品开发，另外还鉴于日本子公司原有的特殊地位，现明确将其从分部中独立出来，直接向国际部报告工作及接受控制。

在分部组建方式作这样改变的同时，分部的管理职能相应从以控制为主转变为参谋和服务。配合这种职能转变，分部的管理人员只配备有制造、营销、财务、研究开发、人力资源和税务等方面的一些专家、经理和秘书人员。

为实施上述国际业务管理的组织结构改组方案，这家跨国制药公司共投资了800万美元，并花费了相当一段的时间来修改原工作程序及培养管理人员树立新观念、学习新技能，并对被解雇人员加以安置。

该方案实施的结果，使分（子）公司拥有了较大的经营自主权，增强了经理人员的全面管理能力，并促进了他们创新的精神。

以这种方式改组组织结构还被实践证明为对这家公司当时存在的两大问题作出了有效的反应：管理人员（主要是分部一级的）精减38%，使国际业务管理费用大大降低，从而提高了公司的成本竞争力；按市场类型和消费层次组织新产品开发，不仅有利于保持新产品开发中的规模经济，还可以提高公司的整体研究开发能力。值得一提的是，这家公司投入组织结构改组的800万美元费用，仅在不到两年的时间内就全部收回了。

资料来源：管理学原理案例分析. 中华管理学习网，2010-04-19

问题讨论

1. 请画出这家公司国际业务的现行组织结构图。

2. 日本子公司的组织结构调整产生了什么效果？是否还有其他更好的组织结构调整方案呢？

参 考 文 献

1. 沃伦·J.基根，马克·C.格林. 全球营销学. 傅慧芬，戚永翎，郭晓凌译. 北京：中国人民大学出版社，2009

2. 涂永式，李青. 国际市场营销（第二版）. 广州：广东高等教育出版社，2008

3. 孙国辉，崔新建. 国际市场营销. 北京：中国人民大学出版社，2009

4. 李威，王大超. 国际市场营销学. 北京：机械工业出版社，2009

5. 郭国庆. 国际营销学. 北京：中国人民大学出版社，2008

6. 孙忠群. 国际营销精要. 北京：中国经济出版社，2007

7. 刘苍劲，罗国民. 国际市场营销. 大连：东北财经大学出版社，2010

8. 李健. 国际市场营销理论与实务. 大连：东北财经大学出版社，2009

9. 闫国庆. 国际市场营销学. 北京：清华大学出版社，2008

10. 金润圭. 国际企业管理. 北京：中国人民大学出版社，2005

11. 庞鸿藻. 国际市场营销. 北京：对外经济贸易大学出版社，2006

12. Subhash C. Jain. 国际市场营销. 吕一林，雷丽华主译. 北京：中国人民大学出版社，2007

13. Philip R. Cateora，Mary C. Gilly，John L. Graham. 国际市场营销学. 北京：机械工业出版社，2010

14. 李世嘉. 国际市场营销理论与实务. 北京：高等教育出版社，2002

15. 朱玉童. 渠道冲突. 北京：企业管理出版社，2004

16. 孙志芳. 实现可持续发展的有效手段. 企业研究，2003（5）

17. 席波. 国际营销. 武汉：武汉大学出版社，2009

18. 叶万春，宋先道. 国际市场营销学. 武汉：武汉理工大学出版社，2003

19. 吴健安. 市场营销学（第三版）. 北京：高等教育出版社，2007

20. 张卫东. 国际市场营销. 北京：电子工业出版社，2010

21. 付东雨. 国际市场营销. 郑州：郑州大学出版社，2010

22. ［美］科特勒，凯勒. 营销管理. 王永贵等译. 北京：格致出版社，2009

23. 吴宪和. 市场营销（第二版）. 上海：上海财经出版社，2007

24. 张景智. 国际市场营销学教程. 北京：对外经济贸易出版社，2004

25. 雷新华. 国际市场营销. 重庆：重庆大学出版社，2009

26. 罗农. 市场营销学. 北京：清华大学出版社，2008

27. 马清梅，陈荣铎. 市场营销学. 北京：清华大学出版社，2008

28. 涂永式，江若尘，李颖灏. 国际市场营销. 北京：科学出版社，2010

29. 甘碧群. 国际市场营销学（第二版）. 北京：高等教育出版社，2006

30. 陈修齐. 国际市场营销学. 北京：中国电力出版社，2009

31. 陈启杰. 现代国际市场营销学. 上海：上海财经大学出版社，2008

32. 宋先道，马颖. 国际市场营销学. 武汉：武汉理工大学出版社，2008

33. 王朝辉. 国际市场营销学. 大连：东北财经大学出版社，2009

34. 韩宗英，潘思思，赵淑华. 国际市场营销. 北京：化学工业出版社，2008